東洋古典譯註叢書 19-1

譯註 禮記集說大全 6

集說 陳澔 大全 胡廣 等
책임번역 成百曉
공동번역 李霜芽 延錫煥

傳統文化硏究會

飜譯委員

企劃編輯 東洋古典飜譯編輯委員會
飜譯硏究管理 南賢熙
責任飜譯 成百曉
共同飜譯 李霜芽 延錫煥
潤　　文 朴勝珠 李孝宰
校　　訂 李孝宰
編輯出版 白俊哲
裝　　幀 白俊哲

圖書管理

弘報管理 李和春
普　　及 申洋先
古典情報化 安成守

東洋古典譯註叢書를 발간하면서

우리의 古典國譯事業은 민족문화 진흥의 기초사업으로 1960년대부터 政府 支援으로 古文獻 現代化 작업을 추진하여 많은 成果를 거두었다. 당시 이 사업 추진의 先行課題로 東洋古典이라 일컬어지는 중국의 基本古典을 먼저 飜譯하여야 한다는 學界의 주장이 있었음에도 불구하고 우리 고전이 아니라는 일부의 偏狹한 視角과 財政 事情 등으로 인하여 배제되어 왔다.

전통적으로 중국의 기본고전은 우리 歷史와 함께 숨쉬며 각종 교육기관의 敎科書로 활용됨은 물론이고 지식인들의 必讀書가 되어 왔으며, 우리 文化의 基底에 자리잡고 거의 모든 방면의 體系와 根幹을 형성하여 왔다. 그래서 학문연구의 기본서 역할을 해 왔을 뿐만 아니라 오늘날에도 우리의 國學徒 및 東洋學 硏究者들에게 같은 역할을 하고 있음은 주지의 사실이다. 그럼에도 불구하고 中國古典은 우리 것이 아니라 하여 專門機關의 飜譯對象에 포함하지 않음으로써, 대부분 原典에서의 직접 번역이 아닌 重譯이나 拔萃譯의 방식이 주를 이루면서 敎養水準으로 出版되어 왔다.

오늘날 東洋 三國 중에서 우리의 東洋學 연구가 가장 부진한 이유는, 東洋基本古典에 대한 폭넓은 이해의 부족과 漢文古典 讀解力의 저하에 기인함을 우리는 솔직히 인정하여야 한다. 따라서 이들 중국고전에 대한 신뢰할 만한 國譯이 이루어지는 것이 한국학 연구를 촉진시키는 시급한 先行課題라 할 수 있다.

이에 韓國學 및 東洋學의 연구와 古典現代化의 基盤構築을 위해서는, 전문기관으로 하여금 동양고전을 단기간에 각 분야의 專門 硏究者와 漢學者가 상호 협동하여 연구번역하여 飜譯의 傳統性과 效率性, 硏究의 專門性을 높일 수 있도록 政策的 配慮가 있어야 한다.

이에 本會에서는 元老 및 中堅 漢學者와 斯界의 專攻者로 하여금 協同硏究飜譯하여 공부하는 사람들이 믿고 引用하거나 깊이 있는 註釋 등을 활용할 수 있게 하고, 知識人들의 敎養을 증진시켜 줄 수 있는 東洋古典의 國譯書 간행을 지속적으로 추진해 왔다. 근래에 다행히 이 사업에 대하여 각계 지도층의 폭넓은 이해와 지원에 힘입어 2001년도부터 國庫補助를 받아 東洋古典譯註叢書를 간행하게 되었다. 이를 계기로 우리 先學의 註釋과 見解를 반영하는 등 국역사업의 內實을 기하게 되었음을 이 자리를 빌려 衷心으로 감사드리며, 아울러 國譯에 參與하신 관계자 여러분의 勞苦에 깊은 謝意를 표한다.

끝으로 우리의 이러한 작업은 오랜 역사 위에 축적된 先賢들의 業績과 現代學問을 이어주는 튼튼한 架橋와 礎石이 되어 진정한 韓國學과 東洋學 발전에 기여할 것을 굳게 믿으며, 21세기를 우리 文化의 世紀로 열어 가는 밑거름이 되도록 우리의 力量을 本 事業에 경주하고자 한다. 江湖諸賢의 부단한 관심과 지원을 기대해 마지않는다.

社團法人 傳統文化硏究會 理事長 李啓晃

凡 例

1. 본서는 ≪譯註 禮記集說大全≫의 제6책이다.
2. 본서의 底本은 戊申字本 ≪禮記集說大全≫(藏書閣 所藏本(K1-71))이다.
3. 본서는 원전의 傳統性과 번역의 現代化를 구현하기 위해 노력하였다.
4. 原文에는 우리나라 전통방식의 懸吐를 하되, 戊申字本인 ≪禮記大文言讀≫(국립중앙도서관 소장본(한古朝 06-1))와 木版本(戊申字 飜刻本)인 ≪禮記集說大全≫(장서각 소장본(K1-73))의 墨書口訣을 참조하였다. 또한 北京大와 上海古籍出版社에서 나온 十三經注疏 ≪禮記正義≫의 標點을 참조하였다.
5. 원문의 分節은 저본에 의거하였다. 아울러 각 문단 및 구절은 일련번호를 다음과 같이 부여하였다.
   ex) 121601 → 권12의 16번째 문단이고 문단 내에서 첫 번째로 나오는 句節
6. 飜譯은 原義에 충실하게 하되, 이해가 어려운 부분은 意譯 또는 補充譯을 하였다.
7. 飜譯文은 한글과 漢字를 混用하였으며, 맞춤법과 띄어쓰기는 한글 맞춤법과 표준어 규정을 따르는 것을 원칙으로 하였다.
8. 譯註는 校勘, 異說, 인용문의 出典, 故事, 역사적 사건, 전문용어, 難解語, 難解文, 人物, 制度, 官職 등에 관한 사항을 밝혔다.
9. 校勘은 원문의 誤字, 脫字, 衍字, 倒文 등을 대상으로 하였다.
10. 圖版은 地圖, 人物, 故事, 器物 등을 수록하였다. ≪三才圖會≫, ≪三禮圖≫, ≪欽定書經圖說≫, ≪欽定周官義疏≫ 등을 참고하였으며, 도판목록은 부록에 첨부하였다.
11. 본서의 校勘에 사용된 符號는 다음과 같다.
    ( )〔 〕: (저본의 誤字)〔교감한 正字〕
    〔 〕: 저본의 脫字 보충
    ( ): 저본의 衍字 삭제
12. 본서에 사용된 주요 符號는 다음과 같다.
    “ ”: 對話, 각종 引用
    ‘ ’: “ ” 안에서 再引用, 强調
    「 」: ‘ ’ 안에서 再引用, 强調
    ( ): 원문에서는 讀音이 특수한 글자나 僻字의 音, 번역문에서는 간단한 譯註
    〔 〕: 번역문의 이해를 돕기 위한 原文의 漢字나 句節, 譯註에서 인용한 原文, 疏에서 설명 대상으로 제시한 經이나 傳의 단어나 구절
    ≪ ≫: 書名이나 典據
    < >: 篇章名, 作品名, 補充譯

目 次

〔附 錄〕

譯註 禮記集說大全 6

禮記集說大全 卷之十二

內則 第12

≪集說≫

120000 疏曰 閨門之內에 軌儀可則이라 故로 曰內則이라

〈孔穎達의〉 疏 : 閨門 안에서 법칙으로 삼을 수 있는 禮儀이기 때문에 〈內則〉이라 하였다.

○ 石梁王氏曰 此篇은 於曲禮之義에 爲多라

石梁王氏 : 이 편에는 曲禮(자잘한 禮)의 뜻에 해당하는 내용이 많다.

120101 后王이 命冢宰하사 降德于衆兆民하시니라

后王이 冢宰에게 명하여 德敎를 만백성에게 내리게 한다.

≪集說≫

冢宰는 掌邦治하니 而治國者는 必先齊家라 降德者는 下其德敎於民也라 孝爲德之本이라 故로 首言子事父母之道하니라

冢宰는 나라의 다스림을 관장하니, 나라를 다스리는 자는 반드시 집안을 다스림을 우선으로 삼는다. '降德'은 德敎를 백성에게 내리는 것이다. 孝는 덕의 근본이 되기 때문에 자식이 부모를 섬기는 道理를 첫 번째로 말한 것이다.

○ 石梁王氏曰 註에 分后王하야 作兩字解[1]하니 不通이라 書說(열)命에 后王君公[2]이라하니

---

1) 註分后王作兩字解 : 鄭玄의 注에 "后는 君이니, 제후를 이른다. 王은 천자이다.〔后 君也 謂諸侯也 王 天子也〕" 하였는데, 孔穎達의 疏에 "后는 제후를 이르고 王은 천자를 이르니, 왕을 먼저 말하지 않은 것은 천자의 妃인 后로 오해함을 피한 것이다.〔后 謂諸侯 王 謂天子 不先

后王은 猶言君王이니 天子之別稱也라 鄭註는 皆非記者本意라 但據周禮에 太宰掌建邦之六典[3)]하면 則教典이 在所兼統이라 如此면 亦可解니 鄭分天子諸侯는 甚無意義하니라

石梁王氏 : 〈鄭玄의〉 註에 '后王'을 나누어 〈后(諸侯)와 王(天子)〉 두 글자로 만들어 해석하였는데, 〈뜻이〉 통하지 않는다. ≪書經≫ 〈商書 說命 中〉에 '后王君公'이라 하였는데, '后王'은 '君王'이라는 말과 같으니, 천자에 대한 별칭이다. 정현의 주는 모두 기록한 자의 본의가 아니다. 다만 ≪周禮≫ 〈天官 太宰〉에 "〈태재가〉 나라를 세우는 데 필요한 여섯 가지 법전〔六典〕을 관장한다." 한 것에 근거하면 〈육전의 하나인〉 教典도 〈태재가〉 겸하여 관장하는 것에 포함된다. 이와 같이 하면 또한 해석할 수 있으니, 정현이 천자와 제후로 나눈 것은 아무 意義가 없다.

≪大全≫

東萊呂氏曰 內則一篇은 首言后王命冢宰하야 降德于衆兆民하니 蓋三代所以教天下者皆以是러니 自秦漢以來로 外風俗而論政事하야 不復以人家事爲問矣하니라

東萊呂氏 : 〈內則〉 한 편은 첫머리에 后王이 冢宰에게 명해서 德教를 만백성에게 내리게 한 것을 말하였으니, 〈夏·殷·周〉 三代에 天下를 가르친 것이 모두 이것을 따랐는데 秦·漢 이래로 풍속을 외면하고 政事를 논한 탓에 다시는 사람들이 사는

言王者 辟天子妃后之嫌〕" 하였다.(≪禮記正義≫)

2) 后王君公 : ≪書經≫ 〈說命 中〉에 보이는데, 孔穎達의 疏에 "后王은 천자를 이르고, 君公은 제후를 이른다.〔后王 謂天子也 君公 謂諸侯也〕" 하였다.(≪尙書正義≫)

3) 太宰掌建邦之六典 : 六典은 나라를 다스리는 여섯 가지 방면의 법으로, ≪周禮≫ 〈天官 太宰〉에 "태재의 직책은 나라를 세우는 데 필요한 여섯 가지 법전을 관장하고 왕을 보좌하여 큰 나라와 작은 나라를 다스린다. 첫째는 治典으로, 큰 나라와 작은 나라를 경영하고 관부를 다스리며 모든 민중이 지킬 기강을 세운다. 둘째는 教典으로, 큰 나라와 작은 나라를 편안하게 하고 관부를 교육하며 모든 민중을 순화시킨다. 셋째는 禮典으로, 큰 나라와 작은 나라를 화평하게 하고 모든 관료를 통합하며 모든 민중을 화합하게 한다. 넷째는 政典으로, 큰 나라와 작은 나라를 평화롭게 하고 모든 관료를 바르게 하며 모든 민중을 균등하게 한다. 다섯째는 刑典으로, 큰 나라와 작은 나라에 禁令을 시행하고 모든 관료를 형벌로써 다스리며 모든 민중을 규찰한다. 여섯째는 事典으로, 큰 나라와 작은 나라를 부강하게 하고 모든 관료를 임명하며 모든 민중을 잘 살게 한다.〔大宰之職 掌建邦之六典 以佐王治邦國 一曰治典 以經邦國 以治官府 以紀萬民 二曰教典 以安邦國 以教官府 以擾萬民 三曰禮典 以和邦國 以統百官 以諧萬民 四曰政典 以平邦國 以正百官 以均萬民 五曰刑典 以詰邦國 以刑百官 以糾萬民 六曰事典 以富邦國 以任百官 以生萬民〕"라고 보인다.

집의 일을 물음으로 삼지 않았다.

○ 嚴陵方氏曰 冢宰는 居六卿[4]之長하야 而以道佐王者也니 唯道以道之故로 德乃得而降焉이니라

嚴陵方氏：冢宰는 六卿의 우두머리 자리를 차지하여 道로써 王을 보좌하는 자이니, 오직 道로써 인도하기 때문에 德敎를 비로소 내릴 수 있는 것이다.

○ 臨川吳氏曰 天子는 爲天下民之君師하야 治而敎之하며 而冢宰는 六卿之長이며 佐天子者也라 降은 下也요 德은 得也니 謂以人所同得於天之理로 立爲敎法하야 命冢宰하야 降下其德敎於衆兆民하야 俾效而法之也니라

臨川吳氏：천자는 天下 백성들의 임금과 스승이 되어서 백성들을 다스리고 가르치며, 冢宰는 육경의 우두머리이며 천자를 보좌하는 자이다. 降은 내림이고 德은 얻음이니, 사람이 하늘로부터 똑같이 얻은 이치를 가지고 敎法을 세워서 총재에게 명하여 德敎를 만백성에게 내리게 해서 〈백성들로 하여금〉 본받아 법으로 삼도록 하는 것이다.

120201 子事父母호되 鷄初鳴이어든 咸盥漱(수)하야 櫛縰(즐쇄)하며 笄總하며 拂髦(모)[5]하며 冠緌纓(유영)하며 端韠(필)紳하며 搢(진)笏이니라

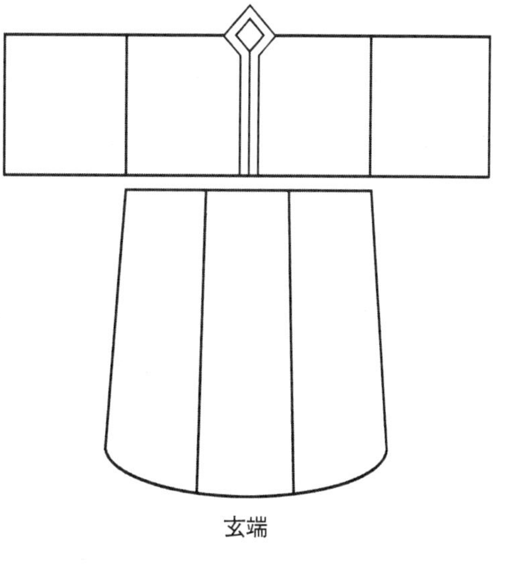
玄端

자식이 부모를 섬기되 닭이 처음 울거든 모두 〈일어나〉 세수하고 양치하고서, 빗질하고 머리 싸매며 비녀 꽂고 상투를 묶으며, 다팔머리의

4) 六卿：≪周禮≫에 따르면 天官의 首長인 冢宰, 地官의 수장인 司徒, 春官의 수장인 宗伯, 夏官의 수장인 司馬, 秋官의 수장인 司寇, 冬官의 수장인 司空이다.

5) 拂髦(모)：鄭玄의 注에 "髦는 어릴 때에 하는 鬌(황새머리)를 형상한 것인데, 그 제도에 대해서는 들어보지 못하였다.〔髦 象幼時鬌 其制未聞〕" 하였다.(≪禮記正義≫)

먼지를 털며 冠에 끈을 매고 〈끈을〉 늘어트리며, 玄端服을 입고 蔽膝을 차고 띠를 매며, 笏을 꽂는다.

蔽膝

≪集說≫

盥은 洗手也요 漱는 滌口也라 櫛은 梳也라 縰는 黑繒韜(도)髮者니 以縰韜髮作髻(계)訖에 卽橫揷笄하야 以固髻(고)라 總은 亦繒爲之하니 以束髮之本而垂餘於髻後하야 以爲飾也라 拂髦는 振去髦上之塵也니 髦는 用髮爲之하야 象幼時剪髮爲鬌(타)[6]之形이니 此所陳은 皆以先後之次라 櫛訖加縰하고 次加笄加總然後에 加髦著(착)冠이라 冠之纓을 結於頷(함)下하야 以爲固結之하고 餘者下垂를 謂之緌라 端은 玄端服也라 衣用緇布而裳不同하니 上士는 玄裳이요 中士는 黃裳이요 下士는 雜裳[7]也라 服玄端著(착)韠하고 又加紳하니 大帶也라 搢은 揷也니 揷笏於帶中이라 韠은 以韋爲之하니 古者에 席地而坐하야 以臨俎豆라 故設蔽膝하야 以備濡漬(유지)라 韠之言은 蔽也니 在冕服이면 謂之韍(불)이요 他服則謂之韠이라

盥은 세수하는 것이고, 漱는 입속을 헹구는 것이다. 櫛은 빗질이다. 縰는 머리카락을 싸는 검은 비단이니, 縰를 가지고 머리를 싸서 상투를 만들고 나면 즉시 가로로 비녀를 꽂아서 상투를 고정한다. 總은 또한 비단으로 만드니, 〈이것을 가지고〉 머리카락의 뿌리를 묶고 나머지를 상투의 뒤로 늘어뜨려서 꾸밈으로 삼는다. '拂髦'는 다팔머리 위의 먼지를 털어 없애는 것인데, 다팔머리는 머리카락을 가지고 만들어 어릴 때 머리를 잘라서 만든 鬌(황새머리) 모양을 형상한 것이다. 여기에 나열한 것들은 모두 선후의 차례를 따른 것이다. 빗질이 끝나면 縰를 더하고 다음에 비녀를 더하고 總을 더한 뒤에 다팔머리를 더하고 冠을 쓴다. 관의 〈두 가닥〉 끈을 턱 아래에서 모

6) 鬌(타) : 이에 대한 풀이는 아래 '123801'의 集說에 자세히 보인다.

7) 雜裳 : ≪儀禮≫ 〈士冠禮〉 鄭玄 注 "雜裳者 前玄 後黃"

아 단단히 묶고 나머지를 아래로 드리우는 것을 '緌'라 이른다. 端은 玄端服이다. 윗옷은 검은색의 삼베를 사용하지만 치마는 똑같지 않으니, 上士는 검은 치마를 입고 中士는 누런 치마를 입고 下士는 색이 앞은 검고 뒤는 누런 치마를 입는다. 현단복을 입고 슬갑을 차고 또 紳을 더하니, 〈紳은〉 큰 띠이다. 搢은 꽂음이니, 홀을 띠의 안쪽에 꽂는 것이다. 슬갑은 가죽으로 만드니, 옛날에는 바닥에 자리를 펴고 앉아서 俎豆에 임하였기 때문에 蔽膝을 차고서 〈무릎이〉 젖는 것을 대비하였다. 韠은 가린다는 뜻이니, 冕服에 있으면 '韍'이라 이르고 다른 복장에 있으면 '韠'이라 이른다.

○ 項氏曰 髦者는 以髮作僞髻하야 垂兩眉之上이니 如今小兒 用一帶連雙髻하야 橫繫額上이 是也라

項氏 : 髦는 머리카락을 가지고 거짓 상투를 만들어서 두 눈썹 위에 드리우는 것이니, 예컨대 지금 어린아이들이 한 가닥 띠를 가지고 두 갈래의 상투를 연결하여 이마 위에서 가로로 매듭짓는 것이 여기에 해당한다.

120202 左右에 佩用호되 左佩紛·帨(세)·刀·礪(려)·小觿(휴)·金燧(수)하고

왼쪽과 오른쪽에 사용할 물건을 차되 왼쪽에는 행주·수건·작은 칼·숫돌·작은 뿔송곳·金燧를 차고,

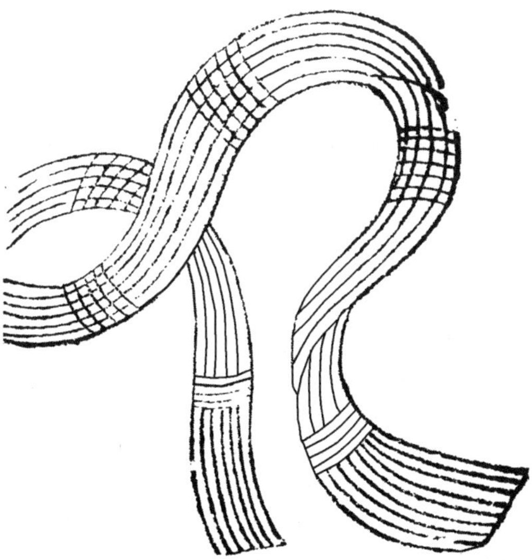

帨(수건)

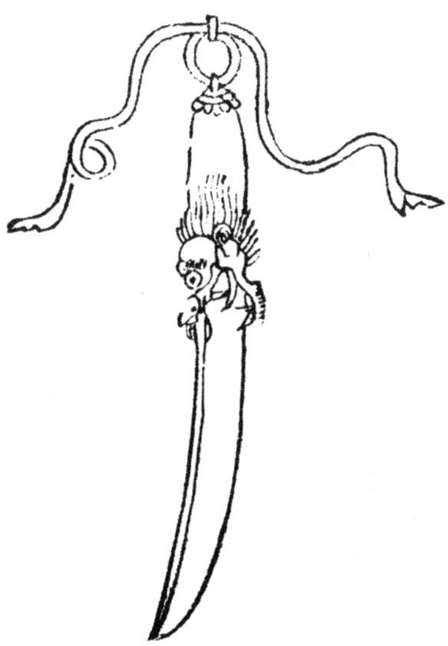

觿(뿔송곳)

≪集說≫

所佩之物은 皆是備尊者使令之用이라 紛以拭器하고 帨以拭手하니 皆巾也라 刀礪는 小刀與礪石也라 觿는 狀如錐하니 象骨爲之하니 小觿는 所以解小結者라 金燧[8]는 用以取火於日中者라

차는 물건들은 모두 尊者(부모)가 명령을 내릴 적에 사용할 것을 대비하는 물건이다. 행주로는 기물을 닦고 수건으로는 손을 닦으니, 〈행주와 수건은〉 모두 피륙이다. 刀와 礪는 작은 칼과 숫돌이다. 觿는 모양이 송곳과 같은데 코끼리의 뼈로 만드니, 작은 뿔송곳은 작은 매듭을 푸는 도구이다. 金燧는 햇빛 가운데에서 불을 얻기 위해 사용하는 도구이다.

≪大全≫

嚴陵方氏曰 鷄初鳴에 咸盥漱者는 夙興以致其絜(결)[9]也라 左右皆事也라 故言用하니 而與德佩[10]로 異矣니라

嚴陵方氏 : 닭이 처음 울었을 때 모두 〈일어나서〉 세수하고 양치하는 것은 일찍 일어나서 깨끗함을 지극히 하는 것이다. 왼쪽과 오른쪽에 차는 것이 모두 事佩이기 때문에 用을 말한 것이니, 〈덕이 있음을 표시하기 위해 차는〉 德佩와 다른 것이다.

---

8) 金燧 : 孫希旦의 ≪禮記集解≫에 "날이 맑을 때 햇빛에서 불을 얻는 도구로, 구리 재질이고 거울같이 생겼다."라고 하였다.

9) 絜(결) : '潔(깨끗함)'과 같다.

10) 德佩 : 德이 있음을 표시하기 위해 차는 佩玉이다. 〈玉藻〉 '134203'에 "〈世子는〉 君主가 계시면 玉을 차지 않으니, 왼쪽은 佩玉을 묶어서 소리 나지 않게 하고 오른쪽은 事佩를 찬다.〔君在 不佩玉 左結佩 右設佩〕" 하였는데, 鄭玄의 注에 "德佩(玉佩)를 제거하고 事佩를 차서 德을 피하고 일에 나아감을 보인다.〔去德佩而設事佩 辟德而示卽事也〕" 하였고, 孔穎達의 疏에 "〈정현의 주에서〉 '去德佩'라고 한 것은 옥패를 묶어서 소리 나지 않게 함을 이르니, 완전히 제거함을 이른 것이 아니다. '而設事佩'라고 한 것은 大觿(큰 뿔송곳)와 木燧 따위이다. '辟德而示卽事也'라고 한 것은 감히 감당하지 못하는 德을 피하기 때문에 德佩를 제거하고, 윗사람을 받들 노역의 일이 있음을 보이기 때문에 事佩를 차는 것이다.〔云去德佩者 謂結玉佩不使鳴 非謂全去也 云而設事佩者 大觿木燧之屬也 云辟德而示卽事也者 以辟德不敢當 故去德佩 而示有勞役之事 以奉於上 故設事佩也〕" 하였다.(≪禮記正義≫)

120203 **右佩玦・捍**(한)**・管・遰**(체)**・大觿・木燧**하며

오른쪽에는 깍지・팔찌・붓두껍・칼집・큰 뿔송곳・木燧를 찬다.

≪集說≫

玦은 射者著(착)於右手大指니 所以鉤弦而開弓體也라 捍은 拾也니 韜左臂而收拾衣袖하야 以利弦也라 管은 舊註云 筆彄라하니 其形制는 未聞이라 遰는 刀室也라 大觿는 所以解大結이라 木燧는 鑽火之器니 晴則用金燧以取火하고 陰則用木燧以鑽火也라

玦은 활 쏘는 자가 오른손의 엄지에 끼는 것이니, 이로써 활시위를 당겨 활의 몸체를 벌리는 것이다. 捍은 팔찌이니, 왼쪽 팔을 감싸서 옷소매를 거두어 정돈하여 활시위를 〈운용하기에〉 편리하도록 하는 것이다. 管은 舊註(鄭玄의 注)에 '붓두껍'이라 하였는데, 그 모양과 제도에 대해서는 듣지 못하였다. 遰는 칼집이다. '大觿'는 큰 매듭을 푸는 도구이다. '木燧'는 나무를 비비어 불을 피우는 기구이니, 날씨가 맑으면 金燧를 써서 불을 얻고 날씨가 궂으면 木燧를 써서 불을 얻는다.

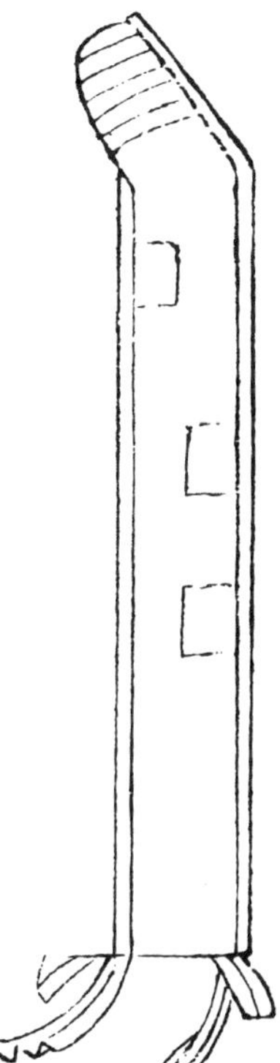
決(깍지)

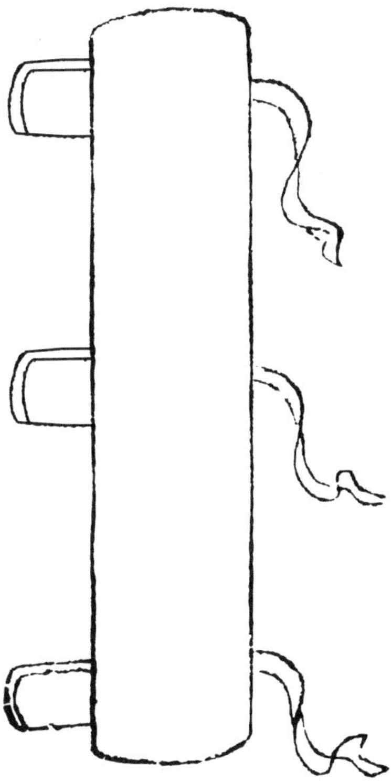
拾(팔찌)

≪大全≫

嚴陵方氏曰 或謂玦卽決也니 以鉤弦而決之라 且珍飾焉이라 故從玉이라하니라

嚴陵方氏 : 혹자는 말하기를 "玦은 바로 決의 뜻이니, 활시위를 당겼다가 풀어주기 때문이다. 또 진귀한 보배로 꾸미기 때문에 '玉'자를 따라서 쓴 것이다." 하였다.

偪(행전)

120204 偪(핍)하고

行纏(행전)을 차고,

≪集說≫

卽詩所謂邪幅(사폭)[11]也니 偪束其脛하야 自足至膝이라 故謂之偪也라

〈偪은〉 바로 ≪詩經≫ 〈小雅 采菽〉에 이른바 '邪幅'이니, 정강이를 죄어 묶은 것이 발에서부터 무릎까지 이르므로 〈행전을〉 '偪'이라고 이른 것이다.

120205 屨著綦(착기)니라

신을 신고 신코의 꾸밈을 붙인다.

≪集說≫

綦는 屨頭之飾이니 卽絇(구)也[12]니라 說見曲禮[13]하니라 著은 猶施也라

綦는 신코의 꾸밈이니, 바로 絇이다. 해설이 〈曲禮〉에 보인다. 著은 설치함과 같다.

---

11) 邪幅 : ≪詩經≫ 〈小雅 采菽〉에 "붉은 슬갑은 다리에 있고 行纏은 그 아래에 있도다.〔赤芾在股 邪幅在下〕"라고 보인다.

12) 綦屨頭之飾卽絇(구)也 : 참고로 金在魯의 ≪禮記補註≫에 "살펴보건대 陳澔의 주에서 綦를 絇라고 한 것은 무엇에 근거한 것인지 알지 못하겠으나 지금 ≪儀禮≫ 〈士喪禮〉 및 ≪家禮≫의 주와 沙溪(金長生)의 말씀을 참고해서 살펴보면 絇는 신코에 꿰어 매는 꾸밈이고 綦는 발꿈치 뒤에 붙은 끈이다. 〈絇와 綦는 신의〉 앞뒤 양쪽의 꾸밈이 되는 것이 매우 분명하여 의심할 것이 없는데, 지금 陳澔의 주에서 〈이 두 가지를〉 합하여 한 가지로 보았으니, 아마도 사물을 명명한 법도를 제대로 살피지 못하여 이처럼 잘못된 해석을 한 듯하다.〔按 陳註以綦爲絇者 未知何據 而今以士喪禮及家禮註沙溪說參看 則絇是屨鼻貫繫之飾 綦是跟後所屬之繫 其爲前後之兩飾 甚明無疑 而今陳註合而一之 豈不察於名物之度而有此誤解歟〕" 하였다.

13) 說見曲禮 : 김재로의 ≪예기보주≫에 "살펴보건대, 이는 〈曲禮 上〉의 '신의 끈을 풀어서 벗되 감히 계단 한가운데에 놓아두지 않는다.' 한 경문에 대한 〈陳澔의〉 註를 가리킨다.〔按此指曲禮 解屨不敢當階註〕" 하였는바, 진호의 주에 "解는 벗음이다. 신에는 들메끈이 있으니, 끈을 풀어서 벗되 감히 계단 한가운데에 놓아두지 않는 것은 뒤에 오르는 사람에게 방해가 되기 때문이다.〔解 脫也 屨有綦繫 解而脫之 不敢當階 爲妨後升者〕" 한 것을 가리킨다.

○ 朱子曰 綦는 鞋口帶也니 古人은 皆旋繫러니 今人은 只從簡易(이)하야 綴之於上을 如假帶[14]然이라

朱子 : 綦는 신 입구의 끈이니, 옛사람들은 모두 동여맸는데 지금 사람들은 다만 간편함을 따라서 위에다 매기를 假帶와 같이 한다.

≪大全≫

長樂陳氏曰 帨는 佩巾也니 佩巾은 雖女子之事나 而男子亦有之라 礪를 謂之硎(형)이요 亦謂之礱(롱)이니 書曰用汝作礪[15]是也라 詩曰童子佩觿[16]라하니 佩觿는 成人之服이니 衛惠公이 服成人之服이나 而有童子之行이라 故詩人刺之라 捍(한)은 韝臂也니 以韋爲之하니 亦謂之拾이라 先儒謂晴則取火以金燧하고 陰則取火以木燧[17]라 周禮曰 烜氏夫遂取明火於日하고 鑑取明水於月이라하니 夫遂는 卽金燧也요 鑑은 鏡屬이니 世謂之方諸라 蓋離者는 陽中之陰이니 於物爲火요 坎者는 陰中之陽이니 於物爲水니 以金燧取火면 則以陽召陰이요 以方諸取水면 則以陰召陽이라 以陽召陰은 夫道也라 故로 謂之夫요 夫能遂事라 故로 謂之遂니 夫遂는 以義言이요 鑑은 以體言이라 於取火에 言夫遂하고 於取水에 言鑑은 互相備也라 詩曰 赤芾(불)在股하고 邪幅在下라하고 左氏曰 帶裳幅舃[18]라하고 內則에 偪屨著綦라한대 鄭康成謂偪束其脛이 自足至膝이라 故曰在

14) 假帶 : 金長生의 ≪經書辨疑≫ 〈禮記 內則〉에 "假帶의 형태는 미상이다.〔假帶之形 未詳〕" 하였다.

15) 用汝作礪 : ≪書經≫ 〈商書 說命 上〉에 "만약 쇠라면 너를 사용하여 숫돌로 삼을 것이며, 만약 큰 물을 건넌다면 너를 사용하여 배와 노로 삼을 것이며, 만약 농사가 큰 가뭄이 들면 너를 사용하여 장맛비로 삼을 것이다.〔若金 用汝作礪 若濟巨川 用汝作舟楫 若歲大旱 用汝作霖雨〕"라고 보인다.

16) 童子佩觿 : ≪詩經≫ 〈衛風 芄蘭〉에 "환란의 가지여, 동자가 뿔송곳을 찼도다. 비록 뿔송곳을 차고 있으나, 나보다 지혜롭지 못하도다. 늘어져 있으며 쳐져 있으니, 드리운 띠가 늘어져 있도다.〔芄蘭之支 童子佩觿 雖則佩觿 能不我知 容兮遂兮 垂帶悸兮〕"라고 보인다.

17) 先儒謂晴則取火以金燧 陰則取火以木燧 : 先儒는 皇侃(488~545)이고, 인용한 내용은 孔穎達의 疏에 皇氏라고 표기하여 인용되어 있다. 황간은 남북조시대 梁나라의 經學家로, 國子敎授・員外散騎侍郞 등을 지냈다. 三禮와 ≪論語≫・≪孝經≫에 밝았으며, 저서로 ≪禮記義疏≫・≪禮記講疏≫ 등이 있으나 모두 없어지고, 지금은 ≪論語義疏≫와 ≪禮記皇氏義疏≫가 전한다.(≪梁書≫ 권48 〈皇侃傳〉)

18) 帶裳幅舃 : ≪春秋左氏傳≫ 桓公 2년에 보인다.

下[19]라하니라 蓋以幅帛으로 邪纏於足故로 謂之邪幅이요 所以自偪束也라 故謂之偪이니 偪卽滕(등)約之也라 故로 漢謂之行滕이라 男子事父母에 有偪하고 詩諸侯朝天子에 有邪幅하니 則凡行에 皆有偪이로되 特婦人不用故로 婦事舅姑에 無偪이니라

長樂陳氏 : 帨는 수건을 차는 것이니, 수건을 차는 것은 비록 여자의 일이지만 남자 또한 있다. 礪를 砌이라 하고 또한 礱이라 이르니, ≪書經≫ 〈商書 說命 上〉에 "너를 사용하여 숫돌을 삼는다."는 것이 이것이다. ≪詩經≫ 〈衛風 芄蘭〉에 "동자가 뿔송곳을 찼다." 하였는데, 뿔송곳을 차는 것은 成人의 복장이니, 衛나라 惠公이 성인의 복장을 입었으나 동자의 행실이 있었기 때문에 시인이 풍자한 것이다. 捍은 팔찌이니, 가죽으로 만든 것인데, 또한 '拾'이라고 이른다.

先儒가 이르기를 "날씨가 맑으면 金燧를 써서 불을 취하고 날씨가 궂으면 木燧를 써서 불을 취한다." 하였다. ≪周禮≫ 〈秋官 司烜氏〉에 "烜氏가 夫遂로 해에서 明火를 취하고 거울로 달에서 明水를 취한다." 하였는데, 夫遂는 바로 金燧이고 鑑은 거울의 등속이니, 세상에서 '方諸'라 이른다. 〈≪周易≫의 八卦에서〉 離(☲)는 陽 가운데의 陰이니 물건에 있어서 불이 되고, 坎(☵)은 음 가운데의 양이니 물건에 있어서 물이 되는데, 金燧로 불을 취하면 〈이는〉 양으로 〈양 가운데의〉 음을 부르는 것이고 方諸로 물을 취하면 〈이는〉 음으로 〈음 가운데의〉 양을 부르는 것이다. 양으로 음을 부름은 남편의 道이므로 '夫'라 이르고, 남편은 일을 이룰 수 있기 때문에 '遂'라 이르니, 夫遂는 뜻으로 말한 것이고 鑑은 형체로 말한 것이다. 불을 취함에는 '夫遂'라고 말하고 물을 취함에는 '鑑'이라고 말함은 서로 〈말하지 못한 뜻을〉 갖추어준 것이다.

≪詩經≫ 〈小雅 采菽〉에는 "붉은 슬갑은 다리에 있고 行纏은 그 아래에 있다." 하였고, ≪春秋左氏傳≫에는 "띠·치마·행전·신발"이라 하였고 〈內則〉에는 "행전을 차고 신을 신고 신코의 꾸밈을 붙인다." 하였는데, 鄭康成(鄭玄)이 이르기를 "정강이를 죄어 묶은 것이 발에서부터 무릎까지 이르기 때문에 '아래에 있다.' 한 것이다." 하였다. 한 幅의 비단을 비스듬히 기울여서 발을 감기 때문에 '邪幅'이라고 이르고, 스스로 죄어 묶기 때문에 '偪'이라 이르니, 偪은 바로 묶는 것이다. 그러므로 漢나라에서는 '行滕'이라 일렀다. 남자가 부모를 섬길 때에 행전이 있고 ≪시경≫에 제후가 天子에게 조회할 때 邪幅이 있었으니, 그렇다면 무릇 행실에 모두 행전이 있었으나 다만 婦人은 사용하지 않기 때문에 며느리가 시부모를 섬길 때에는 행전이 없었던 것이다.

---

19) 偪束其脛……故曰在下 : ≪毛詩正義≫의 鄭玄의 箋에 보인다.

120301 **婦事舅姑**호되 **如事父母**하야 **鷄初鳴**이어든 **咸盥漱**하고 **櫛縰**(즐쇄) **笄總**하고 **衣紳**하며

며느리가 시부모를 섬기되 부모를 섬기듯이 하여 닭이 처음 울거든 〈며느리들은〉 모두 〈일어나〉 세수하고 양치하며, 빗질하고 머리를 싸매고 비녀를 꽂고 상투를 묶고 검은색의 비단옷을 입고서 큰 띠를 두르며,

≪集說≫

笄는 今之簪也라 衣紳은 玄端綃衣[20]之上에 加紳帶니 士妻之服也라

笄는 지금의 비녀이다. 衣紳은 玄端의 綃衣를 입고서 그 위에 紳帶(큰 띠)를 더하는 것이니, 士의 아내의 〈正服의〉 복식이다.

≪大全≫

朱子曰 婦人不冠하니 則所謂髻笄는 卽爲固髻之用일새 亦名爲簪이로되 而非如二弁之簪[21]矣니라

朱子 : 婦人은 冠을 쓰지 않으니, 이른바 '髻笄(상투의 비녀)'는 바로 상투를 고정하는 용구가 되므로 또한 이름을 '簪'이라 하는데 두 弁의 비녀와는 같지 않다.

120302 **左佩紛帨刀礪小觿金燧**하고 **右佩箴管線纊**(광)호되 **施縏**袠(반질)[22]하며 **大觿**와 **木燧**하며 **衿**(금)**纓綦屨**하야 **以適父母舅姑之所**하나니

왼쪽에는 행주·수건·작은 칼·숫돌·작은 뿔송곳·金燧를 차고, 오

20) 玄端綃衣 : 玄端은 검은색 上衣로, 천자나 제후는 평상시에 착용하기도 하지만 보통 사대부 이상의 계층이 제사나 공식 행사에 착용하는 正服인 玄端服을 이른다. 그런데 여기서는 士의 妻가 착용하는 정복인 〈검은색 비단옷인〉 綃衣가 검은색 上衣임을 설명해주는 말로 쓰인 것으로 보인다.(≪儀禮注疏≫ 〈士冠禮〉, 〈特牲饋食禮〉, 〈少牢饋食禮〉)

21) 二弁之簪 : 文冠인 爵弁과 武冠인 皮弁의 비녀(笄)를 이르는바, 머리카락의 상투를 고정하는 髻笄와 달리 이 비녀는 冠冕을 고정하는 비녀로, 남자의 복식에만 있고 여자의 복식에는 없는 것이다.(≪儀禮注疏≫ 〈士冠禮〉)

22) 縏袠(반질) : '袠'은 '帙(주머니)'과 같다.

른쪽에는 바늘과 바늘 管·실·솜을 차되 縏과 袠에 넣어 차며, 큰 뿔송곳과 木燧를 차며, 향주머니를 매고 신코의 꾸밈을 하여 신을 신고서 부모나 시부모가 있는 곳으로 가니,

≪集說≫

箴管은 箴在管中也라 縏袠은 皆囊屬이니 施縏袠者는 爲貯箴線纊也라 衿은 結也요 纓은 香囊也라

'箴管'은 바늘이 管 속에 있는 것이다. 縏과 帙은 모두 주머니의 등속이니, '施縏帙'은 바늘·실·솜을 담기 위해서이다. 衿은 맺음이고, 纓은 향주머니이다.

≪大全≫

山陰陸氏曰 刀礪의 礪는 所以礪刀요 箴管의 管은 所以管箴이요 綦屨는 以綦約屨니라

山陰陸氏 : '刀礪'의 礪는 칼을 가는 것이고, '箴管'의 管은 바늘을 보관하는 것이고, 綦屨는 끈으로 신을 묶는 것이다.

○ 長樂陳氏曰 男女事父母하고 婦事舅姑에 皆有纓以佩容臭하니 則與女子許嫁之纓不同[23)]이어늘 鄭氏曰 婦人有纓은 示有繫屬[24)]이라하니 誤矣라 何則고 許嫁已纓이면 將嫁에 無所復施요 旣嫁에 夫說(탈)[25)]之矣하야 無所復用이면 則事舅姑之衿纓은 非許嫁之纓也니라 鄭氏曰 許嫁之纓은 蓋以五采爲之[26)]라하니 然則事父母舅姑之纓도 亦五采歟인저

長樂陳氏 : 남녀(아들과 딸)가 부모를 섬기고 며느리가 시부모를 섬길 적에 모두 끈(纓)을 두어서 향주머니를 찬다. 그렇다면 여자가 〈15세가 되어〉 시집감을 허락했을 때 매는 끈과는 같지 않은데 鄭氏(鄭玄)는 "婦人에게 끈을 두는 것은 매이는 곳

23) 女子許嫁之纓不同 : ≪禮記≫ 〈曲禮 上〉에 보인다. 여자는 15세가 되어 시집가는 것을 허락하면 笄禮를 하고 纓을 차서 매인 대상이 있다는 것을 드러낸다.

24) 婦人有纓 示有繫屬 : ≪禮記正義≫ 〈內則〉의 鄭玄의 注에 보인다.

25) 說(탈) : '脫(풀음)'과 같다.

26) 許嫁之纓 蓋以五采爲之 : 鄭玄이 한 말인데, ≪禮記正義≫ 〈內則〉의 孔穎達 疏에 인용되어 있다.

이 있음을 보인 것이다." 하였으니, 잘못이다. 어째서인가? 시집감을 허락했을 때 이미 끈을 맸으면 장차 시집갈 때에는 다시 끈을 맬 곳이 없을 것이고, 시집간 뒤에 남편이 끈을 풀어주면 더 이상 쓸 곳이 없을 것이니, 그렇다면 시부모를 섬길 때 향주머니를 매는 것은 시집감을 허락할 때 매는 끈이 아니다. 鄭氏(鄭玄)가 "시집감을 허락할 때의 끈은 五彩로 만든다." 하였으니, 그렇다면 부모나 시부모를 섬기는 끈도 五采일 것이다.

120303 **及所**하야 **下氣怡聲**하야 **問衣燠**(욱)**寒**하며 **疾痛苛癢**(양)에 **而敬抑搔之**하며 **出入**이어든 **則或先或後**하야 **而敬扶持之**니라 **進盥**할새 **少者**는 **奉槃**하고 **長者**는 **奉水**하야 **請沃盥**하며 **盥卒**이어시든 **授巾**이니라 **問所欲而敬進之**호되 **柔色以溫**(온)**之**니라

〈부모나 시부모의〉 처소에 이르러서 心氣를 가라앉히고 음성을 온화하게 하여 옷이 더우신지 추우신지를 물으며, 병으로 아프시고 옴으로 가려우실 적에 공경히 안마하고 긁어드리며, 나가시거나 들어오실 때에는 앞서기도 하고 뒤서기도 하여 공경히 부축해드린다. 세숫물을 올릴 적에 〈나이가〉 적은 자는 대야를 받들고 많은 자는 물을 받들어서 대야에 물을 부을 것을 청하며, 세수를 마치시거든 수건을 드린다. 원하시는 것을 여쭈어 공경히 올리되 얼굴빛을 부드럽게 해서 尊者의 뜻을 받든다.

≪集說≫

苛는 疥也라 抑은 按이요 搔는 摩也라 溫은 承藉之義니 謂以柔順之色으로 承藉尊者之意를 若藻藉[27]之承玉然이라

苛는 옴이다. 抑은 안마이고, 搔는 긁음이다. 溫은 받든다는 뜻이니, 유순한 얼굴색으로 尊者의 뜻을 받들기를 마치 옥 받침대가 옥을 받드는 것과 같이 하는 것이다.

27) 藻藉 : 여기서 '藻'는 받침대라는 뜻의 '繅(조)'자와 같은 의미로 쓰였는바, '繰(조)'라고도 쓴다.(≪儀禮注疏≫ 〈覲禮〉, ≪禮記補註≫ 〈禮器〉)

120304 饘(전)·酏(이)·酒·醴와 芼羹(모갱)과 菽·麥·蕡(분)·稻·黍·粱·秫(출)을 唯所欲이니라

된 죽·묽은 죽·술·단술과 芼羹과 콩·보리·삼씨·벼·기장·메기장·차조를 오직 드시고 싶은 대로 올린다.

≪集說≫

饘은 厚粥이요 酏는 薄粥也라 芼羹은 以菜雜肉爲羹也라 蕡은 大麻子라

饘은 된 죽이고, 酏는 묽은 죽이다. 芼羹은 채소에 고기를 섞어 만든 국이다. 蕡은 大麻의 씨이다.

120305 棗·栗·飴(이)·蜜以甘之하며 堇(근)·荁(환)·枌·楡의 免薧(문고)를 滫瀡(수수)以滑之하고 脂膏(고)以膏之하야 父母舅姑必嘗之而後에 退호리라

대추·밤·엿·꿀로 달게 하며 근초·환초·흰 느릅나무·느릅나무의 신선한 것과 묵은 것을 쌀뜨물의 부드러운 성분으로 부드럽게 하며, 된 기름과 묽은 기름으로 기름지게 하여 부모나 시부모가 반드시 그것을 맛보신 뒤에 물러간다.

≪集說≫

飴는 餳(당)也라 堇은 菜名이요 荁은 似堇而葉大라 楡之白者를 名枌이라 免은 新鮮者요 薧는 乾陳者니 言

堇

堇・荁・枌・楡四物을 或用新하고 或用舊也라 滫는 說文에 久泔也요 瀡는 滑也[28]니 滫瀡는 滫之滑者也라 凝者爲脂하고 釋者爲膏라 甘之하고 滑之하고 膏之는 皆謂調和飮食之味也라 此篇所記飮食珍羞諸物은 古今異制하고 風土異宜하야 不能盡曉나 然亦可見古人察物之精用物之詳也라

飴는 엿이다. 堇은 채소 이름이고, 荁은 근초와 비슷한데 잎이 크다. 느릅나무 중에 흰 것을 '枌'이라 이름한다. 免은 신선한 것이고, 薨는 마르고 오래된 것이니, 근초・환초・흰 느릅나무・느릅나무 이 네 물건을 혹 새것을 쓰고 혹 묵은 것을 쓰는 것이다. 滫는 ≪說文解字≫의 '오래된 쌀뜨물'이라는 것이고, 瀡는 부드러움이니, 滫瀡는 쌀뜨물의 부드러운 것이다. 〈기름의〉 엉긴 것을 '脂'라 하고 풀어진 것을 '膏'라 한다. 달게 하고 부드럽게 하고 기름지게 한다는 것은 모두 음식의 맛을 조화롭게 함을 이른다. 이 편에서 기록한 음식과 珍羞의 여러 물건은 古今으로 제도가 다르고 風土에 마땅한 것이 달라서 다 알 수는 없다. 그러나 또한 옛사람들이 물건을 정밀하게 살피고 물건을 꼼꼼하게 사용하였음을 볼 수 있다.

≪大全≫

長樂劉氏曰 及所하야 下氣怡聲은 恐驚其寐也요 問衣燠寒은 候其冷暖失節也요 疾痛苛癢은 省其體氣弗寧也라 抑은 謂按摩之라 搔는 謂抓撓之니 皆所以撫恤衰病이니

28) 滫說文久泔也 瀡滑也 : 참고로, 金在魯의 ≪禮記補註≫에는 다음과 같이 설명하였다. "살펴보건대 鄭玄의 注에 '秦나라 사람들은 溲를 滫라 하고 齊나라 사람은 滑을 瀡라 한다.' 하였는데, 瀡의 뜻은 陳澔의 주와 같지만 滫의 뜻은 다르다. 이른바 '溲'는 陸德明의 音義에 '所와 九의 반절(수)'이라 하였으니, 그렇다면 溲溺(소변)의 溲가 아니다. 字書에 '溲는 물을 부어 담그는 것이고 물로 반죽하는 것이다.' 하였으니, 아랫글('123203')에 '糔溲之以爲酏'의 '溲'자는 정현의 주에 이른바 '溲'와 같다. 또한 '糔溲'의 '糔'에 대한 정현의 주에 '〈糔는〉 滫瀡의 滫와 같은 글자로 읽는다.' 하였으니, 그렇다면 '滫瀡' 및 아래의 '糔溲'는 모두 조화롭게 하고 매끄럽게 한다는 명칭이 됨이 의심할 것이 없는데, 진호의 주에서 滫를 '오래된 쌀뜨물'로 해석하고 또한 '滫瀡는 쌀뜨물의 부드러운 것이다.' 하였으니, 아마도 옳지 않은 듯하다. 다시 살펴보건대, 沙溪(金長生)가 '泔은 ≪古今韻會擧要≫에 삶고 조리한다는 명칭이라고 하였다.' 하였으니, 이것에 근거하면 여기에서 이른바 '久泔' 또한 혹 삶고 조리한다는 뜻이고, 쌀뜨물을 이른 것이 아닌 듯하다.〔按 鄭註 秦人溲曰滫 齊人滑曰瀡也 瀡訓與陳註同 而滫訓則異 其所謂溲 陸音所九反 則非溲溺之溲 字書 溲 浸沃也 水調也 下文糔溲之以爲酏之溲字 與鄭註所謂溲同 且糔溲之糔 註讀與滫瀡之滫同 然則滫瀡及下糔溲 皆爲調和潤滑之稱無疑 而陳註訓滫以久泔 且曰滫瀡 滫之滑者也 恐不然 更按 沙溪曰 泔 韻會烹和之名 據此則此所謂久泔 亦或烹和之義 非米潘之謂歟〕" 하였다.

而一出於敬이요 不敢以爲儀也라 父母出入이어든 則或先或後하야 敬扶持之는 相其所宜하야 以助其力也라 又從而問其意之所欲食者는 則敬順其心以進之하고 和柔其色以溫之하고 苾芳其(意)〔味〕[29]以奉之니 庶其親喜而不之厭也라 孝子之事親也에 必養其志하야 常使歡欣하야 樂其子之能養이니 則非如是면 莫之致矣니라

長樂劉氏 : 〈부모나 시부모의〉 처소에 이르러서 心氣를 가라앉히고 음성을 온화하게 함은 주무시는 것을 놀라게 할까 두려워해서이고, 옷이 더운지 추운지를 여쭙은 〈옷의〉 추움과 더움이 節序에 맞지 않음을 살피는 것이고, 병으로 아프고 옴으로 가려움은 몸의 기운이 편안하지 못함을 살피는 것이다. 抑은 안마함을 이르고 搔는 긁음을 이르니, 모두 노쇠하고 병든 이를 어루만지고 돌보는 것인데, 〈이러한 행실은〉 한결같이 공경하는 마음에서 나오는 것이고 감히 儀式으로 삼을 수 없는 것이다. 부모나 시부모님께서 나가시거나 들어오실 때에는 앞서기도 하고 뒤서기도 하여 공경히 부축해드림은 마땅한 바를 살펴서 힘을 보조하는 것이다.

또 따라서 마음속으로 먹고 싶어 하시는 바를 묻는 것은, 〈부모나 시부모님의〉 마음을 공경히 따라서 올리고 〈자기의〉 얼굴빛을 온화하고 유순히 하여 받들고 〈음식의〉 맛을 향기롭게 하여 받드는 것이니, 행여 부모가 기뻐하시고 싫어하지 않으시기를 바라는 것이다. 孝子가 어버이를 섬길 적에 반드시 〈어버이의〉 뜻을 봉양하여 〈어버이로 하여금〉 기뻐서 자식이 잘 봉양하는 것을 즐거워하도록 해야 하니, 이와 같이 하지 않으면 봉양을 지극히 할 수 없다.

○ 嚴陵方氏曰 所는 卽寢室이니 下氣則不盈이요 怡聲則不厲라 問衣之燠은 將徹之使凊也요 問衣之寒은 將加之使溫也라 已發而傷者는 疾也요 宜通而塞者는 痛也며 體煩而爲苛요 氣虛而生癢하니 疾痛則抑按하고 苛癢則搔爬라 或先以引之하고 或後以隨之하고 左右扶持之니 如是而養이면 可謂至矣라 然이나 苟不以敬이면 何以別於犬馬리오 故로 每以敬言之라 奉槃者勞故로 少者以之하고 奉水者逸故로 長者以之라 沃盥은 以水沃之而盥也라 夫色은 所以通人己之情也니 已能柔色이면 斯足以溫親之色矣라 自菽以下는 其性其味各不同이라 故唯父母舅姑之所欲이니 順其所欲而進之

29) (意)〔味〕: 저본에는 '意'로 되어 있으나, 문리가 순하지 않아 黃震의 ≪黃氏日抄≫를 참고하여 '味'로 수정하여 번역하였다. 참고로 金在魯의 ≪禮記補註≫에 "'意'는 '食(음식)'자의 오자인 듯하다.〔意 恐食之誤〕" 하였다.

也라 棗·栗·飴·蜜이라 故曰以甘之라하니 周官所謂調以甘[30]者此也라 堇·荁·枌·楡四者는 常用之物이나 然不常有故로 有免(문)有薧也니 數者는 其性爲滑故로 曰以滑之라하니 周官所謂調以滑者此也라 脂膏以膏之는 周官所謂膏香膏臊(소)[31]之類者此也라 父母舅姑必嘗之而後退는 則以知其得所欲故也니 所欲者則嘗之也라 自下氣怡聲而下는 則所以養志也요 自饘·酏·酒·醴而下는 則所以養口體也라 故로 先後之序如此하니라

嚴陵方氏 : 所는 바로 寢室이니, 심기를 가라앉히면 건방지지 않고 음성을 온화하게 하면 드세지 않다. 옷이 더운지를 묻는 것은 장차 〈더운 옷을〉 벗겨서 시원하게 해드리려는 것이고, 옷이 추운지를 묻는 것은 장차 〈옷을〉 더하여 따뜻하게 하려는 것이다. 이미 발병하여 손상된 것은 疾이고 通해야 하는데 막힌 것은 痛이며, 몸이 번거로우면 옴이 되고 기운이 허하면 가려움이 생기니, 병으로 아프면 눌러드리고 옴으로 가려우면 긁어드린다. 혹은 앞서서 인도하고 혹은 뒤에서 따르며 왼쪽과 오른쪽에서 부축하고 잡아주니, 이와 같이 봉양하면 지극하다고 이를 만하다. 그러나 만일 공경으로써 하지 않으면 개나 말과 어떻게 구별되겠는가. 그러므로 매번 '공경한다.'고 말한 것이다.

대야를 받드는 것은 수고롭기 때문에 나이가 적은 자가 하고, 물을 받드는 것은 편안하기 때문에 나이가 많은 자가 하는 것이다. 沃盥은 물을 부어서 세수하게 하는 것이다. 얼굴빛은 남과 자기의 情을 통하게 하는 것이니, 자기가 얼굴빛을 부드럽게 하면 이에 어버이의 얼굴빛을 온화하게 할 수가 있다.

콩으로부터 이하는 그 성질과 맛이 각각 같지 않다. 그러므로 부모나 시부모가 원하시는 것을 따르니, 원하시는 바를 따라 올리는 것이다. 대추·밤·엿·꿀이기 때

---

30) 調以甘 : ≪周禮≫ 〈天官 食醫(사의)〉에 "무릇 간을 맞출 적에 봄에는 신맛을 많이 쓰고, 여름에는 쓴맛을 많이 쓰고, 가을에는 매운맛을 많이 쓰고, 겨울에는 짠맛을 많이 쓰는데, 부드럽게 하는 것과 단맛이 나는 것으로써 맛을 조화롭게 한다.〔凡和 春多酸 夏多苦 秋多辛 冬多鹹 調以滑甘〕"라고 보인다.

31) 膏香膏臊(소) : ≪周禮≫ 〈天官 庖人〉에 "짐승의 고기를 왕에게 올릴 때 봄에는 작은 양과 새끼 돼지의 고기를 쓰는데 향기 나는 쇠기름으로 요리하고, 여름에는 말린 꿩고기와 건어물을 쓰는데 누린내 나는 개기름으로 요리하고, 가을에는 송아지와 사슴 새끼의 고기를 쓰는데 비린내 나는 닭기름으로 요리하고, 겨울에는 싱싱한 생선과 기러기 고기를 쓰는데 누린내 나는 양 기름으로 요리한다.〔凡用禽獻 春行羔豚 膳膏香 夏行腒鱐 膳膏臊 秋行犢麛 膳膏腥 冬行鱻羽 膳膏羶〕"라고 보인다.

문에 "달게 한다."고 말했으니, ≪周禮≫ 〈天官 食醫(사의)〉에 이른바 "단것으로 조화롭게 한다."는 것이 이것이다. 근초・환초・흰 느릅나무・느릅나무 네 가지는 항상 사용하는 물건이지만 항상 있지는 않으므로 신선한 것이 있고 묵은 것이 있다. 이 몇 가지는 성질이 매끄럽기 때문에 "매끄럽게 한다." 하였으니, ≪周禮≫ 〈天官 食醫〉에 이른바 "부드럽게 하는 것으로 조화롭게 한다."는 것이 이것이다. 된 기름과 묽은 기름으로 기름지게 한다는 것은 ≪周禮≫ 〈天官 庖人〉에 이른바 "향기 나는 쇠기름"과 "누린내 나는 개기름" 따위가 이것이다. 부모나 시부모가 반드시 맛보신 뒤에 물러감은 원하는 것을 얻으셨다는 것을 알았기 때문이니, 원하시는 것이면 맛을 보신다. 심기를 가라앉히고 음성을 온화하게 함으로부터 이하는 〈부모나 시부모의〉 뜻을 봉양하는 것이고, 된 죽・묽은 죽・술・단술로부터 이하는 〈부모나 시부모의〉 입과 몸을 봉양하는 것이므로 선후의 차례가 이와 같은 것이다.

120401 **男女未冠笄者 鷄初鳴**이어든 **咸盥漱**하야 **櫛縰**하며 **拂髦**하며 **總角**하며 **衿纓**하야 **皆佩容臭**하고 **昧爽而朝**하야 **問何食飮矣**오하야 **若已食則退**하고 **若未食則佐長者**하야 **視具**라

아들이나 딸 중에 아직 冠禮를 하지 않았거나 笄禮를 하지 않은 자는 닭이 처음 울거든 모두 〈일어나〉 세수하고 양치하고서, 빗질하고 머리 싸매며 다팔머리의 먼지를 털며 머리를 묶어 뿔 모양을 만들며 향주머니를 매고서 모두 향기 나는 물건을 차고, 먼동이 틀 무렵에 부모를 뵙고서 "무엇을 드시고 마시셨습니까?"라고 묻는다. 그리하여 만약 이미 드셨으면 물러나고 만약 아직 드시지 않았으면 長者를 도와서 음식을 장만함을 살핀다.

≪集說≫

總角은 總聚其髮而結束之하야 爲角하니 童子之飾也라 容臭는 香物也니 助爲形容之飾故로 言容臭라 以纓佩之하니 後世香囊이 卽其遺制라 昧는 晦也요 爽은 明也니 昧爽은 欲明未明之時라

'總角'은 머리카락을 모두 모아서 결속하여 뿔 모양을 만든 것이니, 동자의 꾸밈이

다. '容臭'는 향기 나는 물건이니, 외모의 꾸밈을 돕기 때문에 容臭라고 말한 것이다. 향주머니로써 이것을 차니, 후세의 香囊이 바로 여기에서 전해 내려온 제도이다. 昧는 어두움이고 爽은 밝음이니, '昧爽'은 밝으려고 하나 아직 밝지 않은 때이다.

≪大全≫

嚴陵方氏曰 後言男角女羈[32)]하고 此兼男女로되 而止曰角者는 擧男以該之也라 臭는 謂香物이니 若蘭茝(난채)之屬이니 不佩用而止佩臭者는 示未能卽事也라 具는 謂膳具니 幼者於視膳之事에 未能專之也요 特可以佐長者而已니라

嚴陵方氏 : 뒤에 '男角女羈'라고 말하였고, 여기서는 남녀를 겸하되 다만 '角'이라고 말한 것은 남자를 들어 〈여자를〉 포함한 것이다. 臭는 향기로운 물건을 이르니 난초와 白芷 같은 등속인데, 사용할 것을 차지 않고 다만 향내 나는 것을 차는 것은 아직 일을 맡을 수 없음을 보인 것이다. 具는 음식의 장만을 이르니, 어린 자는 〈어버이에게 올릴〉 음식을 살피는 일을 전적으로 주관하지 못하고 다만 長者를 도울 수 있을 뿐이다.

○ 朱子曰 註에 言佩容臭는 爲迫尊者라하니 蓋爲恐身有穢氣하야 觸尊者故로 佩香物也라

朱子 : 〈鄭玄의〉 註에 "향주머니를 차는 것은 尊者에게 가까이 다가가기 때문이다." 하였으니, 몸에 좋지 않은 냄새가 있어서 尊者의 비위를 거스를까 두렵기 때문에 향기로운 물건을 차는 것이다.

120501 凡內外 鷄初鳴이어든 咸盥漱하야 衣服하고 斂枕簟(점)하며 灑掃室堂及庭하야 布席하고 各從其事하나니라 孺子는 蚤寢晏起하며 唯所欲하며 食無時니라

---

32) 男角女羈 : '123801'에 보이는바, 자식이 태어난 지 3개월 말에 날짜를 가려서 머리를 자르되, 자르지 않고 남겨서 鬌(황새머리)를 만드는데, 陳澔의 集說에 따르면 정수리 양옆으로 뿔 위치에 해당하는 곳의 머리카락을 자르지 않고 남겨둔 것을 '角'이라 이르고, 정수리 위에 세로와 가로로 머리카락을 각각 한 가닥씩 남겨두어서 서로 교차하여 통하게 한 것을 '羈'라 이른다.

무릇 안과 밖에 있는 사람들은 닭이 처음 울거든 모두 〈일어나〉 세수하고 양치하고서 옷을 입고 베개와 대자리를 거두며, 방 안과 마루와 뜰에 물 뿌리고 청소하여 돗자리를 펴고 각자 자기 일에 종사한다. 어린아이는 일찍 자고 늦게 일어나며, 오직 하고 싶은 대로 하며 일정한 때가 없이 먹는다.

≪集說≫

古人은 枕席之具를 夜則設之하고 曉則斂之하야 不以私褻之用으로 示人也라

옛사람들은 베개와 돗자리 등의 寢具를 밤이면 펼쳐놓고 새벽이면 거두어서 사사로이 쓰는 물건을 남에게 보이지 않았다.

≪大全≫

嚴陵方氏曰 斂則收而藏之니 必斂枕簟은 則以晝夜異用故也라 灑掃는 則用水以斂塵而去之요 室堂及庭은 則自內以及外也라 布席은 則所以待尊者之行事라 各從其事는 若女服事于內하고 男服事于外之類 是矣라 早寢則未與乎日入之夕이요 起晏則未與乎昧爽之朝라 唯所欲하고 食無時는 則以弱而未勝其制節이요 且養之不可不備也니라

嚴陵方氏 : '斂'은 거두어 보관하는 것이니, 반드시 베개와 대자리를 거두는 것은 낮과 밤에 쓰는 것이 다르기 때문이다. '灑掃'는 물을 사용하여 먼지를 거두어 제거하는 것이고, '室堂及庭'은 내부로부터 외부에 미치는 것이다. '布席'은 尊者가 일을 행하기를 기다리는 것이다. '各從其事'는 여자는 안에서 일하고 남자는 밖에서 일하는 것과 같은 따위가 이것이다. 일찍 자면 해가 졌을 때 저녁 문안을 드리는 일에 참여하지 않고, 늦게 일어나면 먼동이 틀 무렵에 아침 문안을 드리는 일에 참여하지 않게 된다. 오직 하고 싶은 대로 하며 일정한 때가 없이 먹는 것은, 어려서 절제해야 할 일을 이겨내지 못하기 때문이고, 또 〈먹여〉 기르기를 구비하지 않아서는 안 되기 때문이다.

120601 由命士以上은 父子皆異宮이니 昧爽而朝하야 慈以旨甘하고 日出而退하야 各從其事라가 日入而夕하야 慈以旨甘이니라

〈선비 가운데 爵秩을 받은〉 命士로부터 이상은 부자간이 모두 집을 달리해야 하니, 〈자식은〉 먼동이 틀 무렵에 〈어버이에게 가서〉 아침 문안을 드리고서 맛있는 음식을 가지고 敬愛함을 다한다. 그리고 해가 뜨면 물러나서 각각 자기 일에 종사하다가 해가 지면 〈어버이에게 가서〉 저녁 문안을 드리고서 맛있는 음식을 가지고 경애함을 다한다.

≪集說≫

慈는 愛也니 謂敬愛其親故로 以旨甘之味로 致其愛라 各從其事者는 各治其所當爲之事也라 晩朝爲夕이라

慈는 사랑이니, 어버이를 경애하기 때문에 맛있는 음식을 가지고 사랑을 다함을 이른다. '各從其事'는 각자 마땅히 해야 할 일을 다스리는 것이다. 저녁에 문안하는 것을 '夕'이라 한다.

○ 鄭氏曰 異宮은 崇敬也[33]라

鄭氏(鄭玄) : 집을 달리함은 〈어버이를〉 높이고 공경하는 것이다.

≪大全≫

張子曰 古者에 有東宮西宮하고 有南宮北宮하야 異宮而同財하니 此禮를 亦可行이라 古人慮遠하니 目下雖似相疏나 其實如此라야 乃能久相親이라 蓋數十百[34]口之家는 自是飮食衣服을 難爲得一이라 故로 大庖則同之하고 小庖則異之 不爲害니라 又異宮은 乃容子得伸其私요 所以避子之私也니라

張子 : 옛날에는 東宮·西宮이 있고 南宮·北宮이 있어서 집은 달리하면서도 재물은 함께 하였으니, 이 禮를 또한 행할 수 있었다. 옛사람은 생각함이 원대하였으니, 당장에는 비록 서로 소원한 듯하나 실제는 이와 같이 하여야 오래도록 서로 친할 수 있다. 수십 백 명의 식구가 있는 집안은 자연히 음식과 의복을 똑같이 하기가 어려우므로 큰 부엌은 함께하고 작은 부엌은 달리하는 것이 해될 것이 없다. 또 집을 달

---

33) 異宮崇敬也 : ≪禮記正義≫의 鄭玄의 注에 보인다.

34) 數十百 : ≪歷代史選≫ 권5 〈秦紀〉의 原註에 "'數十百'은 100에서부터 혹 80이나 90에 이르기까지의 수로, 일정하지 않은 수이다.〔數十百 自百以下 或至八十九十 不定數也〕" 하였다.

리하는 것은 자식이 〈자기 부모에게〉 사사로운 情을 펼 수 있도록 허용하는 것이고, 〈어버이가〉 자식의 사사로움을 피하기 위한 것이다.

○ 嚴陵方氏曰 尊卑之際는 辨則敬하고 同則褻이라 故로 父子坐不同席하고 居必異宮은 所以致其敬也라 然責貴者는 其禮宜詳하고 責賤者는 其禮宜略이라 故로 由命士以上然後에 父子異宮也라 周官典命에 子男之士不命[35)]하니 則士固有不命者矣라 朝見曰朝요 夕見曰夕이니 昧爽而朝는 則晨省之禮也요 日入而夕은 則昏定之禮也니라

嚴陵方氏 : 尊者와 낮은 자의 사이는 분별하면 〈서로〉 삼가고 똑같이 하면 〈서로〉 無禮하다. 그러므로 부자간이 앉을 때에 자리를 함께 하지 않고 거처할 때에 반드시 집을 달리함은 삼감을 지극히 하는 것이다. 그러나 귀한 자에게 요구하는 것은 그 禮가 마땅히 자세해야 하고, 천한 자에게 요구하는 것은 그 예가 마땅히 소략해야 한다. 그러므로 命士 이상이 된 뒤에 부자간이 집을 달리하는 것이다. ≪周禮≫ 〈春官 典命〉에 따르면 子·男의 작위를 가진 제후의 士는 爵秩이 없으니, 그렇다면 士 가운데는 진실로 작질이 없는 자가 있는 것이다. 아침에 뵙는 것을 '朝'라 하고 저녁에 뵙는 것을 '夕'이라 하니, 먼동이 틀 무렵에 뵙는 것은 새벽에 문안하는 예이고, 해가 지면 뵙는 것은 저녁에 잠자리를 안정시켜드리는 예이다.

○ 長樂劉氏曰 不有旨甘以達其慈면 則曷異於無祿也리오

長樂劉氏 : 맛있고 단 음식을 가지고 사랑을 〈어버이에게〉 전달함이 있지 않으면 祿이 없는 자와 어찌 다르겠는가."

120701 父母舅姑將坐어시든 奉席하야 請何鄉하며 將衽(임)이어시든 長者奉席하야 請何趾하며 少者執牀與坐어든 御者擧几하고 斂席與簟하며 縣(현)衾篋(협)枕하며 斂簟而襡(독)之니라

부모나 시부모가 〈아침에 일어나〉 장차 앉으려 하시면 돗자리를 받들어 어느 쪽으로 향하실 것인가를 여쭈며, 장차 눕는 자리를 고치려 하시면 長者

35) 子男之士不命 : ≪周禮≫ 〈春官 典命〉에 보인다. '命士'는 爵秩을 받은 士로서, 一命 이상의 士를 가리킨다. 이에 반대로 '不命之士'는 작질이 없는 士로, 예컨대 子·男의 나라에서 그 卿은 再命이고, 大夫는 一命이고, 士는 不命이다.

가 돗자리를 받들어 발을 어느 쪽으로 향하실 것인가를 여쭌다. 그리고 젊은 자가 안석을 잡아서 앉을 수 있도록 하면, 모시는 자가 사방침을 들어 〈부모나 시부모에게〉 올리고, 〈누웠던〉 돗자리와 대자리를 거두며 이불을 〈묶어서〉 매달고 베개를 상자에 갈무리해 두며, 대자리를 거두어 싸서 둔다.

≪集說≫

將坐는 旦起時也니 奉坐席而鋪者는 必問何向이라 衽은 臥席也니 將衽은 謂更臥處也니 長者 奉此臥席而鋪에 必問足向何所라 牀은 說文에 云 安身之几坐라하니 非今之臥牀也라 將坐之時에 少者執此牀하야 以與之坐어든 御侍者擧几進之하야 使之憑以爲安이라 臥必簟在席上하니 旦起則斂之하고 而簟을 又以襡韜之者는 以親身恐穢汚也라 衾則束而懸之하고 枕則貯於篋也니라

'將坐'는 〈부모나 시부모가〉 아침에 일어날 때이다. 앉을 돗자리를 받들어 펴는 자는 반드시 어디를 향할지를 묻는다. 衽은 누울 자리이니 '將衽'은 〈부모나 시부모가〉 누울 곳을 바꿈을 이른다. 長者가 이 누울 자리를 받들어 펼 때에 반드시 발을 어느 곳으로 향하실 것인지를 묻는다. 牀은 ≪說文解字≫에 이르기를 "몸을 편안히 하는 안석이다." 하였으니, 지금의 臥牀이 아니다. 〈부모나 시부모가〉 장차 앉으려 할 때에 젊은 자가 이 안석을 잡아서 앉을 수 있도록 하면 모시는 자가 사방침을 들어 올려서 부모나 시부모로 하여금 기대어 편안하도록 하는 것이다. 누울 때에 반드시 대자리가 돗자리의 위에 있으니, 아침에 일어나면 그것을 거두고 대자리를 또 싸두는 것은, 대자리는 몸에 직접 닿는 것이어서 〈대자리를〉 더럽힐까 두려워해서이다. 이불은 묶어서 매달고 베개는 상자에 갈무리해 둔다.

≪大全≫

長樂劉氏曰 侍父母舅姑하야 行遊할새 於所至에 其將(至)〔坐〕[36)]也면 則長者奉席而前하야 請欲何向也하고 將憩而臥於他所면 則長者奉席而前하야 請衽欲何趾也니 不敢斥言其首는 敬之至也라 坐臥는 所以安老而優尊也로되 而席爲之主라 群子婦

36) (至)〔坐〕: 저본에는 '至'로 되어 있으나, 문맥이 순하지 않아 ≪欽定禮記義疏≫를 참고하여 '坐'로 수정하였다.

不敢專하야 必讓於長者는 上下之分이 禮宜然也라 御者擧几하고 斂席與簟하며 懸衾篋枕하고 斂簟而襡之者는 謂坐之將起하고 寢之將興也니 几席之徹과 衾枕之斂은 則賤者尸之하되 不必子婦也라

長樂劉氏 : 부모나 시부모를 모시고 出行했을 적에 다다른 곳에서 앉으시려고 하면 長者가 돗자리를 받들고 앞으로 가서 어느 방향으로 향하고 싶으신가를 여쭌다. 쉬려고 다른 곳에 누우려 하시면 장자가 돗자리를 받들고 앞으로 가서 누울 자리를 펴면서 발을 어느 곳으로 향하고자 하시는지를 여쭈니, 〈발을 언급하고〉 감히 그 머리를 지칭하지 못함은 공경함이 지극한 것이다. 앉게 해드리고 눕게 해드리는 것은 노인을 편안히 하고 높은 이를 우대하는 것이나 〈앉거나 누울〉 돗자리가 주요한 것이 된다. 여러 자식과 며느리가 감히 마음대로 하지 못하여 반드시 장자에게 사양함은 윗사람과 아랫사람의 본분상 禮가 마땅히 그러해야 하는 것이다. 모시는 자가 사방침을 들고 돗자리와 대자리를 거두며 이불을 매달고 베개를 상자에 넣고 대자리를 거두어 싸서 두는 것은, 〈부모나 시부모가〉 앉았다가 장차 일어나려 하고 자다가 장차 일어나려 함을 이르니, 사방침과 돗자리를 거두는 것과 이불과 베개를 거둠은 천한 자가 주관하되 꼭 자식과 며느리가 해야 하는 것은 아니다.

120801 父母舅姑之衣衾・簟席[37]・枕几를 不傳하며 杖屨를 祗敬之하야 勿敢近하며 敦牟(대무)・卮匜(치이)를 非餕(준)이어든 莫敢用하며 與恒食飮하야도 非餕이어든 莫之敢飮食이니라

부모와 시부모의 옷과 이불, 대자리와 돗자리, 베개와 안석을 함부로 〈정해진 장소가 아닌 곳으로〉 옮겨놓지 않으며, 지팡이와 신을 공경하여 감히 가까이하지 않으며, 〈질솥 모양의〉 대접과 그릇, 술잔과 종지는 〈부모나 시부모가〉 먹고 남긴 음식을 먹는 경우가 아니면 〈아랫사람들이〉 감히 사용하지 않으며, 항상 드시고 마시는 것에 미쳐서도 〈부모나 시부모가〉 남긴 음식이 아니면 〈아랫사람들이〉 감히 먹고 마시지 않는다.

---

37) 簟席 : 〈喪大記〉의 "군주는 대자리를 사용한다.〔君 以簟席〕"에 대한 陳澔의 集說에는 "簟席은 대자리이다.〔簟席 竹席也〕" 하였는데, 여기서는 별도의 주석이 없어서 '대자리와 돗자리'로 번역하였다.

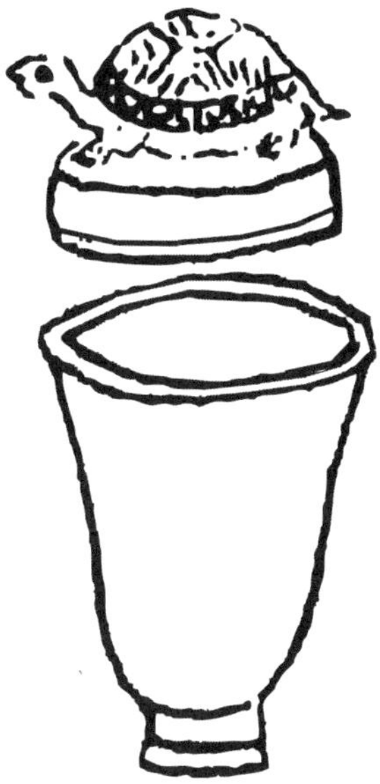

敦(대)

牟(무)

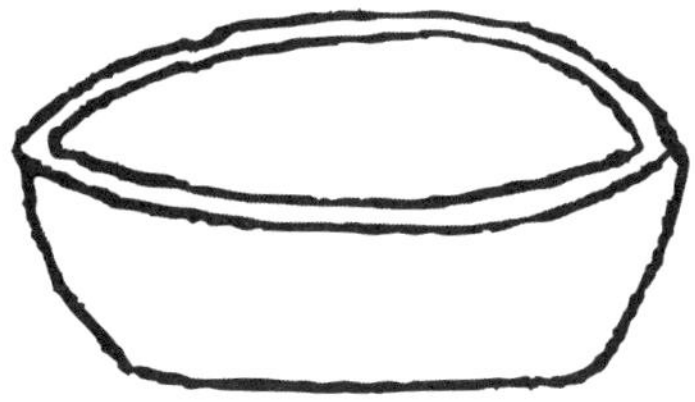

巵(치)

匜(이)

≪集說≫

傳은 移也니 謂此數者를 每日置之有常處하야 子與婦不得輒移置他所也라 近은 謂挨偪之也라 敦與牟는 皆盛黍稷之器라 牟는 讀爲堥(모)니 土釜也로대 此器則木爲之요 象土釜之形耳라 巵는 酒器요 匜는 盛水漿之器라 此四器는 皆尊者所用이니 子與婦非餕其餘면 無敢用此器也라 與는 及也니 及尊者所常食飮之物하얀 子與婦 非餕餘면 不敢擅飮食之也라

傳은 옮겨놓음이니, 이 몇 가지를 매일 놓는 곳이 일정한 장소가 있어서 아들과 며느리가 갑자기 다른 장소로 옮겨놓아서는 안 됨을 이른다. 近은 가까이 다가감을 이른다. 敦와 牟는 모두 찰기장과 메기장을 담는 그릇이다. 牟는 堥로 읽으니 질솥인데, 이 기물은 나무로 만든 것이고, 질솥의 형체를 본떴을 뿐이다. 巵는 술잔이고 匜는 물과 장을 담는 그릇이다. 이 〈敦·牟·巵·匜〉 네 기물은 모두 尊者가 사용하는 것이니, 아들과 며느리는 〈부모나 시부모가〉 남긴 음식을 먹는 경우가 아니면 감히 이 기물을 사용하지 못한다. 與는 미침이니, 尊者가 항상 드시고 마시는 물건에 미쳐서도 아들과 며느리는 〈부모나 시부모가〉 남긴 음식을 먹는 경우가 아니면 감히 멋대로 마시고 먹지 못한다.

≪大全≫

慶源輔氏曰 凡此는 所以養其孝心也라 孝는 人心之所固有로대 後世禮敎不明하야 日就銷鑠하야 有不自知者矣라 若夫動容周旋中禮者는 則又成德者之事也니라

慶源輔氏 : 무릇 이것은 효심을 기르는 방법이다. 효는 사람 마음에 본래 가지고 있는 것인데 후세에 禮敎가 밝지 못하여 〈효심이〉 날로 사라져 없어져서 스스로 알지 못하는 자가 있게 된 것이다. 행동거지가 禮에 딱 들어맞는 것은 또 德을 이룬 자의 일이다.

120901 **父母在**어시든 **朝夕恒食**에 **子婦佐餕**호되 **旣食恒餕**하고 **父沒母存**이어시든 **冢子御食**하고 **群子婦佐餕如初**하며 **旨甘柔滑**은 **孺子餕**이니라

부모가 살아 계시거든 아침저녁으로 항상 음식을 드실 적에 아들과 며느리가 드시기를 권하고 드시고 남긴 것을 먹되 늘 드시고 남긴 음식을 다 먹는다. 아버지가 돌아가시고 어머니가 살아 계시거든 맏아들이 〈어머니를〉 모시고 먹고, 아들들과 며느리들이 드시기를 권하고 드시고 남긴 것을 먹기를 아버지가 살아 계셨을 때처럼 하며, 맛있고 부드러운 음식은 어린아이가 그 남기신 것을 먹는다.

≪集說≫

佐餕者는 勸勉之하야 使食而後에 餕其餘也라 旣食恒餕者는 盡食其常食之餘也라 御食은 侍母食也요 如初는 如父在時也라

'佐餕'은 권면하여 드시게 한 뒤에 남긴 음식을 먹는 것이다. '旣食恒餕'은 늘 드시고 남긴 음식을 다 먹는 것이다. '御食'은 어머니를 모시고 먹는 것이고, '如初'는 아버지가 생존해 계실 때처럼 하는 것이다.

≪大全≫

山陰陸氏曰 謂之恒餕은 則著以其美者孺子餕故也라 言群子婦佐餕하고 不言冢婦는 冢婦不預也니라

山陰陸氏 : '恒餕'이라고 말함은, 맛 좋은 것은 어린아이가 그 남기신 것을 먹음을 드러내려고 해서이다. 아들들과 며느리들이 드시기를 권함을 말하고, 맏며느리를 말하지 않은 것은 맏며느리는 참여하지 않기 때문이다.

○ 慶源輔氏曰 父沒母存이면 食則獨矣니 恐母心之傷也라 故冢子御食焉이라 御는 侍也니 言御하면 至矣로되 群子婦佐餕如初然後에 可以至於無窮이라 旨甘柔滑孺子餕者는 所以慈幼也니 養老慈幼가 於是爲至니라

慶源輔氏 : 아버지가 돌아가시고 어머니가 살아 계시면 밥을 먹을 때에 혼자 드시니, 어머니의 마음이 아프실까 두려우므로 맏아들이 모시고 먹는다. 御는 모심이니, '모신다.'고 말했으면 지극하지만 아들들과 며느리들이 드시기를 권하기를 아버지가 살아 계실 때처럼 한 뒤에 무궁함에 이를 수 있다. 맛있고 부드러운 음식은 어린아이가 그 남기신 것을 먹는 것은 어린아이를 사랑하는 방법이니, 노인을 봉양하고 어린아이를 사랑하는 것이 이에 지극함이 된다.

121001 在父母舅姑之所하야는 有命之어시든 應唯敬對하나 進退周旋에 愼齊하며 升降出入에 揖遊하며 不敢噦(얼)・噫(애)・嚔(체)・咳(개)・欠・伸・跛(피)・倚・睇(제)視하며 不敢唾(타)・洟(체)니라

부모나 시부모가 계신 처소에 있어서는 명령함이 있으면 응하기를 빨리 하고 공경히 대답하며, 나아가고 물러나고 周旋할 적에 삼가고 엄숙히 하며, 오르고 내려가고 나가고 들어옴에 〈읍하는 것처럼〉 몸을 약간 숙이기도 하고 〈위로 쳐들 듯이〉 약간 젖히기도 한다. 그리고 감히 구역질하고 트림하며 재채기하고 기침하며 하품하고 기지개 켜며 한 발로 기울여 서고 기대거나 곁눈질하여 보지 않으며, 감히 침을 뱉거나 콧물을 흘리지 않는다.

≪集說≫

應之辭는 唯爲恭이라 噦은 嘔逆之聲也라 莊子에 大塊噫氣라하고 詩에 願言則嚔라 咳는 嗽聲也라 氣乏則欠하고 體疲則伸이라 偏任爲跛요 依物爲倚라 睇視는 傾視也라 洟는 自鼻出者라

應하는 말은 빨리 하는 것을 공손함으로 여긴다. 噦은 구역질하는 소리이다. ≪莊子≫ 〈齊物論〉에 "거대한 땅덩어리가 기운을 내뿜는다.〔噫〕" 하였으며, ≪詩經≫ 〈邶風 終風〉에 "그리워하면 재채기를 한다.〔嚏〕" 하였다. 咳는 기침하는 소리이다. 기운이 모자라면 하품을 하고〔欠〕 몸이 피곤하면 기지개를 켠다.〔伸〕 몸을 한쪽에 맡기는 것을 '跛'라 하고 물건에 기댐을 '倚'라 한다. '睇視'는 흘겨보는 것이다. 洟는 코에서 흘러나오는 것이다.

121002 寒不敢襲하며 癢不敢搔하며 不有敬事어든 不敢袒裼[38)]하며 不涉이어든 不撅(궐)하며 褻衣衾은 不見(현)裏니라

추워도 감히 옷을 껴입지 않으며 가려워도 감히 긁지 않으며, 공경할 일이 없으면 감히 윗옷 소매를 걷거나 윗옷의 왼쪽 소매를 벗어서 裼衣를 드러내지 않으며, 물을 건널 때가 아니면 옷을 걷어 올리지 않으며, 속옷과 이불은 그 속을 보이게 하지 않는다.

≪集說≫

襲은 重衣也라 袒與裼이 皆禮之敬故로 非敬事어든 不袒裼也라 不因涉水則不揭裳이라 不見(현)裏는 爲其可穢라

襲은 옷을 겹으로 입는 것이다. 袒과 裼은 모두 禮의 恭敬하는 것이므로 공경할 일이 아니면 袒裼을 하지 않는다. 물을 건너는 경우가 아니면 치마를 걷어 올리지 않는다. 속을 보이게 하지 않음은 〈그 속이〉 더러워질 수 있기 때문이다.

≪大全≫

嚴陵方氏曰 噦·噫·嚏·咳는 則聲爲不恭이요 欠·伸·跛·倚·睇視는 則貌爲不恭이요 唾洟는 則聲貌俱爲不恭矣라 故每不敢爲也라 寒不敢襲하고 癢不敢搔는 則

38) 袒裼 : 윗옷의 왼쪽 소매를 벗어서 內衣인 裼衣를 드러내는 것이다. '袒'은 본래 웃통을 벗는다는 뜻으로 상반신을 그대로 드러내는 것을 가리키며, '裼'은 본래 갖옷〔裘〕이나 葛衣의 위에 덧입는 옷인 석의를 가리키는데, 또한 이 둘은 모두 상의의 앞자락을 열어 왼쪽 소매를 벗어서 그것을 앞자락의 오른쪽에 꽂고 석의를 드러내는 행위를 지칭하기도 한다. 석의는 또한 中衣라고도 한다.

不敢適已之便故也니라

嚴陵方氏 : 구역질하고 트림하며 재채기하고 기침함은 소리가 不恭함이 되고, 하품하고 기지개 켜며 한 발로 기울여 서고 기대거나 곁눈질하여 봄은 모양이 불공함이 되고, 침 뱉고 콧물 흘림은 소리와 모양이 모두 불공함이 되므로 매번 감히 하지 못하는 것이다. 추워도 감히 옷을 껴입지 않고 가려워도 감히 긁지 않음은 자기의 편리함에 맞게 해서는 안 되기 때문이다.

121003 **父母唾·洟**를 **不見**(현)하며 **冠帶垢**어든 **和灰請漱**하며 **衣裳垢**어든 **和灰請澣**(한)하며 **衣裳綻**(탄)**裂**이어든 **紉**(인)**箴請補綴**(철)이니라

부모의 침과 콧물을 〈즉시 닦아 없애서〉 남에게 보이지 않게 하며, 冠과 띠에 때가 끼었으면 잿물을 타서 빨 것을 청하며, 의복에 때가 끼었으면 잿물을 타서 빨 것을 청하며, 의복이 터지거나 찢어졌으면 실을 바늘에 꿰어서 기우고 꿰맬 것을 청한다.

≪集說≫

唾洟不見은 謂卽刷除之하야 不使見示於人也라 漱澣은 皆洗濯之事라 和灰는 如今人用灰湯也라 以線貫箴으로 爲紉이라

'唾洟不見'은 즉시 닦아 없애어 남에게 보이지 않게 하는 것이다. 漱와 澣은 모두 세탁하는 일이다. '和灰'는 지금 사람들이 잿물을 사용하는 것과 같다. 실을 바늘에 꿰는 것을 '紉'이라 한다.

≪大全≫

嚴陵方氏曰 子之於親也에 衣而寒燠則問之하고 體之苛癢則搔之로되 而於已則寒不敢襲하고 癢不敢搔하며 以至父母之唾洟하얀 不見(현)이로되 而已則唾洟不敢하니 其所以愛親之心이 可謂至矣니라

嚴陵方氏 : 자식이 어버이에게 옷이 춥고 더운 것에 대해서는 묻고 몸의 가려움에 대해서는 긁어주지만 자기 자신에 대해서는 추워도 감히 옷을 껴입지 않고 가려워

도 감히 긁지 않으며, 부모의 침과 콧물에 이르러서는 보이지 않게 하나 자기 자신에게는 콧물과 침을 감히 닦아 없애지 못하니, 어버이를 사랑하는 마음이 지극하다고 이를 만하다.

121004 **五日**이어든 **則燂**(섬)**湯請浴**하고 **三日**이어든 **具沐**호되 **其間**에 **面垢**어시든 **燂潘**(번)**請靧**(회)하고 **足垢**어시든 **燂湯請洗**하나니 **少事長**하며 **賤事貴**에 **共帥**(솔)**時**니라

5일이 되면 물을 데워서 몸을 씻으시기를 청하고 3일이 되면 〈데운 물을〉 갖추어 머리 감으시기를 청하되 그 사이에 얼굴에 때가 끼었으면 쌀뜨물을 데워 세수하시기를 청하고, 발에 때가 끼었으면 물을 데워 씻으시기를 청하니, 젊은 사람이 어른을 섬기며 천한 자가 귀한 이를 섬길 때에도 모두 이것을 따라 한다.

≪集說≫

燂은 溫也요 潘은 淅米汁也라 靧는 洗面也라 共帥時는 皆循是禮也라

燂은 데움이고, 潘은 쌀을 씻어낸 물이다. 靧는 얼굴을 씻음이다. '共帥時'는 모두 이 禮를 따르는 것이다.

≪大全≫

慶源輔氏曰 應唯는 無二志也요 敬對는 無隱情也요 進退敬齊는 無不敬也니 非精神篤志면 何以及此리오 應以唯는 敏矣요 對以敬은 忠矣니 唯誠故敏하고 故忠이라 至於進退周旋愼齊는 誠之至也니 誠身은 所以悅親이요 而敬親은 所以敬身也라 袒裼撅衣하면 恐親之心不安也니 唯不得已而後에 爲之耳라 父母唾洟不見(현)은 人情所不欲見也라 請辭漱請補綴하니 請則容有不(詳)〔許〕[39]나 然必先備灰與箴而後請은 敬之至也라 簡者爲之면 則必得請而後備矣라 沐不言請은 省文也라 循是而行之면

39) (詳)〔許〕: 저본에는 '詳'으로 되어 있으나, 藏書閣 소장본(K1-73)에 의거하여 '許'로 바로잡았다.

固無有不至者矣니라

慶源輔氏 : 응하기를 빨리함은 다른 뜻이 없는 것이고, 공경히 대답함은 숨긴 생각이 없는 것이고, 나아가고 물러감에 공경하고 엄숙함은 공경하지 않음이 없는 것이니, 정신이 깨끗하고 뜻이 독실한 자가 아니면 어찌 여기에 미치겠는가. 응하기를 빨리함은 민첩한 것이고 대답하기를 공경히 함은 충성스러운 것이니, 오직 정성스럽기 때문에 민첩하고 〈정성스럽기〉 때문에 충성스러운 것이다. 나아가고 물러감과 주선함에 삼가고 공경함으로 말하면 정성스러움이 지극한 것이니, 몸을 성실히 함은 어버이를 기쁘게 하는 것이고 어버이를 공경함은 자기 몸을 공경하는 것이다. 윗옷 소매를 걷거나 윗옷의 왼쪽 소매를 벗으며 옷을 걷어 올리면 부모님 마음이 불안해할까 두려우니, 오직 부득이한 뒤에 할 뿐이다. 부모의 침과 콧물을 보이지 않게 함은 사람의 마음에 보고 싶어 하지 않는 것이기 때문이다. 빨기를 청하고 기우고 꿰맬 것을 청하니, 청하면 〈부모가 그 청을〉 허락하지 않을 수 있으나 반드시 먼저 잿물과 바늘을 준비한 뒤에 청함은 공경함이 지극한 것이다. 소홀한 자가 할 경우에는 반드시 청함을 얻은 뒤에 구비할 것이다. 머리 감는 것을 청함을 말하지 않은 것은 〈청한다는〉 글을 생략한 것이다. 이 예를 따라 행하면 진실로 지극하지 않은 것이 없을 것이다.

121101 男不言內하고 女不言外하며 非祭非喪이어든 不相授器니 其相授인댄 則女가 受以篚하고 其無篚어든 則皆坐하야 奠之而后에 取之니라

남자는 집안의 일을 말하지 않고 여자는 집 밖의 일을 말하지 않으며 제사가 아니고 初喪이 아니면 〈남자와 여자가〉 서로 그릇을 주고받지 않으니, 서로 주고받는 경우에는 여자는 광주리를 가지고 받고 광주리가 없으면 남녀가 무릎 꿇고 앉아서 남자가 그릇을 땅에 놓은 뒤에 여자가 가져간다.

≪集說≫

男은 正位乎外[40]하니 不當於外而言內庭之事요 女는 正位乎內하니 不當於內而言梱

40) 男正位乎外 : ≪周易≫ 家人 〈彖傳〉에 "여자는 안에서 위치를 바르게 하고, 남자는 밖에서 위치를 바르게 한다.〔女正位乎內 男正位乎外〕"라고 보인다.

外之事라 惟喪祭二事라야 乃得以器相授受者는 以祭爲嚴肅之地요 喪當急遽之時하니 乃無他嫌也라 非此二者면 則女必執篚하야 使授者로 置之篚中也라 皆坐는 男女皆跪也니 授者跪而置諸地면 則受者亦跪而就地하야 以取之也라

남자는 밖에서 위치를 바르게 하니 밖에서 안뜰의 일을 말해서는 안 되고, 여자는 안에서 위치를 바르게 하니 안에서 문지방 바깥의 일을 말해서는 안 된다. 오직 初喪과 제사 두 가지 일이 있어야 비로소 그릇을 가지고 서로 주고받는 것은, 제사는 엄숙한 자리가 되고 초상은 급박한 때에 해당하니 이에 다른 혐의가 없기 때문이다. 이 두 경우가 아니면 여자가 반드시 광주리를 잡고서 〈자기에게 그릇을〉 주는 자로 하여금 그릇을 광주리 안에 넣게 한다. '皆坐'는 남녀가 모두 무릎을 꿇는 것이니, 주는 자가 무릎을 꿇고 바닥에 내려놓으면 받는 자도 무릎을 꿇고 바닥에 나아가 그것을 가져간다.

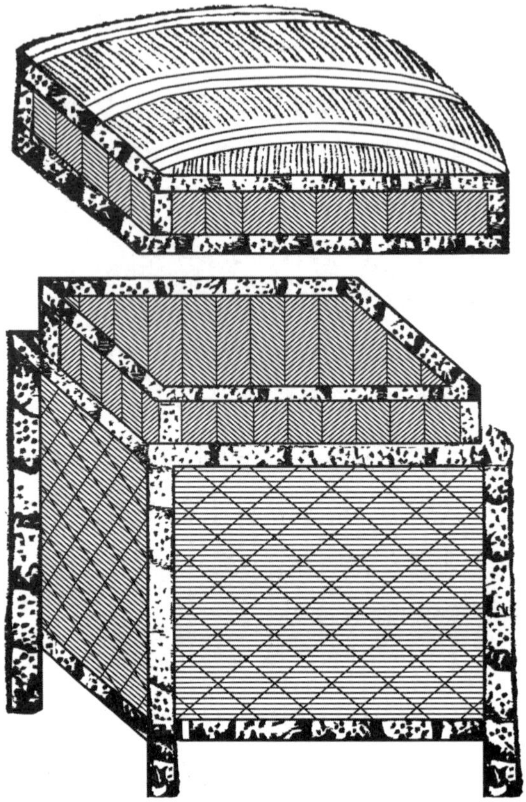

匪(광주리)

≪大全≫

嚴陵方氏曰 女授以篚면 則男所受를 可知어늘 言女受而不及男者는 受는 陰事요 女以受爲正故也라 奠은 謂定之於地也니 以於地故로 言皆坐하니 坐亦跪也라 與曲禮言坐而遷之[41]同義니라

嚴陵方氏 : 여자가 〈그릇을〉 광주리로 준다면 남자가 〈그릇을〉 받는다는 것을 알

41) 坐而遷之 : ≪禮記≫ 〈曲禮 上〉에 "선생의 서책과 금슬이 〈지나가려는 곳의〉 앞에 있으면 무릎 꿇고 앉아 옮겨놓고 타 넘지 않도록 조심해야 한다.〔先生書策琴瑟 在前 坐而遷之 戒勿越〕"라고 보인다.

수 있는데 여자가 받는다는 것을 말하고 남자가 받는다는 것을 언급하지 않은 것은, 받음은 陰의 일이고 여자는 받음을 바른 것으로 삼기 때문이다. 奠은 바닥에 놓아둠을 이르는데, 바닥에서 하기 때문에 '모두 앉는다.'고 말했으니, 앉는다는 것은 또한 무릎 꿇고 앉는 것이다. 〈曲禮〉에 "무릎 꿇고 앉아서 옮긴다."는 것과 같은 뜻이다.

○ 有問避嫌이 是否잇가 朱子曰 合避處에 豈可不避리오 如瓜田不納履하고 李下不整冠[42]이니 豈可不避리오 如男女授受不親하며 君不與同姓同車하고 與異姓同車호되 不同服[43]은 皆是合避處니라

〈어떤 사람이〉 "避嫌하는 것이 옳습니까?" 하고 묻자, 주자가 말씀하였다. "마땅히 피해야 할 곳에서 어찌 피하지 않을 수 있겠는가. 오이 밭에서는 〈허리를 굽혀〉 신을 고쳐 신지 않고 자두나무 아래에서는 冠을 정돈하지 않는 것과 같으니, 어찌 피하지 않을 수 있겠는가. 남녀가 주고받는 것을 친히 하지 않으며 임금이 同姓과 수레를 함께 타지 않고, 異姓과 수레를 함께 타되 같은 옷을 입지 않음은 모두 마땅히 피해야 할 부분이다."

121102 外內不共井하며 不共湢(핍)浴하며 不通寢席하며 不通乞假하며 男女不通衣裳하며 內言은 不出하고 外言은 不入이라 男子入內하야 不嘯不指하며 夜行以燭이니 無燭則止니라 女子出門에 必擁蔽其面하며 夜行以燭이니 無燭則止니라 道路에 男子는 由右하고 女子는 由左니라

---

42) 瓜田不納履 李下不整冠 : 중국 삼국시대 魏나라 曹植의 〈君子行〉에 "군자는 매사를 미연에 방지하여 혐의를 받는 지경에 처하지 않는다. 오이밭에서는 신을 고쳐 신지 않고 자두나무 아래에서는 관을 정돈하지 않는다.〔君子防未然 不處嫌疑間 瓜田不納履 李下不整冠〕"라고 보인다. 오이밭에서 허리를 굽혀 신을 고쳐 신을 경우 오이를 딴다는 혐의를 받게 되고, 자두나무 아래에서 두 손을 들어 관을 바르게 쓸 경우 자두를 딴다는 혐의를 받게 된다는 뜻에서 한 말이다.

43) 君不與同姓同車……不同服 : 이 내용은 ≪禮記≫ 〈坊記〉에 보이는데, 陳澔의 集說에 "〈同姓과〉 수레를 함께 타지 않는 것은 해로움을 멀리하는 것이니, 찬탈하고 시해하는 禍가 항상 同姓에게서 일어났기 때문이다. 그러므로 異姓과 수레를 함께 타는 것은 혐의하지 않은 것이다.〔不同車 遠害也 簒弑之禍 常起於同姓 故與異姓同車則不嫌〕"라고 설명하였다. 鄭玄의 注에 "수레를 모는 마부〔僕〕와 수레 오른쪽에 타는 용사인 車右는 항상 朝服을 입고, 군주는 상황에 따라 옷을 달리 입는데, 오직 군대를 지휘할 때에만 서로 같은 옷을 입는다.〔僕右恒朝服 君則各以時事 唯在軍同服爾〕" 하였다.(≪禮記正義≫)

外(남자)와 內(여자)가 우물을 함께 사용하지 않으며 욕실을 함께 사용하여 목욕하지 않으며 이부자리를 통용하지 않으며 물건을 서로 빌리지 않으며 남녀가 의상을 통용하지 않는다. 〈여자들의 직분에 관한〉 내간의 말은 문지방 밖으로 내지 않고 〈남자들의 직분에 관한〉 외간의 말은 문지방 안으로 들이지 않는다. 남자는 집안에 들어가서 휘파람 불지 않고 손가락질하지 않으며 밤에 다닐 때는 등불을 사용하니, 등불이 없으면 그만둔다. 여자는 문을 나갈 때 반드시 얼굴을 가리며 밤에 다닐 때에는 등불을 사용하니, 등불이 없으면 그만둔다. 도로에서 남자는 오른쪽으로 다니고 여자는 왼쪽으로 다닌다.

≪集說≫

湢은 浴室也라 不嘯不指는 謂聲容有異하야 駭人視聽也라 舊讀嘯爲叱(질)하니 今詳嘯는 非家庭所發之聲이니 宜其不可어니와 叱은 或有當發者하니 如見非禮擧動이면 安得不叱以儆之乎아 讀如本字爲是라 擁은 猶障也라 由右由左[44]는 見王制하니라

湢은 욕실이다. 휘파람 불지 않고 손가락질하지 않는 것은 소리와 용모에 유별난 점이 있어서 사람들의 보고 듣는 것을 놀라게 함을 이른다. 舊注(鄭玄의 注)에는 '嘯(휘파람)'를 '叱(꾸짖음)'로 읽었는데 지금 살펴보면 휘파람은 가정에서 낼 수 있는 소리가 아니니, 마땅히 내서는 안 된다. 그런데 꾸짖음은 혹 마땅히 내야 할 경우가 있으니, 만일 禮가 아닌 거동을 본다면 어찌 꾸짖어 경계하지 않을 수 있겠는가. 〈嘯를〉 본래 글자(휘파람)대로 읽는 것이 옳다. 擁은 障(가림)과 같다. 오른쪽으로 다니고 왼쪽으로 다닌다는 것은 〈王制〉에 보인다.

≪大全≫

長樂劉氏曰 外內不共井은 嫌同汲也요 不共湢浴은 嫌相褻也요 不通寢席은 嫌相親也요 不通乞假는 嫌往來也요 不通衣裳은 惡(오)淆雜也요 內言不出은 惡交於外也요 外言不入은 惡交於內也라 禮에 當入內하얀 嘯則涉乎異也요 指則涉乎覘也라 有燭則

44) 由右由左 : 〈왕제〉에 "도로를 갈 적에 남자는 오른쪽으로 가고, 부인은 왼쪽으로 가고, 수레는 중앙으로 간다.〔道路 男子由右 婦人由左 車從中央〕"라고 보인다.

行은 夜有不(可得而)〔得〕[45]已也요 無燭則止는 行則涉於不明也일새라 道路之法은 其右以行男子하고 其左以行女子하니 古之道也니라

長樂劉氏：外(남자)와 內(여자)가 우물을 함께 사용하지 않음은 함께 물 긷는 것을 혐의해서이고, 욕실을 함께 사용하여 목욕하지 않음은 서로 無禮함을 혐의해서이고, 잠자리를 함께 사용하지 않음은 서로 친애함을 혐의해서이고, 빌리는 것을 통하지 않음은 서로 오고 감을 혐의해서이고, 의상을 함께 입지 않음은 〈남녀의 의상이 구분 없이〉 뒤섞여 어지러움을 싫어해서이고, 〈여자들의 직분에 관한〉 내간의 말을 문지방 밖으로 내지 않음은 〈여자들이〉 외간의 남자들과 사귐을 싫어한 것이고, 〈남자들의 직분에 관한〉 외간의 말을 문지방 안으로 들이지 않음은 〈남자들이〉 내간의 여자들과 사귐을 싫어한 것이다. 禮에 따르면, 안에 들어가서 휘파람을 불면 괴이한 일이 되고 손가락질을 하면 살펴보는 일이 된다. 촛불이 있으면 감은 밤에 그만둘 수 없는 일이 있기 때문이고, 촛불이 없으면 그침은 〈촛불 없이〉 가면 밝지 않은 데에서 돌아다니는 것이기 때문이다. 도로를 다니는 법은 〈도로의〉 오른쪽에는 남자를 다니게 하고 왼쪽에는 여자를 다니게 하니, 옛 법도이다.

○ 嚴陵方氏曰 言外內하면 則男女在其中矣로되 而於衣裳에 特言男女者는 以男女之衣裳異制하야 尤所不可通故也라 內言不出하고 外言不入은 與曲禮所言同[46]이라 擁蔽其面者는 惡(오)外有所褻也라

嚴陵方氏：外와 內를 말했으면 남자와 여자가 그 가운데 들어 있으나 衣裳에 대해서 특별히 남자와 여자를 말한 것은, 남자와 여자의 의상은 제도가 달라서 더욱 통할 수 없는 것이기 때문이다. 내간의 말을 문지방 밖으로 내지 않고 외간의 말을 문지방 안으로 들이지 않음은 〈曲禮〉에서 말한 바와 같다. 그 얼굴을 가림은 외면에 猥褻스러운 바가 있게 됨을 싫어해서이다.

---

45) (可得而)〔得〕：저본에는 '可得而'로 되어 있으나, 元나라 吳澄의 ≪禮記纂言≫을 참고하고 앞뒤 문맥을 따져 '得'으로 수정하였다.

46) 內言不出……與曲禮所言同：〈曲禮 上〉에 "〈남자는〉 외간의 말을 문지방 안으로 들이지 않으며, 〈여자는〉 내간의 말을 문지방 밖으로 내지 않는다.〔外言 不入於梱 內言 不出於梱〕"라고 보인다.

121201 **子婦孝者敬者**는 **父母舅姑之命**을 **勿逆勿怠**니라

아들과 며느리로서 효도하는 자와 공경하는 자는 부모와 시부모의 명령을 거스르지 말고 태만히 하지 말아야 한다.

≪集說≫

子而孝면 父母必愛之하고 婦而敬이면 舅姑必愛之라 然猶恐其恃愛하야 而於命에 或有所違也라 故以勿逆勿怠로 爲戒하니라

아들로서 효도하면 부모가 반드시 그를 사랑하고 며느리로서 공경하면 시부모가 반드시 며느리를 사랑한다. 그러나 오히려 그 사랑을 믿고서 명령에 혹 어기는 바가 있을까 두려우므로 거스르지 말고 태만히 하지 말라고 경계한 것이다.

≪大全≫

朱子曰 勿逆勿怠는 此謂不可變節以傷尊者平日慈愛之心也니라

朱子 : 거스르지 말고 태만히 하지 말라는 것은, 이는 凡節을 바꾸어 尊者의 평소 慈愛하는 마음을 손상해서는 안 됨을 말한 것이다.

○ 東萊呂氏曰 旣孝敬矣면 何必戒其逆怠리오 蓋孝敬之人이 事親에 至於與親相忘이면 則慢心易(이)生하니 恐或至於逆怠라 故在所戒니라

東萊呂氏 : 이미 효도하고 공경한다면 어찌 굳이 거스르고 태만히 함을 경계할 필요가 있겠는가. 그러나 효도하고 공경하는 사람이 어버이를 섬김에 어버이와 서로 〈간의 구분을〉 잊는 지경에 이르면 태만한 마음이 생기기 쉬우니, 혹시라도 거스르고 태만히 함에 이를까 두려우므로 〈효도하는 자와 공경하는 자도〉 경계해야 할 대상에 들어 있는 것이다.

121202 **若飮食(임사)之**어시든 **雖不耆**[47]나 **必嘗而待**하며 **加之衣服**이어시든 **雖不欲**이나 **必服而待**니라

---

47) 耆 : '嗜(즐겨 먹음)'와 같다.

만약 〈음식을〉 마시게 하고 먹게 하시면 비록 〈자기가〉 그 음식을 좋아하지 않더라도 반드시 맛보고서 기다리며, 의복을 주시면 비록 원하지 않더라도 반드시 입고서 기다린다.

≪集說≫

嘗而待와 服而待는 皆謂俟尊者 察其不耆不欲而改命之니 則或置之어나 或藏去를 乃敢如己意也라

"맛보고서 기다리다."와 "입고서 기다리다."는 모두 〈낮은 자가〉 尊者가 그 〈음식을〉 즐기지 않고 〈옷을〉 원하지 않음을 살펴서 고쳐 명령하기를 기다림을 이르니, 〈尊者의 명령이 내려진 뒤에야 음식과 옷을〉 혹 내버려두거나 혹 갈무리하는 것을 비로소 감히 자기 뜻대로 할 수 있는 것이다.

121203 加之事요 人으로 代之어시든 己雖弗欲이나 姑與之하야 而姑使之라가 而后復之호리라

〈尊者가〉 일을 맡기고서 〈나중에〉 다른 사람으로 대신하게 하시면 자기가 비록 원하지 않더라도 먼저 그에게 〈일을〉 주어서 우선 하게 하다가 뒤에 〈자기가〉 다시 한다.

≪集說≫

尊者任之以事하야 而己既爲之矣어늘 或念其勞하야 又使他人代爲어든 己意雖不以爲勞而不欲其代나 然必順尊者之意하야 而姑與之라 若慮其爲之不如己意라도 姑敎使之라가 及其果不能而後에 己復爲之也라

尊者가 일을 맡겨서 자기가 이미 그것을 하고 있는데 〈尊者가〉 혹 수고로울까 염려해서 또 다른 사람으로 하여금 대신하게 하시면, 자기 마음은 비록 수고롭게 여기지 않아 대신하게 함을 원하지 않더라도 반드시 尊者의 뜻을 존중해서 우선 그에게 주어야 한다. 만약 그 사람이 하는 것이 자기 마음과 같지 않을까 염려되더라도 먼저 〈그에게 일을〉 가르쳐 시키다가 그가 과연 잘하지 못하고 난 뒤에 자기가 다시

그것을 하는 것이다.

≪大全≫

慶源輔氏曰 旣加之事요 又使人代之어시든 己雖不欲人代己나 然不可不順父母之命이라 故姑與之요 而姑使之而後復之者는 終以身親之也니라

慶源輔氏 : 〈尊者가 자기에게〉 이미 일을 맡기고서 또 다른 사람으로 하여금 대신하게 하시면 자기는 비록 다른 사람으로 하여금 자기를 대신하게 하는 것을 원치 않더라도 부모의 명령을 순종하지 않을 수가 없으므로 먼저 〈그에게 일을〉 주는 것이고, 우선 시켜본 뒤에 다시 하는 것은 끝내 자기가 직접 하는 것이다.

○ 金華應氏曰 味偶不甘而必嘗하고 衣偶不稱而必服하야 徐而待之면 則親知其果非所安하야 而不可强也라 加己以事하고 而又代之以人이어시든 亦姑與而姑使之라가 待夫人之果不克勝而後에 復之하니 亦不敢辭其難也라 是는 非故爲矯情이요 蓋委曲以行其意니 雖至親之間이라도 亦有不容以直遂者라 必如是而後에야 無所拂也니라

金華應氏 : 맛이 우연히 달지 않더라도 반드시 맛을 보고 옷이 우연히 걸맞지 않더라도 반드시 입고서 조용히 기다리면, 어버이가 과연 편안히 여기는 바가 아닌 줄을 알아서 강요할 수 없다. 〈尊者가〉 자기에게 일을 맡기고서 또 다른 사람으로 대신하게 하시면 또한 먼저 〈일을 그에게〉 주어서 우선 시키다가 그 사람이 과연 제대로 해내지 못함을 기다린 뒤에 〈자기가〉 다시 하니, 이 또한 감히 그 〈일의〉 어려움을 사양하지 못해서이다. 이는 일부러 〈자기의〉 마음을 꾸미는 것이 아니고 정성스럽게 그 뜻을 행하는 것이니, 비록 지극히 친한 사이라 하더라도 또한 〈자기가 원하는 것을〉 곧장 이룰 수 없는 것이 있기 때문이다. 반드시 이와 같이 한 뒤에야 〈禮를〉 거스르는 바가 없게 된다.

121204 子婦有勤勞之事어든 雖甚愛之나 姑縱之하고 而寧數(삭)休之니라

아들과 며느리에게 부지런히 힘쓰는 일이 있으면 비록 그들을 매우 사랑하더라도 우선 〈그대로〉 놓아두고, 차라리 그들을 자주 쉬게 하는 것이 낫다.

≪集說≫

謂雖甚愛此子婦而不忍其勞나 然必且縱使爲之하고 而寧數數休息之하야 必使終竟其事而後已요 不可以姑息으로 爲愛而使之不事事也라

〈이는〉 비록 이 아들과 며느리를 매우 사랑해서 고생하는 것을 차마 보지 못하더라도 반드시 우선 놓아두어 그 일을 하게 하고 차라리 자주 휴식하게 해서 반드시 그 일을 끝마친 뒤에 그만두게 해야 하고, 당장 편안하도록 해주는 것을 사랑이라고 여겨서 일을 일삼지 않게 해서는 안 됨을 말한 것이다.

121205 **子婦未孝未敬**이어든 **勿庸疾怨**이요 **姑敎之**호되 **若不可敎**어든 **而后**에야 **怒之**니 **不可怒**어든 **子放婦出**호되 **而不表禮焉**이니라

아들과 며느리가 효도하지 않고 공경하지 않거든 미워하거나 원망하지 말고 우선 가르치되, 만약 가르칠 수 없거든 그런 뒤에 잘못을 꾸짖는다. 잘못을 꾸짖어도 고치지 않거든 아들을 내쫓고 며느리를 쫓아버리되 〈그들의〉 失禮한 잘못을 드러내지 않는다.

≪集說≫

庸은 用也라 怒之는 譴責之也요 不可怒는 謂雖譴責之而不改也라 雖放逐其子하고 出棄其婦나 而不表明其失禮之罪는 示不終絶之也라

庸은 씀이다. '怒之'는 잘못을 꾸짖는 것이고, '不可怒'는 비록 잘못을 꾸짖어도 고치지 않음을 이른다. 비록 아들을 내쫓고 며느리를 쫓아버리더라도 失禮한 잘못을 분명하게 드러내지 않음은 끝내 〈그 관계를〉 끊지 않음을 보이는 것이다.

≪大全≫

嚴陵方氏曰 子婦有勤勞之事어든 甚愛之라도 姑縱之하고 而寧數休之면 則彼共爲子婦之職이니 而吾不可以愛故奪之也라 子婦未孝未敬이어든 勿庸疾怨은 則爲傷恩故也니라

嚴陵方氏 : 아들과 며느리가 근로하는 일이 있으면 매우 사랑하더라도 우선 하도록 놓아두고 차라리 자주 쉬게 하면 저들이 아들과 며느리의 직분을 공손히 행할 것이니, 내가 사랑한다는 이유로 〈그들의 직분을〉 빼앗아서는 안 되는 것이다. 아들과 며느리가 효도하지 않고 공경하지 않거든 〈그들을〉 미워하거나 원망하지 말라는 것은 〈미워하거나 원망하면 그들에 대한〉 은혜를 손상하기 때문이다.

○ 慶源輔氏曰 子曰 愛之인댄 能勿勞乎[48]아하시니 勤勞之事를 若遽止之면 是姑息之愛也라 子婦未孝未敬이어든 勿庸疾怨은 是存父母之心也요 子婦放逐은 不得已也요 不表禮焉은 是猶有不忍之心也니라

慶源輔氏 : 孔子가 말씀하기를 "사랑한다면 수고롭게 하지 않을 수 있겠는가." 하셨으니, 부지런히 힘쓰는 일을 만약 대번에 그치게 하면 이는 고식적인 사랑이다. 아들과 며느리가 효도하지 않고 공경하지 않으면 미워하거나 원망하지 말라는 것은 부모의 〈아들과 며느리를 사랑하는〉 마음을 보존하는 것이고, 아들과 며느리를 내쫓거나 쫓아버림은 부득이해서이고, 실례한 잘못을 드러내지 않음은 오히려 차마 하지 못하는 마음이 있는 것이다.

○ 東萊呂氏曰 明言其惡而出之之謂表라 父母愛子之心과 舅姑待婦之禮는 雖彼有過라도 猶欲遮護라 故로 放出而不明言其所以過니라

東萊呂氏 : 그 惡行을 분명히 말하여 내쫓는 것을 '表'라 이른다. 부모가 자식을 사랑하는 마음과 시부모가 며느리를 대하는 禮는 비록 저들이 잘못이 있더라도 오히려 가려서 보호하고자 한다. 그러므로 쫓아내되 잘못한 바를 분명히 말하지 않는 것이다.

○ 金華應氏曰 自子婦孝者敬者而下는 勉子婦之孝於父母舅姑也요 自子婦有勤勞之事而下는 勉父母舅姑之慈於子婦也니 兩者交盡其道면 而孝慈之懽이 交結而不可解矣니라

金華應氏 : '子婦孝者敬者'(121201)로부터 이하는 아들과 며느리의 부모와 시부모에 대한 효도를 권면한 것이고, '子婦有勤勞之事'(121204)로부터 이하는 부모와 시부모의 아들과 며느리에 대한 사랑을 권면한 것이니, 〈부모・시부모와 아들・며느

48) 子曰 愛之能勿勞乎 : ≪論語≫ 〈憲問〉에 보인다.

리〉 兩者가 서로 마땅한 도리를 다하면 효도하고 사랑하는 기쁨이 서로 결속되어 풀어질 수 없다.

121301 **父母有過**어시든 **下氣怡色**하며 **柔聲以諫**호되 **諫若不入**이어시든 **起敬起孝**하야 **說**(열)**則復諫**이니라 **不說**이사도 **與其得罪於鄕黨州閭**론 **寧孰諫**이니 **父母怒不說**하야 **而撻之流血**이라도 **不敢疾怨**이요 **起敬起孝**호리라

부모가 잘못이 있으시면 기운을 가라앉히고 얼굴색을 온화하게 하며 음성을 부드럽게 하여 諫言하되, 간언이 만약 받아들여지지 않으면 더 공경하고 더 효도하여 〈부모가〉 기뻐하시면 다시 간언한다. 부모가 기뻐하지 않으시더라도 鄕黨과 州閭에서 죄를 얻기 보다는 차라리 익숙히 간언하는 것이 나으니, 부모가 노여워하여 기뻐하지 않아서 종아리를 쳐서 피가 흐르더라도 감히 〈부모를〉 미워하거나 원망하지 않고 더 공경하고 더 효도하여야 한다.

≪集說≫

疏曰 孰諫은 謂純熟殷勤而諫을 若物之成熟然이라

〈孔穎達의〉 疏 : '孰諫'은 익숙하고 은근하게 간언하기를 마치 물건이 성숙한 것과 같이 함을 이른다.

≪大全≫

西山眞氏曰 起者는 悚然興起之意요 孰者는 反覆純熟之謂라 不諫이면 是陷其親於不義하야 得罪於州里니 等而上之컨대 諸侯而不諫이면 則使其親得罪於國人이요 天子而不諫이면 則使其親得罪於天下라 是以로 寧孰諫也라 怒而撻之라도 猶不敢怨이어든 況下於此者乎아 諫不入이어든 起敬起孝하며 諫而怒어시든 亦起敬起孝하니 敬孝之外에 豈容有他念哉며 豈容一息忘哉아 是說也를 聖人이 著之論語矣하야 曰 事父母호되 幾諫이니 見志不從하고 又敬不違하며 勞而不怨[49]이라하시니 事親者 當合二書而思焉이니라

---

49) 事父母幾諫……勞而不怨 : ≪論語≫ 〈里仁〉에 보인다.

西山眞氏 : 起는 공경히 일으킨다는 뜻이고, 孰은 반복하여 익숙히 함을 이른다. 간언하지 않으면 이것은 부모를 不義에 빠트려 州里에서 죄를 얻게 하는 것이니, 등급을 높여 논해보면 제후가 〈부모에게〉 간언하지 않으면 그 부모로 하여금 나라 사람들에게 죄를 얻게 하고, 천자가 부모에게 간언하지 않으면 그 부모로 하여금 천하 사람들에 죄를 얻게 한다. 이 때문에 차라리 익숙히 간언하는 것이 낫다. 부모가 노여워하여 종아리를 치더라도 오히려 감히 원망하지 않는데, 하물며 이보다 가벼운 경우에 있어서랴. 간언하여도 받아들이지 않으시거든 더 공경하고 더 효도하며, 간언하였을 때 노여워하시더라도 또한 더 공경하고 더 효도해야 하니, 공경하고 효도하는 것 외에 어찌 다른 생각을 가질 수 있겠으며 어찌 잠시라도 잊을 수 있겠는가. 이 말을 聖人(孔子)이 ≪論語≫ 〈里仁〉에 드러내어 말씀하기를 "부모를 섬기되 은미하게 간언해야 하니, 〈부모의〉 뜻이 내 말을 따르지 않음을 보고서도 더욱 공경하고 어기지 않으며, 수고로워도 원망하지 않는다." 하였으니, 부모를 섬기는 자는 마땅히 〈≪예기≫와 ≪논어≫〉 두 책의 내용을 종합하여 생각하여야 한다.

○ 慶源輔氏曰 下氣怡色柔聲은 所以自牧也요 起敬起孝는 所以自策也니 自牧則無戾心이요 自策則無倦意라 諫而父母不悅은 非己之罪也요 不諫而鄕閭責焉은 則己之罪也니라

慶源輔氏 : 기운을 가라앉히고 얼굴색을 온화하게 하고 음성을 부드럽게 함은 자신을 닦는 것이고, 더 공경하고 더 효도함은 자신을 채찍질하는 것이니, 자신을 닦으면 어그러진 마음이 없고 자신을 채찍질하면 게으른 뜻이 없게 된다. 간언하였을 적에 부모가 기뻐하지 않는 것은 자기의 죄가 아니고, 간언하지 않아서 고을 사람과 마을 사람들이 〈자기 부모를〉 나무라는 것은 자기의 죄이다.

121401 父母有婢子와 若庶子庶孫을 甚愛之어시든 雖父母沒이라도 沒身敬之不衰니라

부모가 계집종의 자식과 庶子와 庶孫을 매우 사랑하시거든 비록 부모가 별세하였더라도 종신토록 그들을 공경하기를 쇠하지 않게 한다.

≪集說≫

婢子는 賤者之所生也라 若은 及也요 或也라 沒身은 終身也라 父母之所愛를 亦愛之는 至於犬馬하야도 盡然이온 而況於人乎아

'婢子'는 賤妾이 낳은 자식이다. 若은 및이고 或이다. '沒身'은 종신이다. 부모가 사랑하시는 바를 또한 사랑함은 개와 말에 이르러서도 모두 그러하거든 하물며 사람에 있어서랴.

121402 子有二妾에 父母愛一人焉하시고 子愛一人焉이어든 由衣服飮食과 由執事를 毋敢視父母所愛하니 雖父母沒이라도 不衰니라

아들이 두 妾이 있을 때에 부모는 〈그 두 첩 중에〉 한 사람을 사랑하고 아들은 다른 한 사람을 사랑하거든, 〈아들은〉 자기의 〈사랑하는 첩의〉 의복이나 음식과 자기의 〈사랑하는 첩의〉 일을 집행하는 것을 감히 부모가 사랑하는 첩에 견주지 못하니, 비록 부모가 별세하였더라도 쇠하지 않게 한다.

≪集說≫

由는 自也[50]라 不敢以私愛로 違父母之情故也라

由는 자기 자신이다. 감히 자신의 사사로운 사랑으로써 부모의 사랑하는 情을 거스를 수 없기 때문이다.

≪大全≫

嚴陵方氏曰 於父母所愛之事에도 猶若是어든 況父母之身乎아 父母沒이라도 猶不衰어든 況父母之存乎아

50) 由 自也 : 이것은 鄭玄의 注를 따른 것으로, 이에 대해 孔穎達의 疏에 "자기 자신이 사랑하는 첩의 의복이나 음식과 일을 집행함을 위하기를 부모가 사랑하는 바에 감히 견주지 못하기 때문에 정현이 '由는 자기 자신이다.' 한 것이다.〔爲自己身所愛妾衣服飮食及執事 毋敢比於父母所愛者 故鄭云 由 自也〕" 하였다.

嚴陵方氏 : 부모가 사랑하는 일에 대해서도 오히려 이와 같은데, 하물며 부모의 몸에 대해서랴. 부모가 별세하였더라도 오히려 쇠하지 않는데, 하물며 부모가 생존해 계실 때임에랴.

121403 子甚宜其妻라도 父母不說(열)이어시든 出하고 子不宜其妻라도 父母曰 是善事我라커시든 子行夫婦之禮焉하야 沒身不衰니라

아들이 자기의 아내와 매우 사이가 좋더라도 부모가 기뻐하지 않으시면 내보내고, 아들이 자기의 아내와 사이가 좋지 않더라도 부모가 말씀하기를 "이 며느리가 나를 잘 섬긴다." 하시면 아들은 부부의 禮를 행하여 종신토록 쇠하지 않게 한다.

≪集說≫

宜는 猶善也라 大戴禮에 婦有七出하니 不順父母一이요 無子二이요 淫三이요 妬四요 惡疾五요 多言六이요 竊盜七이라 三不去는 有所受요 無所歸어든 不去하며 曾經三年喪이어든 不去하며 前貧賤이라가 後富貴어든 不去[51]니라

宜는 善과 같다. ≪大戴禮≫에 〈따르면〉 아내를 쫓아내는 경우가 일곱 가지가 있으니, 부모에게 순종하지 않음이 첫 번째이고, 자식이 없음이 두 번째이고, 음탕함이 세 번째이고, 질투함이 네 번째이고, 고치기 힘든 병이 다섯 번째이고, 말이 많음이 여섯 번째이고, 도둑질이 일곱 번째이다. 그리고 세 가지 쫓아내지 못하는 경우는, 〈아내로〉 받아들인 바가 있고 〈다시〉 돌아갈 곳이 없으면 쫓아내지 못하며, 일찍이 〈시부모의〉 삼년상을 치렀으면 쫓아내지 못하며, 〈시댁이〉 전에는 빈천하였다가 뒤에 부귀해졌다면 쫓아내지 못한다.

---

51) 婦有七出……不去 : ≪大戴禮記≫ 권13 〈本命〉에 보이는데, 이렇게 하는 이유에 대해 다음과 같이 기록해놓았다. "〈일곱 가지의 쫓겨나는 경우,〉 부모에게 순종하지 않음은 덕을 거스르는 것이기 때문이고, 자식이 없음은 대를 끊기 때문이고, 음탕함은 종족을 어지럽히기 때문이고, 질투함은 집을 어지럽게 하기 때문이고, 고치기 힘든 병은 조상의 제사를 받들 수 없기 때문이고, 말이 많음은 친족을 이간시키기 때문이고, 도둑질은 의리에 위반되기 때문이다.〔不順父母 爲其逆德也 無子 爲其絶世也 淫 爲其亂族也 妒 爲其亂家也 有惡疾 爲其不可與共粢盛也 口多言 爲其離親也 盜竊 爲其反義也〕"

≪大全≫

金華應氏曰 婢子는 賤微而可遺요 庶孼은 賤微而可忽이나 然父母有所鍾愛焉이면 非特加愛요 而又當加敬이 可也라 然婢子庶孼은 是固所當聽命이어니와 至於妻妾之切近乎吾身者하야도 而亦不敢不聽焉이라 妾은 雖吾所甚愛라도 不敢與父母所愛者敵이요 妻는 雖吾所甚宜라도 不敢以父母不悅而留하며 苟父母以爲善이어든 子之情雖替나 而夫婦之禮를 不可不行이니 知有親而不知有己也니라

金華應氏 : 계집종의 아들은 미천하여 버릴 만하고 庶孼은 미천하여 소홀히 할 만하지만 부모가 유난히 사랑하는 바가 있으면 다만 사랑을 할 뿐만이 아니고 또 공경을 함이 옳다. 그러나 계집종의 아들과 서얼에 대해서는 진실로 〈부모의〉 명령을 들어야 하지만 내 몸과 매우 가까운 아내와 첩에 이르러서도 또한 감히 부모의 명령을 듣지 않을 수가 없는 것이다. 〈나의〉 첩은 비록 내가 매우 사랑하더라도 감히 부모가 사랑하는 자와 대등하게 여길 수가 없고, 아내는 비록 나와 사이가 매우 좋더라도 부모가 기뻐하지 않기 때문에 감히 데리고 있을 수가 없으며, 만일 부모가 잘한다고 하시면 아들의 〈아내에 대한〉 애정이 비록 시들었더라도 부부의 禮를 행하지 않을 수가 없으니, 이는 어버이가 있음만 알고 자기 몸이 있음을 알지 못하는 것이다.

121501 父母雖沒하시나 將爲善엔 思貽父母令名하야 必果하고 將爲不善엔 思貽父母羞辱하야 必不果니라 舅沒則姑老니 冢婦所祭祀賓客에 每事를 必請於姑하고 介婦는 請於冢婦니라

부모가 비록 별세하셨으나 장차 선한 일을 하려 할 적에는 부모에게 좋은 명예를 끼칠 것을 생각하여 반드시 결행하며, 장차 선하지 못한 일을 하려 할 적에는 부모에게 수치와 욕을 끼칠 것을 생각하여 반드시 결행하지 않는다. 시아버지가 별세하면 시어머니가 가사 일을 맏며느리에게 전하니, 맏며느리는 제사 지내고 빈객을 접대할 때 매사를 시어머니에게 묻고 작은며느리는 맏며느리에게 묻는다.

≪集說≫

老는 謂傳家事於長婦也라 然長婦는 猶不敢專行이라 故로 祭祀賓客之事를 必稟問焉이라 介婦는 衆婦也라

'老'는 집안일을 맏며느리에게 전함을 이른다. 그러나 맏며느리는 오히려 감히 멋대로 행하지 못하므로 제사 지내고 빈객을 접대하는 일을 반드시 시어머니에게 묻는다. '介婦'는 작은며느리이다.

≪大全≫

嚴陵方氏曰 將者는 萌其始之謂요 果者는 成其終之謂라 夫君子之心은 將有爲也에 不必盡善이로되 以能有所思故로 不善을 終不成焉이요 小人之心은 將有爲也에 非盡不善이로되 以不能有所思故로 善을 終不成焉이니 然則善不善이 亦在乎思不思와 果不果之間而已니라

嚴陵方氏 : 將은 처음 싹틈을 이르고 果는 끝을 이룸을 이른다. 군자의 마음은 장차 무슨 일을 하려 할 적에 반드시 다 善하지는 않으나 능히 생각하는 바가 있기 때문에 不善을 끝내 이루지 않고, 小人의 마음은 장차 무슨 일을 하려 할 적에 다 불선한 것은 아니나 능히 생각하는 바가 있지 못하기 때문에 선을 끝내 이루지 못하는 것이니, 그렇다면 선과 불선은 또한 생각하느냐 생각하지 않느냐와 결행하느냐 결행하지 않느냐의 사이에 있을 뿐이다.

121601 舅姑使冢婦어시든 毋怠하며 不(友)〔敢〕[52] 無禮於介婦니라

시부모가 맏며느리를 부리시거든 〈맏며느리는〉 태만히 행하지 말며, 감히 작은며느리에게 무례하게 하지 않는다.

52) (友)〔敢〕 : 저본에는 '友'로 되어 있으나, 集說의 石梁王氏의 설과 ≪儀禮經傳通解≫에 의거하여 '敢'으로 바로잡았다. 다만 '友'를 그대로 보는 설이 있는데, 集說의 劉氏와 鄭玄의 注가 그러하다. 정현의 주에서 "작은며느리들이 무례하면 맏며느리가 우애로 대하지 않는 것이다.〔衆婦無禮 冢婦不友之也〕"라고 하였는데, ≪의례경전통해≫에 "이 句의 뜻은 자세하지 않으니, 정현 주의 설은 옳지 않은 듯하다. 아마도 '友'는 마땅히 '敢'이 되어야 할 듯하다.〔此句之義未詳 註說恐未然也 或疑友當作敢〕" 하였다.

≪集說≫

石梁王氏曰 友는 謂當作敢者 是라

石梁王氏 : 友는 "마땅히 敢이 되어야 한다." 한 것이 옳다.

○ 劉氏曰 使는 以事使之也라 毋는 禁止辭라 不友者는 不愛也요 無禮者는 不敬也니 言舅姑以事命冢婦어시든 則冢婦當自任其勞요 不可怠於勞而怨介婦不助己하야 遂不愛敬之也라

劉氏 : 使는 일을 가지고 부리는 것이다. 毋는 금지하는 말이다. '不友'는 사랑하지 않음이고 '無禮'는 공경하지 않음이니, 시부모가 일을 가지고 맏며느리에게 명하시면 맏며느리는 마땅히 스스로 그 수고로움을 맡아야 할 것이고, 수고로운 일에 태만히 하면서 작은며느리가 자기를 도와주지 않음을 원망하여 마침내 〈작은며느리를〉 사랑하지 않고 공경하지 않아서는 안 됨을 말한 것이다.

121602 舅姑若使介婦어시든 毋敢敵耦於冢婦니라

시부모가 만약 작은며느리를 부리시거든 〈작은며느리는〉 감히 맏며느리와 대등하다고 여기지 말아야 한다.

≪集說≫

劉氏曰 敵耦者는 欲求分任均勞之意니 言舅姑若以事使介婦爲之면 則介婦亦當自任其勞요 不可謂己與冢婦爲敵耦하야 欲求均配其勞也라

劉氏 : '敵耦'는 임무를 분담하여 수고로움을 균등하게 하기를 구하고자 하는 뜻이니, 시부모가 만약 일을 작은며느리에게 시켜서 하게 하였으면 작은며느리도 마땅히 스스로 자기의 수고로운 일을 맡아야 하고, 자기가 맏며느리와 대등하다고 여겨서 그 수고로움을 균등하게 분배하기를 구하고자 해서는 안 됨을 말한 것이다.

≪大全≫

慶源輔氏曰 舅沒則姑老는 不以年計之也요 有婦則可以傳家事矣라 然이나 至於祭祀賓客禮之大者하야는 亦必請於姑然後에 從事하니 夫然後에 婦姑各得其宜라 介婦

不敢敵耦於冢婦니 必如是而後에 冢婦之志行而家事具矣니라

慶源輔氏 : '舅沒則姑老'는 나이를 가지고 따지는 것이 아니고, 며느리가 있으면 家事를 전할 수 있는 것이다. 그러나 제사 지내고 빈객을 접대하는 禮의 큰 것에 이르러서는 또한 반드시 시어머니에게 물은 뒤에 일을 행해야 하니, 이렇게 한 뒤에 며느리와 시어머니가 각각 마땅함을 얻게 된다. 작은며느리가 감히 맏며느리를 대등하게 여기지 못하니, 반드시 이와 같이 한 뒤에 맏며느리의 뜻이 행해져서 집안의 일이 구비된다.

121603 不敢竝行하며 不敢竝命하며 不敢竝坐니라

〈작은 며느리는〉 감히 〈맏며느리와〉 나란히 걷지 않으며, 감히 나란히 명령을 〈내리거나 명령을〉 받지 않으며, 감히 나란히 앉지 않는다.

≪集說≫

又言介婦之與冢婦는 分有尊卑하니 非惟任事에 毋敢敵耦라 亦且不敢比肩而行하며 不敢竝受命於尊者하며 不敢竝出命於卑者라 蓋介婦는 當請命於冢婦也라 坐次도 亦必異列이니라

〈이 글은〉 또 "작은며느리는 맏며느리와 더불어 신분에 높고 낮음이 있으니, 일을 맡았을 때에 감히 대등하게 여기지 못할 뿐만이 아니라 또한 감히 어깨를 나란히 하여 가지 못하며 감히 尊者에게서 명령을 나란히 받지 못하며 감히 낮은 자에게 명령을 나란히 내리지 못한다. 작은며느리는 마땅히 맏며느리에게 명령을 〈해주기를〉 청해야 한다. 앉는 위치도 반드시 列을 달리해야 한다."라고 말한 것이다.

≪大全≫

嚴陵方氏曰 婦人은 以從人爲事라 故로 冢子之妻를 謂之冢婦니 猶之宗子之妻를 謂之宗婦也라 舅姑使冢婦毋怠者는 不以居長而敢自怠也라 毋敢敵耦於冢婦者는 兩相抗爲敵이요 兩相合爲耦니 言事之勞逸을 不敢與冢婦均也라 不敢竝行竝坐는 亦毋敢敵耦之事也니라

嚴陵方氏 : 부인은 남을 따르는 것을 일로 삼기 때문에 冢子(맏아들)의 아내를 '冢

婦(맏며느리)'라 이르니, 宗子의 아내를 '宗婦'라 이르는 것과 같다. 시부모가 맏며느리를 부리시거든 〈맏며느리가〉 태만히 하지 말아야 함은 윗자리에 있다 하여 감히 스스로 태만히 하지 않는 것이다. 〈작은며느리가〉 감히 맏며느리와 대등하다고 여기지 말라는 것은, 두 사람이 서로 대등하게 겨루는 것을 '敵'이라 하고 두 사람이 서로 합함을 '耦'라 하니, 일의 수고롭고 편안함을 〈작은며느리가〉 감히 맏며느리와 똑같이 하지 못함을 말한 것이다. 감히 〈작은며느리가 맏며느리와〉 나란히 가고 나란히 앉지 않는 것은, 또한 '감히 대등하다고 여기지 말아야 함'의 일이다.

121604 凡婦不命適私室이어시든 不敢退하며 婦將有事어든 大小를 必請於舅姑니라 子婦는 無私貨하며 無私畜(휵)하며 無私器하며 不敢私假하며 不敢私與니라

무릇 며느리는 〈시부모가〉 자기 방으로 물러가라고 명하지 않으면 감히 〈자기 방으로〉 물러가지 않으며, 며느리가 장차 일이 있게 되면 크고 작은 일을 반드시 시부모에게 여쭌다. 아들과 며느리는 사사로운 財貨가 없으며, 사사로운 저축이 없으며, 사사로운 器物이 없으며, 감히 〈남에게 물건을〉 사사로이 빌려오거나 빌려주지 않으며, 감히 〈남에게 물건을〉 사사로이 주지 않는다.

≪集說≫

鄭氏曰 家事는 統於尊也라

鄭氏(鄭玄) : 집안일은 높은 이에게 통솔되는 것이다.

≪大全≫

嚴陵方氏曰 私室은 卽婦室也니 其視舅姑之室을 若公所故也라 舅沒이어시든 冢婦唯祭祀賓客之事를 則請於姑爾요 其餘則否也라 子婦無私貨로 以至不敢私與는 以家事統於尊故也니라

嚴陵方氏 : '자기 방'은 바로 며느리의 방이니, 시부모의 방을 보기를 公的인 곳처

럼 여기기 때문이다. 시아버지가 별세했으면 맏며느리가 오직 제사 지내고 빈객을 접대하는 일을 시어머니에게 여쭐 뿐이고 나머지에 대해서는 여쭙지 않는다. '아들과 며느리는 사사로운 재화가 없음'으로부터 '감히 〈남에게 물건을〉 사사로이 주지 않음'까지는, 집안의 일은 높은 이에게 통솔되기 때문이다.

121605 **婦或賜之飮食·衣服·布帛·佩**[53]**帨**(세)·**茝**(채)**蘭**이어든 **則受而獻諸舅姑**호되 **舅姑受之則喜**하야 **如新**[54]**受賜**하고 **若反賜之**어시든 **則辭**호되 **不得命**이어든 **如更受賜**하야 **藏以待乏**이니라

며느리는 혹 〈친정 형제가〉 음식·의복·베와 비단·〈바늘·실 등〉 갖가지 차는 물건과 수건·향기로운 풀을 주면 받아서 시부모에게 올리되 시부모가 받으시면 기뻐하여 마치 〈친정 형제가〉 주는 물건을 새로 받은 것처럼 여기고, 만약 〈시부모가〉 돌려주시면 사양하되 〈사양함을〉 허락받지 못하면 마치 〈친정 형제가〉 주는 물건을 다시 받은 것처럼 여겨서 보관하고 〈시부모의 물건이〉 떨어지기를 기다려야 한다.

≪集說≫

或賜之는 謂私親兄弟也라 茝와 蘭은 皆香草也라 受之則如新受賜하고 不受則如更受賜는 孝愛之至也라 不得命者는 不見許也라 待乏은 待尊者之乏也라

'或賜之'는 친정 형제를 이른다. 茝와 蘭은 모두 향기로운 풀이다. 받으시면 마치 친정 형제가 주는 물건을 새로 받은 것처럼 여기고 받지 않으시면 마치 친정 형제가 주는 물건을 다시 받은 것처럼 여김은, 〈시부모에 대한 며느리의〉 효도하고 사랑함이 지극한 것이다. '不得命'은 허락받지 못하는 것이다. '待乏'은 尊者의 물건이 떨어지기를 기다리는 것이다.

---

53) 佩 : ≪小學集註≫ 〈立敎〉의 小註에 실린 元나라 吳澄의 설에 "佩는 雜佩이니, 예컨대 바늘과 실 따위이다.〔佩 雜佩 如箴線之類〕" 하였다.

54) 新 : ≪小學集註≫ 〈立敎〉의 小註에 실린 元나라 吳澄의 설에 "新은 처음이니, 마치 처음에 형제가 준 것을 받은 것처럼 함이다.〔新 初也 如初受兄弟之賜也〕" 하였다.

121606 婦若有私親兄弟하야 將與之어든 則必復請其故하야 賜而后에 與之니라

며느리는 만약 친정 형제가 있어서 장차 그것을 주고자 할 경우 반드시 다시 〈시부모에게 드렸다가 시부모가 받지 않은〉 예전의 물건을 여쭈고서 〈시부모가 그것을 나에게〉 주신 뒤에 〈그것을 친정 형제에게〉 준다.

≪集說≫

故는 卽前者所獻之物而舅姑不受者니 雖藏於私室이나 今必請於尊者하야 旣許然後에 取以與之也라

'故'는 즉 전에 드렸던 물건인데 시부모가 받지 않은 것이니, 비록 이것을 며느리의 방에 보관하였더라도 지금 반드시 尊者에게 여쭈고서 〈주라고〉 허락하신 뒤에 〈며느리는 그것을〉 취하여 〈친정 형제에게〉 주는 것이다.

≪大全≫

嚴陵方氏曰 獻諸舅姑者는 不敢私受人故也요 請其故하야 賜而後與之者는 不敢私與人故也니라

嚴陵方氏 : 〈다른 사람에게 받은 물건을〉 시부모에게 올림은 감히 다른 사람에게서 사사로이 받지 못하기 때문이고, 〈드렸다가 시부모가 받지 않은〉 예전 물건을 여쭈고서 〈시부모가 자기에게 그것을〉 주신 뒤에 〈다른 사람에게〉 줌은 감히 다른 사람에게 사사로이 주지 못하기 때문이다.

○ 慶源輔氏曰 姑嚴則婦賢이니 凡此는 非特舅姑之便其侍요 乃所以成婦之德也라 有事則私事大小也를 必請於舅姑는 無所隱也라 私貨는 謂不請於舅姑而專有之者라 喜如新受賜는 人以與己하야 己得以獻諸舅姑하니 其喜一也요 始也人賜之하고 今也親賜之하야 又藏以待乏하니 其心이 終一於舅姑也라 必請其故는 非誠於無私畜不私與者면 不能如此也니라

慶源輔氏 : 시어머니가 엄하면 며느리가 어지니, 무릇 이것은 다만 시부모가 며느

리의 봉양을 편하게 여길 뿐만이 아니고, 곧 이로써 며느리의 德을 이루는 것이다. 일이 있으면 크고 작은 사사로운 일들을 반드시 시부모에게 청함은, 〈시부모에게〉 숨기는 바가 없는 것이다. 사사로운 財貨란 시부모에게 청하지 않고 마음대로 소유한 것을 이른다. '喜如新受賜'는 남이 자기에게 주어서 자기가 시부모에게 바칠 수 있으니 그 〈자기가 받은 기쁨과 시부모에게 바친〉 기쁨이 똑같고, 처음에는 남이 주고 지금은 어버이가 주어서 또 보관하여 물건이 떨어지기를 기다리니 그 〈공경하는〉 마음이 끝내 시부모에게 한결같은 것이다. 반드시 〈드렸다가 시부모가 받지 않아서 자기가 보관하고 있는〉 옛것을 〈시부모에게〉 여쭘은, 사사로운 저축이 없고 사사로이 주지 않는 것에 성실한 자가 아니면 이와 같이 하지 못한다.

121701 **適子庶子**는 **祗事宗子宗婦**하야 **雖貴富**나 **不敢以貴富**로 **入宗子之家**하야 **雖衆車徒**라도 **舍於外**하고 **以寡約入**이니라

適子와 庶子는 宗子와 宗婦를 공경히 섬겨서 비록 신분이 귀하고 부유하더라도 감히 귀함과 부유함으로써 종자의 집에 들어가지 못해서, 비록 수레와 하인이 많더라도 이들을 밖에 두고서 적고 간략한 차림으로 〈종자의 집에〉 들어가야 한다.

≪集說≫

疏曰 適子는 謂父及祖之適子니 是小宗也요 庶子는 謂適子之弟라 宗子는 謂大宗子요 宗婦는 謂大宗子之婦라

〈孔穎達의〉 疏 : 嫡子는 아버지와 祖父의 적자를 이르니 이는 小宗이고, 庶子는 적자의 아우를 이른다. 宗子는 大宗의 아들을 이르고 宗婦는 大宗의 아들의 아내를 이른다.

121702 **子弟猶歸器·衣服·裘衾·車馬**어시든 **則必獻其上而后**에 **敢服用其次也**니 **若非所獻**이어든 **則不敢以入於宗子之門**하며 **不敢以貴富加於父兄宗族**이니라

〈小宗의〉 子弟가 만약 〈높은 사람으로부터〉 그릇·의복·갖옷과 이불·수레와 말을 선물 받았으면 반드시 그중에 上等의 것을 〈宗子에게〉 올린 뒤에 감히 그 다음의 것을 입고 사용해야 하니, 만약 〈종자의 신분에 걸맞지 않아서〉 올릴 수 있는 물건이 아니면 감히 그것을 입거나 사용하여 종자의 문에 들어가지 못하며, 감히 귀함과 부유함을 가지고 父兄과 宗族보다 높게 하지 못한다.

≪集說≫

猶는 若也라 謂子弟中에 若有以功德顯榮하야 而蒙尊上歸遺之以器用衣服等物이어든 則必獻其上等者於宗子하고 而自服用其次者니 若非宗子之爵에 所當服用而不可獻者어든 則己亦不敢服用之하야 以入宗子之門也라 加는 高也라

猶는 만약이다. 子弟 가운데 만약 功德으로써 현달하고 영화롭게 되어서 높은 윗사람이 그릇이나 用具·의복 등의 물건을 선물해주는 것을 받으면, 반드시 그중에 上等인 것을 宗子에게 올리고 자신은 그 다음의 것을 입고 사용해야 하니, 만약 종자의 爵位에 마땅히 입거나 사용할 만한 바가 아니어서 〈종자에게〉 올릴 수 없는 것이면 자기도 또한 감히 그것을 입거나 사용하여 종자의 문에 들어가지 않는 것이다. 加는 높음이다.

≪大全≫

嚴陵方氏曰 大傳曰 敬宗故收族하고 收族故宗廟嚴이라하니 則祗事宗子宗婦는 乃所以嚴宗廟니 而己雖貴富나 不敢以貴富入宗子之家하야 雖衆車徒라도 舍於外하고 以寡約入者는 不敢以支臨宗也라 加於父兄宗族은 與獻子加於人一等[55]之加同하니 蓋彼賤而我貴하고 彼貧而我富어늘 而我以貴富服御로 入其門이면 則是以貴富而加貧賤也니라

55) 獻子加於人一等 : 〈檀弓 上〉에 "〈魯나라 대부〉 孟獻子가 禫祭를 지내고 악기를 매달았으나 음악을 연주하지는 않으며, 모실 여자들이 늘어섰는데도 내실에 들이지를 않자, 夫子께서 말씀하셨다. '맹헌자는 보통 사람보다 한 단계 더 높은 사람이다.'〔孟獻子 禫 縣而不樂 比御而不入 夫子曰 獻子 加於人一等矣〕"라고 보인다.

嚴陵方氏：≪禮記≫〈大傳〉에 “종통을 공경하기 때문에 종족을 수합하고, 종족을 수합하기 때문에 종묘의 제례가 엄숙해진다.” 하였는데, 宗子와 宗婦를 공경히 섬김은 바로 宗廟를 엄하게 하는 것이니, 자기가 비록 신분이 귀하고 부유하나 감히 귀함과 부유함으로써 종자의 집에 들어가지 못하여 비록 수레와 하인이 많더라도 밖에 두고서 적고 간략한 차림으로 들어가는 것은, 감히 〈종자 이외의 아들인〉 支子로서 종자에게 임하지 못하기 때문이다. ‘加於父兄宗族’은 “맹헌자는 보통 사람보다 한 단계 더 높은 사람이다.”의 ‘加’자와 같으니, 그는 천하고 나는 귀하며 그는 가난하고 나는 부유한데 내가 귀하고 부유한 복장을 갖추고 하인을 거느리고 〈宗子의〉 문에 들어가면 이는 귀함과 부유함으로써 가난하고 천한 종자보다 높게 하는 것이다.

121703 若富어든 則具二牲하야 獻其賢者於宗子하고 夫婦皆齊(재)而宗敬焉하야 終事而后에 敢私祭니라

만약 〈支子가〉 부유하면 두 가지 犧牲을 장만하여 그중에 좋은 것을 宗子에게 올리고, 〈지자의〉 부부가 모두 齋戒하고 〈宗家에 가서〉 공경하여 종가 사당의 제사를 끝마친 뒤에 〈나머지 희생을 가지고〉 감히 사사로운 제사를 지낸다.

≪集說≫

賢은 猶善也라 齊(재)而宗敬은 謂齊(재)戒而往助祭事하야 以致宗廟之敬也라 私祭祖禰(녜)면 則用二牲之下者라

賢은 善과 같다. ‘齊而宗敬’은 齋戒하고 〈宗家에〉 가서 제삿일을 도와 종묘에 대한 공경을 지극히 함을 이른다. 사사로이 자기 祖父와 아버지를 제사 지내면 두 가지 희생 중에 덜 좋은 것을 사용한다.

≪大全≫

嚴陵方氏曰 終事而後에 敢私祭者는 蓋宗之親은 爲正統이요 己之親은 爲旁出[56]也니 正統之有祭는 公義也요 旁出之有祭는 私恩也라 終宗子之事而後에 敢私祭면 則是不

56) 旁出：嫡妻의 맏이로만 이어져 내려온 宗家의 正統을 제외한 모든 支派를 이른다.

以旁出先正統이요 不以私恩勝公義也니라

嚴陵方氏 : 〈宗家의〉 제삿일을 끝마친 뒤에 감히 사사로운 제사를 지내는 것은 종가의 親(부모)은 正統이 되고 자기의 親은 旁出이 되기 때문이니, 정통에 제사를 지냄은 공적인 의리이고, 방출에 제사 지냄은 사사로운 은혜이다. 宗子의 제삿일을 끝마친 뒤에 감히 사사로운 제사를 지내면, 이는 방출을 正統보다 먼저 하지 않고 사사로운 은혜로 공적인 의리를 이기지 않는 것이다.

○ 慶源輔氏曰 不以貴富入宗子家는 此不專爲宗子요 於父兄宗族에 皆不可也라 前言人事하고 後言鬼事하니 於鬼事而如此然後에 爲至者라 其所以敬宗子者 當如此하면 則宗子之所以自處者 當如何오

慶源輔氏 : 귀함과 부유함으로써 宗子의 집에 들어가지 않음은, 이는 오로지 종자를 위한 것만이 아니고 〈귀함과 부유함으로써 들어가는 것은〉 父兄과 宗族에 대해서도 모두 不可한 것이다. 앞에서 사람의 일을 말하고 뒤에서 귀신의 일을 말했으니, 귀신의 일에 이와 같이 한 뒤에 지극함이 되는 것이다. 종자를 공경하는 것이 마땅히 이와 같아야 한다면 종자의 자처함이 마땅히 어떠해야 하겠는가?"

121801 飯은 黍·稷·稻·粱·白黍·黃粱호되 稰(서)·穛(착)하나니라

밥의 종류는 누런 기장, 피, 벼, 흰 조, 흰 기장, 누런 조를 쓰되 여문 곡식과 여물지 않은 곡식을 사용한다.

≪集說≫

飯之品이 有黃黍·稷·稻·白粱·白黍·黃粱凡六[57)]하니 其穀을 熟而穫之則曰稰요 生穫之曰穛이라 穛은 是斂縮之名이니 以生穫故로 其物이 縮斂也라 此는 諸侯之飯이니

57) 飯之品有黃黍稷稻白粱白黍黃粱凡六 : 참고로 孔穎達의 疏에 "〈玉藻〉를 살펴보건대, 제후는 朔食에 4簋를 쓰니, 기장, 피, 벼, 조이다. 이 경문은 제후에 근거한 것으로, 천자의 경우는 보리와 줄을 더하여 여섯 가지가 된다.〔按玉藻 諸侯朔食四簋 黍稷稻粱 此則據諸侯 其天子則加以麥苽爲六〕" 하였고, 崔錫鼎의 ≪禮記類編≫에 "흰 기장과 누런 조는 항상 쓰는 물건이 아니고 혹 기장과 피의 본래 수효 안에 섞어 쓰기도 하니, 〈陳澔의〉 주에서 말한 여섯 가지 종류는 마땅하지 못하다.〔白黍黃粱 非恒用之物 或是參用於黍稷本數之內 註云六種未當〕" 하였다.

天子는 又有麥與苽(고)하니라

밥의 종류가 누런 기장·피·벼·흰 조·흰 기장·누런 조 등 모두 여섯 가지가 있으니, 그 곡식을 여문 뒤에 수확하면 '穛'라 하고 여물지 않은 것을 수확하면 '穛'이라고 한다. 穛은 거둔 양이 감축된 것을 이르니, 여물지 않은 것을 수확했기 때문에 그 물건이 감축되어 거두어진 것이다. 이는 제후의 밥이니, 천자는 또 보리와 줄이 있다.

121802 膳은 膷(향)과 臐(훈)과 膮(효)와 (醢)58)와 牛炙(자)이며

요리는 쇠고깃국과 양고깃국과 돼지고깃국과 쇠고기 구이이며,

≪集說≫

膷은 牛臛(학)이요 臐은 羊臛이요 膮는 豕臛이니 皆香美之名也라 醢字衍이니 當删이라 牛炙는 炙牛肉也니 此四物爲四豆하야 共爲一行이라

膷은 쇠고깃국이고 臐은 양고깃국이고 膮는 돼지고깃국이니, 모두 향기롭고 좋은 음식의 이름이다. '醢'자는 衍文이니, 마땅히 삭제하여야 한다. '牛炙'는 쇠고기를 구운 것이니, 이 네 가지 물건이 4豆가 되어서 함께 첫째 줄에 놓이는 것이다.

≪大全≫

嚴陵方氏曰 飯者는 食之本이나 然制造之齊는 無他焉이요 反其生하야 熟之而已59)라 自黍稷而下는 皆言其材也라 牛曰膷(향)이니 薌(향)也요 土畜也이며 羊曰臐이니 焄也요 火畜也60)이며 豕曰膮이니 水畜也라 皆以其氣臭名之니라

嚴陵方氏 : 밥은 음식의 근본이지만 알맞게 만드는 방법은 다른 것이 없고 그 생

58) (醢) : 저본에는 '醢'가 있으나, 集說에 의거하여 衍文으로 처리하고 번역하지 않았다.

59) 反其生熟之而已 : 엄릉방씨는 '稰穛(서착)'의 의미를 '생것을 익힌다.'로 보고 이렇게 푼 것이다.

60) 火畜也 : 〈月令〉 '孟春之月'에 "보리와 양고기를 먹는다.〔食麥與羊〕" 하였는데, 鄭玄의 注에 "양은 火에 속하는 가축이니, 이때 날씨가 아직 추우므로 양고기를 먹어서 사람의 성품을 편안히 하는 것이다.〔羊火畜 時尙寒 食之以安性也〕" 하였다. 참고로, 孔穎達의 疏에 "닭은 木에 속한 가축이고, 양은 火에 속한 가축이고, 소는 土에 속한 가축이고, 개는 金에 속한 가축이고, 돼지는 水에 속한 가축이다.〔鷄爲木畜 羊爲火畜 牛爲土畜 犬爲金畜 豕爲水畜〕" 하였다.(≪禮記正義≫)

것을 돌이켜 익힐 뿐이다. 黍稷으로부터 이하는 모두 그 재료를 말한 것이다. 소는 그 고깃국을 '膷'이라 하니 〈膷은〉 薌(조미하는 기름, 조미)의 의미이고 土에 속하는 가축이며, 양은 그 고깃국을 '臐'이라고 하니 〈臐은〉 熏(태움)의 의미이고 火에 속하는 가축이며, 돼지는 그 고깃국을 '膮'라 하니 水에 속한 가축이다. 모두 그 향기를 가지고 이른 것이다.

121803 **醓**와 **牛胾**(자)와 **醓**와 **牛膾**며

肉醬과 쇠고기 편육과 육장과 쇠고기 회이며,

≪集說≫

醓는 肉醬也요 牛胾는 切牛肉也라 幷醓與牛膾하야 四物爲四豆하니 是第二行이라

醓는 肉醬이고, '牛胾'는 쇠고기를 썬 것이다. 肉醬과 쇠고기 회를 아울러 네 가지 물건이 4豆가 되니, 이것이 둘째 줄에 놓이는 음식이다.

121804 **羊炙**와 **羊胾**와 **醓**와 **豕炙**이며

양고기 구이와 양고기 편육과 육장과 돼지고기 구이이며,

≪集說≫

此四物爲四豆하니 是第三行이라

이 네 가지 물건이 4豆가 되니, 이것이 셋째 줄에 놓이는 음식이다.

121805 **醓**와 **豕胾**와 **芥醬**과 **魚膾**며

肉醬과 돼지고기 편육과 겨자 장과 생선회이며,

≪集說≫

此四物爲四豆하니 是第四行이라 共十六豆니 下大夫之禮也라

이 네 가지 물건이 4豆가 되니, 이것이 네 번째 줄에 놓이는 음식이다. 이상은 모두 16豆이니, 下大夫의 禮이다.

≪大全≫

山陰陸氏曰 炙는 小肉也요 胾는 大肉也요 膾는 腥肉也라

山陰陸氏：炙는 작게 썬 고기이고, 胾는 크게 썬 고기이고, 膾는 날고기이다.

121806 雉와 兔와 鶉(순)과 鷃(안)이라

꿩과 토끼와 메추라기와 세가락메추라기이다.

≪集說≫

此四物爲四豆하야 列爲第五行하니 共二十豆니 則上大夫之禮也라

이 네 가지 고기가 4豆가 되어서 다섯째 줄에 놓이는 것인데 모두 20豆이니, 〈이는〉 上大夫의 禮이다.

121901 飮은 重醴호되 稻醴淸糟하고 黍醴淸糟하고 粱醴淸糟하며 或以酏(이)爲醴하며 黍酏와 漿水와 醷(의)와 濫이니라

음료는 醴酒를 2重으로 진설하되 쌀로 만든 醴酒에 맑게 거른 것과 거르지 않은 것이 있고, 기장으로 만든 예주에 맑게 거른 것과 거르지 않은 것이 있고, 조로 만든 예주에 맑게 거른 것과 거르지 않은 것이 있으며, 혹은 묽은 죽으로 예주를 만들며, 기장으로 만든 죽과 식초물과 매실 음료와 미숫가루 음료가 있다.

≪集說≫

醴者는 稻·黍·粱三者로 各爲之하니 已泲[61]者爲淸이요 未泲者爲糟니 是三醴各有淸有糟也라 以淸與糟로 相配重設이라 故云 重醴니 蓋致飮於賓客이면 則兼設之也라 以酏爲醴는 釀粥爲醴也요 黍酏는 以黍爲粥也라 漿은 醋水也[62]요 醷는 梅漿也라 濫은

61) 泲：'濟(맑게 거름)'와 같다.

62) 漿醋水也：참고로, 孔穎達의 疏에 "≪周禮≫〈天官 漿人〉의 六飮은, 첫 번째가 水(맑은 물)이니 이 경문의 水이고, 두 번째가 漿(식초)이니 이 경문의 漿이고, 세 번째가 醴이니 이

雜糗飯之屬을 和水也라

醴라는 것은 쌀·기장·조 세 가지로 각각 만드는데, 이미 거른 것을 淸이라 하고 아직 거르지 않은 것을 糟라 하니, 이 세 가지 醴酒에 각각 맑게 거른 것이 있고 거르지 않은 것이 있다. 거른 것과 거르지 않은 것을 서로 배합하여 2重으로 진설하므로 '重醴'라고 말한 것이니, 賓客에게 음료를 올리게 되면 두 가지를 겸하여 진설한다. '묽은 죽으로 예주를 만든다.'는 것은 죽을 빚어 예주를 만드는 것이고, '黍酏'는 기장으로 죽을 만드는 것이다. 漿은 식초물이고, 醷는 매실 음료이다. 濫은 말린 밥 따위를 뒤섞은 것을 물과 섞은 것이다.

121902 酒는 淸과 白이니라

술은 淸酒와 白酒가 있다.

≪集說≫

淸은 淸酒也라 祭祀之酒는 事酒·昔酒[63]俱白故로 以白名之니 有事而飮者를 謂之事酒요 無事而飮者를 名昔酒라

淸은 청주이다. 제사에 쓰는 술은 事酒·昔酒가 모두 맑으므로 '白'으로 이름하니, 일이 있어서 마시는 것을 '事酒'라 하고 일이 없을 때 마시는 것을 '昔酒'라 한다.

경문의 醴인데 다만 맑은 것을 쓸 뿐이고, 네 번째가 涼(미숫가루)이니 이 경문의 濫이고, 다섯 번째가 醫(묽은 죽으로 빚은 醴)이니 이 경문의 '或以酏爲醴'이고, 여섯 번째가 酏(묽은 죽)이니 이 경문의 黍酏이다. 육음 이외에 이 경문에는 醷가 있으니, 鄭司農(鄭衆)의 주장대로라면 醫와 醷가 한 물건이 된다. 그런데 鄭玄이 醷가 梅漿(매실 식초)임을 안 것은, 아랫글에 '식초와 젓갈로 간을 맞춘다.'라고 한 것과 '및 초와 매장'이라고 한 것을 보면 醷가 식초의 부류인 것이고, 또 '짐승의 고기에는 매실을 쓴다.'라고 하였기 때문에 매장임을 안 것이다.〔漿人六飮 一曰水 則此經水也 二曰漿 則此經漿也 三曰醴 則此經醴也 但用淸耳 四曰涼 則此經濫也 五曰醫 則此經或以酏爲醴也 六曰酏 則此經黍酏也 六飮之外此經有醷 鄭司農之意 醫與醷爲一物 鄭知醷爲梅漿者 見下文云調之以醢醢及若醢醷 則醷是醢之類也 又云獸用梅 故知梅漿也〕" 하여 漿과 水를 두 가지로 보았으나 陳澔의 集說에는 분명하게 설명하지 않았다.

63) 事酒昔酒 : ≪周禮≫ 〈天官 酒正〉에 "三酒의 명칭과 종류를 변별하니, 첫 번째는 事酒이고 두 번째는 昔酒이고 세 번째는 淸酒이다.〔辨三酒之物 一曰事酒 二曰昔酒 三曰淸酒〕" 하였다. 삼주는 찌끼를 걸러낸 세 가지 술로, 사주는 일이 있어서 술이 필요할 때마다 만든 것으로 비교적 탁하고, 석주는 겨울에 빚어 이듬해 봄에 익은 술로 비교적 맑고, 청주는 겨울에 빚어 이듬해 여름에 익은 술로 더욱 맑다.

121903 羞는 糗餌(구이)와 粉酏(자)니라

맛있는 음식은 미숫가루와 인절미이다.

≪集說≫

周禮에 羞籩之實은 糗餌・粉餈일새 此酏字는 當讀爲餈니 記者誤耳라 許愼云 餈는 稻餅也라하니 炊米搗之니 粉餈는 以豆爲粉하야 糝餈上也라 糗는 炒乾米麥也니 搗之以爲餌라 蓋先屑爲粉 然後溲之하니 餌之言堅潔若玉珥也요 餈之言滋也라

≪周禮≫ 〈天官 籩人〉에 "羞籩에 담는 것은 糗餌・粉餈이다." 하였으므로 이 글의 '酏'자는 마땅히 '餈'로 읽어야 하니, 기록한 자가 잘못 적은 것이다. 許愼의 ≪說文解字≫에 이르기를 "餈는 쌀떡이다." 하였는데 지은 밥을 찧은 것이니, '粉餈'는 콩으로 가루를 만들어 쌀떡 위에 묻힌 것이다. 糗는 말린 쌀과 보리를 볶은 것이니, 이것을 찧어서 떡을 만든 것이다. 먼저 갈아서 가루로 만든 뒤에 반죽하는 것이니, 餌는 견고하고 깨끗함이 옥귀걸이와 같음을 말하고, 餈는 배양함을 말한다.

≪大全≫

山陰陸氏曰 淸은 淸酒니 若今煮酒요 白은 昔酒・事酒니 若今生酒라 糗餌・粉餈를 謂之羞는 則以甚美故也니라

山陰陸氏 : '淸'은 청주이니 지금의 煮酒(데운 술)와 같고, '白'은 昔酒・事酒이니 지금의 生酒(데우지 않은 술)와 같다. '糗餌'와 '粉餈'를 맛있는 음식이라고 함은 그 맛이 매우 좋기 때문이다.

122001 食(사)엔 蝸(와)醢호되 而苽(고)食엔 雉羹이며 麥食엔 脯羹과 鷄羹이요 折稌(도)엔 犬羹과 兔羹이니 和糝(삼)하고 不蓼(료)니라

밥에는 소라 젓갈을 먹되 줄밥에는 꿩고깃국을 먹고, 보리밥에는 脯를 찢어 넣은 국과 닭고깃국을 먹고, 쌀을 곱게 찧어 지은 밥에는 개고깃국과 토끼고깃국을 먹으니, 쌀가루를 섞고 여뀌는 넣지 않는다.

≪集說≫

此는 言進飯之宜라 蝸는 與螺(라)同이라 苽는 雕胡也라 脯羹은 析脯爲羹也라 稌는 稻니 折稌는 謂細折稻米爲飯也라 此五羹者는 宜以五味調和하며 米屑爲糝이요 不須加蓼라 故云 和糝不蓼也라하니라

이것은 밥을 올릴 때의 마땅한 음식을 말한 것이다. 蝸는 소라와 같다. 苽는 줄이다. '脯羹'은 脯를 찢어 국을 만든 것이다. 稌는 벼이니, '折稌'는 볍쌀을 곱게 찧어서 밥을 만든 것을 이른다. 이 다섯 가지 국은 마땅히 다섯 가지 맛(신맛·쓴맛·매운맛·단맛·짠맛)을 가지고 간을 맞추며 쌀가루로 찰지게 만들고 굳이 여뀌를 첨가할 필요가 없다. 그러므로 "쌀가루를 섞고 여뀌는 넣지 않는다."고 말한 것이다.

蓼(여뀌)

122002 濡(이)豚호되 包苦實蓼하고 濡鷄호되 醢醬實蓼하고 濡魚호되 卵(곤)[64]醬實蓼하고 濡鼈호되 醢醬實蓼니라

돼지고기를 삶되 씀바귀로 싸고 여뀌를 〈돼지의〉 배 속에 채우고, 닭을 삶되 肉醬으로 간을 맞추고 여뀌를 〈닭의〉 배 속에 채우고, 어물을 삶되 생선 알로 만든 장으로 간을 맞추고 여뀌를 〈어물의〉 배 속에 채우고, 자라를 삶되 육장으로 간을 맞추고 여뀌를 〈자라의〉 배 속에 채운다.

≪集說≫

濡는 讀爲胹(이)하니 烹煮之也라 胹豚者는 包裹之以苦菜하야 而實蓼於腹中이니 此四物는 皆以蓼實其腹而煮之也라 卵醬은 魚子爲醬也라 三物之用醬은 蓋以調和其

64) 卵(곤) : 鄭玄의 注에 "卵은 鯤(곤)으로 읽으니, 鯤은 물고기 알이다.〔卵 讀爲鯤 鯤 魚子〕" 하였다.(≪禮記正義≫)

汁耳라

濡는 '胹'로 읽으니, 삶는 것이다. 돼지고기를 삶는 자는 씀바귀로 싸고 〈돼지의〉 배 속에 여뀌를 채우니, 이 네 가지 물건(돼지, 닭, 어물, 자라)은 모두 여뀌를 그 배 속에 채워서 삶는다. '卵醬'은 물고기 알로 醬을 만든 것이다. 세 가지 물건에 醬을 쓰는 것은 육즙에 간을 맞추려고 해서이다.

122003 腶(단)脩엔 蚳(지)醢요 脯羹엔 兎醢요 麋膚엔 魚醢요 魚膾엔 芥醬이요 麋腥엔 醢醬이요 桃諸(저)・梅諸엔 卵鹽이니라

腶脩에는 개미 알 젓갈을 놓고, 脯를 찢어 만든 국에는 토끼고기 젓갈을 놓고, 큰사슴 切肉에는 생선 젓갈을 놓고, 생선회에는 겨자 장을 놓고, 큰사슴의 생고기에는 肉醬을 놓고 복숭아 절임과 매실 절임에는 왕소금을 쓴다.

≪集說≫

腶脩는 見前[65)]이라 蚳醢는 以蚍蜉子爲醢也라 謂食腶脩者는 以蚳醢配之하고 食脯羹者는 以兎醢配之하니 餘倣此라 麋는 鹿之大者요 膚는 切肉也라 麋腥은 生麋肉也라 諸는 菹也라 桃梅를 皆爲菹藏之하니 欲藏에 必令稍乾故로 周禮에 謂之乾藜(로)라 食之則和以卵鹽하니 大鹽이 形似鳥卵이라 故로 名卵鹽也라

'腶脩'는 앞에 보인다. '蚳醢'는 개미 알로 젓갈을 만든 것이다. 腶脩를 먹는 경우는 개미 알 젓갈로 배합하고, 脯를 찢어 만든 국을 먹는 경우는 토끼고기 젓갈로 배합함을 말하였으니, 나머지도 이와 같다. 麋는 큰사슴이고, 膚는 切肉이다. '麋腥'은 큰사슴의 생고기이다. 諸는 절임이다. 복숭아와 매실을 모두 절임을 만들어 보관하니, 이것을 보관하고자 할 적에 반드시 약간 말리기 때문에 ≪周禮≫ 〈天官 籩人〉에 '乾藜'라 하였다. 이것을 먹을 경우에는 왕소금으로 간을 맞추니, 왕소금의 모양이 새알과 같기 때문에 '卵鹽'이라고 칭하였다.

65) 腶脩見前 : 〈郊特牲〉 '110103'에 보이는데, 陳澔의 集說에 "포에 생강과 桂皮를 가한 것을 腶脩라 한다.〔脯加薑桂曰腶脩〕" 하였다.

≪大全≫

長樂劉氏曰 二十有六物은 士庶不可得而備之也요 偶其有者는 則如此法以制之라 凡爲人子婦者가 預當知之하야 以敬於祭祀則鬼神享之하고 以奉於燕飮則賓客樂之하고 以饌於尊親則衰病宜之니 其在敎也에 爲婦功焉이라 聖人所以致婦女於孝敬하고 措衰老於充肥者 其道如是也니라

長樂劉氏 : 〈이상에서 말한〉 26가지의 물건은 士나 庶人이 구비할 수가 없고, 우연히 이것을 소유하면 이 法과 같이 만드는 것이다. 무릇 아들과 며느리가 된 자가 마땅히 이것을 미리 알아서 제사를 공경히 올리면 귀신이 흠향하고, 잔치하며 술 마시는 자리에 받들어 올리면 빈객이 즐거워하고, 어버이에게 차려드리면 노쇠하고 병든 어버이가 좋게 여기니, 그 가르침에 있어서 〈이 禮敎는〉 부녀자가 하는 일이 된다. 聖人이 부녀자들을 효도하고 공경하게 하고 노쇠한 자를 배부르고 살지게 한 것이, 그 道가 이와 같다.

122101 凡食(사)齊는 視春時하고 羹齊는 視夏時하고 醬齊는 視秋時하니 飮齊는 視冬時니라

무릇 밥을 조화롭게 하는 것은 〈따뜻한〉 봄철에 견주어야 하고 국을 조화롭게 하는 것은 〈더운〉 여름철에 견주어야 하며 醬을 조화롭게 하는 것은 〈시원한〉 가을철에 견주어야 하고 음료를 조화롭게 하는 것은 〈추운〉 겨울철에 견주어야 한다.

≪集說≫

鄭氏曰 飯은 宜溫하고 羹은 宜熱하고 醬은 宜涼하고 飮은 宜寒也라

鄭氏 : 밥은 따뜻해야 하고 국은 뜨거워야 하고 醬은 시원해야 하고 음료는 차가워야 한다.

≪大全≫

嚴陵方氏曰 食齊는 則黍・稷・稌・粱之類 是也요 羹齊는 則雉・兎・鷄・犬之類

是也요 醬齊는 則醯·醢·齏[66]·菹之類 是也요 飮齊는 則水·漿·醴·涼[67]之類 是也라

嚴陵方氏 : '食齊'는 기장, 피, 벼, 조 밥 따위가 이것이고, '羹齊'는 꿩, 토끼, 닭, 개의 고깃국 따위가 이것이고, '醬齊'는 식초, 肉醬, 齏, 채소 절임 따위가 이것이고, '飮齊'는 물, 漿, 단술, 涼 따위가 이것이다.

122102 凡和는 春多酸이요 夏多苦요 秋多辛이요 冬多鹹[68]이니 調以滑甘[69]이니라

무릇 간을 맞출 때에는 봄에는 신맛을 많이 쓰고, 여름에는 쓴맛을 많이 쓰고, 가을에는 매운맛을 많이 쓰고, 겨울에는 짠맛을 많이 쓰니, 부드럽고 단맛 나는 것으로써 조화롭게 한다.

≪集說≫

酸·苦·辛·鹹은 木·火·金·水之所屬이니 多其時味는 所以養氣也라 四時에 皆

66) 齏 : ≪周禮≫ 〈天官 醢人〉에 '五齊'라고 할 때의 '齊'를 이르는데, 이에 대한 鄭玄의 注에 "齊는 마땅히 '齏'가 되어야 하니, 五齏는 昌本(창포 뿌리), 脾析(소의 胃), 대합 조개(蜃), 豚拍(돼지 갈빗살 또는 앞다리살), 深蒲(부들 또는 뽕나무버섯)이다.……무릇 식초나 장으로 간을 하여 가늘게 썬 것이 齏이다.〔齊 當爲齏 五齏 昌本脾析蜃豚拍深蒲也……凡醯醬所和細切爲齏〕" 하였다.(≪周禮注疏≫)

67) 水漿醴涼 : '醫'와 '酏'을 포함하여 고대의 天子가 마시던 여섯 가지 음료(六飮)로, 정현의 설에 따르면 '水'는 물이고, '漿'은 漢나라 때의 '截漿(재장)'으로 일종의 신맛을 띤 술인데 熟飯으로 만든 것이다. '醴'는 단술로, 찌끼를 거르지 않아 탁한 것을 醴라 하고 찌끼를 걸러서 맑은 것을 淸이라 한다. '涼'은 일종의 미숫가루로, 정현 당대의 寒粥인바, 말린 밥을 물에 섞은 것과 같다. '醫'는 묽은 죽(薄粥)인 酏을 가지고 만든 단술인바, 단술은 탁한데 酏을 가지고 빚어서 만들면 조금 맑아진다.(≪周禮注疏≫ 〈天官 酒正〉, 〈天官 漿人〉)

68) 凡和……冬多鹹 : 鄭玄의 注에 "그 계절의 맛을 많게 하여 기운을 기르는 것이다.〔多其時味以養氣也〕" 하였다.(≪禮記正義≫) 鹹은 鹹과 같다.

69) 調以滑甘 : ≪周禮≫ 〈天官 食醫(사의)〉에도 이 글이 보이는데, 이에 대한 정현의 주에 "각각 그 계절의 맛을 숭상하고서 단맛으로 이루는 것이니, 수·화·금·목이 토에 실려 있는 것과 같다. 〈내칙〉에 말하였다. '대추, 밤, 엿, 꿀로써 달게 하며 씀바귀, 환초, 흰 느릅나무, 느릅나무를 신선한 것을 쓰기도 하고 마르고 묵은 것을 쓰기도 하는데 쌀뜨물로 부드럽게 한다.'〔各尙其時味 而甘以成之 猶水火金木之載於土 內則曰 棗栗飴蜜以甘之 堇荁枌楡 免槁滫瀡以滑之〕" 하였다.(≪周禮注疏≫)

調以滑甘은 **象土之寄歟**인저

신맛·쓴맛·매운맛·짠맛은 木(酸)·火(苦)·金(辛)·水(鹹)가 속해 있는 것이니, 그 계절의 맛을 많이 씀은 기운을 기르기 위해서이다. 四時에 모두 부드럽고 단 것으로써 조화롭게 함은 土(甘)가 사시에 붙어 있음을 형상한 것일 것이다.

≪大全≫

延平黃氏曰 四時之氣 各欲其强하니 **春欲木强**하고 **夏欲火强**하고 **秋欲金强**하고 **冬欲水强**이라 **其勢少弱**이면 **則他氣乘之矣**라 **五行之於四時**에 **如此**하니 **則五藏**[70]**之於四時**에 **可不以時致其强哉**아 **是故**로 **春多酸則助木而强之**하고 **夏多苦則助火而强之**하고 **秋多辛冬多鹹**도 **皆然**이라 **夫運四味之所養**하야 **分於四藏者**는 **脾之爲物也**요 **載四行之所用**하야 **均於四時者**는 **土之爲物也**라 **是故**로 **脾**는 **土屬也**요 **甘**은 **土味也**니 **寓於四味而調之**라 **所以養土養脾而後**에 **脾能運是四味以行焉**이라 **然則五味之用**이 **不亦大乎**아

延平黃氏：四時의 기운은 각각 〈그에 합당한 기운으로〉 강하게 하고자 하니, 봄은 木으로 강하고자 하고 여름은 火로 강하고자 하고 가을은 金으로 강하고자 하고 겨울은 水로 강하고자 한다. 그 형세가 조금 약해지면 다른 기운이 타게 된다. 五行이 사시에 있어서 이와 같으니, 五臟이 사시에 있어서 계절에 따라 그 강함을 이르게 하지 않을 수 있겠는가. 이 때문에 봄에 신 것이 많으면 木을 도와서 강하게 할 수 있고 여름에 쓴 것이 많으면 火를 도와서 강하게 할 수 있고, 가을에 매운 것이 많고 겨울에 짠 것이 많은 것도 모두 이와 같다. 四味(신맛·쓴맛·매운맛·짠맛)의 기르는 바를 운용하여 네 臟器(심장·간장·폐장·신장)에 나누어주는 것은 비장이 하는 것이고, 四行(木·火·金·水)의 운용하는 바를 실어서 사시에 고르게 나누어주는 것은 土가 하는 일이다. 이 때문에 비장은 土의 등속이고 단맛은 土의 맛이니, 〈단맛이〉 四味에 붙어서 〈맛을〉 조화롭게 한다. 이러한 까닭에 土를 기르고 비장을 기른 뒤에 비장이 四味를 운용하여 행하게 할 수 있다. 그렇다면 五味의 쓰임이 또한 크지 않겠는가."

---

70) 五藏：五臟과 같은 말로, 心(심장), 肝(간장), 脾(비장), 肺(폐장), 腎(신장)을 이른다. 심장은 火에 속하고 간장은 木에 속하고 비장은 土에 속하고 폐장은 金에 속하고 신장은 水에 속한다.(≪說文解字≫ 〈肉部〉)

122103 牛宜稌요 羊宜黍요 豕宜稷이요 犬宜粱이요 雁宜麥이요 魚宜苽니라

쇠고기에는 벼가 마땅하고, 양고기에는 기장이 마땅하고, 돼지고기에는 피가 마땅하고, 개고기에는 조가 마땅하고, 기러기고기에는 보리가 마땅하고, 어물에는 줄이 마땅하다.

≪集說≫

上云 折稌犬羹兎羹하고 此云 牛宜稌者는 上은 是人君燕食[71)]에 以滋味爲美요 此는 據尊者正食而言也라

위에서는 "쌀을 곱게 찧어 지은 밥에는 개고깃국과 토끼고깃국을 먹는다."고 말하였고 여기서는 "쇠고기에는 벼가 마땅하다."고 말한 것은, 위는 임금이 燕食할 때에 맛있는 음식을 아름답게 여기는 경우이고, 여기는 尊者가 정식으로 먹는 음식을 근거하여 말한 것이다.

≪大全≫

長樂劉氏曰 飮食은 欲溫故로 比春時하고 羹汁은 宜熟故로 比夏時하고 醬齊는 宜涼故로 比秋時하고 飮齊는 欲冷故로 比冬時라 由是하야 以飮食老者면 則易(이)化而難傷矣라 春夏秋冬은 五行之氣也니 天地之化成品彙하니 聖人은 順天地而養萬民者也라 欲其飮食에 春多酸夏多苦秋多辛冬多鹹은 所以參配四時하야 長養五藏之氣하야 以助乎五行也요 調以滑甘者는 四時仰土하야 以成其能也라 此經은 所以養老而補病扶衰라 故經方之減者는 以少壯言也[72)]라 牛宜稌는 牛肉稌飯이 尤相宜也니 羊宜黍豕宜稷犬宜

71) 燕食 : 고대에 제왕・대부・士・서인이 일상적으로 먹는 午餐(오찬)과 晩餐(만찬)을 가리킨다. ≪周禮≫ 〈天官 膳夫〉에 "왕의 연식에는 朝餐(조찬)에서 남긴 희생의 고기를 올리고 왕의 食前의 제례를 돕는다.〔王燕食 則奉膳贊祭〕" 하였는데, 鄭玄의 注에 "연식은 정오와 저녁의 식사를 이른다.〔燕食 謂日中與夕食〕" 하였다. 孫詒讓의 ≪周禮正義≫에 "왕은 하루에 세 번 식사하는데, 정오와 저녁의 식사는 반찬의 가짓수가 줄어서 예식 및 조식의 성찬과 구별되기 때문에 이를 연식이라 하는 것이다.〔王日三食 日中與夕食 饌具減殺 別於禮食及朝食盛饌 故謂之燕食〕" 하였다.

72) 經方之減者 以少壯言也 : 經方은 醫經과 方書를 아울러 칭한 것으로 흔히 한의학의 醫書를 의미한다. 한의학에는 虛症을 치료하는 수법인 補法과 實症을 치료하는 수법인 瀉法이

粱雁宜麥魚宜苽가 皆其類也라 豈獨於味爲宜리오 實亦於人有補焉이니라

長樂陳氏 : 음식은 따뜻하게 하고자 하기 때문에 봄철에 견주고 국물은 뜨거운 것이 마땅하므로 여름철에 견주고 醬을 조화롭게 하는 것은 시원함이 마땅하기 때문에 가을철에 견주고 음료를 조화롭게 하는 것은 차갑게 하고자 하기 때문에 겨울철에 견주니, 이로 말미암아 늙은 자에게 마시고 먹게 하면 소화되기는 쉽고 탈이 생기기는 어렵다. 봄·여름·가을·겨울은 五行에 속한 기운인데, 〈陰陽과 오행의 운행인〉 天地의 조화가 만물을 만드니, 聖人은 천지의 조화를 순히 따라 萬民을 기르는 자이다. 음식에 있어서 봄에는 신 것을 많게 하고 여름에는 쓴 것을 많게 하고 가을에는 매운 것을 많게 하고 겨울에는 짠 것을 많게 하려는 것은 四時의 기운에 짝을 맞추어 五臟의 기운을 배양하여 五行의 운행을 돕기 위한 것이고, 감미로운 것으로써 〈맛을〉 조화롭게 함은 〈바로〉 四時가 土를 우러러 의지해서 〈각 계절의〉 기능을 이루기 때문이다.

이 經文은 노인을 봉양하여 병을 고치고 쇠함을 붙들어주는 것이므로 經方에서 줄이는 것은 〈기운이 實하거나 過한〉 少壯을 가지고 말한 것이다. '牛宜稌'는 쇠고기와 쌀이 더욱더 서로 마땅한 것이니, 양고기에는 누런 기장이 마땅하고 돼지고기에는 피가 마땅하고 개고기에는 조가 마땅하고 기러기에는 보리가 마땅하고 어물에는 줄이 마땅한 것이 모두 그러한 종류이다. 어찌 다만 맛에 있어서만 마땅하겠는가. 참으로 사람의 몸에도 도움이 있다.

122104 春宜羔豚이니 膳膏는 薌(향)이요 夏宜腒鱐(거수)니 膳膏는 臊(소)요 秋宜犢麛(미)니 膳膏는 腥이요 冬宜鮮(선)羽니 膳膏는 羶이니라

봄에는 새끼양고기·새끼돼지고기가 마땅하니 요리에 사용하는 기름은 쇠기름이고, 여름에는 꿩고기포·어포가 마땅하니 요리에 사용하는 기름은 개기름이고, 가을에는 송아지고기·새끼사슴고기가 마땅하니 요리에 사용하는 기름은 닭기름이고, 겨울에는 생선·기러기고기가 마땅하니 요리에 사용하는 기름은 양기름이다.

있는데, 늙고 기운이 부족한 사람인 노인에게는 보법을 쓰는 반면에 젊고 기운찬 사람인 少壯에게는 實하고 過한 기운을 줄이는 방법을 쓴다는 말이다.

≪集說≫

牛膏 薌이요 犬膏 臊요 鷄膏 腥이요 羊膏 羶이니 如春時食羔豚則煎之以牛膏라 故로 云膳膏薌也니 餘倣此라 腒는 乾雉요 鱐는 乾魚요 麛는 鹿子요 鮮은 生魚요 羽는 雁也라 舊說에 此膳所宜를 以五行衰王相參[73)]과 及方氏燥濕疾遲强弱之說[74)]을 今皆略之하노라

쇠기름이 薌이고 개기름이 臊이고 닭기름이 腥이고 양기름이 羶이니, 예컨대 봄철에 새끼양고기와 새끼돼지고기를 먹는 경우에 쇠기름으로 요리하는 것이다. 그러므로 "요리에 사용하는 기름은 쇠기름이다."고 했으니, 나머지도 이와 같다. 腒는 말린 꿩고기이고, 鱐는 말린 어물이고, 麛는 사슴 새끼이고, 鮮은 생선이고, 羽는 기러기이다. 舊說에서 이 요리들에 마땅한 바를 五行의 쇠함과 왕성함을 가지고 서로 관련시킨 것과 方氏의 燥濕(건조함과 습함)・疾遲(빠름과 느림)・强弱(강함과 약함)의 설을 지금 모두 생략한다.

≪大全≫

嚴陵方氏曰 羔豚은 羊(豚)〔豕〕[75)]之小者니 方春에 品物之小라 故로 以小者爲宜요 腒鱐者는 雉魚之乾者니 方夏에 物有餒敗之患이라 故로 以乾者爲宜也라 秋則物成而可嘗之時라 故로 雖犢與麛라도 皆得以嘗之矣요 冬則物衆而可進之時라 故로 雖飛與潛者라도 皆得以進之矣니라

嚴陵方氏 : '羔'과 '豚'은 양과 돼지 중에 어린 것이니 봄에는 물건들이 어리기 때문에 어린 것으로 마땅함을 삼는 것이고, '腒'와 '鱐'는 꿩고기와 어물을 말린 것이니 여름에는 물건들이 썩고 부패할 우려가 있기 때문에 말린 것을 마땅함으로 삼는 것

73) 舊說此膳所宜 以五行衰王相參 : 구설은 鄭玄의 注와 孔穎達의 疏를 가리키는바, 注에 "이 여덟 가지 물건은 각 계절의 살지고 훌륭한 것들이다. 너무 왕성하기 때문에 쇠한 것의 기름으로 요리하는 것이다.〔此八物 四時肥美也 爲其太盛 煎以休廢之膏〕" 하였는데, 疏에 "봄은 木이 왕성한 계절이다. 소는 중앙으로 土이고 木이 土를 이기는바, 木이 왕성하면 土가 쇠하니, 쇠한 것의 기름을 쓰기 때문에 쇠기름을 쓰는 것이다. 개는 金에 속하고, 닭은 木에 속하고, 양은 火에 속하니, 이와 같은 방법으로 요리한다.〔春爲木王 牛中央土 木克土 木盛則土休廢 用休廢之膏 故用牛膏也 犬屬金 鷄屬木 羊屬火 倣此〕" 하였다.(≪禮記正義≫)

74) 方氏燥濕疾遲强弱之說 : 出典이 자세하지 않다.

75) (豚)〔豕〕 : 저본에는 '豚'으로 되어 있으나, ≪論語注疏≫에 "豚은 돼지 중에 어린 것이다.〔豚 豕之小者〕"라고 한 것과 ≪日講禮記解義≫의 원문을 참고하여 '豕'로 수정하였다.

이다. 가을에는 물건이 이루어져서 맛볼 만한 때이므로 비록 송아지 고기나 새끼 사슴고기라도 모두 맛볼 수 있는 것이고, 겨울에는 물건이 많아서 올릴 수 있는 때이므로 비록 날짐승과 〈물속에 사는〉 생선이라도 모두 올릴 수 있는 것이다.

○ 王氏曰 人者는 五土[76]之所生이요 五行之所致니 養口納味하고 養形納氣하나니 一味之不調하고 一氣之不順이면 則疾癘得以乘而至라 先王이 乘時之消息하고 因理之盈虛하야 以節飮食하고 以養性命하시니 春行羔豚하고 秋行犢麛는 所以順陰陽之中氣요 夏行腒(驌)〔鱐〕[77]하고 冬行鮮羽는 所以順陰陽之正氣也니라

王氏：사람은 五土의 所生이고 五行의 所致인데, 입을 길러 맛있는 것을 들이고 형체를 길러 기운을 들이니, 한 맛을 고르게 하지 못하고 한 기운을 순하게 하지 못하면 질병이 틈을 타고 이를 수 있다. 先王이 계절의 사라지고 자라남을 타고 이치의 가득하고 텅 빔을 따라서 음식을 절제하고 생명을 기르셨으니, 〈겨울과 여름의 중간인〉 봄에는 새끼양고기・새끼돼지고기를 먹고 〈여름과 겨울의 중간인〉 가을에는 송아지고기・새끼사슴고기를 먹음은 陰陽의 中氣(中和의 기운)를 순히 따른 것이고, 〈陽氣가 盛한〉 여름에는 꿩고기포・어포를 먹고 〈陰氣가 성한〉 겨울에는 생선・기러기를 먹는 것은 陰陽의 正氣(바른 기운)를 순히 따른 것이다.

122201 牛脩와 鹿脯와 田豕脯와 麋脯와 麕(균)脯며 麋・鹿・田豕・麕은 皆有軒이요 雉・兔는 皆有芼하나니라

쇠고기포와 사슴고기포와 멧돼지포와 큰사슴고기포와 노루고기포이며, 큰사슴고기・사슴고기・멧돼지고기・노루고기는 모두 콩잎 크기로 썬 것이 있고 꿩고깃국・토끼고깃국에는 모두 조미용 채소가 있다.

≪集說≫

疏曰 麋・鹿・田豕・麕皆有軒者는 言此等은 非但爲脯라 又可腥食이니 腥食之時에 皆以藿葉起之하고 而不細切이라 故云 皆有軒이라 不云牛者는 牛惟可細切爲膾요 不

---

76) 五土：山林, 川澤, 丘陵, 墳衍(물가와 평지), 原隰(높고 마른 땅과 낮고 젖은 땅)을 가리킨다.(≪周禮≫〈地官 司徒〉)

77) (驌)〔鱐〕：저본에는 '驌'로 되어 있으나, 본문에 의거하여 '鱐'로 수정하였다.

宜大切爲軒이라 雉・兎皆有芼者는 爲雉羹・兎羹에 皆有芼菜以和之라

〈孔穎達의〉 疏 : '麋鹿田豕麕皆有軒'은, 이런 등속은 다만 포를 만들 뿐만이 아니고 또 날것으로 먹을 수 있음을 이르니, 날것으로 먹을 때에 모두 콩잎 크기로 썰고 가늘게 썰지 않으므로 "콩잎 크기로 썬 것이 있다." 한 것이다. 소를 말하지 않은 것은 소는 오직 잘게 썰어 膾를 만들 수 있고 크게 썰어서 軒을 만들어서는 안 되기 때문이다. '雉兎皆有芼'는 꿩고깃국・토끼고깃국을 만들 때에 모두 조미용 채소를 넣어 부드럽게 함이 있는 것이다.

○ 鄭氏曰 軒은 讀爲憲(헌)하니 憲은 謂藿葉切也라

鄭氏(鄭玄) : 軒은 憲으로 읽으니, 憲은 콩잎 크기로 썬 것을 이른다.

122202 爵과 鷃(안)과 蜩(조)와 范과 芝와 栭(이)[78)]와 蔆(능)과 椇(구)와 棗와 栗과 榛과 柿(시)와 瓜와 桃와 李와 梅와 杏과 楂(차)와 梨와 薑과 桂니라

참새와 메추라기와 매미와 벌과 목이버섯과 쥐밤과 마름과 헛개나무 열매와 대추와 밤과 개암과 감과 오이와 복숭아와 오얏과 매실과 살구와 팥배와 배와 생강과 계피가 있다.

≪集說≫

蜩는 蟬이요 范은 蜂이라 芝는 如今木耳之類라 栭는 韻會註云 江淮에 呼小栗爲栭栗이라하니라 蔆은 芰也라 椇는 形似珊瑚(산호)하고 味甛美하니 一名은 白石李라

蜩는 매미이고 范은 벌이다. 芝는 지금의 목이버섯과 같은 종류이다. 栭는 ≪古今韻會擧要≫의 註에 이르기를 "江淮 지방에서는 작은 밤을 栭栗이라고 한다." 하였다. 蔆은 마름이다. 椇는 형태는 珊瑚와 비슷하고 맛이 달고 좋으니, 일명 '白石李'이다.

78) 芝栭(이) : 陳澔의 集說에서 '芝'와 '栭'를 두 가지 물건으로 보아 쇠고기포에서 계피까지를 32가지 물건으로 보았는데, 이는 鄭玄의 注에서는 31가지 물건으로 본 것과 차이가 있는바, 孔穎達의 疏에서 이에 대해 "庾蔚은 '꽃과 잎이 없이 생장하는 것을 芝栭라고 한다.' 하였다. 유울은 또 '정현이 이미 모두 31가지 물건이라고 말하였으니, 그렇다면 芝栭는 마땅히 한 물건이어야 한다.' 하였다. 賀瑒(하창)은 '栭는 연한 밤이고 芝는 목이버섯이다.' 하여 芝와 栭를 두 가지 물건이라 하였으니, 정현의 설과 다르다.〔庾蔚云 無花葉而生者曰芝栭 庾又云 鄭旣云凡三十一物 則芝栭應是一物 賀氏云 栭 軟栗 芝 木椹也 以芝栭爲二物 與鄭不同〕" 하였다.(≪禮記正義≫)

○ 鄭氏曰 自牛脩로 至此三十一物은 皆人君燕食所加庶羞也라 周禮에 天子羞用百有二十品하니 記者不能次錄이라

鄭氏(鄭玄) : 쇠고기포로부터 여기에 이르기까지의 31가지 물건은 모두 임금이 燕食할 때 곁들이는 여러 음식이다. ≪周禮≫ 〈天官 膳夫〉에 따르면 天子는 맛 좋은 음식에 120가지 물건을 쓰니, 기록한 자가 순차적으로 다 기록하지 못하였다.

≪大全≫

長樂劉氏曰 自牛脩至此히 凡三十有一物은 四時之和氣니 可以脯하고 可以乾하고 可以藏하야 以備乎老者之所欲也라 士庶之力은 雖不得畢備나 有則儲之하니 亦子婦所以盡於孝敬也니라

長樂劉氏 : 쇠고기포로부터 여기에 이르기까지 모두 31가지 물건은 四時의 조화로운 기운이니, 〈어떤 것은〉 脯를 만들 수 있고 〈어떤 것은〉 말릴 수 있고 〈어떤 것은〉 오랫동안 보관할 수 있어서 늙은 자가 먹고자 하는 바에 대비하는 것이다. 士나 庶人의 재력으로는 비록 모두 구비할 수가 없더라도 있으면 서장해두니, 이 또한 아들과 며느리가 효도와 공경을 다하는 방법이다.

122301 大夫燕食엔 有膾無脯하고 有脯無膾니 士는 不貳羹胾하고 庶人耆老는 不徒食이니라

대부가 燕食할 때에는 膾가 있으면 脯가 없고 포가 있으면 회가 없으니, 士는 고깃국과 편육을 겸하여 놓지 않고 庶人 중에 늙은이는 맨밥을 먹지 않는다.

≪集說≫

因上文言人君燕食之物하야 而言大夫燕食하니 士不貳羹胾도 亦謂燕食也라 徒는 猶空也니 不徒食은 言必有饌이라

윗글에서 임금의 燕食에 올리는 음식을 말한 것을 인하여 대부의 연식에 올리는 음식을 말하였으니, "士는 고깃국과 편육을 겸하여 놓지 않는다."는 것도 역시 〈士의〉

연식을 이른다. 徒는 空과 같으니, '不徒食'은 반드시 반찬이 있음을 말한 것이다.

○ 疏曰 若朝夕常食은 則下云羹食(사)는 自諸侯以下로 至於庶人히 無等이라

〈孔穎達의〉 疏 : 아침・저녁의 일반적인 음식은 아래에 "국과 밥은 제후로부터 아래로 庶人에 이르기까지 차등이 없다." 하였다.

≪大全≫

嚴陵方氏曰 燕食은 謂燕饗之食也[79]라 膾脯는 羞也라 故不得兼之니 言大夫如此면 則士可知라 羹胾者는 食(사)之配니 士雖降於大夫나 然闕一不可요 特不貳之而已니 言士如此면 則大夫貳之를 可知니라

嚴陵方氏 : 燕食은 燕饗에서 먹음을 이른다. 膾・脯는 맛 좋은 음식이므로 겸할 수 없으니, 대부가 이와 같다고 하였으면 士를 알 수 있는 것이다. 국・편육은 밥의 짝이니, 士는 비록 신분이 대부보다 낮으나 〈국과 편육 중에〉 한 가지는 빼서는 안 되고 다만 〈士는 대부보다 신분이 낮으므로 燕食에서 의례상〉 두 가지를 겸하지 않을 뿐이니, 士가 이와 같다고 하였으면 대부는 두 가지를 겸함을 알 수 있다.

122401 膾는 春用蔥하고 秋用芥하며 豚은 春用韭하고 秋用蓼하며 脂는 用蔥하고 膏는 用薤(해)하고 三牲은 用藙(의)호되 和用醯하고 獸用梅니라

膾에는 봄에 파를 사용하고 가을에 겨자를 사용하며, 새끼돼지고기에는 봄에 부추를 사용하고 가을에 여뀌를 사용하여, 엉긴 기름에는 파를 사용하고 묽은 기름에는 염교를 사용하며, 〈소・양・돼지〉 세 犧牲에는 수유를 쓰되 간을 맞출 때에 식초를 사용하고, 짐승의 고기에는 매실을 사용한다.

≪集說≫

芥는 芥醬也라 肥凝者爲脂니 釋者爲膏라 三牲은 牛・羊・豕也라 藙는 茱萸(수유)也라 和用醯는 以醯和三牲也요 獸用梅는 以梅和獸也라

---

79) 燕食謂燕饗之食也 : 엄릉방씨의 이 설은 ≪周禮≫ 〈天官 膳夫〉의 '燕食'에 대해 鄭玄의 注에 "연식은 정오와 저녁의 식사를 이른다.〔燕食 謂日中與夕食〕" 한 것과 다르다.

芥는 겨자 장이다. 기름이 엉긴 것을 脂라 하고, 묽은 것을 膏라 한다. '三牲'은 소·양·돼지이다. 藙는 茱萸이다. '和用醯'는 식초를 가지고 세 犧牲을 간 맞추는 것이고, '獸用梅'는 매실을 가지고 짐승의 고기에 간을 맞추는 것이다.

≪大全≫

嚴陵方氏曰 蔥은 以氣達爲悤이요 芥는 以味辛爲介라 春은 物方生故로 宜食(牲)〔性〕[80]之悤者요 秋는 物方成故로 宜食(牲)〔性〕[81]之介者라 故로 膾用二物以和之라 韭는 性溫而生能久하고 蓼는 味辛而氣能散하니 溫而生은 固春所宜也요 辛而散은 固秋所宜也라 故로 豚用二物以和之라 三牲은 肉體之大者요 氣之所聚니 不能無毒故로 用藙之辛하야 以散其毒焉이라 凡物이 未始無毒이로되 三牲을 必散之者는 以肉體特大故也라 芥蓼之味非不辛이나 然必用藙者는 能殺蟲故也라 和用醯는 謂三牲也라 荀子曰 醯酸而蜹聚[82]라하고 書曰 若作和羹이어든 爾惟鹽梅[83]라하니 則醯與梅는 皆酸也니 和之以此는 所以收其味而已라 然牲用醯하고 獸用梅者는 亦各以其類而已니라

嚴陵方氏 : 파는 기운의 전달을 빠르게 하는 물건이고 겨자는 매운맛으로 성질을 剛介하게 하는 물건이다. 봄에는 물건이 막 생장하고 있기 때문에 빠른 성질의 물건을 먹는 것이 마땅하고, 가을에는 물건이 막 완성되고 있기 때문에 剛介한 성질의 물건을 먹는 것이 마땅하다. 그러므로 膾를 먹을 적에는 파와 겨자 두 물건을 사용하여서 조화롭게 하는 것이다. 부추는 성질이 온화하여 생명이 오래 지속될 수 있고, 여뀌는 맛이 매워서 기운이 발산할 수 있으니, 따뜻하고 오래 살게 하는 부추는 진실로 봄에 마땅한 바이고 맵고 발산하는 여뀌는 진실로 가을에 마땅한 것이다. 그러므로 돼지고기에는 이 두 가지 물건을 사용하여 조화롭게 한다.

세 가지 犧牲은 고깃덩어리가 큰 것이고 기운이 모인 것이니, 毒이 없을 수 없으므로 염교의 매운맛을 사용하여 그 독을 발산시키는 것이다. 모든 물건이 애당초 독이

---

80) (牲)〔性〕 : 저본에는 '牲'으로 되어 있으나, 衛湜의 ≪禮記集說≫에 의거하여 '性'으로 수정하였다.

81) (牲)〔性〕 : 저본에는 '牲'으로 되어 있으나, 衛湜의 ≪禮記集說≫에 의거하여 '性'으로 수정하였다.

82) 醯酸而蜹聚 : ≪荀子≫ 〈勸學篇〉에 보인다.

83) 若作和羹爾惟鹽梅 : ≪書經≫ 〈商書 說命 下〉에 보인다.

없지 않으나 세 가지 희생을 반드시 발산시키는 것은 고깃덩어리가 특별히 크기 때문이다. 겨자·여뀌의 맛이 맵지 않은 것이 아니나 반드시 수유를 사용하는 것은 벌레를 죽일 수 있기 때문이다. 간을 맞출 때에 식초를 사용함은 세 가지 희생을 〈간 맞춤을〉 이른다. ≪荀子≫ 〈勸學篇〉에 이르기를 "식초가 시어서 초파리가 모여든다." 하였고, ≪書經≫ 〈商書 說命 下〉에 이르기를 "내가 만약 국을 간 맞추거든 네가 소금과 매실이 되어 달라." 하였다. 그렇다면 식초와 매실은 모두 신 것이니, 이것으로써 간을 맞춤은 그 〈고기의〉 맛을 거두어들일 뿐이다. 그러나 희생은 식초를 사용하고 짐승의 고기는 매실을 사용함은 또한 각각 그 〈고기의〉 종류를 따랐을 뿐이다.

122402 鶉羹과 鷄羹과 駕(여)를 釀(양)之蓼하고 魴(방)·鱮(서)를 烝하며 雛를 燒하며 雉를 薌(향)하고 無蓼니라

메추라기고깃국과 닭고깃국과 세가락메추라기 고기를 여뀌를 섞어 요리하고, 방어와 연어를 쪄서 요리하고, 새 새끼를 구우며, 꿩을 향신료로 요리하고 여뀌는 〈사용할 일이〉 없다.

≪集說≫

駕는 不爲羹하고 惟烝煮而已라 故不曰羹이라 此三味는 皆切蓼以雜和之라 故曰 釀之蓼라 魴·鱮는 二魚니 烝而食之라 故曰 魴鱮烝이라 雛는 鳥之小者니 燒熟然後調和라 故云 雛燒요 雉則或燒어나 或烝이어나 或以爲羹이 皆可라 薌은 謂香草니 若白蘇紫蘇之屬也라 言烝魴·鱮燒雛로 及烹雉히 皆調和之以香草하고 無用蓼也라

駕는 국을 만들지 않고 오직 쪄서 익힐 뿐이므로 '羹'이라 하지 않은 것이다. 이 세 가지 맛은 모두 여뀌를 썰어서 섞기 때문에 "여뀌를 섞는다." 한 것이다. 방어·연어는 두 물고기이니, 쪄서 먹으므로 "방어와 연어는 찐다." 한 것이다. 雛는 새 중에 어린 것이니, 불로 구워 익힌 연후에 간을 맞추므로 "새 새끼를 굽는다." 하였고, 꿩은 혹은 굽거나 혹은 삶거나 혹은 국을 만드는 것이 모두 좋다. 薌은 香草를 이르니, 白蘇(들깨)와 紫蘇(차조기)와 같은 등속이다. 〈이 글에서는〉 방어와 연어를 찌는 것과 새 새끼를 굽는 것과 꿩을 삶는 것까지 모두 香草로 간을 맞추고 여뀌는 사용함이 없음을 말하였다.

≪大全≫

山陰陸氏曰 魴・鱮 弱魚也일새 烹或易爛하니 烝之可也라 無蓼는 與不蓼異하니 不蓼는 不必用蓼爾요 無蓼는 直無蓼也니라

山陰陸氏 : 방어와 연어는 〈살이〉 약한 고기이므로 삶으면 혹 쉽게 〈살이〉 부서질 수 있으니, 찌는 것이 좋다. '無蓼'는 '不蓼'와는 다르니, '不蓼'는 굳이 여뀌를 사용할 필요가 없는 것이고, '無蓼'는 단지 여뀌가 없는 것이다.

122501 不食은 雛鼈이요 狼去腸하고 狗去腎하고 狸去正脊[84)]하고 兔去尻(고)하고 狐去首하고 豚去腦하고 魚去乙하고 鼈去醜(추)니라

먹지 않는 것은 새끼 자라이고, 이리는 창자를 제거하고 개는 콩팥을 제거하고 너구리는 正脊을 제거하고 토끼는 꽁무니를 제거하고 여우는 머리를 제거하고 돼지는 뇌를 제거하고 물고기는 '乙'자 모양의 뼈를 제거하고 자라는 항문을 제거한다.

≪集說≫

此九者는 皆爲不利於人이라 雛鼈은 伏乳者라 魚體中에 有骨이 如篆乙之形이면 去之는 爲鯁人也라 醜는 竅也라 或云 頸下에 有骨하야 能毒人이라

이 아홉 가지는 모두 사람에게 이롭지 못한 것이다. 새끼 자라는 엎드려 젖을 먹는 자라이다. 생선 몸속에 篆字로 '乙'자 모양의 뼈가 있으면 제거하는 것은 〈그 뼈가〉 사람의 내장에 박히기 때문이다. 醜는 항문이다. 혹은 "〈자라는〉 목 아래에 뼈가 있어서 〈이 醜한 부분이〉 사람 몸을 해칠 수가 있다." 한다.

122502 肉曰脫之요 魚曰作之요 棗曰新之요 栗曰撰(선)之요 桃曰膽之요 柤(사)・梨曰攢(찬)之니라

84) 正脊 : ≪儀禮注疏≫ 〈少牢饋食禮〉의 鄭玄 注에 따르면, 동물의 등골뼈를 세 등분으로 나눌 적에 목 쪽을 시작으로 첫 부분의 등골뼈를 이른다. 가운데 부분을 脡脊이라 하고, 꼬리뼈 쪽에 가까운 부분을 橫脊이라 한다.

육류를 〈다듬는 것을〉 "벗긴다." 하고, 어물을 〈다듬는 것을〉 "흔든다." 하고, 대추를 〈다듬는 것을〉 "새롭게 한다." 하고, 밤을 〈다듬는 것을〉 "선별한다." 하고, 복숭아를 〈다듬는 것을〉 "닦는다." 하고, 팥배와 배를 〈다듬는 것을〉 "도려낸다." 한다.

≪集說≫

脫者는 剝除其筋膜이라 作者는 搖動之하야 以觀其鮮餒(뇌)라 一說에 作은 猶斮(착)也니 謂削其鱗이라 棗는 則拭治而使之新潔이라 撰은 猶選也니 栗多蟲蠹[85]하야 宜選擇之라 桃多毛하니 拭治하야 令青滑如膽이라 攢之者는 鑽治其蠹處也라 此는 皆治擇之名이라

脫은 근막을 벗겨내는 것이다. 作은 흔들어서 그것이 신선한가 썩었는가를 관찰하는 것이다. 一說에 "作은 斮(깎음)과 같으니, 비늘을 제거함을 이른다." 한다. 대추는 잘 닦아서 새롭고 깨끗하게 한다. 撰은 選과 같으니, 밤은 벌레 먹은 것이 많아서 마땅히 선별해야 한다. 복숭아는 털이 많으니, 닦아서 푸르고 매끄럽기가 쓸개와 같게 한다. '攢之'는 벌레 먹은 곳을 도려내는 것이다. 이것들은 모두 다듬거나 골라냄을 이른 것이다.

122601 牛夜鳴이면 則庮(유)하고 羊泠(령)毛而毳(취)면 羶(전)하고 狗赤股而躁면 臊(소)하고 鳥皫(표)色而沙(사)鳴이면 鬱하고 豕望視而交睫(첩)이면 腥하고 馬黑脊而般[86]臂면 漏[87]하나니라

소가 밤에 울면 〈그 고기에서〉 악취가 나고, 양이 털뿌리가 성글고 털끝이 엉겨 있으면 〈그 고기에서〉 누린내가 나고, 개의 다리가 〈털이 벗겨져〉 붉고 성질이 급하면 〈그 고기에서〉 누린내가 나고, 새가 깃털에 윤기가 없고 쉰 목소리로 울면 〈그 고기에서〉 썩은 내가 나고, 돼지가 고개를 쳐들어 멀리 바라보고 속눈썹이 엉켜 있으면 〈그 고기 속에〉 쌀알 크기의

85) 蠹 : '蠧(벌레 먹음)'과 같다.
86) 般 : '斑(얼룩무늬)'과 같다.
87) 漏 : '螻(땅강아지 냄새)'와 같다.

혹이 있고, 말이 등이 검고 앞쪽 정강이 털에 얼룩무늬가 있으면 〈그 고기에서〉 땅강아지 냄새가 난다.

≪集說≫

牛之夜鳴者는 其肉庮臭라 羊之毛本稀泠而毛端毳結者는 其肉羶氣라 狗股裏無毛而擧動急躁者는 其肉臊惡이라 鷹色은 色變而無潤澤也라 沙는 嘶也니 鳴而其聲沙嘶者라 鬱은 謂腐臭也라 望視는 擧目高也요 交睫은 目睫毛交也라 腥은 讀爲星하니 肉中에 生小息肉如米者也라 般臂는 前脛毛斑也라 漏는 讀爲螻니 謂其肉이 如螻蛄臭也라 牛至馬六物이 若此者는 皆不可食이라

소가 밤에 우는 놈은 그 고기에서 악취가 난다. 양이 그 털뿌리가 성글게 빠져 있고 털끝이 엉겨 있는 놈은 그 고기에서 누린내가 난다. 개의 다리 안쪽에 털이 없고 움직임이 조급한 놈은 그 고기에서 누린내가 난다. '鷹色'은 색깔이 변해서 윤기가 없는 것이다. 沙는 쉰 목소리이니, 울 때 쉰 소리가 나는 것이다. 鬱은 썩은 내를 이른다. '望視'는 눈을 높이 드는 것이고, '交睫'은 속눈썹의 털이 서로 엉켜있는 것이다. 腥은 '星'자로 읽으니, 살 속에 쌀알처럼 작은 혹이 생긴 것이다. '般臂'는 앞쪽 정강이 털이 얼룩진 것이다. 漏는 '螻'자로 읽으니, 그 고기에 땅강아지 같은 냄새가 나는 것을 이른다. 소부터 말에 이르기까지 여섯 가지 동물이 이와 같은 것은 모두 먹을 수 없다.

≪大全≫

嚴陵方氏曰 夜鳴은 謂非時而鳴이라 赤股者는 股無毛면 則股著見(현)矣라 故以赤言之라 躁는 則言其性之不靜이요 鷹는 言如麃之色白이라 沙鳴은 鳴之悲涼者라 豕俯首以食하니 首俯則下視어늘 曰望視면 則首昂矣라 交睫은 目毛以長故로 交라 黑脊은 言衆體皆異而脊獨黑也라 般在前脛故로 曰般臂라하니라

嚴陵方氏 : '夜鳴'은 울 때가 아닌데 욺을 이른다. '赤股'는 다리에 털이 없으면 다리가 드러나 보이므로 '붉다'고 말하였다. 躁는 그 성질이 조용하지 못함을 말한 것이고, 鷹는 큰사슴의 흰색 털 빛깔과 같음을 말한다. '沙鳴'은 울음이 처량한 것이다. 돼지는 머리를 숙이고 먹으니 머리를 숙이면 아래를 보는데, '멀리 바라본다.'고

말했으면 머리를 치켜든 것이다. '交睫'은 눈썹이 길기 때문에 엉킨 것이다. '黑脊'은 몸 전체가 모두 다른 빛깔이고 등마루만 검은 빛깔임을 말한다. 반점이 앞쪽 정강이에 있기 때문에 '般臂'라고 하였다.

122602 **雛尾不盈握**이어든 **弗食**하며 **舒雁翠**와 **鵠·鴞胖**과 **舒鳧翠**와 **雞肝**과 **雁腎**과 **鴇**(보)**奧**과 **鹿胃**니라

새 새끼의 꼬리가 한 줌이 차지 않거든 먹지 않으며, 거위의 꽁지살과 고니·올빼미의 갈빗살과 오리의 꽁지살과 닭의 간과 기러기의 콩팥과 너새의 모이주머니와 사슴의 위는 먹지 않는다.

≪集說≫

舒雁은 鵝也라 翠는 尾肉也요 胖은 脅側薄肉也라 舒鳧는 鴨也라 鴇는 似雁而大하고 無後指라 奧은 脾胜(비비)也니 藏之深奧處也라 此九物은 亦不可食이라

'舒雁'은 거위이다. 翠는 꽁지살이다. 胖은 갈빗대 곁의 얇은 살이다. '舒鳧'는 오리이다. 鴇는 기러기와 비슷한데 〈그보다 더〉 크고 뒷발가락이 없다. 奧은 지라나 모이주머니이니, 깊은 곳에 숨겨져 있는 臟器이다. 이 아홉 가지 물건은 또한 먹을 수 없다.

鴇(너새)

≪大全≫

嚴陵方氏曰 握手는 一握也니 尾不盈握이면 則形未成이라 故로 弗食이라 言此弗食이면 則下陳者를 可知니라

嚴陵方氏 : '握手'는 한 줌이니, 꼬리가 한 줌 크기가 되지 못하면 형체가 아직 이루어지지 않았으므로 먹지 않는다. 이것을 '먹지 않는다.'고 말했으면 아래에 말한 것을 〈먹지 않음을〉 알 수 있다.

○ 王氏曰 天產之物은 所以資氣體之養者也니 所稟之氣가 一有不和면 則資其味者 疾癘或乘之하야 而至於爲害不少矣라 每物而辨이면 則膳脩之用에 無陰陽偏勝之氣하야 而氣體之養이 賴之而安矣니라

王氏 : 하늘이 생산한 물건은 기운과 몸을 기르는 것을 돕는 바탕이니, 〈하늘로부터〉 받은 기운이 하나라도 조화롭지 못함이 있으면 마땅한 맛을 돕는 것에 전염성 병균이 혹 타서 해로움이 적지 않게 된다. 물건마다 〈해로운 것을〉 분별하면 희생 고기나 포를 사용함에 陰이나 陽 한 쪽이 과한 기운이 없어서 기운과 몸을 기름이 이것에 의지하여 편안해질 것이다.

122701 肉腥은 細者爲膾요 大者爲軒이니 或曰 麋鹿魚爲菹요 麕(균)爲辟(벽)鷄요 野豕爲軒이요 兔爲宛(원)脾니 切葱若薤(비)하야 實諸醯以柔之니라

날고기는 가늘게 썬 것을 膾라 하고, 크게 썬 것을 軒이라 한다. 혹자는 말하기를 "큰사슴·사슴·어물을 '菹'라 하고 노루를 '辟鷄'라 하고 멧돼지를 '軒'이라 하고 토끼를 '宛脾'라 하니, 〈이것을 요리할 때에는〉 파와 염교를 썰어서 식초에 담가서 부드럽게 만든다." 하였다.

≪集說≫

細縷切者爲膾요 大片切者爲軒이라 或用葱하고 或用薤라 故云切葱若薤라 肉與葱薤를 皆置之醋中이라 故云 實諸醯요 浸漬而熟則柔軟矣라 故曰 柔之라

실오라기처럼 가늘게 썬 것을 膾라 하고, 큰 조각으로 썬 것을 軒이라 한다. 혹은 파를 사용하고 혹은 염교를 사용하기 때문에 "파와 염교를 썬다."고 말한 것이다. 고기와 파·염교를 모두 식초 속에 담가 두므로 "식초에 담근다." 하였고, 이것을 담가서 숙성시키면 살이 유연해지므로 "부드럽게 만든다." 하였다.

○ 疏曰 爲記之時에 無菹·軒·辟鷄·宛脾之制하야 作之未審이나 舊有此言하야 記者承而用之라 故稱或曰이라하니라 其辟鷄·宛脾及軒之名은 其義未聞이라

〈孔穎達의〉 疏 : ≪禮記≫를 지을 때에 菹·軒·辟鷄·宛脾의 제도가 없어서 만드는 법을 자세히 알 수가 없었다. 그러나 예전부터 이런 말이 있어서 기록하는 자가 그대로 이어서 사용하였으므로 '或曰'이라고 일컬은 것이다. 이 중에 辟鷄·宛脾·軒의 이름은 그 뜻이 알려진 것이 없다.

122801 **羹食**(사)는 **自諸侯以下**로 **至於庶人**히 **無等**하며 **大夫**는 **無秩膳**하니 **大夫**는 **七十而有閣**이니라

국과 밥은 제후로부터 아래로 庶人에 이르기까지 차등이 없으며, 대부는 일정하게 먹는 음식이 없으니, 대부는 70세가 되면 〈일정한 음식이 있어서 음식을 보관하는〉 찬장을 가지게 된다.

≪集說≫

羹與飯은 常日所食이라 故無貴賤之等差라 秩은 常也니 五十始命하야 未爲甚老라 故無常膳이요 七十有閣이면 則有秩膳矣라 閣은 以板爲之니 所以庋飮食之物이라

국과 밥은 평일에 먹는 것이므로 귀함과 천함의 차등이 없다. 秩은 일정함이니, 50세에 비로소 命을 받아 〈대부가 되어서〉 아직 심하게 늙은 것은 아니므로 일정하게 먹는 음식이 없는 것이고, 70세에 찬장이 있으면 이것은 일정한 음식이 있는 것이다. 閣(찬장)은 판자로 만드니, 음식을 보관해두는 물건이다.

≪大全≫

嚴陵方氏曰 食爲主하고 羹爲配하니 人所日用者也라 唯稱有無하야 隨其所宜하고 不制豐殺(쇄)而預爲之等이라 雖然이나 此特自諸侯以下而已니 若夫四海之奉一人之尊엔 又安得無等乎아 所以言諸侯以下也라 前言士不貳羹胾면 則士羹亦有等矣라 蓋彼主燕食하고 此主常食言之也니 燕食은 以禮爲等故로 不可無等이요 常食은 以養爲主故로 不可不隨宜焉이니라

嚴陵方氏 : 밥이 주가 되고 국이 〈밥의〉 짝이 되니, 사람이 일상적으로 먹는 것이다. 오직 집안의 있고 없음에 맞추어 마땅한 바를 따르고 풍성함과 줄임을 제한해서

미리 등급을 만들지 않는다. 비록 그렇더라도 이는 다만 제후로부터 이하에 해당할 뿐이니, 四海의 백성들이 높으신 〈天子〉 한 분을 받드는 경우에는 또 어찌 등급이 없을 수 있겠는가. 이 때문에 제후 이하를 말한 것이다. 앞에서 "士는 고깃국과 편육을 겸하여 놓지 않는다." 말했으면 士의 국 또한 등급이 있는 것이다. 저기에서는 燕食을 위주로 삼았고 여기에서는 常食을 위주로 삼아 말하였으니, 연식은 禮로써 등급을 삼기 때문에 등급이 없을 수 없고, 상식은 〈몸을〉 기름을 위주로 삼기 때문에 마땅히 〈일정하게〉 먹어야 할 것을 따르지 않을 수 없다.

122802 **天子之閣**은 **左達**[88]**五**요 **右達五**니 **公侯伯**은 **於房中五**요 **大夫**는 **於閣三**이요 **士**는 **於坫**(점)**一**이니라

천자의 찬장은 왼쪽 夾室에 다섯 개가 있고 오른쪽 협실에 다섯 개가 있으니, 公·侯·伯은 〈음식을〉 방 안의 다섯 개 찬장에 보관하고 대부는 〈협실의〉 세 개의 찬장에 보관하고 士는 〈室 안의〉 받침대 하나에 보관한다.

≪集說≫

疏曰 宮室之制는 中央이 爲正室이요 正室左右가 爲房이요 房外有序하고 序外有夾室이라 天子는 尊하야 庖廚遠故로 左夾室五閣이요 右夾室五閣이며 諸侯는 卑하야 庖廚宜稍近故로 於房中하니 惟一房之中而五閣也라 大夫는 卑而無嫌故로 亦於夾室而三閣이요 士는 卑하야 不得爲閣하고 但於室中에 爲土坫하야 以庋食이라 五者는 三牲之肉及魚腊이요 三者는 豕魚腊也라

〈孔穎達의〉 疏：宮室의 제도는 중앙이 正室이 되고 정실의 좌우가 방이 되고 방 밖에 序가 있고 序 밖에 夾室이 있다. 천자는 지위가 높아서 푸줏간이 멀리 있으므로 왼쪽 협실에 다섯 개의 찬장이 있고 오른쪽 협실에 다섯 개의 찬장이 있으며, 제후는 〈신분이 天子보다〉 낮아서 푸줏간이 약간 가까워야 하므로 〈찬장이〉 방 안에 있으니, 오직 한 방의 가운데에 다섯 개의 찬장이 있다. 대부는 〈신분이 더〉 낮아서 혐의 삼을 것이 없으므로 夾室에 세 개의 찬장이 있고, 士는 〈신분이 더〉 낮아서 찬

---

88) 達：鄭玄의 注에 "達은 夾室이다.〔達 夾室〕" 하였다.(≪禮記正義≫)

장을 만들 수 없고 다만 室 안에 〈흙으로 만든 받침대인〉 土坫를 만들어서 음식을 보관한다. 〈達五의〉 '五'는 세 종류의 희생 고기와 어물・포이고, 〈閣三의〉 '三'은 돼지고기・어물・포이다.

≪大全≫

嚴陵方氏曰 夾室은 以自是而達于外라 故謂之達이니 必於夾室者는 遠庖廚[89]之義也라 自諸侯而下則有遠近之殊와 多少之別者는 尊者詳하고 卑者略하며 尊者隆하고 卑者殺故也니라

嚴陵方氏 : 夾室은 이곳을 통해 밖으로 도달하기 때문에 '達'이라 이르니, 반드시 〈찬장을〉 夾室에 둠은 푸줏간을 멀리하는 뜻이다. 제후로부터 이하에 〈찬장의〉 멀고 가까움의 차이와 〈찬장의〉 많고 적음의 구별이 있는 것은 尊者에게는 자세하고 낮은 자에게는 소략하며 존자에게는 후하고 낮은 자에게는 박하기 때문이다.

122901 凡養老를 有虞氏는 以燕禮하고 夏后氏는 以饗禮하고 殷人은 以食(사)禮하니 周人은 脩而兼用之하니라 凡五十엔 養於鄉하고 六十엔 養於國하고 七十엔 養於學이니 達於諸侯니라 八十엔 拜君命호되 一坐再至하고 瞽亦如之하며 九十者는 使人受니라 五十이어든 異粻(장)하고 六十이어든 宿肉하고 七十이어든 貳膳하고 八十이어든 常珍하고 九十이어든 飲食을 不違寢하며 膳飲을 從於遊가 可也니라 六十엔 歲制하고 七十엔 時制하고 八十엔 月制하고 九十엔 日修니 唯絞(효)・紟(금)・衾・冒는 死而後制니라 五十에 始衰하고 六十은 非肉不飽요 七十은 非帛不煖이요 八十은 非人不煖이요 九十은 雖得人이나 不煖矣니라 五十은 杖於家하고 六十은 杖於鄉하고 七

89) 遠庖廚 : 〈玉藻〉에 "군자는 푸줏간을 멀리하여 무릇 혈기가 있는 종류를 몸소 베어 죽이지 않는다.〔君子遠庖廚 凡有血氣之類 弗身踐也〕"라고 한 데서 온 말인데, 이 말은 ≪맹자≫에도 보이는바, 朱子의 註에 "반드시 푸줏간을 멀리하는 까닭은 또한 미리 이 마음을 길러 둠으로써 仁을 행하는 방법을 넓히려고 해서이다.〔其所以必遠庖廚者 亦以預養是心而廣爲仁之術也〕"라고 설명하였다.(≪孟子集註≫ 〈梁惠王 上〉)

十은 杖於國하고 八十은 杖於朝니 九十者는 天子欲有問焉이면 則就其室호되 以珍從이니라 七十엔 不俟朝하고 八十엔 月告存하고 九十엔 日有秩이니라 五十엔 不從力政하고 六十엔 不與服戎하고 七十엔 不與賓客之事하고 八十엔 齊喪之事 弗及也니라 五十而爵하고 六十엔 不親學하고 七十엔 致政이니 凡自七十以上은 唯衰麻爲喪이니라 凡三王이 養老호되 皆引年하시니라 八十者는 一子不從政하고 九十者는 其家不從政이니 瞽亦如之니라 凡父母在어든 子雖老나 不坐니라 有虞氏는 養國老於上庠하고 養庶老於下庠하며 夏后氏는 養國老於東序하고 養庶老於西序하며 殷人은 養國老於右學하고 養庶老於左學하며 周人은 養國老於東膠하고 養庶老於虞庠하니 虞庠은 在國之西郊하니라 有虞氏는 皇而祭하고 深衣而養老하며 夏后氏는 收而祭하고 燕衣而養老하며 殷人은 冔(후)而祭하고 縞衣而養老하며 周人은 冕而祭하고 玄衣而養老하더라

무릇 노인을 봉양하는 예는 舜임금 때는 〈陽氣를 기르는〉 燕禮로 하였고, 夏나라 때는 〈양기를 기르는〉 饗禮로 하였고, 殷나라 사람은 〈陰氣를 기르는〉 食禮로 하였고, 周나라 사람은 이것을 정비해서 겸하여 사용하였다.

50세가 되면 〈왕이 국난을 위해 죽은 자의 아버지나 할아버지를〉 鄕學에서 봉양하고, 60세가 되면 〈왕궁의 왼쪽에 있는〉 國都의 小學에서 봉양하고, 70세가 되면 〈도성 밖에 있는 郊의〉 太學에서 봉양하니, 〈이 예는 천자와 마찬가지로〉 제후에게도 공통적으로 적용된다. 〈노인을 봉양하는 예를 행할 때 노인이〉 80세가 되면 〈연로하여 태학에 오라고 할 수 없으므로 군주가 사람을 보내 饗食의 예를 노인의 집에 보내는데, 노인이 도착한〉 군주의 命에 절하되 〈원래는 두 번 절을 해야 하나〉 한 번 〈무릎 꿇고〉 앉았을 때 〈머리는 땅에〉 두 번 닿게 하고, 눈이 먼 사람 또한 이와 같이 한다. 90세가 되면 〈임금의 恩賜를〉 남을 시켜서 받게 한다.

50세가 되면 양식을 〈搗精한 정도를 젊은이와〉 달리하고, 60세가 되면 〈늘 갖추어둔〉 고기를 하루 전에 미리 준비하고, 70세가 되면 좋은 음식을 〈떨어지지 않도록〉 부차적으로 준비해두고, 80세가 되면 항상 珍味를 준비해두고, 90세가 되면 음식을 잠자거나 거처하는 곳에서 떠나지 않게 하며 좋은 음식과 음료를 〈사람을 시켜 노인이〉 노니는 곳에 따르게 하는 것이 옳다.

〈늙으면 장례에 쓸 물품을 미리 만들어, 대부 이하는〉 60세가 되면 〈棺처럼〉 1년의 시간을 들여야 만들 수 있는 〈널 같은〉 것을 준비하고, 70세가 되면 한 철의 시간을 들여야 만들 수 있는 〈구하기 어려운 의물 같은〉 것을 준비하고, 80세가 되면 한 달의 시간을 들여야 만들 수 있는 〈구하기 쉬운 의물 같은〉 것을 준비하고, 90세가 되면 〈그동안 준비해온 것들을〉 날마다 수리하니, 오직 〈옷을 묶는 布帶인〉 絞와 〈염할 때 쓰는〉 홑이불과 이불과 〈시신을 싸는 자루인〉 冒는 〈하루 이틀 만에 만들 수 있으므로〉 죽은 뒤에 만든다.

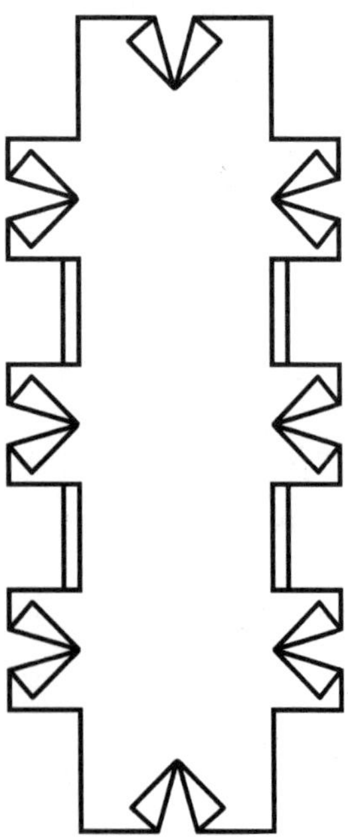
絞(小斂)

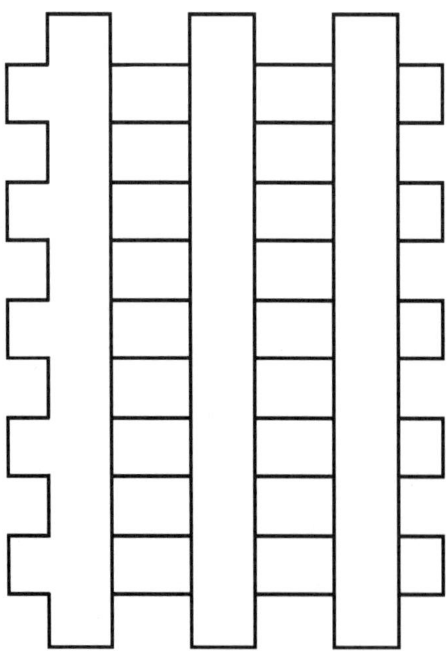
絞(大斂)

冒

50세에 쇠하기 시작하고, 60세에 고기가 아니면 〈먹어도〉 배부르지 않고, 70세에 비단옷이 아니면 〈입어도〉 따뜻하지 않고, 80세에 사람이 옆에서 모시지 않으면 따뜻하지 않고, 90세에는 비록 사람이 모시고 있더라도 따뜻하지 않다. 50세에는 〈자기〉 집에서 지팡이를 짚고, 60세에는 〈자기가 사는〉 고을에서 지팡이를 짚고, 70세에는 國都에서 지팡이를 짚고, 80세에는 조정에서 지팡이를 짚으니, 90세에는 천자가 묻고자 하는 일이 있으면 〈천자가 직접〉 그 〈노인의〉 집에 찾아가되 진귀한 음식을 가지고 뒤따르게 한다.

〈벼슬에서 물러난 사람은〉 70세가 되면 〈군주에게 조회 왔을 때 군주가 揖을 하면 바로 물러가서〉 조회가 끝나기를 기다리지 않고, 80세가 되면 〈임금이〉 달마다 〈좋은 음식을 보내어〉 안부를 묻고, 90세가 되면 〈임금이〉 날마다 일정한 음식을 보낸다.

〈서인은〉 50세에는 〈성을 쌓거나 길을 닦는 등의〉 賦役에 종사하지 않고, 60세에는 〈士卒로 종군하는 등의〉 군대의 일에 참여하지 않고, 70세에는 賓客을 접대하는 일에 참여하지 않고, 80세에는 〈제사 때의〉 齋戒와 喪事의 일이 미치지 않는다.

50세가 되면 〈대부의〉 작위를 받고 60세가 되면 직접 배우지 않고 70세가 되면 정사를 내놓으니, 무릇 70세 이상은 〈喪事가 있어도〉 오직 상복을 입고 삼을 꼬아 만든 絰帶를 두르는 것으로만 거상하는 예로 삼는다.

무릇 三王이 노인을 봉양하되 〈모두 집집마다 찾아가서〉 나이를 따져 引見하였다. 80세가 된 자는 〈가족 중에〉 한 자식이 부역에 종사하지 않고, 90세가 된 자는 온 집안 식구가 부역에 종사하지 않으니, 소경의 경우도 또한 그와 같다. 부모가 생존해 계시면 아들은 비록 늙었더라도 함께 앉지 않는다.

순임금 때는 〈경대부로 벼슬에서 물러난 자인〉 國老를 〈태학인〉 上庠에서 봉양하고 〈士와 서인으로 관직에 있는 자인〉 庶老를 〈소학인〉 下庠에서 봉양하였다. 그리고 夏나라 때는 國老를 〈태학인〉 東序에서 봉양하고 庶老를 〈소학인〉 西序에서 봉양하였다. 그리고 殷나라 사람은 國老를 〈태학인〉 右學에서 봉양하고 庶老를 〈소학인〉 左學에서 봉양하였다. 그리고 周나라 사람은 國老를 〈태학인〉 東膠에서 봉양하고 庶老를 〈소학인〉 虞庠에서 봉양하였는데, 우상은 國都의 西郊에 있었다. 순임금 때는 〈검은색 상의에 분홍색 치마를 입고 머리에는 冕의 일종인〉 皇을 쓰고 제사하고 〈질박함을 숭상하여 신하들과 燕飮할 때 입는 흰색 베옷인〉 深衣를 입고 노인을 봉양하였다. 그리고 하나라는 〈검은색을 숭상하여 상하 모두 검은색 옷을 입고 머리에는〉 收를 쓰고 제사하고 〈검은색〉 燕衣를 입고 노인을 봉양하였다. 그리고 殷나라 사람은 〈흰색을 숭상하여 상하 모두 흰색 베옷을 입고 머리에는〉 冔를 쓰고 제사하고 흰 베로 만든 深衣를 입고 노인을 봉양하였다. 그리고 周나라 사람은 〈겸용하여 검은색 상의에 흰색 치마를 입고 머리에는〉 冕을 쓰고 제사하고 〈신하들과 연음할 때 입는〉 검은 옷을 입고 노인을 봉양하였다.

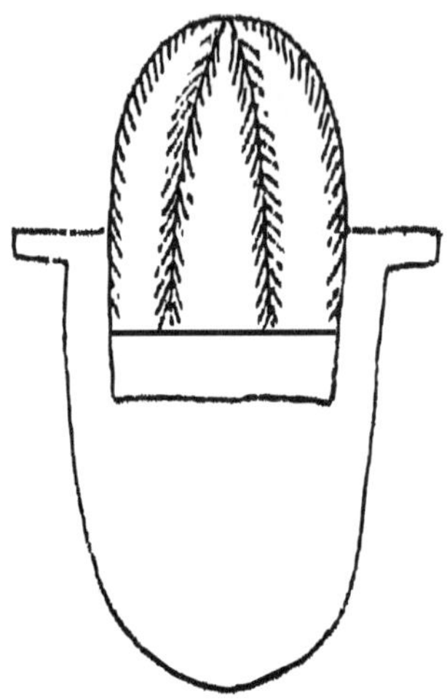

有虞氏皇

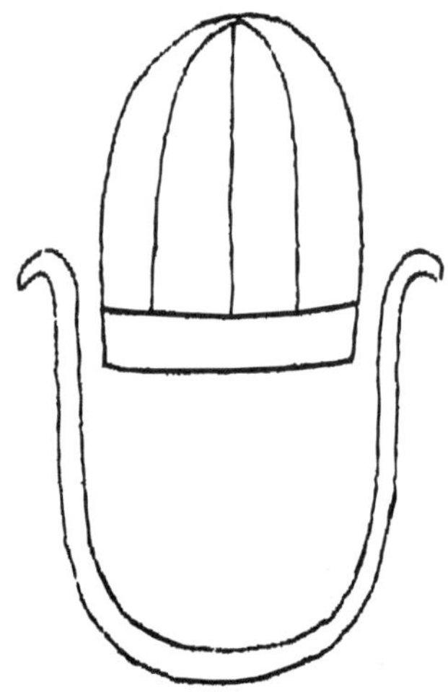

夏收

殷冔

≪集說≫

此一節은 竝說見(현)王制[90)]하니라

이 한 절은 모두 해설이 〈王制〉에 보인다.

≪大全≫

山陰陸氏曰 王制는 主國故로 先言養國老於上庠하고 後言凡三王養老에 皆引年하니라 八十者一子不從政하며 內則은 主家故로 先言三王養老에 皆引年하니라 八十者一子不從政하고 後言養國老於上庠하니라

山陰陸氏 : 〈王制〉에서는 나라를 위주로 삼았기 때문에 "國老를 上庠에서 봉양하였다."를 먼저 말하고, "무릇 三王이 노인을 봉양하되 〈모두 집집마다 찾아가서〉 나이를 따져 引見하였다. 80세가 된 자는 〈가족 중에〉 한 자식이 부역에 종사하지 않았다."를 뒤에 말하였으며, 〈內則〉에서는 집안을 위주로 삼았기 때문에 "三王이 노인을 봉양하되 〈모두 집집마다 찾아가서〉 나이를 따져 引見하였다. 80세가 된 자는 〈가족 중에〉 한 자식이 부역에 종사하지 않았다."를 먼저 말하고 "國老를 上庠에서 봉양하였다."를 뒤에 말하였다.

123001 曾子曰 孝子之養老也는

曾子가 말씀하였다. "효자가 노인을 봉양함은

≪大全≫

石梁王氏曰 此一養字는 蒙上文이니 當從上聲이요 忠養之養은 當從去聲[91)]이니라

---

90) 此一節 竝說見(현)王制 : 여기 '122901'의 經文은 〈王制〉 '055001'에서 '055208'까지의 경문과 같다.(일부 문장의 순서는 다름) 따라서 여기에 대한 해설은 〈왕제〉의 集說에서 자세히 볼 수 있다.

91) 石梁王氏曰……當從去聲 : 金在魯의 ≪禮記補註≫에 "석량왕씨(王批)가 이 '養'자를 上聲이라 하고 아랫글에 '忠養'의 '養'을 去聲이라 한 것은, 字書를 고찰해보면 育養(保養)의 뜻은 상성이고 供養(奉養)의 뜻은 거성이기 때문이다.〔石梁以此養字爲上聲 下文忠養之養爲去聲者 考字書 育養上聲 供養去聲故也〕" 하였다. 석량왕씨의 설에 따르면 '122901'과 '123001'의 '養'은 보양하다는 의미가 되고, '123002'의 '養'은 봉양하다는 의미가 된다는 것인데, 현대에는 그 의미 구분을 명확히 하기가 쉽지 않다.

石梁王氏 : 이 한 '養'자는 윗글을 이어받았으니, 마땅히 〈'물건으로써 어른을 봉양하다'는 뜻의〉 上聲으로 읽어야 하고, 〈아랫글의〉 '忠養'의 '養'은 마땅히 〈'정성스러운 마음으로 어른의 뜻을 봉양하다'는 뜻의〉 去聲으로 읽어야 한다.

123002 樂(락)其心하고 不違其志하야 樂其耳目하며 安其寢處하고 以其飮食으로 忠養之호되 孝子之身終이니 終身也者는 非終父母之身이요 終其身也라 是故로 父母之所愛를 亦愛之하며 父母之所敬을 亦敬之하야 至於犬馬하야도 盡然이온 而況於人乎아

〈부모의〉 마음을 즐겁게 하고 〈부모의〉 뜻을 어기지 말아서 〈부모의〉 귀와 눈을 즐겁게 하며 〈부모의〉 자고 거처하는 곳을 편안하게 하고 〈부모가 좋아하는〉 음식을 가지고 忠誠으로 봉양하되 孝子의 몸이 마칠 때까지 하니, 몸을 마칠 때까지 한다는 것은 부모의 몸을 마칠 때까지가 아니라 자신의 몸을 마칠 때까지이다. 이 때문에 부모가 사랑하시던 바를 또한 사랑하며 부모가 공경하시던 바를 또한 공경해서 개와 말에 이르러서도 다 그렇게 하는데 하물며 사람에게 있어서이겠는가."

≪集說≫

樂其心은 喩父母於道也[92]요 不違其志는 能養志也라 飮食忠養以上은 是終父母之身이요 愛所愛와 敬所敬은 則終孝子之身也라

'樂其心'은 부모를 道에 입각하여 깨우치는 것이고, '不違其志'는 뜻을 잘 봉양하는 것이다. '飮食忠養' 이상은 부모의 몸을 마칠 때까지 하는 것이고, '愛所愛'와 '敬所敬'은 효자의 몸을 마칠 때까지 하는 것이다.

---

92) 樂其心 喩父母於道也 : 참고로, 沙溪 金長生이 "吳氏(吳訥)가 ' 樂其心 은 그 마음을 순히 하고 맞추는 것이다.' 하였으니, 이 설이 나은 듯하다.〔吳氏云樂其心 順適其心也 此說似長〕" 하였고, 金在魯의 ≪禮記補註≫에 "〈孔穎達의〉 疏에 또한 '그 어버이의 마음을 안락하게 하는 것'으로 풀이하였으니, 陳澔의 註는 이해할 수 없다.〔疏亦以安樂其親之心爲解 陳註未可曉〕" 하였다.

≪大全≫

嚴陵方氏曰 怡聲而問은 所以樂其耳也요 柔色以溫은 所以樂其目也요 定於昏은 所以安其寢也요 省於晨은 所以安其處也요 以其飮食忠養之者는 蓋養親之道 雖非卽飮食以能盡이나 亦非舍飮食以能爲니 君子何以處之오 亦曰忠養之而已라 夫養之以物은 止足以養其口體요 養之以忠이면 則足以養其志矣니라

嚴陵方氏 : 〈자신의〉 음성을 온화하게 하고 물음은 〈부모의〉 귀를 즐겁게 하는 것이고, 얼굴빛을 부드럽게 하고 온화하게 함은 〈부모의〉 눈을 즐겁게 하는 것이고, 어두울 때 〈부모의 잠자리를〉 정함은 그 잠자리를 편안하게 하는 것이고, 새벽에 살핌은 그 거처를 편안하게 하는 것이고, 음식을 가지고 충성으로 봉양함은 어버이를 봉양하는 道가 비록 음식을 가지고 다할 수 있는 것이 아니나 또한 음식을 버리고 능히 할 수 있는 것이 아니니, 군자가 어떻게 대처해야 하겠는가? 또한 충성으로 봉양할 뿐이다. 물건으로 봉양함은 다만 그 입과 몸만을 봉양할 뿐이고 충성으로 봉양하면 충분히 그 뜻을 봉양할 수 있다.

○ 西山眞氏曰 孝子愛敬之心이 無所不至라 故로 父母之所愛敬者는 雖犬馬之賤이라도 亦愛敬之어든 況人乎哉아 姑擧其近者言之하면 若兄若弟는 吾父母之所愛也니 吾其可以不愛之乎아 若薄之면 是薄吾父母也라 若親若賢은 吾父母之所敬也니 吾其可以不敬之乎아 若嫚之면 是嫚吾父母也라 推類而長이면 莫不皆然이라 若晉武惑馮紞(풍담)之讒하야 不思太后之言而疏齊王攸[93)]하고 唐高宗溺武氏之寵하야 不念太宗顧託之命而殺長孫無忌[94)]하니 皆禮經之罪人也니라

西山眞氏 : 효자의 사랑하고 공경하는 마음이 지극하지 않은 바가 없으므로 부모

93) 晉武惑馮紞(풍담)之讒……而疏齊王攸 : 齊王 司馬攸는 晉 武帝의 아우로 어려서부터 어질고 뛰어났다. 文帝와 太后가 죽기 전에 사마유를 무제에게 부탁하는 유언을 남겼지만, 무제는 끝내 총애하는 신하인 馮紞 등의 이간질로 인해 사마유를 변방으로 내쫓았고, 사마유는 이를 원망하여 끝내 죽고 말았는바, 이 고사를 이른다.(≪晉書≫ 〈齊獻王列傳〉)

94) 唐高宗溺武氏之寵……而殺長孫無忌 : 長孫無忌는 唐 太宗의 처남으로 태종을 도와 천하를 평정한 일등공신이었으나, 태종의 아들 高宗이 즉위하고 武氏(훗날 則天武后)를 후비로 삼으려고 하자 이를 반대한 일을 계기로 武后의 원한을 사서 모반죄로 귀양 갔다가 유배지에서 자살하였는바, 이 고사를 이른다.(≪新唐書≫ 〈長孫無忌列傳〉)

가 사랑하고 공경하는 것은 비록 천한 개와 말이라 하더라도 또한 사랑하고 공경하는데, 하물며 사람에 있어서이겠는가. 우선 그 가까운 것을 들어 말한다면 형과 아우는 우리 부모가 사랑하는 바이니, 내가 어찌 사랑하지 않을 수 있겠는가. 만일 형제를 박대하면 나의 부모를 박대하는 것이다. 친척과 어진 이는 우리 부모가 공경하는 바이니, 내 어찌 공경하지 않을 수 있겠는가. 만약 업신여기면 이는 우리 부모를 업신여기는 것이다. 종류를 미루어 나아간다면 모두 그렇지 않음이 없다. 예컨대 晉나라 武帝는 馮紞의 참소에 혹하여 太后의 말을 생각하지 않고 齊王 司馬攸를 소원히 하였고, 唐나라 高宗은 武氏를 지나치게 총애하여 太宗이 부탁한 命을 생각하지 않고 長孫無忌를 죽였으니, 이들은 모두 禮經의 罪人이다.

123101 **凡養老**는 **五帝**는 **憲**하고 **三王**은 **有乞言**하니라 **五帝**는 **憲**하야 **養氣體而不乞言**하고 **有善則記之爲惇史**하니라 **三王亦憲**하더니 **旣養老而后**에 **乞言**호되 **亦微其禮**하고 **皆有惇史**하니라

무릇 노인을 봉양함은 五帝의 때에는 덕행을 본받음을 위주로 삼았고 三王의 때에는 〈여기에 더하여〉 또 좋은 말을 청하는 예가 있었다. 오제는 덕행을 본받아 心氣와 몸을 기르기만 하고 〈노인에게〉 좋은 말을 청하지 않았으며, 敦厚한 德이 있으면 그것을 기록하여 惇史를 만들었다. 삼왕도 덕행을 본받음을 위주로 삼았는데 이미 노인을 봉양한 뒤에 좋은 말을 청하되 또한 그 禮를 간략히 하고 모두 惇史가 있었다.

≪集說≫

憲은 法也라 養老之禮에 五帝之世는 主於法其德行而已요 至三王之世하야는 則又有乞言之禮焉이라 惇史는 所以記其惇厚之德也라 三王亦未嘗不法其德行이나 然於乞言之際에 其禮微略하야 不誠切以求之라 故云 微其禮라 然이나 亦皆有惇史焉하니라

憲은 본받음이다. 老人을 봉양하는 禮에 五帝의 세대에는 그 德行을 본받는 것을 위주로 삼았을 뿐이고, 三王의 시대에 이르러서는 또한 좋은 말을 청하는 禮가 있었다. '惇史'는 〈노인의〉 敦厚한 덕을 기록한 것이다. 三王 또한 일찍이 덕행을 본받지

않은 적이 없으나 좋은 말을 청할 적에 〈청하는〉 禮를 간략히 하여 정성스럽고 간절히 구하지는 않았으므로 "그 禮를 간략히 했다." 한 것이다. 그러나 또한 모두 惇史가 있었다.

○ 方氏曰 五帝之憲也에 而老者亦未嘗無言이로되 要之以德爲主耳라 故曰 有善則記之라하니 蓋可記者言故也요 三王之乞言에 而老者未嘗無德이로되 要之以言爲主耳라 故曰 三王亦憲이라하니라

方氏 : 五帝가 덕행을 본받을 적에 노인이 일찍이 말이 없지 않았으나 요컨대 덕행을 위주로 삼았을 뿐이므로 "善한 것이 있으면 기록했다."고 말하였으니, 기록할 수 있는 것은 말이기 때문이다. 三王이 좋은 말을 청할 적에 노인이 일찍이 덕행이 없지 않았으나 요컨대 말을 위주로 삼았을 뿐이기 때문에 "三王 또한 덕행을 본받았다."고 말한 것이다.

≪大全≫

東萊呂氏曰 年之貴乎天下久矣라 五帝三王이 皆尊德尙齒라 然五帝三王養老之禮雖同이나 憲與乞言이 不同하니 蓋道有升降하고 風氣有厚薄일새 所以如此라 五帝憲은 則是瞻儀容하고 視起居하야 不曾有乞言之禮니 蓋當時風氣未開하야 人情淳厚하야 朝夕與老者親炙에 其仁義之容과 道德之光이 自得於觀感不言之際라 三王은 不及五帝일새 所以有乞言之禮하니 比之於觀瞻不言之中하면 氣味稍薄이니라

東萊呂氏 : 나이가 天下에 귀중하게 여겨진 것이 오래되었다. 五帝・三王이 모두 德 있는 이를 높이고 年齒 있는 이를 높였다. 그러나 오제・삼왕의 노인을 봉양한 禮는 비록 같으나 덕행을 본받음과 좋은 말을 청함은 똑같지 않았으니, 道가 盛하고 衰함의 차이가 있고 風氣가 厚하고 薄함의 차이가 있었기 때문에 이와 같이 한 것이다. 오제가 덕행을 본받은 것은 바로 어진 이의 儀容을 보고 기거를 살펴서 일찍이 좋은 말을 청하는 禮가 있지 않았던 것이니, 당시에는 風氣가 未開해서 人情이 순후하여 아침저녁으로 노인에게 親炙할 적에 〈노인의〉 仁義의 용모와 道德의 광채가 아무 말 하지 않고 보고 감동하는 데에서 저절로 얻어졌기 때문이다. 三王은 五帝에 미치지 못하기 때문에 좋은 말을 청하는 禮가 있었으니, 아무 말 하지 않는 중에 〈노인의 덕행을〉 본 것에 비하면 風氣가 다소 박하다.

123201 淳熬(준오)는 煎醢를 加于陸稻上하고 沃之以膏하나니 曰淳熬라

淳熬는 달인 젓갈을 〈밭에서 재배한 쌀인〉 陸稻로 만든 밥 위에 얹고 기름을 부은 것이니, 〈이것을〉 '淳熬'라고 한다.

≪集說≫

淳은 沃也요 熬는 煎也라 陸稻는 陸地之稻也니 以陸稻爲飯하야 煎醢를 加于飯上하고 又恐味薄故로 更沃之以膏라 此는 八珍之一也라

淳은 부음이고, 熬는 달임이다. '陸稻'는 육지에서 나는 벼이니, 육도로 밥을 지어서 달인 젓갈을 밥 위에 얹고 또 맛이 부족할까 염려되므로 다시 기름을 부은 것이다. 이는 八珍味 가운데 첫 번째이다.

123202 淳毋(준모)는 煎醢을 加于黍食(사)上하고 沃之以膏하나니 曰淳毋라

淳毋는 달인 젓갈을 기장밥 위에 얹고 기름을 부은 것이니, 〈이것을〉 '淳毋'라 하였다.

≪集說≫

疏曰 毋는 是禁辭니 非膳羞之體라 故讀爲模하니 象也니 蓋法象淳熬而爲之호되 但用黍飯이 爲異耳라 此는 八珍之二也라

〈孔穎達의〉 疏 : 毋는 禁하는 말인데, 맛있는 음식의 本體가 아니다. 그러므로 〈'본뜨다'는 뜻인〉 '模'자로 읽으니, 본뜸이다. 이것은 淳熬를 본받아서 만들되 다만 기장밥을 사용하는 것이 다를 뿐이다. 이는 八珍味 가운데 두 번째이다.

123203 炮(포)는 取豚若將[95]하야 刲(규)之刳(고)之하야 實棗於其腹中하고 編萑(환)以苴(저)之하고 塗之以謹塗[96]하야 炮之호되 塗皆乾(간)이어든

95) 將 : 鄭玄의 注에 "將은 마땅히 '牂'이 되어야 하니, 牂은 숫양이다.〔將 當爲牂 牂 牡羊也〕" 하였다.(≪禮記正義≫)

擘(벽)之하고 濯手以摩之하야 去其皽(전)하고 爲稻粉하야 糔溲(소수)之以爲酏(이)하야 以付豚하고 煎諸膏호되 膏必滅之니라 鉅鑊(확)湯하고 以小鼎薌(향)脯於其中하되 使其湯毋滅鼎하고 三日三夜를 毋絶火니 而后라야 調之以醯醢(혜해)이니라

炮는 새끼 돼지와 숫양을 취하여 배를 가르고 창자를 꺼내어 대추를 그 배 속에 가득 채우고 갈대를 엮어 싸고 진흙을 발라서 굽되, 진흙이 다 마르면 마른 흙을 떼어 내고 손을 물에 담가 문질러서 皮膜을 제거한다. 그리고 쌀가루를 만들어 쌀뜨물로 개어서 죽을 만들어 돼지고기에 바른 뒤에 기름에 튀기되, 반드시 〈고기를〉 기름에 푹 잠기게 한다. 큰 가마솥에 물을 끓이고는 향신료를 가한 脯를 작은 솥에 담아 그 〈큰 솥〉 속에 넣되, 끓는 물이 작은 솥을 잠기게 하지 않게 하고 3일 낮, 3일 밤을 불을 꺼지지 않게 하여 〈약한 불로〉 닭이니, 그런 뒤에야 식초와 젓갈로 조미를 한다.

≪集說≫

此珍은 主於塗而燒之라 故以炮名이라 牂은 (牲)〔牡〕[97]羊也라 刲之刳之는 殺而去其五藏也라 萑은 蘆葦之類요 苴는 裹也라 謹은 讀爲墐(근)하니 說文에 黏土也라 擘(벽)之者는 擘去乾塗也요 濯手以摩之하야 去其皽은 謂擘泥하야 手不淨하고 又兼肉熱이라 故必濯其手然後에 摩去其皽膜也라 糔는 與前章滫瀡之滫同하니 以稻米爲粉하야 滫溲之爲粥하나니 若豚則以此粥으로 敷其外하고 若羊則解析其肉하야 以此粥和之하야 而

---

96) 塗之以謹塗 : 鄭玄의 注에 "'謹'은 마땅히 '墐'이 되어야 하니, 글자의 음이 비슷해서 생긴 잘못이다. '墐塗'는 진흙에 穰草가 있는 것이다.〔謹當爲墐 聲之誤也 墐塗 塗有穰草也〕" 하였는데, 孔穎達의 疏에 "'塗之以謹塗'는 穰草와 서로 섞여 있는 진흙을 이른다. 이 근도를 사용해서 진흙 칠을 하는 것이다.〔塗之以謹塗 謂穰草相和之塗也 以此墐塗而泥塗之〕" 하였다. '穰草'는 볏짚이나 풀을 이르는데, 이것을 잘라 썰어 진흙과 섞으면 서로 엉겨 있어 바른 흙이 쉽게 떨어지지 않는다.(≪禮記正義≫)

97) (牲)〔牡〕 : 저본에는 '牲'으로 되어 있으나, 藏書閣 소장본(K1-73)에 의거하여 '牡'로 바로잡았다.

俱煎以膏라 滅은 沒也니 謂所用膏沒此豚與羊也라 鉅鑊湯은 以大鑊盛湯也라 脯는 解析之하야 薄如脯也니 薌脯는 香美此脯也라 脯在小鼎內하고 而小鼎則置在鑊湯內하되 湯不可沒鼎이니 沒鼎則水入壞脯也라 毋絶火는 微熱而已요 不熾之也라 至食이면 則又以醯與醢로 調和之라 此八珍之三四也라

이 珍味는 진흙을 발라 굽는 것을 위주로 하기 때문에 '炮'라고 이름하였다. 牂은 숫양이다. '刲之刳之'는 짐승을 잡아서 五臟을 제거하는 것이다. 萑은 갈대의 종류이고, 苴는 싸는 것이다. 謹은 '墐'으로 읽으니, ≪說文解字≫에 '점토'라 하였다. '擘之'는 털어서 마른 흙을 제거하는 것이다. '濯手以摩之去其皽'은 진흙을 털어서 손이 깨끗하지 못하고 또 고기도 뜨겁기 때문에 반드시 손을 물에 씻은 뒤에 피막을 문질러 제거하는 것이다. '糔'는 앞장 〈'120305'의〉 '滫瀡(쌀뜨물의 부드러운 것)'의 '滫(쌀뜨물)'와 같으니, 쌀을 가루로 만들어 쌀뜨물로 죽을 만드는데, 만약 새끼 돼지일 경우에는 이 죽을 그 바깥쪽에 바르고 羊일 경우에는 그 고기를 찢어 이 죽과 섞어서 함께 기름으로 튀긴다. 滅은 잠금이니, 사용할 기름에 이 새끼 돼지와 양을 푹 담금을 이른다. '鉅鑊湯'은 큰 가마솥에 끓는 물을 채우는 것이다. 脯는 고기를 가르고 잘라서 〈두께를〉 脯처럼 얇게 만든 것이니, '薌脯'는 이 포를 향이 좋게 하는 것이다. 포를 작은 솥 안에 넣고 작은 솥은 큰 솥의 끓는 물 안에 두되, 끓는 물이 작은 솥을 잠기게 해서는 안 되니, 작은 솥을 잠기게 하면 〈작은 솥에〉 물이 들어가 포를 망가뜨린다. '毋絶火'는 조금 뜨겁게만 하고 열기를 세게 하지 말라는 것이다. 〈요리를 완성하여〉 먹을 때에 이르면 또 식초와 젓갈로 조미한다. 이는 八珍味 가운데 세 번째와 네 번째이다.

123204 擣珍은 取牛·羊·麋·鹿·麕之肉호되 必脄(매)하야 每物을 與牛若一하야 捶(추)反側之하야 去其餌하고 熟出之하야 去其皽하고 柔其肉이니라

擣珍은 〈그 요리를〉 소·양·큰사슴·사슴·노루의 살을 가지고 하되 반드시 〈그 고기의〉 등심살로 하여 각각의 고기를 쇠고기와 같은 분량을 장만해서 뒤집어서도 찧고 옆으로 세워서도 찧어 그 힘줄을 제거하고, 익히고 나서 그 皮膜을 제거하고 살을 부드럽게 한다.

≪集說≫

脄는 夾脊肉也라 與牛若一은 謂與牛肉之多寡로 均也라 捶는 擣也니 反捶之하고 又側捶之然後에 去其筋餌라 旣熟에 乃去其皽膜而柔之以醯醢하니 此는 八珍之五也라

脄는 등골뼈의 좌우에 있는 살이다. '與牛若一'은 쇠고기의 분량과 같음을 말한다. '捶'는 찧음이니, 엎어놓고 찧고 또 옆으로 세워놓고 찧은 뒤에 그 힘줄을 제거하는 것이다. 익힌 뒤에 비로소 그 피막을 제거하고 식초와 젓갈을 가지고 부드럽게 하니, 이는 八珍味 가운데 다섯 번째이다.

123205 漬(자)는 取牛肉호되 必新殺者하야 薄切之호되 必絶其理하야 湛(침)諸美酒하야 期朝而食之호되 以醢若醯醷(의)니라

漬는 〈그 요리를〉 쇠고기를 가지고 하되 반드시 새로 잡은 놈으로 하여, 얇게 썰되 반드시 그 결을 가로로 썬다. 그리하여 좋은 술에 담갔다가 만 하루가 지난 다음 날 아침에 먹되 젓갈과 식초와 매실 음료를 곁들인다.

≪集說≫

絶其理는 橫斷其文理也라 湛은 亦漬也라 期朝는 今旦至明旦也라 醷는 梅漿也라 此는 八珍之六也라

'絶其理'는 그 〈고기의〉 무늿결을 가로로 자르는 것이다. 湛은 또한 담금이다. '期朝'는 당일 아침부터 다음 날 아침까지이다. 醷는 매실 음료이다. 이는 八珍味 가운데 여섯 번째이다.

123206 爲熬호되 捶之하야 去其皽하며 編萑하야 布牛肉焉하고 屑桂與薑하야 以灑(쇄)諸上而鹽之하야 乾而食之하나니라 施羊에 亦如之하며 施麋·施鹿·施麕에 皆如牛羊이니 欲濡肉인댄 則釋而煎之以醢하고 欲乾肉인댄 則捶而食之니라

熬를 만들되 찧어서 그 피막을 제거하며 갈대를 엮어서 쇠고기를 펴놓

고 계피와 생강을 가루 내어 위에 뿌리고 소금을 쳐서 말려서 먹는다. 양고기에도 이와 같이 하며 큰사슴·사슴·노루 고기에도 모두 쇠고기나 양고기에 하듯이 하니, 젖은 고기를 〈먹기를〉 원한다면 물로 〈고기를〉 적셔서 젓갈로 달이고, 마른 고기를 〈먹기를〉 원한다면 찧어서 먹는다.

≪集說≫

此肉은 於火上爲之라 故名曰熬니 生擣而去其皽膜然後에 布於編萑之上하야 先以桂薑之屑로 灑之하고 次用鹽이라 釋은 謂以水潤釋之也라 此는 八珍之七也라

이 고기는 불 위에서 만든다. 그러므로 이름을 '熬'라 하였으니, 생고기를 찧어서 그 피막을 제거한 뒤에 엮은 갈대 위에 펴놓고서 먼저 계피와 생강가루를 뿌리고 다음은 소금을 사용한다. 釋은 물로 적심을 이른다. 이는 八珍味 가운데 일곱 번째이다.

123207 糝(삼)은 取牛·羊·豕之肉호되 三如一하야 小切之하야 與稻米하나니 稻米二요 肉一하야 合以爲餌하야 煎之니라

糝은 〈그 요리를〉 소·양·돼지고기를 가지고 하되 세 가지 고기를 똑같은 분량으로 하여 잘게 썰어서 쌀가루를 입히니, 쌀가루와 고기를 2대 1의 비율로 배합하여 합쳐서 경단을 만들어서 지진다.

≪集說≫

三如一은 謂三者之肉多寡 均也라 稻米二肉一은 謂二分稻米一分肉也라 此는 卽周禮糝食(삼사)[98]라

'三如一'은 세 가지 고기의 분량이 똑같음을 이른다. '稻米二肉一'은 3분의 2는 쌀가루이고 3분의 1은 고기임을 이른다. 이것은 바로 ≪周禮≫ 〈天官 醢人〉의 '糝食'이다.

---

98) 周禮糝食(삼사) : ≪周禮≫ 〈天官 醢人〉에 "시동에게 올리는 豆에는 酏食(전사)와 糝食(삼사)를 채운다.〔羞豆之實 酏食糝食〕"라고 보이는데, 鄭玄의 注에 "鄭司農(鄭衆)이 말하였다. '전사는 술과 죽으로 만든 떡이고, 삼사는 채소를 솥에 넣고 찐 것이다.'〔鄭司農云 酏食以酒酏爲餠 糝食 菜餗蒸〕" 하였다.(≪周禮注疏≫) 糝에 고기가 들어간 것과 달리 糝食에는 고기가 들어간다는 말이 없는바, 나물이나 고기를 '쌀가루로 반죽하여 경단을 만들어 삶거나 찐다'는 점에서 같다고 한 것으로 보인다.

123208 **肝膋**(료)는 **取狗肝一**하야 **幪**(몽)**之以其膋**하야 **濡炙之**하야 **擧燋**(초)어든 **其膋**에 **不蓼**니라

肝膋는 개의 肝 하나를 취하여 〈개의〉 발기름을 덮어씌워서 〈발기름에〉 젖은 채로 구워서 다 익으면 먹는데 그 발기름에 여뀌를 넣지 않는다.

≪集說≫

擧는 **皆也**니 **謂炙膋皆熟而焦**어든 **食之不用蓼也**라 **此**는 **八珍之八**이라 **記者又不依次**라 **故間雜在糝食酏食**(이사)**之間**[99]이라

擧는 모두이니, 구운 고기와 비계가 모두 불을 쬐어 익으면 여뀌를 넣지 않고 먹는다. 이것은 八珍味 가운데 여덟 번째이다. 기록하는 자가 또 차례를 따르지 않았기 때문에 〈이것이〉 糝食·酏食의 사이에 뒤섞여 있는 것이다.

---

99) 此八珍之八……間雜在糝食酏食(이사)之間 : 123206의 '爲熬'에 대한 鄭玄의 注에 "이 일곱 가지는 ≪周禮≫의 八珍이니, 그 하나는 肝膋가 바로 이것이다.〔此七者 周禮八珍 其一肝膋是也〕" 하였는데, 孔穎達의 疏에 "'일곱 가지'라는 것은 첫 번째는 淳熬이고, 두 번째는 淳模이고, 세 번째와 네 번째는 炮이니 새끼 돼지와 숫양을 취하는 것이고, 다섯 번째는 擣珍이고, 여섯 번째는 漬이고, 일곱 번째는 熬임을 이른 것이다. 〈정현의 주에서〉 '그 하나는 간료이다.'라고 한 것은 이 〈'123207'의〉 糝의 아래에 있는 간료이다. 다만 기록한 사람의 글이 차례를 따르지 않았기 때문에 糝의 아래에서 그것을 진술한 것이다.〔七者 謂第一淳熬也 第二淳模也 第三第四炮 取豚若將也 第五擣珍也 第六漬也 第七熬也 云其一肝膋者 則此糝下肝膋也 但作記之人文不依次 故在糝下陳之〕" 하였다.(≪禮記正義≫) 그리고 ≪주례≫ 〈天官 膳夫〉에 "珍은 여덟 가지 물건을 쓴다.〔珍 用八物〕" 하였는데, 정현의 주에 "진은 준오, 준모, 포돈, 포장, 도진, 자, 오, 간료를 이른다.〔珍 謂淳熬淳毋炮豚炮牂擣珍漬熬肝膋也〕" 하였다.(≪周禮注疏≫) 陳澔의 集說에서 언급한 팔진 또한 정현의 주와 공영달의 소를 따라 그 명칭과 순서가 똑같고, 熬와 肝膋의 사이에 있는 糝을 팔진에 넣지 않았다.

참고로 이에 대해 金在魯의 ≪禮記補註≫에 다음과 같이 말하였다. "진호의 주에 '八珍'이란 명칭은 정현의 주에 근본을 둔 것이다. 그러나 '炮'라는 한 명칭에서 새끼 돼지와 숫양을 구분하여 두 가지 물건으로 삼은 것은 끝내 이해할 수 없다. 내가 생각하건대 〈팔진에서〉 炮는 다만 한 물건이 될 뿐이고 또 糝을 한 물건으로 삼으며, 그 나머지는 모두 〈정현과 공영달의〉 舊說대로이니, 酏(이)는 糝이 조금 변한 것이기 때문에 그 수에 들지 못한 듯하다. 뒤에 ≪儀禮經傳通解≫를 살펴보니 呂希哲이 '팔진은 正文에 근거하면 준오, 준모, 포, 도진, 자, 오, 삼, 간료를 이른다.' 하였다. 이것은 나의 견해와 부합하니, 注疏의 설이 크게 잘못되었다.〔陳註八珍之名本於鄭註 然炮之一名而分豚牂爲兩物者 終未可曉 愚意炮但爲一物 又以糝爲一物 其餘竝依舊說 酏則糝之小變者 故不在數與 後按通解 呂希哲曰 八珍據正文 謂淳熬也淳毋也炮也擣珍也漬也熬也糝也肝膋也 此與愚見合 註疏說大誤〕"

123209 取稻米하야 擧糔溲之하고 小切狼臅(축)膏하야 以與稻米爲酏(전)이니라

쌀가루를 가져다 모두 쌀뜨물로 반죽을 하고 이리의 가슴 속에 있는 비계를 작게 썰어서 쌀가루와 섞어 된죽을 만든다.

≪集說≫

狼臅膏는 狼胸臆中之膏也니 此는 蓋以瀡溲稻米之粉而煎之以膏라 註에 讀酏(전)爲餰(전)者는 以酏是粥이요 非豆實也라 此는 即周禮之酏食(전사)이라

'狼臅膏'는 이리의 가슴 속에 있는 비계이니, 이것은 쌀뜨물로 쌀가루를 반죽하여 기름으로 튀기는 것이다. 註에 酏을 〈'된죽'이라는 뜻의〉 '餰'으로 읽는 것은 酏은 죽이고 豆에 담을 수 있는 祭需가 아니기 때문이다. 이것은 바로 ≪周禮≫ 〈天官 醢人〉의 '酏食'이다.

≪大全≫

山陰陸氏曰 言爲熬在上하고 言爲酏(전)在下는 熬隆於用火[100]라 言爲稻粉在上도 亦以此라 周官糝食 即此糝이요 酏食 即此酏이라 三相參謂糝이니 所謂稻米二肉一하야 合以爲餌하야 煎之 是也요 兩相差池爲酏이니 所謂小切狼臅膏하야 以與稻米爲酏 是也라 此篇은 上言養老하고 繼之以此하니 蓋珍宜以養老라 文王世子曰 適饌省醴와 養老之珍具[101]라하니라

---

100) 熬隆於用火 : 禮에서는 불을 사용하여 조리하는 과정을 거치지 않은 음식을 더 높은 것으로 여기기 때문에 이렇게 말한 것이다. 〈禮器〉 '102201'에 "군자가 말하였다. '禮가 人情에 가까운 것은 지극한 것이 아니니, 郊祭에는 피를 올리고 大饗에는 날고기를 올리고 社稷과 五祀의 제사에는 데친 고기를 올리고 여러 작은 제사에는 익힌 고기를 올린다.'〔君子曰 禮之近人情者 非其至者也 郊血 大饗腥 三獻爓 一獻孰〕" 하였는데, 陳澔의 集說에 "〈인정에〉 가까운 것은 無禮함이 되고 먼 것은 恭敬이 되니, 무릇 禮를 행하는 일이 인정에 하고자 하는 것과 서로 가까우면 예의 지극한 것이 아니다. 이 일이 본래 여러 가지인데 여기에서 유독 피·날고기·데친 고기·익힌 고기 네 가지의 제사를 들어 밝힌 것은 예가 제사보다 중한 것이 없기 때문이다.〔近者爲褻 遠者爲敬 凡行禮之事 與人情所欲者 相近 則非禮之極至者 其事本多端 此獨擧血腥爓孰四者之祭以明之者 禮莫重於祭故也〕" 하였다.

101) 適饌省醴養老之珍具 : 〈文王世子〉 '082603'에 보인다.

山陰陸氏：〈'123206'의〉 熬를 만드는 것을 말함이 〈팔진미의 순서상〉 위에 있고 〈'123209'의〉 酏(된죽)을 만드는 것을 말함이 〈팔진미의 순서상 '熬를 만듦'보다〉 아래에 있음은 〈불을 사용하지 않고 만드는〉 熬가 불을 사용하여 만든 음식보다 높기 때문이다. 〈'123203'의〉 쌀가루를 만듦을 말함이 위에 있는 것도 이 때문이다. ≪周禮≫ 〈天官 醢人〉의 '糝食'가 바로 이 糝이고 '酏食'가 바로 이 酏이다. 세 가지를 서로 섞은 것을 糝이라 하니 이른바 "쌀가루와 고기를 2대 1의 비율로 배합해서 경단을 만들어서 지진다."는 것이 이것이고, 두 가지를 서로 뒤섞는 것을 '酏'이라 하니 이른바 "이리의 가슴 속에 있는 비계를 작게 썰어서 쌀가루와 섞어 된죽을 만든다."는 것이 이것이다. 이 편은 위에서는 노인을 봉양함을 말하였고 이것으로써 뒤이었으니, 珍味로써 마땅히 노인을 봉양하여야 하기 때문이다. 〈文王世子〉에 이르기를 "〈천자가〉 음식을 마련한 곳에 가서 단술과 노인을 봉양하는 珍羞를 장만하는 것을 살펴본다." 하였다.

123301 禮는 始於謹夫婦니 爲宮室호되 辨外內하야 男子는 居外하고 女子는 居內하며 深宮固門하야 閽(혼)寺守之하야 男不入하고 女不出이니라

禮는 부부의 도리를 삼가는 데서 시작되니, 宮室을 짓되 바깥채와 안채를 구별해서 남자는 바깥채에서 지내고 여자는 안채에서 지내며, 宮을 깊게 짓고 門을 견고하게 만들어서 閽人과 寺人이 그곳을 지켜 남자는 안채에 들어가지 않고 여자는 바깥채에 나오지 않는다.

≪集說≫

夫婦는 爲人倫之始니 不謹則亂其倫類라 故禮始於謹夫婦也라

夫婦는 人倫의 시작이니, 삼가지 않으면 그 倫理를 어지럽힌다. 그러므로 禮는 부부의 도리를 삼가는 데서 시작되는 것이다.

○ 鄭氏曰 閽은 掌守中門之禁[102)]이요 寺는 掌內人之禁令[103)]이라

---

102) 閽掌守中門之禁：鄭玄의 이 설은 ≪周禮≫ 〈天官 閽人〉에 "왕궁의 중문의 禁忌를 지키는 것을 관장한다.〔掌守王宮之中門之禁〕"라는 구절에 의거한 것이다. 中門에 대해서는 ≪周禮注疏≫의 정현의 注에 "中門은 外門과 內門에 있어서 중앙이 되는 문이니, 오늘날 궁

鄭氏(鄭玄) : 閽人은 中門의 禁忌를 지킴을 관장하고 寺人은 內人의 禁令을 관장한다.

≪大全≫

長樂劉氏曰 凡禮者는 爲人倫而設也니 人倫之禮는 始於謹夫婦焉이라 易稱家人은 女正位乎內하고 男正位乎外하니 男女正이 天地之大義也라 家人有嚴君焉하니 父母之謂也라 父父子子兄兄弟弟夫夫婦婦而家道正하나니 正家而天下定矣라하니 此所以必爲宮室에 先辨內外하야 男子居外하고 女子居內하야 各正其德業也라 宮不深이면 則內外之聲可通이요 門不固면 則出入之禁可踰라 閽寺守之는 不嫌於處內也라 故로 男非其時不入하고 女非其禮不出하니 皆所以爲天下之內則也니라

長樂劉氏 : 무릇 禮는 人倫을 위하여 만든 것이니, 인륜의 예는 부부의 도리를 삼감에서 시작되었다. ≪周易≫ 家人卦 〈彖傳〉에 "가인은, 여자는 안에서 위치를 바르게 하고 남자가 밖에서 위치를 바르게 하니, 남녀가 바름이 천지의 大義이다. 가인에 엄한 군주가 있으니, 부모를 말한다. 아버지는 아버지답고 자식은 자식답고 형은 형답고 아우는 아우답고 남편은 남편답고 부인은 부인다움에 집안의 법도가 바르게 되리니, 집안을 바르게 하면 천하가 정해지리라." 하였으니, 이 때문에 반드시 宮室을 지을 때 먼저 바깥채와 안채를 구별하여 남자는 바깥채에서 지내고 여자는 안채에서 지내서 각각 그 德業을 바르게 하는 것이다. 宮이 깊지 않으면 안채와 바깥채의 소리가 통할 수 있고, 門이 견고하지 않으면 나가고 들어감의 금함을 넘어설 수 있다. 閽人과 寺人이 지킴은 안채에 처함을 혐의하지 않으므로 남자가 〈들어가야 하

의 闕門과 같다. 鄭司農(鄭衆)이 말하였다. '王의 궁에는 다섯 개의 문이 있으니, 바깥의 문을 皐門이라 하고, 〈바깥에서〉 두 번째 문을 雉門이라 하고, 세 번째 문을 庫門이라 하고, 네 번째 문을 應門이라 하고, 다섯 번째 문을 路門이라 한다.'〔中門 於外內爲中 若今宮闕門 鄭司農云 王有五門 外曰皐門 二曰雉門 三曰庫門 四曰應門 五曰路門〕" 하였고, 孫詒讓의 ≪周禮正義≫에 "여기의 中門은 실제로 雉門에 한정한 말이 아니다. 庫門・雉門・應門 세 개를 아울러 말해야 한다. 五門에서는 路門을 內門이라 하고 皐門을 外門이라 하며, 나머지 세 개의 문이 내문과 외문의 사이에 처해 있기 때문에 통틀어 中門이라 한다.〔此中門實不專屬雉門 當兼庫雉應三門言之 蓋五門以路門爲內門 皐門爲外門 餘三門處內外之間 故通謂之中門〕" 하였다.

103) 寺掌內人之禁令 : 정현의 이 설은 ≪周禮≫ 〈天官 寺人〉에 "왕의 內人 및 女宮의 禁令을 관장한다.〔掌王之內人及女宮之戒令〕"라는 구절에 의거한 것이다. 이에 대한 정현의 주에 "內人은 〈임금의 첩인〉 女御이고, 女宮은 형벌 받은 여자로서 궁중에 있는 자이다.〔內人 女御也 女宮 刑女之在宮中者〕" 하였다.

는〉 마땅한 때가 아니면 들어가지 않고 여자가 〈나가야 하는〉 마땅한 禮가 아니면 나오지 않으니, 모두 천하의 집안의 법칙이 되는 이유이다.

○ 嚴陵方氏曰 天下之本은 在國이요 國之本은 在家라 故禮始於謹夫婦하니 易基乾坤[104]하고 詩首關雎[105] 皆始於謹夫婦之意也라 謹夫婦故로 爲宮室以居之하고 辨外內以防之하니 男子居外하고 女子居內는 陰陽之分也라 深宮則外人不得而入이요 固門則强者不得而啓니라

嚴陵方氏 : 천하의 근본은 나라에 있고 나라의 근본은 집에 있으므로 禮는 부부의 도리를 삼가는 데서 시작되었으니, ≪周易≫이 乾과 坤을 기본으로 삼고 ≪詩經≫이 〈關雎〉편을 첫머리에 편성한 것이 모두 부부의 도리를 삼가는 뜻에서 시작된 것이다. 부부의 도리를 삼가기 때문에 宮室을 만들어 〈각각의 처소에〉 거처하게 하고 안채와 바깥채를 분별하여 막은 것이니, 남자가 바깥채에서 지내고 여자가 안채에서 지냄은 陰과 陽의 분별이다. 宮을 깊게 만들면 바깥의 사람이 들어올 수 없고, 門을 견고하게 만들면 강한 자가 열 수 없다.

123302 男女不同椸枷(이가)하며 不敢縣(현)於夫之楎(휘)椸하며 不敢藏於夫之篋笥(사)하며 不敢共湢浴하며 夫不在어든 斂枕篋하며 簟席襡(독)하야 器而藏之니 少事長하며 賤事貴에도 咸如之니라

남자와 여자가 옷걸이와 시렁을 함께 쓰지 않으며, 〈여자는〉 감히 남편

---

104) 易基乾坤 : 乾(하늘)과 坤(땅)은 각각 남자와 여자를 비유하는바, ≪周易≫이 乾卦와 坤卦로 시작함을 두고 한 말이다. ≪周易≫ 咸卦에 "천지가 있은 뒤에 만물이 있고, 만물이 있은 뒤에 남녀가 있고, 남녀가 있은 뒤에 부부가 있고, 부부가 있은 뒤에 부자가 있고, 부자가 있은 뒤에 군신이 있고, 군신이 있은 뒤에 상하가 있고, 상하가 있은 뒤에 예의를 둘 곳이 있다.〔有天地然後有萬物 有萬物然後有男女 有男女然後有夫婦 有夫婦然後有父子 有父子然後有君臣 有君臣然後有上下 有上下然後禮義有所錯〕" 하였다. 또 "상경에 乾卦와 坤卦를 머리로 하고, 하경에 咸卦를 머리로 하고 恒卦로 이었다. 하늘과 땅이 두 물건이므로 두 괘가 나뉘어 천지의 道가 되고, 남녀가 합하여 부부를 이루기 때문에 咸과 恒도 모두 두 體가 합하여 부부의 義가 된 것이다.〔上經 首乾坤 下經 首咸繼以恒也 天地二物 故二卦分爲天地之道 男女交合而成夫婦 故咸與恒皆二體合爲夫婦之義〕" 하였다.

105) 詩首關雎 : ≪詩經≫ 〈關雎〉편은 맨 앞의 〈周南〉에 첫 번째로 실린 작품으로, 周나라 文王과 후비가 금슬이 좋아 그 교화가 백성에게 미친 것을 찬미한 시이다.

의 옷걸이에 옷을 걸지 않으며, 감히 남편의 상자에 물건을 보관하지 않으며, 감히 浴室을 함께 하여 목욕하지 않는다. 그리고 남편이 집에 있지 않거든 베개를 거두어 상자에 넣고 대자리와 돗자리를 〈거두어〉 싸서 소중히 보관해야 하니, 젊은 사람이 어른을 섬기며 천한 이가 귀한 이를 섬길 적에도 모두 이와 같이 한다.

≪集說≫

椸枷는 見曲禮하니 植者曰楎요 橫者曰椸니 楎椸는 同類之物이니 椸는 以竿爲之라 故鄭云 竿을 謂之椸[106]라 餘見前하니라

椸와 枷는 〈曲禮〉에 보인다. 곧게 세워 놓은 옷걸이를 '楎'라 하고 가로로 놓은 옷걸이를 '椸'라 한다. 楎와 椸는 같은 종류의 물건이니, 椸는 대나무로 만든다. 그러므로 鄭玄이 "竿을 椸라 한다." 하였다. 나머지는 앞('120701')에 보인다.

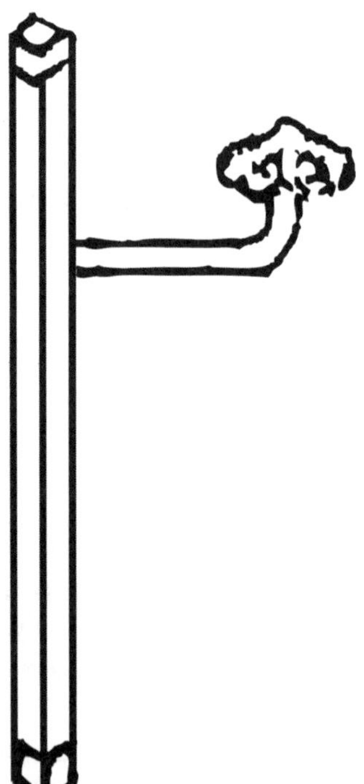

楎(곧게 세워 놓은 옷걸이)

椸(가로로 놓은 옷걸이)

106) 竿謂之椸 : ≪禮記正義≫ 〈內則〉의 鄭玄의 注에 보인다.

≪大全≫

臨川吳氏曰 旣言外內不共湢浴과 男女不同椸枷[107]하고 又言非特外內男女爲然이라 雖夫婦得相親者라도 亦然하야 不但不共楎椸라 亦不共篋笥하니 夫婦且如此면 則非夫婦者其明微厚別이 又當何如오

臨川吳氏 : 이미 "〈앞에서〉 內(여자)와 外(남자)가 욕실을 함께 사용하여 목욕하지 않고 남자와 여자가 옷걸이와 시렁을 함께 하지 않음"을 말하였고, 또 〈여기서는〉 다만 內와 外, 남자와 여자가 그러할 뿐만 아니라 비록 서로 친한 부부간이라 하더라도 또한 그렇게 하여 〈부부간이〉 다만 옷걸이와 시렁을 함께 하지 않을 뿐만 아니라 또한 상자를 함께 하지 않음을 말하였으니, 부부도 이와 같다면 부부가 아닌 자가 〈드러나지 않는 것에서〉 은미함을 밝히고 〈분별하기 어려운 것에서〉 분별을 두텁게 함이 또한 마땅히 어떠해야 하겠는가."

○ 山陰陸氏曰 枕有篋하고 簟席有襡하야 皆器而藏之호되 不言枕하고 言枕篋하며 不言席하고 言簟席襡은 嫌瀆也니 即父母舅姑는 不嫌이니라

山陰陸氏 : 베개는 상자에 넣어두고 대자리와 돗자리는 싸서 두어 모두 소중하게 보관하되, "베개〈를 거둔다.〉"라고 말하지 않고 "베개를 〈거두어〉 상자에 넣는다."고 말하며 "돗자리〈를 거둔다.〉"라고 말하지 않고 "대자리와 돗자리를 〈거두어〉 싼다." 고 말한 것은, 〈부부간은 친히 하기가 쉬워 남편의 물건을 상자에 따로 보관하지 않으면〉 무례하게 대할까 혐의해서이니, 즉 부모와 시부모는 〈공경하는 분이기 때문에 사용하시는 물건을 상자에 따로 보관하지 않아도 무례하게 대할까〉 혐의하지 않는 것이다.

123303 夫婦之禮는 唯及七十이라야 同藏無間이라 故로 妾雖老나 年未滿五十인댄 必與五日之御니라 將御者는 齊(재)漱澣(한)하며 愼衣服하며 櫛縰笄總(角)[108]하며 拂髦하며 衿纓綦屨니 雖婢妾이라도 衣服飮食을 必後長

107) 旣言外內不共湢浴 男女不同椸枷 : '外內不共湢浴'은 〈內則〉 '121102'에 보이고, '男女不同椸枷'는 〈曲禮〉 '012902'에 "男女不雜坐 不同椸枷(남자와 여자는 서로 뒤섞여 앉지 않으며, 옷걸이와 시렁을 함께 쓰지 않는다.)"라고 하였다.

者하며 **妻不在**어든 **妾御**호되 **莫敢當夕**이니라

부부의 禮는 오직 70세가 되어야 함께 거처하고 같은 기물에 물건을 보관하여 분별함이 없다. 그러므로 妾은 비록 늙었더라도 나이가 아직 50이 되지 않았으면 반드시 5일마다 모시는 예에 참여하는 것이다. 장차 모실 자는 재계하고 옷을 빨며 의복을 삼가며 빗질하고 머리 싸매며 비녀 꽂고 상투를 묶으며 다팔머리의 먼지를 털며 향주머니를 매고 신코의 꾸밈을 하여 신을 신으니, 비록 婢妾이라 하더라도 의복과 음식을 반드시 〈비첩 중의〉 長者보다 뒤에 하며, 아내가 집에 있지 않으면 첩이 모시되 감히 〈아내가 모실 차례인〉 저녁을 담당하지 않는다.

≪集說≫

櫛縰以下는 說見篇首하니라 角字는 衍이라 天子之御妻八十一人이 當九夕하고 世婦二十七人이 當三夕하고 九嬪九人이 當一夕하고 三夫人이 當一夕하고 后 當一夕하니 凡十五日而徧이라 五日之御는 諸侯制也니 諸侯一娶九女하여 夫人及二媵이 各有姪娣하니 此六人이 當三夕하고 次二媵이 當一夕하고 次夫人이 專一夕하니 凡五日而徧也라 當夕은 當妻之夕也라

'櫛縰' 이하는 해설이 이 편 첫머리(120201)에 보인다. '角'자는 衍文이다. 천자의 御妻 81명이 9일 저녁을 담당하고 世婦 27명이 3일 저녁을 담당하고 九嬪 9명이 하룻저녁을 담당하고 세 부인이 하룻저녁을 담당하고 后가 하룻저녁을 담당하니, 무릇 15일 만에 한 바퀴를 돈다. 5일간의 侍御는 제후의 제도이니, 제후는 한 번에 아홉 여자에게 장가들어서 부인과 두 잉첩이 각각 조카와 여동생이 있으니, 이 〈부인의 조카와 여동생 2명, 두 잉첩의 조카와 여동생 4명인〉 6명이 3일 저녁을 담당하고, 다음으로 두 잉첩이 하룻저녁을 담당하고, 다음으로 부인이 하룻저녁을 혼자 담당하니, 무릇 5일 만에 한 바퀴를 돈다. '當夕'은 아내의 〈모실 차례인〉 저녁을 담당하는 것이다.

---

108) (角) : 저본에는 '角'이 있으나, 集說에 의거하여 衍文으로 처리하였다.

≪大全≫

長樂劉氏曰 夫婦는 雖未七十同藏이라도 未有可嫌者로되 聖人制禮하야 以爲天下之內則에 夫婦必如此者는 以爲男女內外之禮는 敬則爲先焉일새라 夫婦身先于上而男女力行于下하야 以無嫌으로 正有嫌也니 用有情之難行하야 正人情之易(이)制也니라

長樂劉氏 : 부부는 비록 나이가 70세가 되지 않았을 때 함께 거처하고 같은 기물에 물건을 보관하더라도 혐의할 만한 것이 있지 않으나 聖人이 禮를 만들어서 천하의 집안의 법칙을 만들 때에 부부간이 반드시 이와 같이 하도록 한 것은, 남자와 여자·內와 外의 禮는 공경을 우선으로 삼기 때문이다. 부부가 몸소 위에서 솔선하고 〈아들과 딸을 비롯한〉 남녀가 아래에서 힘써 행하여 혐의가 없는 예법을 가지고 혐의가 있을 일을 바로잡으니, 이는 〈예를〉 행하기 어려운 愛情이 있는 부부간으로써 제재하기 쉬운 人情을 바르게 한 것이다.

○ 嚴陵方氏曰 將御者必齊(재)漱澣者는 則所以致潔敬也요 婢妾이라도 衣服飮食을 必後長者는 蓋不以賤廢尊卑上下之道故也요 妻不在어든 妾御莫敢當夕者는 所以避上僭之嫌也니라

嚴陵方氏 : 장차 모실 자가 반드시 재계하고 양치질하고 옷을 빨아 입는 것은 깨끗함과 공경을 다하는 것이고, 婢妾이라 하더라도 의복과 음식을 반드시 〈비첩 중의〉 長者보다 뒤에 함은 천하다 하여 尊·卑와 上·下의 道를 폐할 수 없기 때문이고, 아내가 집에 있지 않으면 妾이 모시되 감히 〈아내가 모실 차례의〉 저녁을 담당하지 않는 것은 자기 분수에 넘친다는 혐의를 피하기 위해서이다.

123401 妻將生子에 及月辰[109)]하야 居側室이어든 夫使人日再問之하며 作而自問之어든 妻不敢見(현)하고 使姆(무)하야 衣服而對하며 至于子生하야 夫復(부)使人日再問之니 夫齊(재)어든 則不入側室之門이니라

아내가 장차 아들을 낳을 적에 산달에 이르러 側室에 거하거든 남편은 사람을 시켜 하루에 두 번 경과를 물으며, 진통이 일어나 〈남편이〉 직접

109) 月辰 : 참고로, ≪日講禮記解義≫에 "月辰은 10개월 되는 달의 초하루이다.〔月辰 臨十月之朔辰也〕" 하였다.

〈진통의 정도를〉 물을 경우 아내가 감히 〈남편을 직접〉 뵙지 못하고 여스승에게 의복을 갖추어 입고 대답하게 하며, 자식이 태어남에 이르러서는 남편이 다시 사람을 시켜 하루에 두 번 안부를 물으니, 남편이 재계하면 측실의 문에 들어가지 않는다.

≪集說≫

正寢在前하고 燕寢在後하니 側室者는 燕寢之旁室也라 作은 動作之時也라 姆는 女師也라

正寢이 앞에 있고 燕寢이 뒤에 있으니, 側室은 燕寢의 옆방이다. 作은 진통이 일어날 때이다. 姆는 여스승이다.

≪大全≫

慶源輔氏曰 當產而辟(피)燕寢하고 居側室하니 其自斂戢者至矣니 豈復有驕其夫之意哉아 夫使人日再問之者는 愛而不失於狎하고 敬而不失於疏라 妻不敢見은 雖病이나 不敢忘禮요 使姆衣服而對는 雖病이나 不敢失禮니라

慶源輔氏 : 산달을 당하여 燕寢을 피하고 側室에 거하니 자신의 몸과 마음을 단속함이 지극하다. 어찌 다시 남편에게 교만하게 구는 마음이 있겠는가. 남편이 사람을 시켜서 하루에 두 번씩 묻게 하는 것은 사랑하되 친압하는 잘못을 범하지 않고 공경하되 소원히 하는 잘못을 범하지 않는 것이다. 아내가 감히 〈직접〉 뵙지 못함은 비록 고통스럽더라도 감히 〈직접 뵈서는 안 되는〉 禮를 잊지 못해서이고, 여스승으로 하여금 의복을 갖추어 입고 대답하게 함은 비록 고통스럽더라도 감히 〈고통의 정도를 남편에게 대답해야 하는〉 禮를 잃을 수가 없어서이다.

123402 子生이어든 男子는 設弧於門左하고 女子는 設帨於門右하며 三日에 始負子니 男射하고 女否니라

자식이 태어나면 아들일 경우에는 문의 왼쪽에 활을 걸어두고 딸일 경우에는 문의 오른쪽에 수건을 걸어두며 3일이 되어서야 비로소 자식을 안으니, 아들일 경우 〈사방으로〉 활을 쏘고 딸일 경우 그렇게 하지 않는다.

≪集說≫

弧는 弓也요 帨는 佩巾也니 以此二物로 爲男女之表라 負는 抱也라

弧는 활이고 帨는 차는 수건이니, 이 두 가지 물건으로 남녀의 표시를 삼는다. 負는 〈품에〉 안음이다.

≪大全≫

嚴陵方氏曰 設弧於門左는 蓋左者는 天道所尊이요 設帨於門右는 右者는 地道所尊일새라 必曰設者는 方男女之生하야 其於弧帨에 有可用之道요 而未能有用之實也일새라 古之人이 重男女之生하고 又重男女之別하니 非特見於弧帨而已라 男則寢於牀之尊하고 女則寢於地之卑하며 其衣之也에 男以晝服之裳하고 女以夜服之裼하며 其弄之也에 男以所有事之璋하고 女以所有事之瓦[110)]니라

嚴陵方氏 : 문의 왼쪽에 활을 걸어두는 것은 왼쪽은 天道가 높이는 방향이기 때문이고, 문의 오른쪽에 수건을 걸어두는 것은 오른쪽은 地道가 높이는 방향이기 때문이다. 반드시 '設'이라고 말한 것은 아들이나 딸이 태어날 때를 당하여 활과 수건에 대해 〈아들과 딸에게〉 사용할 수 있는 道만 있고 아직 실제로 사용할 일은 없기 때문이다. 옛사람이 아들과 딸의 태어남을 소중히 여기고 또 아들과 딸의 분별을 소중히 여겼으니, 다만 활과 수건에서 보일 뿐만이 아니었다. 아들은 〈존귀하게 여기는 의미에서〉 높은 牀에다 잠재우고 딸은 〈賤히 여겨〉 낮은 땅에다 잠재우며, 옷을 입힐 때에는 아들은 〈盛한 의복인〉 낮에 입는 치마를 입히고 딸은 밤에 입는 포대기를 입히며, 놀게 할 때에는 아들은 일삼음이 있는 것 중에 〈'德이 출중하다'는 의미가 담긴〉 구슬로 하고 여자는 일삼음이 있는 것 중에 〈길쌈할 때 사용하는 벽돌인〉 기왓장으로 한다.

110) 男則寢於牀之尊……女以所有事之瓦 : 이 내용은 ≪詩經≫ 〈小雅 斯干〉에 "남자를 낳아서는 牀에 재우며 치마를 입히며 구슬을 가지고 놀게 한다.〔乃生男子 載寢之牀 載衣之裳 載弄之璋〕" 한 것과 "딸아이를 낳아서는 땅에다 재우고, 포대기를 입히며 기왓장을 가지고 놀게 하네.〔乃生女子 載寢之地 載衣之裼 載弄之瓦〕"라고 한 것을 원용하였는데, 朱子의 註에 "牀에 재움은 존귀하게 대함이고, 치마를 입힘은 의복이 盛함이고, 璋을 희롱하게 함은 그 德을 숭상한 것이다.〔寢之於牀 尊之也 衣之以裳 服之盛也 弄之以璋 尙其德也〕" 하고 "땅에 잠을 재움은 賤히 함이고, 포대기를 입힘은 그 실용적인 데 나아가 더함이 없는 것이고, 기왓장을 가지고 놀게 함은 일삼는 바가 있음을 익히게 하는 것이다.〔寢之於地 卑之也 衣之以裼 卽其用而無加也 弄之以瓦 習其所有事也〕" 하였다.(≪詩經集傳≫)

123501 **國君世子生**하야 **告于君**이어든 **接以大**(태)**牢**호되 **宰掌具**하나니라 **三日**에 **卜士**하야 **負之**호되 **吉者宿齊**하고 **朝服寢門外**하야 **詩負之**어든 **射人**이 **以桑弧蓬矢六**으로 **射**(석)**天地四方**이어든 **保受**하야 **乃負之**하나니 **宰醴負子**하고 **賜之束帛**하며 **卜士之妻大夫之妾**하야 **使食**(사)**子**니라

國君의 세자가 태어나 임금에게 고하거든 太牢(소, 양, 돼지)의 禮를 갖추어 〈세자를〉 접견하되 宰夫가 〈이 禮의〉 기물을 갖추는 것을 관장한다. 3일 만에 〈吉한〉 士를 점쳐서 아이를 안게 하되 길한 자는 미리 재계하고 寢門 밖에서 朝服을 입고서 아이를 받아 안거든 射人이 뽕나무 활과 쑥대 화살 여섯 개를 가지고 천지 사방을 향해 쏜다. 그리하면 保母가 〈세자를〉 받아서 비로소 안으니, 宰夫가 아들을 안았던 士에게 醴酒를 주고 束帛을 하사하며, 士의 〈吉한〉 아내와 대부의 〈吉한〉 妾을 점쳐서 그들로 하여금 세자를 젖 먹여 기르게 한다.

≪集說≫

接以大牢者는 **以大牢之禮**로 **接見其子也**라 **宰**는 **宰夫**[111]**也**요 **掌具**는 **掌其設禮之具也**라 **卜士負之者**는 **卜其吉者**하야 **而使之抱子也**라 **詩**는 **承也**니 **儀禮言 尸酢主人**이어든 **詩懷之**[112]라하니 **亦承義**라 **射天地四方者**는 **期其有事於遠大也**라 **保**는 **保母也**요 **受**

111) 宰夫 : 太宰의 속관으로, 음식이나 기물을 갖추는 것을 관장한다.(≪儀禮注疏≫ 〈公食大夫禮〉, ≪周禮注疏≫ 〈秋官 掌客〉)

112) 尸酢主人詩懷之 : ≪儀禮≫ 〈特牲饋食禮〉에 "주인이 앉아서 왼손으로 잔을 잡고 오른손으로 佐食이 준 제물을 받아 그것으로 일일이 〈先人에게〉 고수레하고, 술로 고수레한 다음에 술을 조금 맛보고 앞으로 나아가 시동의 嘏辭(복을 빌어주는 말)를 듣기를 기다린다. 좌식은 기장을 경단으로 뭉쳐서 祝에게 주는데, 축은 이것을 시동에게 주고, 시동은 葵菹를 담는 豆로 받아 이것을 잡아들고서 직접 주인에게 嘏辭를 내린다. 주인이 왼손으로 잔을 잡았다가 잔을 내려놓고 일어나서 두 번 절하며 머리를 조아리고 다시 왼손을 잔을 들고 오른손으로 경단을 받아 원래 자리로 돌아와서 경단을 받들어 품 안에 넣었다가 왼 소매 안에 담고서 왼손의 새끼손가락으로 왼 소매의 입구를 걸고, 잔에 있는 술을 다 마시고 절을 하면 시동이 답배를 한다.〔主人坐 左執角 受祭祭之 祭酒 啐酒 進聽嘏 佐食搏黍授祝 祝授尸 尸受以菹豆 執以親嘏主人 主人左執角 再拜稽首受 復位 詩懷之

乃負之는 受子於士而抱之也니 蓋士之負子는 特爲斯須之禮而已라 宰旣掌具라 故以醴로 禮負子之士하고 仍賜束帛以酬之라 食子는 謂乳養之也라 今按此言世子生에 接以大牢는 特言其常禮如此耳요 下文에 又言接子擇日하니 則亦或在始生三日之後也라 鄭氏謂食(사)其母하야 使補虛强氣라하니 讀接爲捷하고 而訓爲勝[113]이니 其義迂라 方氏讀如本字하니 今從之하노라

'接以大牢'는 太牢의 禮로써 그 자식을 접견하는 것이다. 宰는 宰夫이고, '掌具'는 禮의 기물을 갖추는 것을 관장하는 것이다. '卜士負之'는 吉한 士를 점쳐서 그로 하여금 자식을 안게 하는 것이다. '詩'는 承(받듦)인데, ≪儀禮≫에 "시동이 주인에게 술을 따라 권하면 주인이 받들어〔詩〕 품는다." 하였으니, 여기에서도 '詩'는 '받든다'는 뜻이다. '射天地四方'은 원대한 것을 일삼음이 있기를 바라는 것이다. 保는 保母이고 '受乃負之'는 士에게서 세자를 받아 안는 것이니, 士가 세자를 받아 안는 것은 다만 잠시의 禮를 하는 것일 뿐이다. 宰夫가 이미 〈이 禮의〉 기물을 갖추는 것을 관장하기 때문에 세자를 안았던 士에게 醴酒로 예우하고 인하여 束帛을 하사하여 〈그 공로에〉 보답하는 것이다. '食子'는 세자를 젖 먹여 기름을 이른다.

이제 살펴보면 여기에서 "세자가 출생함에 태뢰로써 접견한다." 한 것은 다만 그

實于左袂 挂于季指 卒角 拜 尸答拜〕" 하였고, 〈少牢饋食禮〉에 "주인이 앉아서 잔을 땅에 내려놓고 일어나 두 번 절하며 머리를 조아리고 몸을 일으켜서 시동이 내려준 기장 경단을 받고 자리로 돌아와 앉아서 이것으로 振祭를 지낸 다음에 이것을 맛보고 경단을 받들어 품 안에 넣었다가 왼 소매 안에 담고서 왼손의 새끼손가락으로 왼 소매의 입구를 건다. 잔을 들고 몸을 일으키고 앉아서 잔에 있는 술을 다 마시고, 잔을 들고서 몸을 일으키고 앉아서 잔을 내려놓고 절을 하면 시동이 답배를 한다.〔主人坐 奠爵 興 再拜稽首 興受黍 坐振祭 嚌之 詩懷之 實于左袂 挂于季指 執爵以興 坐卒爵 執爵以興 坐奠爵 拜 尸答拜〕" 하였다.

113) 食其母……而訓爲勝 : 鄭玄의 注에 "〈'接以大牢'의〉 '接'은 '捷'으로 읽으니, '捷'은 健勝함이다. 그 어머니에게 음식을 먹여서 그녀로 하여금 虛한 것을 補하여 기운을 강하게 함을 이른다.〔接 讀爲捷 捷 勝也 謂食其母 使補虛强氣也〕"라고 보인다. 孔穎達도 정현의 견해를 따라 疏에서 "王肅과 杜預는 모두 夫人을 접대함이라고 하였는데, 정현이 한사코 '接'을 '捷'으로 읽어서 허한 것을 보충하여 기운을 강하게 함을 이른다고 한 것은, 부인이 처음 출산했을 적에 그 몸이 반드시 피곤하고 힘들며 허약해지는바, 3일 이내에는 반드시 예로써 서로 접견할 수 없고 응당 자식을 안은 뒤를 기다려야 하니, 지금은 아이를 낳고 공식적으로 만날 수 있는 3일 이전이기 때문에 허한 것을 보충하여 기운을 강하게 함을 마땅히 빨리 해야 함을 아는 것이다.〔王肅杜預竝以爲接待夫人 鄭必讀接爲捷 謂補虛强氣者 以婦人初產 必困病虛羸 三日之內 必不能以禮相接 應待負子之後 今在前 故知補虛强氣宜速也〕" 하였다.(≪禮記正義≫)

常禮가 이와 같음을 말했을 뿐이고, 아랫글(123601)에 또 "자식을 접견하되 날짜를 가린다." 하였으니, 〈그렇다면 자식을 접견함이〉 또한 태어나서 3일 이후에 있기도 한 것이다. 鄭氏(鄭玄)가 이르기를 "그 어머니에게 음식을 먹여서 그녀로 하여금 虛한 것을 補하여 기운을 강하게 한다." 하였는데, 〈이는〉 '接'자를 '捷'으로 읽고 '勝(健勝)'으로 訓을 한 것이니, 그 뜻이 우활하다. 方氏는 '接'자를 〈'접하다'는 뜻의〉 본 글자대로 읽었으니, 지금 그 말을 따른다.

≪大全≫

慶源輔氏曰 大(태)牢는 牲之大也요 大(태)(牢)〔宰〕[114)]는 官之尊也[115)]라 所以重世子也니 據下凡接子면 可知라 士之負子 斯須而已로되 必醴而賜之者는 所重이 在子也라 醴士而不及射人하니 士는 負我者也요 射人은 我所使也니 固不可同矣라 諸母則擇之하고 乳母則卜之者는 豈非情性之發은 尙猶可見이어니와 而氣血之相宜는 有不可知者耶아

慶源輔氏 : 太牢는 犧牲 중에 큰 것이고 太宰는 벼슬 중에 높은 벼슬이다. 이는 세자를 소중히 여기는 것이니, 아래(123601)의 '凡接子'에 근거해 보면 알 수 있다. 士가 자식을 안음은 잠시 행하는 것일 뿐인데 반드시 〈그에게〉 단술을 하사함은 자식을 소중히 여기기 때문이다.

士에게 단술을 주나 射人에게는 미치지 않으니, 士는 나를 안아준 자이고, 射人은 내가 부리는 자이니, 진실로 똑같을 수가 없는 것이다. 〈保母 등의〉 여러 母는 〈눈으로 보아서〉 가려 뽑고 乳母는 점쳐서 뽑는 것은, 어찌 〈보모 등의〉 기질이나 성격이 발로됨은 오히려 보아서 알 수 있으나 〈유모와 세자가 인체 내부의〉 氣血이 서로 알맞음은 〈눈으로 보고〉 알 수 없는 것이 있기 때문이 아니겠는가."

○ 嚴陵方氏曰 射之爲道는 此男子之所當爲者라 故로 士使之射에 不能則辭以疾[116)]하나니

---

114) (牢)〔宰〕 : 저본에는 '牢'로 되어 있으나, 藏書閣 소장본(K1-73)에 의거하여 '宰'로 바로잡았다.

115) 大(태)宰 官之尊也 : 太宰는 六卿의 우두머리인 冢宰와 같은 말인바, 集說에서 宰를 태재의 속관인 宰夫로 본 것과 다르다.(≪周禮≫ 〈天官 大宰〉)

116) 士使之射不能則辭以疾 : 〈郊特牲〉 '111801'에 "공자께서 말씀하셨다. '士는 남이 자신에게 활을 쏘게 하였을 적에 활쏘기가 능하지 못하면 질병으로써 사양하니, 이는 태어났을 적에 활을 걸어놓았던 뜻이 있어서 〈스스로 활을 능히 쏘지 못한다고 말할 수 없기 때문이다.〉'〔孔子曰 士使之射 不能 則辭以疾 縣弧之義也〕"라고 보인다.

方子之生에 則使人代之以射는 且示其有志라 然桑非弓幹之上者요 蓬非矢材之勁者니 然則桑蓬其用之義는 以見(현)雖有其志나 未備其事하야 而成人有漸也니라

嚴陵方氏 : 활 쏘는 道는 남자가 마땅히 해야 할 바이므로 士가 남이 자기로 하여금 활 쏘게 할 적에 〈자기가〉 활을 쏘지 못하면 〈활을 쏘지 못한다고 사양하지 않고〉 병이 있다고 사양하는 것이니, 자식이 막 태어났을 적에 다른 사람으로 하여금 자기 대신 활을 쏘게 하는 것도 또한 〈자기가 아이를 안고 있어서 쏘지 못하기 때문에〉 그 〈자기가 쏘지 못하면 병이 있다고 사양하는〉 뜻이 있음을 보인 것이다. 그러나 뽕나무는 활짱의 뼈대로 사용하는 나무 가운데 上品이 아니고 쑥은 화살 재료 가운데 강한 것이 아니니, 그렇다면 뽕나무와 쑥대를 사용하는 뜻은 비록 그 〈활 쏘는〉 뜻이 있더라도 그 〈활 쏘는〉 일을 완비하지 않아서 사람을 이룸은 점진적으로 함이 있음을 보이는 것이다.

123601 凡接子호되 擇日이라 冢子則大(태)牢요 庶人은 特豚이요 士는 特豕요 大夫는 少牢요 國君世子는 大(태)牢니 其非冢子인댄 則皆降一等[117]이니라

무릇 자식을 접견하되 날짜를 가린다. 〈접견할 때 천자는 그 자식이〉 冢子(맏아들)일 경우 〈그 犧牲은 소・양・돼지의〉 太牢를 쓰고 庶人〈의 맏아들〉은 〈새끼 돼지 한 마리인〉 特豚을 쓰고 士〈의 맏아들〉은 特豕를 쓰고 대부〈의 맏아들〉은 〈양・돼지의〉 少牢를 쓰고 제후국의 임금의 世子(冢子)는 태뢰를 쓰니, 〈그 자식이〉 冢子가 아닌 〈庶子일〉 경우는 모두 〈그 희생을 여기에서〉 한 등급씩 낮추어 쓴다.

117) 其非冢子 則皆降一等 : 鄭玄의 注에 "천자와 제후는 少牢(羊과 豕)를 쓰고 대부는 特豕(한 마리의 돼지)를 쓰고 士는 特豚(한 마리의 새끼 돼지)을 쓰니, 서인도 특돈을 쓴다.〔天子諸侯少牢 大夫特豕 士特豚 庶人猶特豚也〕" 하였다. 이에 대한 孔穎達의 疏에 "총자이므로 서인은 특돈을 쓰고 士는 특시를 쓰고 대부는 소뢰를 쓰고 국군은 태뢰를 쓴다. 서자일 경우 한 등급을 낮추게 되면 천자와 제후는 소뢰를 쓰고 대부는 특시를 쓰고 士는 특돈을 쓰게 되니, 서인은 〈더 낮추어 쓸 희생이 없게 되어〉 전부 마땅히 희생이 없어야 하는데, 지금 예가 다하여 士와 동일하게 하고자 하였기 때문에 〈정현이〉 '오히려 특돈을 쓴다.'라고 한 것이다.〔以冢子 庶人特豚 士特豕 大夫少牢 國君大牢 庶子既降一等 天子諸侯少牢 大夫特豕 士特豚 則庶人全應無牲 今以禮窮 欲與士同 故云猶特豚〕" 하였다.(≪禮記正義≫)

≪集說≫

冢子大牢는 謂天子之元子也라

'冢子는 大牢를 쓴다'는 것은 천자의 원자를 가리킨다.

≪大全≫

嚴陵方氏曰 擇日은 卜日也니 卜而擇之故也니라

嚴陵方氏 : '擇日'은 날을 점치는 것이니, 점을 쳐서 〈좋은 날을〉 택하기 때문이다.

○ 山陰陸氏曰 據士庶人特豚하면 應云國君大牢어늘 今曰國君世子大牢는 爲其接以大牢하야 同於王也라 是以로 盛言之하야 盡其詞焉爾라 且言冢子則大牢요 庶人特豚이요 士特豕요 大夫(大)〔少〕[118]牢요 國君世子大牢라하니 推(퇴)國君而遠之하야 使不偪上也요 又以著自庶人積隆하야 至是窮矣라 蓋理窮則同이니 此皆言之法也니라

山陰陸氏 : '士特豕'와 '庶人特豚'이라 한 것을 근거해보면 응당 '國君大牢'라 말해야 하는데, 이제 '國君世子大牢'라고 한 것은 제후국 임금의 세자를 접견할 때 太牢로써 하여 王(천자)이 〈冢子를 접견할 때와〉 똑같이 하였기 때문이다. 그러므로 〈제후국 임금이 세자를 접견하는 것을〉 성대하게 말하여 그 말을 〈천자에 대해 '冢子(則)大牢'라고 한 것처럼 '世子大牢'라 하여〉 극진하게 한 것일 뿐이다. 또 "冢子이면 太牢를 쓰고 庶人은 特豚을 쓰고 士는 特豕를 쓰고 대부는 少牢를 쓰고 제후국의 임금의 세자는 太牢를 쓴다."라고 말했으니, 〈이는〉 제후국의 임금을 밀어내어 〈뒤에 말하여 천자와〉 멀어지도록 해서 〈천자인〉 윗사람을 핍박하지 않게 한 것이고, 또 〈이로써〉 庶人으로부터 〈순차적으로〉 높은 신분을 쌓아가서 제후국의 임금에 이르러 끝남을 드러낸 것이다. 이치가 궁극에 이르면 똑같아지니, 이는 모두 말하는 방법이다.

○ 慶源輔氏曰 父子之氣 未嘗不相接也어늘 生三日而又以禮接之하니 於是에 爲至니라

慶源輔氏 : 부자간의 기운은 일찍이 서로 접하지 않음이 없는데 태어난 지 3일째에 또 禮로써 접견하니, 이에 〈부자간의 기운이 접하는 이치가〉 지극함이 되는 것이다.

118) (大)〔少〕 : 저본에는 '大'로 되어 있으나, 경문에 의거하여 '少'로 수정하였다.

123701 **異爲孺子室於宮中**하고 **擇於諸母**와 **與可者**호되 **必求其寬裕慈惠溫良恭敬愼而寡言者**하야 **使爲子師**하고 **其次**란 **爲慈母**하고 **其次**란 **爲保母**하야 **皆居子室**하고 **他人**은 **無事**어든 **不往**이니라

어린아이의 방을 宮 가운데에 따로 만들고 여러 母와 스승이 될 만한 자를 가리되 반드시 〈그 마음씨가〉 너그럽고 여유롭고 자애롭고 은혜로우며 온화하고 어질고 공경하고 謹愼하고 말이 적은 자를 구하여 자식의 스승이 되게 한다. 그 다음은 慈母를 정하고 다음은 保母를 정하여 모두 자식의 방에 거처하게 하고, 다른 사람은 일이 없으면 그 방에 들어가지 않게 한다.

≪集說≫

諸母는 衆妾也요 可者는 謂雖非衆妾之列이나 或傅御之屬[119]에 可爲子師者也니 此는 人君養子之禮라 師는 敎以善道者요 慈母는 審其欲惡(오)者요 保母는 安其寢處者라 他人無事不往은 恐兒驚動也라

'諸母'는 여러 妾이고, '可者'는 비록 여러 첩의 列이 아니지만 혹 傅母·御妾의 등속 중에 자식의 스승이 될 만한 자를 이르니, 이는 임금이 자식을 기르는 禮이다. 師는 善한 道로써 가르치는 자이고, 慈母는 그 〈자식의〉 하고자 하는 것과 싫어하는 것을 살피는 자이고, 保母는 그 〈자식의〉 잠자리와 거처를 편안히 하는 자이다. '他人無事不往'은 〈다른 사람이 가면〉 아이가 놀랄까 두려워해서이다.

≪大全≫

長樂劉氏曰 寬則容德固多요 裕則臨事不撓요 慈則仁性豐盈이요 惠則恩意浹洽이요 溫則言動粹和요 良則心意純熟이요 恭則容止必莊이요 敬則誠明無弗散이니 具此八善하고

---

119) 傅御之屬 : 鄭玄의 注에 "'可者'는 傅母나 御妾의 등속이다.〔可者 傅御之屬也〕"라고 보인다. '傅母'는 敎導와 보육을 담당한 여자 스승이고, '御妾'은 군주를 모셨던 첩이다.(≪禮記正義≫)

而加之以畏愼하고 將之以寡言이면 婦人之全德也니 然後에 可以爲子之師焉이라 若夫愛子以德하야 時其志意하고 體其寒溫하고 察其好惡(오)하고 相其寢興하고 順其長育者는 慈母之職也요 保護其身하고 衛養其氣하야 時其衣服하고 節其飮食하고 侍其寢寐하고 防其疾苦하야 而專詩負之者는 保母之職也라 國之根本[120)]은 生靈休戚之所繫也니 弗正厥始하고 弗淑其習이면 烏能正厥性하야 俾近於聖賢哉리오 先王制禮에 乃及于是하니 知所務矣로다

長樂劉氏 : 너그러우면 포용하는 德이 진실로 많고, 여유로우면 일에 임하여 동요하지 않고, 인자하면 어진 성품이 가득히 넘치고, 은혜로우면 은혜로운 뜻이 흡족하고, 온화하면 말과 행동이 순수하고 온화하고, 어질면 思慮가 숙련되고, 공손하면 행동거지가 반드시 장엄하고, 敬하면 성실함과 밝은 덕이 흩어지지 않는다. 이 여덟 가지 善을 갖추고서 두려워하고 삼가는 성품을 더 갖추고 말을 적게 하는 자질까지 갖추고 있으면 부인의 덕이 온전한 것이니, 그런 뒤에야 아들의 스승으로 삼을 수 있는 것이다.

예컨대 자식을 덕으로써 사랑하여 〈자식의〉 意志를 때에 맞게 쓰도록 하고 〈자식을〉 차게 하고 따뜻하게 함을 몸에 맞게 하고 〈자식의〉 좋아하고 미워함을 살피고 〈자식의〉 잠자고 일어남을 돕고 〈자식의〉 성장을 순조롭게 이루도록 하는 것은 慈母의 직책이고, 〈자식의〉 몸을 보호하고 〈자식의〉 기운을 保養하여 〈자식의〉 의복을 때에 맞게 입도록 하고 〈자식의〉 음식을 절도에 맞게 먹도록 하고 〈자식의〉 잠잘 때를 모시고 〈자식의〉 疾苦를 막아서 〈자식을〉 받아 안는 것을 專擔함은 保母의 직책이다. 나라의 근본인 太子는 백성들의 禍와 福이 관련되어 있는 바이니, 그 처음을 바르게 하지 않고 그 익힘을 善하게 하지 않으면 어찌 그 성품을 바로잡아서 聖賢에 가까워지게 할 수 있겠는가. 先王이 禮를 제정할 적에 마침내 여기에 미쳤으니, 힘쓸 바를 아신 것이다.

123801 三月之末에 擇日하야 翦髮爲鬌(타)호되 男角하고 女羈(기)니 否則男左女右니라 是日也에 妻以子見於父호되 貴人則爲衣服하고 由命士以

120) 國之根本 : '나라의 뿌리'라는 뜻으로, 흔히 '國本'이라고 하여 太子나 世子를 가리키는 말로 쓰인다.

下는 **皆漱澣**한대 **男女夙興**하야 **沐浴衣服**하고 **具視朔食**하며 **夫入門**하야 **升自阼階**하야 **立于阼**호되 **西鄕**이어든 **妻抱子**하야 **出自房**하야 **當楣立東面**이니라

〈자식이 태어난 지〉 3개월 말에 날짜를 가려서 머리를 잘라 鬌(황새머리)를 만들되 아들은 角을 하고 딸은 羈를 하니, 이렇게 하지 않을 경우에 아들은 왼쪽에 〈鬌를〉 하고 딸은 오른쪽에 〈鬌를〉 한다. 이날 아내가 자식을 아버지에게 보이되 〈대부 이상의〉 귀한 이는 의복을 갖추어 입고 命士로부터 이하는 모두 의복을 빨아 입는데, 남편과 아내가 일찍 일어나 목욕하고 옷을 입고 음식 장만은 朔食에 견주어 하며, 남편이 〈측실의〉 문에 들어가 동쪽 계단으로 올라가 동쪽 계단에 서되 서향하거든 아내가 자식을 안고 〈동쪽〉 방에서 나와 문설주에 당도해서 동향하여 선다.

≪集說≫

鬌는 所存留不翦者也니 夾(窓)〔囟〕[121]兩旁當角之處에 留髮不翦者를 謂之角이요 留頂上縱橫各一하야 相交通達者를 謂之羈라 嚴氏云 夾(窓)〔囟〕曰角이니 兩髻(계)也요 午[122]達曰羈니 三髻也라하니라 貴人은 大夫以上也라 由는 自也라 具視朔食者는 所具之禮를 如朔食也니 朔食은 天子大(태)牢요 諸侯少牢요 大夫特豕요 士特豚也라 入門은 入側室之門也니 側室亦南向故로 有阼階西階라 出自房은 自東房而出也라

'鬌'는 남겨서 자르지 않은 것이니, 정수리 양옆의 뿔 위치에 해당하는 곳에 머리를 남겨두고 자르지 않은 것을 '角'이라 이르고 정수리 위에 세로와 가로로 머리카락을 각각 한 가닥씩 남겨두어서 서로 교차하여 통하게 한 것을 '羈'라 이른다. 嚴氏가 말하기를 "정수리 양옆에 있는 것을 '角'이라 이르니 두 개의 상투이고, 정수리 위의

---

121) (窓)〔囟〕: 저본에는 '窓'으로 되어 있으나, 金在魯의 ≪禮記補註≫에 의거하여 '囟(신)'으로 수정하였다. 아래도 같다. ≪예기보주≫에 "窓은 마땅히 囟이 되어야 하니, 아래도 똑같다. 〈孔穎達의〉 疏에 말하였다. '囟은 두뇌의 위에 봉합된 부분이다.'〔窓 當作囟 下同 疏曰 囟 是首腦之上縫〕" 하였다.

122) 午 : 세로와 가로로 서로 교차함을 이르는바, ≪儀禮≫ 〈大射儀〉에 "치수를 헤아려 세로와 가로로 서로 교차한다.〔度尺而午〕" 하였는데, 鄭玄의 注에 "세로 한 번과 가로 한 번을 교차하는 것을 '午'라 한다.〔一縱一橫曰午〕" 하였다.(≪儀禮注疏≫)

세로로 난 머리카락과 가로로 난 머리카락을 서로 통하게 한 것을 '羈'라 하니 〈角과 합하여〉 세 개의 상투이다." 하였다. '貴人'은 대부 이상이다. 由는 부터이다. '具視朔食'은 갖추는 禮를 朔食과 같이 한다는 것이니, 朔食은 천자는 太牢이고 제후는 少牢이고 대부는 特豕이고 士는 特豚이다. '入門'은 側室의 문에 들어가는 것이니, 측실 또한 남향을 하고 있기 때문에 동쪽 계단과 서쪽 계단이 있는 것이다. '出自房'은 동쪽 방에서 나오는 것이다.

≪大全≫

嚴陵方氏曰 角則相對하니 以其耦也요 羈則相午하니 以其奇也라 或男耦而女奇는 取陰陽之相須也요 或男左而女右는 取陰陽之相類也니라

嚴陵方氏 : 角은 서로 마주해 있으니 짝수이기 때문이고 羈는 서로 가로와 세로로 교차하니 홀수이기 때문이다. 혹 남자가 〈陰인〉 짝수를 하고 여자가 〈陽인〉 홀수를 함은 음과 양이 서로 필요로 하는 뜻을 취한 것이고, 혹 남자가 〈陽의 방향인〉 왼쪽에 〈髻를〉 하고 여자가 〈陰의 방향인〉 오른쪽에 〈髻를〉 하는 것은 음과 양의 서로 비슷한 점을 취한 것이다.

○ 慶源輔氏曰 男女初生에 羈角左右하야 其辨也如此하니 則知男女之別이 無非自然之理라 豈特以末流之害然後에 制禮以別之耶아

慶源輔氏 : 남녀가 처음 태어났을 때 〈여자는〉 羈하고 〈남자는〉 角하고 〈남자는〉 왼쪽에 〈髻를〉 하고 〈여자는〉 오른쪽에 〈髻를〉 해서 그 구별함이 이와 같으니, 남녀의 분별이 자연의 이치 아님이 없음을 알 수 있다. 어찌 다만 末流의 폐해가 생긴 연후에 禮를 제정하여 분별하였겠는가.

123802 姆先相曰 母某는 敢用時日하야 祗見(현)孺子라하야든 夫對曰 欽有帥(솔)이라하고 父執子之右手하야 咳(해)而名之어든 妻對曰 記有成이라하고 遂左還(선)하야 授師하나니 子師辯(변)告諸婦諸母名하고 妻遂適寢이니라

여스승이 먼저 〈어미의 말을〉 도와 말하기를 "어미 아무개 氏는 감히 이 날 어린 아들을 공경히 보입니다." 하거든 남편이 대답하기를 "공경하여

선한 道를 따르게 하시오." 명하고, 아버지가 자식의 오른손을 잡고 웃으면서 이름을 지어주거든 아내가 대답하기를 "잘 기억하여 덕을 이루게 하겠습니다." 하고 마침내 왼쪽으로 돌아 자식을 스승에게 넘겨주니, 자식의 스승이 諸婦와 諸母에게 아이의 이름을 두루 고하면 아내가 마침내 남편의 燕寢으로 간다.

≪集說≫

某는 妻姓某氏也라 時日은 是日也라 孺는 稚也라 欽은 敬이요 帥은 循也니 言當敬教之하야 使循善道也라 咳而名之者는 說文에 咳는 小兒笑聲이니 謂父作咳聲笑容하야 以示慈愛而名之也라 記有成은 謂當記識(지)夫言하야 教之成德也라 授師는 以子授子師也라 諸婦는 同族卑者之妻也요 諸母는 同族尊者之妻也니 後告諸母는 欲名成於尊也라 妻遂適寢은 復(복)夫之燕寢也라

某는 아내의 姓氏인 아무개 氏이다. '時日'은 이날이다. 孺는 어림이다. 欽은 공경이고, 帥은 따름이니, "마땅히 공경히 가르쳐서 선한 道를 따르게 하시오."라고 말한 것이다. '咳而名之'는 ≪說文解字≫에 "咳는 작은 아이의 웃음소리이다." 하니, 아버지가 아이의 웃음소리를 내며 웃는 모습을 하고서 자애로운 모습을 보이며 이름을 지어줌을 이른다. '記有成'은 마땅히 남편의 말을 기억해서 가르쳐 德을 이루게 함을 이른다. '授師'는 자식을 자식의 스승에게 넘겨주는 것이다. '諸婦'는 同族 가운데 〈지위가〉 낮은 자의 아내들이고 '諸母'는 동족 가운데 〈지위가〉 높은 자의 아내들이니, 〈자식의 이름을〉 뒤에 諸母에게 고한 것은 이름을 높은 자에게서 이루고자 해서이다. '妻遂適寢'은 〈아내가〉 남편의 燕寢으로 돌아가는 것이다.

≪大全≫

慶源輔氏曰 姆先相曰 敢用時日하야 祗見(현)孺子라하니 夫婦之禮嚴矣요 夫對曰 欽有帥(솔)이라하면 妻對曰 記有成이라하니 夫婦之義一矣라 姆先相者는 妻既抱子하야 當楣東面而立이어든 傅姆在母之前하야 而相佐其辭也라

慶源輔氏 : 여스승이 먼저 도와 말하기를 "감히 이날 어린 아들을 공경히 보입니다." 하였으니 〈남편과 아내 사이에 분별이 있는〉 부부의 禮가 엄격한 것이고, 남편이 대

답하기를 "공경하여 선한 道를 따르게 하시오." 하면 아내가 대답하기를 "잘 기억하여 덕을 이루게 하겠습니다." 하였으니 〈자식을 이끌어 덕을 이루게 하는〉 부부의 義가 동일한 것이다. '姆先相'은 아내가 이미 자식을 안고서 문설주에 당도하여 동향하고 서 있으면 여스승들이 어미의 앞에 있으면서 서로 그 〈어미의〉 말을 돕는 것이다.

○ 山陰陸氏曰 夫對曰 敬當有以帥之라하면 妻對曰 記當有以成之라하니 帥之者는 父道也요 成之者는 母道也니라

山陰陸氏 : 남편이 대답하기를 "공경하여 마땅히 선한 道를 따르게 하시오." 하면, 아내가 대답하기를 "기억하여 마땅히 덕을 이루게 하겠습니다." 하였으니, 〈모범이 되어 자식을〉 따르게 함은 아버지의 道이고, 〈자식의 덕을〉 이루게 함은 어머니의 道이다.

123803 夫告宰名이어든 宰辯告諸男名하고 書曰 某年某月某日에 某生이라하야 而藏之하고 宰告閭史어든 閭史書爲二하야 其一은 藏諸閭府하고 其一은 獻諸州史하며 州史가 獻諸州伯이어든 州伯이 命藏諸州府하나니 夫入[123)]食호되 如養禮니라

남편이 宰에게 〈자식의〉 이름을 일러주면 宰가 〈同宗의〉 諸男에게 이름을 두루 고해주고, "某年 某月 某日에 아무개가 태어났다."고 써서 이것을 집에 보관한다. 그리고 宰가 閭史에게 고해주면 여사가 두 장을 써서 그 중 하나는 閭府에 보관하고 다른 하나는 州史에 올리며, 주사가 州伯에게 올리면 주백이 명하여 州府에 보관하게 하니, 〈側室에서 아들을 본 뒤〉 남편이 〈正室로〉 들어가 〈아내와〉 음식을 먹되 〈시집와서 처음으로 시부모에게〉 음식을 올리는 예와 똑같이 한다.

≪集說≫

宰는 屬吏也라 諸男은 同宗子姓也라 藏之者는 以簡策書子名하야 而藏于家之書府也라

123) 夫入 : 鄭玄의 注에 "'夫入'은 〈남편이〉 이미 자식을 본 뒤에 正室로 들어가는 것이다.〔夫入 已見子 入室也〕" 하였다.(≪禮記正義≫)

二十五家爲閭요 二千五百家爲州라 州伯은 則州長也니 閭史・州史는 皆其屬吏也요 閭府・州府는 皆其府藏也라 夫入食如養禮는 謂與其妻禮食을 如婦始饋舅姑之禮也라

宰는 〈衙前인〉 屬吏이다. '諸男'은 同宗의 여러 자손이다. '藏之'는 簡策에 자식의 이름을 써서 집의 書府에 보관하는 것이다. 25家를 '閭'라 하고, 2,500家를 '州'라 한다. '州伯'은 바로 州의 長이니, 閭史와 州史는 모두 그에 소속된 아전이고, 閭府와 州府는 모두 그에 소속된 보관 창고이다. '夫入食如養禮'는 그 아내와 더불어 禮를 갖추어 밥 먹기를 며느리가 처음 〈시집 와서〉 시부모에게 饋食하는 禮와 같이 함을 이른다.

○ 疏曰 此經所陳은 謂卿大夫以下라 故以名으로 徧告同宗諸男하니 諸男卑者도 尙告면 則告諸父를 可知라 若諸侯絶宗이면 則不告也라

〈孔穎達의〉 疏 : 이 經文에서 말한 것은 卿大夫 이하를 가지고 말하였다. 그러므로 이름을 同宗의 여러 자손에게 두루 고하였으니, 여러 자손처럼 낮은 자에게도 오히려 고했다면 〈그보다 높은〉 동종의 여러 伯・叔父에게도 고한다는 것을 알 수 있다. 만약 제후가 〈동종의 경대부와〉 宗親 관계를 끊었다면 〈이들에게는〉 고하지 않는다.

≪大全≫

山陰陸氏曰 妻엔 言遂適寢하고 妾엔 言遂入御하고 妻엔 言夫入食如養禮하고 妾엔 言禮之如始入室이라하야 妻之辭莊하고 妾之辭瀆하니 言之法也니라

山陰陸氏 : 아내에 대해서는 "마침내 남편의 燕寢으로 간다."고 말하고 妾에 대해서는 〈'124101'에〉 "마침내 들어가 모신다."고 말했으며, 아내에 대해서는 "남편이 들어가 〈아내와〉 음식을 먹되 〈시집와서 처음으로 시부모에게〉 음식을 올리는 예와 똑같이 한다."고 말하고 妾에 대해서는 〈'124101'에〉 "예우하기를 처음 시집와서 방에 들어올 때와 같이 한다."고 말하여 아내에 대한 말은 엄숙히 하고 妾에 대한 말은 낮잡아 보듯이 하니, 〈禮에서 차례를 분별하여〉 말하는 法이다.

○ 嚴陵方氏曰 名則辯告之하야 以示於衆하고 書則藏之하야 以傳於久하니 則以男子者는 人之所貴重故也니라 若華封人之祝堯[124) 以是而已니라

嚴陵方氏 : 〈아들 자식의〉 이름은 두루 고해서 여러 사람에게 보여주고 〈그 이름에 대한〉 기록은 보관하여 오랜 시대에까지 전하게 하니, 아들은 사람들이 귀중히 여기는 바이기 때문이다. 예컨대 華封人이 堯임금에게 祝願했던 것이 이러한 이유에서였다.

123901 世子生이면 則君이 沐浴朝服하고 夫人이 亦如之하야 皆立于阼階호되 西鄕하나니 世婦抱子하야 升自西階어든 君名之하고 乃降이니라

세자가 태어나면 임금이 목욕하고 朝服을 입고 부인이 또한 그와 같이 해서 모두 〈路寢의〉 동쪽 계단에 서되 서향하니, 世婦가 세자를 안고서 서쪽 계단을 통해 올라가면 임금이 이름을 지어준다. 그리고 나면 마침내 〈세부가 노침에서〉 내려간다.

≪集說≫

諸侯朝服은 玄端素裳이요 夫人亦如之者는 亦朝服也니 當是展衣[125]라 註云 褖衣者[126]는 以見子畢에 卽侍御於君이라 故服進御之褖衣也라 人君見世子於路寢하니 此升自西階는 是自外而入也라 凡生子에 無問妻妾하고 皆在側室[127]이니라

諸侯朝服

124) 華封人之祝堯 : 堯임금이 일찍이 華 땅을 시찰할 적에 화 땅의 封人이 요임금에게 장수〔壽〕하고 부유〔富〕하고 자식을 많이두기〔多男子〕를 축원한 것을 이른다. 이 고사를 '華封三祝'이라고도 한다.(≪莊子≫ 〈天地〉)

125) 展衣 : 문양이 없는 흰색의 옷으로, 예로써 왕을 뵙거나 빈객을 접견할 적에 입는다.

126) 註云褖衣者 : 鄭玄의 注에 "무릇 자식이 태어날 적에 모두 측실에 나아가니, 제후의 부인은 군주를 알현하고, 加髢(가체)로 머리를 장식하고 褖衣를 입는다.〔凡子生皆就側室 諸侯夫人朝於君 次而褖衣也〕" 한 것을 가리킨다.(≪禮記正義≫) '褖衣'는 검은색 옷으로, 왕후가 평상시나 혹은 왕을 모실 적에 입는 옷이다.

127) 凡生子無問妻妾皆在側室 : 鄭玄의 注에 "무릇 자식이 태어날 적에 모두 측실에 나아간

제후의 朝服은 玄端服에 흰색의 치마이고, '夫人亦如之'는 또한 조복을 입는 것이니, 당연히 展衣이다. 〈鄭玄의〉 注에 "褖衣(단의)를 입는다." 한 것은, 자식을 접견하는 禮가 끝나면 즉시 임금을 侍御하므로 임금의 곁에 나아가 모실 때 입는 단의를 입는 것이다. 임금이 세자를 路寢에서 접견하니, 여기에서 "서쪽 계단을 통해 올라간다."라고 한 것은 밖으로부터 들어온 것이다. 무릇 자식을 낳을 적에 아내와 첩을 따지지 않고 모두 側室에 있는다.

展衣

褖衣

다.〔凡子生 皆就側室〕" 하였는데, 孔穎達의 疏에 "卿과 대부의 처가 장차 자식을 낳으려고 할 적에 측실에서 거처하니,……이 經文에서 '世婦가 세자를 안고서 서쪽 계단을 통해 올라간다.' 한 것은, 세부가 세자를 안고 밖으로부터 內寢에 들어간 것이다. 〈內寢은〉 군주가 항상 거처하는 곳이니, 부인이 여기에서 자식을 낳을 수 없기 때문이다.〔卿大夫生子 居側室……經云世婦抱子 升自西階 是世婦抱子 從外而入其內寢 是君之常居之處 夫人不可於此寢生子〕" 하였다.(≪禮記正義≫)

≪大全≫

山陰陸氏曰 不言三月之末은 嫌緩이요 不言執其右手咳而名之는 嫌漫이니 皆非所以言世子故也라 上下比義하야 使從可知而已니라

山陰陸氏 : 〈여기서 '123801'에서처럼〉 '〈자식이 태어난 지〉 3개월의 말'을 말하지 않음은 〈세자에게〉 늦게 함을 혐의해서이고 〈여기서 '123802'에서처럼〉 '〈아버지가〉 자식의 오른손을 잡고 웃으면서 이름을 지어줌'을 말하지 않음은 〈세자에게〉 無禮하게 함을 혐의해서이니, 〈'123801'과 '123802'에서 이와 다르게 말한 것은〉 모두 세자를 말한 것이 아니기 때문이다. 위아래로 비교하고 본받아서 따라 알 수 있게 하였을 뿐이다.

123902 適子庶子[128] 見於外寢호되 撫其首하고 咳而名之하고 禮帥(솔)初[129]호되 無辭[130]니라

適子와 庶子는 〈임금의 燕寢인〉 外寢에서 만나보되 그 머리를 쓰다듬고 웃으며 이름을 지어주고, 禮는 처음을 따르되 〈경계하는〉 말이 없다.

≪集說≫

此適子는 蓋世子之弟요 庶子則妾子也라 外寢은 君燕寢也니 燕寢在內나 以側室이 在旁處內라 故謂此爲外也라

128) 適子庶子 : 참고로 ≪儀禮經傳通解≫에 "지금 살펴보건대, 아랫글에서 비로소 '〈公의〉 庶子'를 말하였으니, 여기에서 '庶子'라는 글자는 마땅히 衍字가 되어야 한다. 어쩌면 적자들 중에서 맏이를 제외한 나머지를 '適子庶子'라고 명명했을 수도 있겠다.〔今按 下文方說庶子 此庶子字 宜爲衍字 或是適子之次者 名爲適子庶子也〕" 하였다.(≪儀禮經傳通解≫ 권4 〈家禮四 內治 生子〉)

129) 禮帥(솔)初 : 孔穎達의 疏에 "禮는 威儀를 이른다. 帥은 따름이다. 初는 앞 경문('123901')에서 세자가 태어나면 路寢에서 접견하는데 임금의 부인이 모두 서향한다고 말한 것을 이른다.〔禮 謂威儀也 帥 循也 初 謂前文世子生 見於路寢 君夫人皆西鄕〕" 하였다.(≪禮記正義≫)

130) 無辭 : 鄭玄의 注에 "'辭'는 〈'123802'의〉 '공경히 가르쳐서 선한 도를 따르게 하시오.'라고 한 〈남편의〉 말과 '말씀을 잘 기억하여 덕을 이루게 하겠습니다.'라고 한 〈아내의〉 말을 이른다.〔辭 謂欽有帥 記有成也〕" 하였다.(≪禮記正義≫)

여기서 適子는 아마도 세자의 아우인 듯하고 庶子는 妾의 아들인 듯하다. '外寢'은 임금의 燕寢이니, 연침이 안에 있지만 側室이 〈연침의〉 곁에 있으면서 〈연침의〉 안에 위치하므로 이곳을 '外'라 한 것이다.

○ 疏曰 庶子를 見於側室이어늘 此以撫首咳名無辭之事同이라 故與適子連文하야 云見於外寢耳라

〈孔穎達의〉 疏 : 庶子를 側室에서 만나보는데, 이 서자에게는 머리를 쓰다듬고 웃으며 이름 지어주고 경계하는 말이 없는 일이 〈適子와〉 똑같기 때문에 適子와 글을 이어서 "外寢에서 만나본다."라고만 한 것이다.

≪大全≫

嚴陵方氏曰 適子庶子 止見於外寢이면 則世子 見於路寢을 可知니라

嚴陵方氏 : 適子와 庶子는 다만 外寢에서 만나볼 뿐이라면 세자는 〈임금이 政事를 다스리는 正寢인〉 路寢에서 만나봄을 알 수 있다.

124001 凡名子에 不以日月하며 不以國하며 不以隱疾이요 大夫士之子는 不敢與世子同名이니라

무릇 자식의 이름을 지을 때는 〈나중에 避諱를 하기 어려우므로〉 干支로 짓지 않으며, 자기 나라의 이름으로 짓지 않으며, 신체에 있는 은밀한 질병으로 짓지 않고, 대부·士의 자식은 감히 세자와 이름을 똑같게 짓지 못한다.

≪集說≫

說見曲禮하니라

해설이 〈曲禮〉(013201·020701)에 보인다.

124101 妾이 將生子하야 及月辰이어든 夫使人日一問之하고 子生三月之末에 漱澣夙齊(재)하야 見(현)於內寢이어든 禮之如始入室[131]하며 君已食하고 徹

焉하야 **使之特餕**하고 **遂入御**하나니라

妾이 자식을 낳게 되어 산달이 되거든 남편이 사람을 시켜서 하루에 한 번 경과를 묻고, 자식을 낳은 지 3개월 말에 옷을 빨아 입고 일찍 일어나 齋戒하여 〈嫡妻의 침소인〉 內寢에서 〈자식을〉 보이거든 〈남편이 첩을〉 예우하기를 〈시집와서〉 처음 방에 들어올 때와 같이 하며, 남편이 밥을 먹은 뒤에 상을 치우고서 〈남편이 첩으로 하여금 먹고〉 남은 음식을 〈평소에 여러 첩과 함께 먹게 한 것과 달리〉 혼자 먹게 하고 마침내 들어가 侍御하게 한다.

≪集說≫

此는 言大夫士之妾이 生子之禮라 宮室之制는 前有路寢하고 次則君之燕寢이요 次는 夫人正寢이며 卿大夫以下는 前有適室이요 次則燕寢이요 次則適妻之寢이니 此言內寢은 正謂適妻寢耳라 如始入室者는 如初來嫁時也라 特餕은 使此生子者로 獨餕하야 不如常時衆妾同餕也라

이는 대부·士의 妾이 자식을 낳았을 때의 禮를 말한 것이다. 宮室의 제도는 앞에 路寢이 있고 다음은 임금의 燕寢이 있고 다음은 부인의 正寢이 있으며, 卿大夫 이하는 앞에 適室이 있고 다음은 燕寢이 있고 다음은 適妻의 寢所가 있으니, 여기에 말한 內寢은 바로 적처의 침소를 이른 것이다. '如始入室'은 처음 시집올 때와 같이 하는 것이다. '特餕'은 자식을 나은 妾으로 하여금 남은 음식을 혼자 먹게 해서 평상시 여러 첩들이 함께 남은 음식을 먹는 것과 같이 하지 않는 것이다.

≪大全≫

慶源輔氏曰 妾生子에 而禮之如始入室은 所以使之知大分已定於其初矣니 特餕은 所以寵之나 然其分을 不可得而易也니라

---

131) 禮之如始入室 : 鄭玄의 注에 "'예우한다.'라고 한 것은 이미 자식을 보인 뒤에 남편이 음식을 먹고 첩으로 하여금 남은 음식을 독상을 차려 먹게 함을 이른다. '처음 시집와서 방에 들어올 때와 같이 한다.'라고 한 것은 처음 시집왔을 때 첩이 남편과 正妻가 먹고 남긴 음식을 먹으니, 지금 또한 이와 같이 하는 것이다.〔禮 謂已見子 夫食而使獨餕也 如始入室 始來嫁時 妾餕夫婦之餘 今亦如之〕" 하였다.(≪禮記正義≫)

慶源輔氏 : 妾이 자식을 낳았을 때에 예우하기를 처음 방에 들어올 때와 같이 함은 큰 분수가 처음 시집 왔을 때 이미 정해졌음을 알게 하려는 것이니, 남은 음식을 혼자 먹게 한 것은 〈그 첩을〉 총애한 것이지만 〈첩의〉 분수를 가벼이 여길 수 없는 것이다.

124201 **公庶子生**에 **就側室**이니 **三月之末**에 **其母沐浴朝服**하야 **見**(현)**於君**이어든 **擯者**가 **以其子見**(현)**君**하나니라 **所有賜**는 **君名之**하고 **衆子**는 **則使有司名之**하나니라

公의 서자가 출생할 때에는 側室로 나아가니, 출생한 지 3개월 말에 그 어미가 목욕하고 朝服을 입고서 자식을 임금에게 보이거든 擯者가 그 자식을 데리고 임금에게 보인다. 특별히 하사함이 있는 첩에게는 임금이 그 자식의 이름을 지어주고, 일반 첩의 자식인 경우에는 有司로 하여금 이름을 지어주게 한다.

≪集說≫

擯者는 傅姆之屬也라 君所有賜者는 此妾이 君所偏愛而特加恩賜者라 故其子는 君自名之라 若衆妾之子恩寵輕略者는 則使有司名之也라

擯은 여스승의 등속이다. '君所有賜'는 이 妾이 임금이 편애하여 특별히 하사한 은혜가 더 있는 자이므로 그 자식에게는 임금이 직접 이름을 지어준다. 만약 여러 첩의 자식으로서 恩寵을 받음이 가볍고 간략한 자는 有司로 하여금 이름을 지어주게 한다.

○ 疏曰 前文에 已云適子庶子하야 見異於世子어늘 今更重出者는 以前庶適連文이라 故此特言庶子之禮라

〈孔穎達의〉 疏 : 앞글에서 이미 適子와 庶子를 말하여 世子와 다름을 나타냈는데 지금 다시 거듭 〈서자를〉 드러낸 것은, 앞에서 나온 적자와 서자를 가지고 글을 연결하였기 때문에 〈일마다 모두 적자와 서자가 같다고 여길까 염려되므로〉 여기에서 특별히 서자의 禮를 말한 것이다.

≪大全≫

山陰陸氏曰 庶子言就側室이면 則世子不就側室이요 其母沐浴朝服이면 則君不沐浴朝服이니라

山陰陸氏 : 庶子에 대해 '側室로 나아간다.'고 말했으면 世子는 側室로 나아가지 않는 것이고, '그 어미가 목욕하고 朝服을 입는다.'고 말했으면 임금은 목욕하고 朝服을 입지 않는 것이다.

124301 庶人無側室者는 及月辰이면 夫出居群室이니라 其問之也와 與子見(현)父之禮는 無以異也니라

庶人으로서 側室이 없는 자는 산달이 되면 남편이 나가서 여러 방에 거처한다. 그 경과를 묻는 것과 자식을 아버지에게 보이는 禮는 차이가 없다.

≪集說≫

問之之禮와 與執手咳名之事와 欽帥記成之辭는 皆與有爵者同이라 故云 無以異也라

경과를 묻는 禮와 〈자식의〉 손을 잡고 웃으며 이름을 지어주는 일과 〈남편의〉 '공경하여 선한 道를 따르게 하시오.'라는 말과 〈아내의〉 '잘 기억하여 덕을 이루게 하겠습니다.'라는 말은 모두 官爵이 있는 자와 똑같으므로 "차이가 없다."고 말한 것이다.

≪大全≫

嚴陵方氏曰 庶人은 或無妾故로 有無側室者하니 群室則固無定所矣라 凡此는 以庶人之賤故로 其禮略也니라

嚴陵方氏 : 庶人은 혹 妾이 없을 수 있으므로 側室이 없는 자가 있으니, '群室'은 진실로 일정한 처소가 없는 것이다. 무릇 이는 庶人이 천하기 때문에 그 禮가 소략한 것이다.

124401 凡父在어든 孫見(현)於祖하나니 祖亦名之호되 禮如子見(현)父요 無辭니라

무릇 〈남편의〉 아버지가 살아 계시면 손자를 그 祖父에게 보이니, 조부가 또한 이름을 지어주되 禮는 자식을 아버지에게 보일 때와 똑같이 하고 경계하는 말은 없다.

≪集說≫

應氏曰 辭者는 夫婦所以相授受也니 祖尊이라 故有其禮而無其辭라

應氏 : 辭는 부부가 서로 주고받는 말이니, 祖父는 높기 때문에 그 〈아버지가 자식에게 해주는〉 禮는 있고 그 〈부부가 서로 주고받는〉 말은 없는 것이다.

≪大全≫

嚴陵方氏曰 父在는 謂祖在也니 據子之父稱之故로 曰父爾라 以祖名之而不以父者는 家事를 統於尊故也니라

嚴陵方氏 : '父在'는 祖父가 살아 계심을 이르니, 자식의 아버지에 의거하여 〈조부를〉 칭하기 때문에 〈조부를〉 '父'라고 한 것이다. '조부가 이름을 지어준다.' 하고 '아버지가 지어준다.' 하지 않는 것은, 집안의 일은 높은 분에게 통솔되기 때문이다.

124501 食(사)子者 三年而出하나니 見(현)於公宮이어든 則劬니라

자식에게 젖을 먹이는 이가 3년이 되면 나가니, 公宮에서 뵙거든 〈임금이〉 그 노고를 위로한다.

≪集說≫

食子者는 士之妻와 大夫之妾也니 子三年則免懷抱라 故食者出還其家할새 見於公宮而告辭어든 則君必有賜니라 劬者는 有賜하야 以勞其劬勞也라

자식에게 젖을 먹이는 자는 士의 아내와 대부의 妾이니, 자식이 〈태어난 지〉 3년이 되면 품어주는 것에서 벗어난다. 그러므로 젖 먹이는 자가 나가 집으로 돌아갈 적에 公宮에서 뵙고 하직을 고하면 임금이 반드시 하사함이 있는 것이다. 劬는 하사함이 있어서 그 노고를 위로하는 것이다.

≪大全≫

山陰陸氏曰 不言寢하고 不言君은 所嫌褻也[132)]니라

山陰陸氏 : 寢을 말하지 않고 君을 말하지 않은 것은 〈자식에게 젖 먹이던 자가 임금에게〉 無禮하게 함을 혐의한 것이다.

124601 大夫之子는 有食(사)母하고 士之妻는 自養其子니라

대부의 자식은 乳母가 있고, 士의 아내는 자기 자식을 직접 〈젖을 먹여〉 기른다.

≪集說≫

食母는 乳母也니 士卑故로 自養이라

'食母'는 乳母이니, 士는 낮기 때문에 직접 기른다.

124701 由命士以上及大夫之子는 旬(균)而見이니라

命士로부터 그 이상과 대부의 자식은 〈同時에 난 자가 있으면 아버지가 그 자식들을〉 동시에 만나본다.

≪集說≫

註讀旬爲均[133)]하니 謂適子妾子가 有同時生者면 雖是先生者先見하고 後生者後見이나 然皆在夫未與婦禮食之前이라 故曰 均而見也라

---

132) 不言寢不言君 所嫌褻也 : 본문의 '見於公宮'에 대한 주석으로 보이는데, 이 설명을 한 이유는 자세하지 않다.

133) 註讀旬爲均 : 鄭玄의 注에 "'旬'은 마땅히 '均'이 되어야 하니, 글자의 음이 비슷해서 생긴 오류이다.〔旬當爲均 聲之誤也〕" 한 것을 이른다.(≪禮記正義≫) 참고로 金在魯의 ≪禮記補註≫에 "지금 살펴보건대, 鄭玄이 '旬'을 '匀(均)'으로 읽은 것은 아마도 잘못된 듯하다. '旬'은 글자의 본래 음대로 읽어야 하니, 열흘을 이른다. 별도로 들은 설을 기록하건대 혹 3개월이 될 때를 기다리지 않는 것이라고 한다.〔今按 鄭讀旬爲匀 疑失之 旬 如字 謂十日也 別記異聞 或不待三月也〕"라고 한 ≪儀禮經傳通解≫의 설을 소개하였다.

〈鄭玄의〉 註에 '旬(순)'을 '均(균)'으로 읽으니, 適妻의 자식과 妾의 자식이 同時에 출생한 자가 있으면 비록 먼저 출생한 자를 먼저 만나보고 나중에 출생한 자를 나중에 만나본다 하더라도 모두 남편이 아직 〈側室에서 자식을 보고〉 부인(適妻)과 禮를 갖추어 밥 먹는 것을 하지 않았을 때에 해당하므로 "동시에 만나본다." 한 것이다.

○ 應氏曰 子固以禮見(현)於父니 父則欲時時見之호되 又不可瀆이라 故每旬而一見之요 若庶人則簡略易(이)通이라 故로 不必以旬而見이라하니라 今詳二說이 俱可疑하니 闕之可也라

應氏가 말하기를 "자식은 진실로 禮로써 아버지를 뵈어야 하니, 아버지가 때때로 자식을 만나보고자 하나 또 無禮하게 할 수가 없으므로 매양 열흘 만에 한 번 보는 것이고, 만약 庶人이면 禮가 간략하여 통하기가 쉽기 때문에 굳이 열흘마다 만나볼 필요가 없다."라고 하였다. 지금 상고해보건대 〈정현과 응씨의〉 두 설이 모두 의심할 만하니, 빼놓는 것이 옳다.

124702 冢子는 未食而見호되 必執其右手하고 適子庶子는 已食而見호되 必循其首니라

冢子인 경우는 아직 〈禮를 갖추어〉 밥 먹지 않았을 적에 〈아버지가〉 만나보되 반드시 〈아버지가 冢子의〉 오른손을 잡고, 適子와 庶子의 경우는 이미 〈禮를 갖추어〉 밥 먹은 뒤에 〈아버지가〉 만나보되 반드시 〈아버지가 적자나 서자의〉 머리를 쓰다듬는다.

≪集說≫

疏曰 此는 天子諸侯之禮니 未與后夫人禮食에 而先見冢子는 急於正也요 禮食之後에 乃見適子庶子는 緩於庶耳라

〈孔穎達의〉 疏 : 이것은 천자와 제후의 禮이니, 아직 后·夫人과 더불어 禮를 갖추어 밥 먹지 않았을 적에 먼저 〈대를 이을〉 冢子를 만나 보는 것은 正統을 중하게 여겨서이고, 예를 갖추어 밥 먹은 뒤에 비로소 〈冢子가 아닌〉 適子와 庶子를 만나 보는 것은 〈적장손이 아닌〉 庶子를 비교적 가볍게 여겨서이다.

≪大全≫

山陰陸氏曰 執而見之는 待之若與己等이니 冢子故也니라

山陰陸氏 : 〈오른손을〉 잡고서 만나봄은 자기와 똑같이 대한 것이니, 〈대를 이을〉 冢子이기 때문이다.

124801 子能食食(사)어든 教以右手하고 能言이어든 男唯女兪하며 男鞶(반)革이요 女鞶絲니라

자식이 밥을 먹을 수 있거든 오른손을 사용하여 먹도록 가르치며, 말을 할 수 있으면 남자는 대답하기를 빨리 하도록 하고 여자는 느리게 하도록 하며, 남자는 주머니를 가죽으로 만들고 여자는 주머니를 비단으로 만든다.

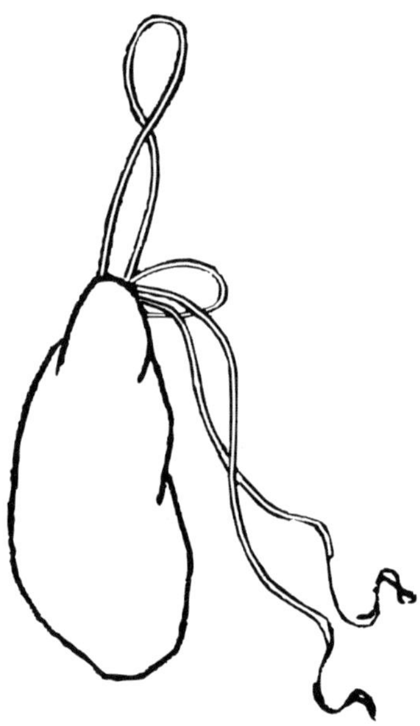

鞶

≪集說≫

食(사)는 飯也라 唯兪는 皆應辭라 鞶은 小囊이니 盛帨巾者니 男用韋하고 女用繒帛이라

食는 밥이다. 唯와 兪는 모두 응하는 말이다. 鞶은 작은 주머니인데, 수건을 담는 것이니, 남자는 가죽을 사용하고 여자는 비단을 사용한다.

≪大全≫

嚴陵方氏曰 教以右手는 則取其强而已니 是固男女之所同也니라

嚴陵方氏 : 오른손을 사용하도록 가르침은 〈힘이〉 강한 손을 취한 것뿐이니, 이는 진실로 남자와 여자가 똑같은 것이다.

124802 六年이어든 教之數與方名이니라 七年이어든 男女不同席하고 不共食하고 八年이어든 出入門戶와 及卽席飮食에 必後長者하야 始教之讓이니라

6세가 되면 숫자와 방위의 이름을 가르친다. 7세가 되면 남자와 여자가 자리를 함께 하지 않고 함께 먹지 않으며, 8세가 되면 門戶를 나가고 들어옴과 자리에 나가 마시고 먹을 때에 반드시 長者보다 뒤에 하여 비로소 사양하는 것을 가르친다.

≪集說≫

數는 謂一十百千萬이요 方名은 東西南北也라

數는 1·10·100·1,000·10,000을 이르고, '方名'은 동·서·남·북이다.

≪大全≫

嚴陵方氏曰 出入門戶면 則欲其行之讓也요 卽席則欲其坐之讓也요 飮食則欲其食之讓也라 經曰 父之齒는 隨行하고 兄之齒는 雁行[134]이라하니 則行固欲其讓也요 又曰 衽席之上에 讓而坐下하고 觴酒豆肉에 讓而受惡[135]이라하니 則坐與飮食에 又欲其讓矣라 由是推之하면 則無所往而不讓矣니라

嚴陵方氏 : 門戶를 나가고 들어오게 되면 그 다님을 사양하게 하고자 하고, 자리에 나아가면 그 앉음을 사양하게 하고자 하고, 음식을 마시고 먹으면 그 먹음을 사양하게 하고자 하는 것이다. 經에 이르기를 "아버지 年齒의 어른은 뒤따라가고, 형의 연치는 기러기 떼처럼 조금 뒤처져 간다." 하였으니 다님에 진실로 사양하게 하고자 하는 것이고, 또 이르기를 "자리에 대해 사양을 하여 낮은 자리에 앉고, 술잔의 술과 접시의 고기에 좋은 것을 사양하고 나쁜 것을 받는다." 하였으니 앉아서 〈다른 사람들과〉 더불어 먹고 마실 때에 또 사양하게 하고자 하는 것이다. 이로 말미암아 미루어 나간다면 가는 곳마다 사양하지 않음이 없을 것이다.

---

134) 父之齒隨行 兄之齒雁行 : 〈王制〉에 "아버지 年齒의 어른은 뒤따라가고, 형의 연치는 기러기 떼처럼 조금 뒤처져 가고, 붕우는 서로 앞서가지 않는다.〔父之齒 隨行 兄之齒 雁行 朋友 不相踰〕" 하였다.

135) 衽席之上……讓而受惡 : 〈孔子閒居〉에 "공자께서 말씀하셨다. '술잔의 술과 접시의 고기에 좋은 것을 사양하고 나쁜 것을 받더라도 백성들이 오히려 연치를 범하며, 자리에 대해 사양을 하여 낮은 자리에 앉더라도 백성들이 오히려 귀한 사람을 범하며, 조정의 자리에 사양하고 천한 자리에 나아가더라도 백성들이 오히려 군주를 범한다.'〔子云 觴酒豆肉 讓而受惡 民猶犯齒 衽席之上 讓而坐下 民猶犯貴 朝廷之位 讓而就賤 民猶犯君〕" 하였다.

124803 **九年**이어든 **教之數日**이니라 **十年**이어든 **出就外傅**하야 **居宿於外**하며 **學書計**하며

9세가 되면 날짜 헤아리는 것을 가르친다. 10세가 되면 〈집에서〉 나가 바깥 스승에게 나아가 외부의 거처에서 거처하고 잠자며 六書와 九數를 배운다.

≪集說≫

數日은 知朔望與六甲也라 外傅는 教學之師也라 書는 謂六書요 計는 謂九數[136]라

'數日'은 초하루·보름과 六甲을 아는 것이다. '外傅'는 학문을 가르치는 스승이다. 書는 六書를 이르고 計는 九數를 이른다.

124804 **衣不帛襦袴**(유고)하며 **禮帥**(솔)**初**하며 **朝夕**에 **學幼儀**호되 **請肄簡諒**[137]이니라

〈童子의〉 옷은 저고리와 바지를 비단으로 만들지 않으며, 禮는 처음을

136) 書謂六書 計謂九數 : ≪周禮≫ 〈地官 保氏〉의 '六書'와 '九數'에 대한 鄭玄의 注에 "鄭司農(鄭衆)이 말하였다. '육서는 象形, 會意, 轉注, 處事, 假借, 諧聲이고, 구수는 方田, 粟米, 差分, 少廣, 商功, 均輸, 方程, 贏不足, 旁要인데, 지금에는 重差, 夕桀, 句股가 있다.'〔鄭司農云 六書 象形會意轉註處事假借諧聲也 九數 方田粟米差分少廣商功均輸方程贏不足旁要 今有重差夕桀句股也〕" 하였는데, 賈公彦의 疏에 "〈정사농이 말한〉 육서의 '상형' 따위는 모두 許氏(許愼)의 ≪說文解字≫를 따른 것이다. 〈정사농이 말한〉 구수의 '방전' 이하는 모두 ≪九章算術≫을 따라 말한 것이다.〔疏曰 云六書象形之等 皆依許氏說文 九數方田以下皆依九章算術而言〕" 하였다.(≪周禮注疏≫)

≪구장산술≫의 劉徽의 주에 "'方田'은 '밭두둑의 경계를 다루는 것이다.〔以御田疇界域〕', '粟米'는 '저당을 잡고 교역함〔交質變易〕을 다루는 것이고', '差分(衰分)'은 '녹봉과 세금을 높이고 낮춤〔貴賤稟稅〕을 다루는 것이고', '少廣'은 '사각형과 원의 積冪(곱하고 제곱한 수)을 구함〔積冪方圓〕을 다루는 것이고', '商功'은 '쌓인 물건에 필요한 공정을 구함〔功程積實〕을 다루는 것이고', '均輸'는 '운임의 원근을 구함〔遠近勞費〕을 다루는 것이고, '方程'은 '정과 부를 섞음〔錯糅正負〕을 다루는 것이고', '贏不足'은 '내포된 것을 서로 드러냄〔隱雜互見〕을 다루는 것이고', '旁要(句股)'는 '높이·깊이·너비·거리〔高深廣遠〕를 다루는 것이다.' 하였다.

137) 簡諒 : 金長生이 "陸氏(陸佃)가 '간략하여 따르기 쉽고 진실하여 알기 쉬운 것이다.' 하였으니, 이것이 옳은 듯하다.〔陸氏云 簡而易從 諒而易知 恐是〕" 하였다.(≪經書辨疑≫ 〈小學 立教〉)

따르며, 아침과 저녁에 동자의 凡節을 배우며, 서책의 篇의 數와 진실한 말을 청하여 익힌다.

≪集說≫

曲禮曰 童子는 不衣裘裳이라하니 不以帛爲襦袴는 亦爲太溫也라 禮帥初는 謂行禮動作을 皆循習初教之方也라 肄는 習也요 簡은 書篇數也요 諒은 言語信實也[138]니 皆請於長者而習學之也라 一說에 簡者는 簡要니 謂使之習事에 務從其要하고 不爲迂曲煩擾也라하니라

〈曲禮〉에 이르기를 "〈20세가 안 된〉 童子는 〈너무 따뜻해 陰氣를 손상시킬 수 있는〉 갖옷과 〈일할 때 불편한〉 치마를 입지 않는다." 하였으니, 비단으로 저고리와 바지를 만들지 않는 것은 또한 너무 따뜻하기 때문이다. '禮帥初'는 禮를 행하는 동작을 모두 처음 가르친 방법을 따라 익힘을 이른다. 肄는 익힘이고, 簡은 서책의 篇章의 數이고, 諒은 언어가 신실한 것이니, 모두 長者에게 청하여 학습하는 것이다. 一說에 "簡은 簡要함이니, 일을 익힐 때에 간요한 것을 힘써 따르게 하고 도리에 맞지 않고 번잡한 것을 따르지 않게 함을 말한다." 하였다.

≪大全≫

嚴陵方氏曰 出就外傅는 曾子問所謂古者男子外有傅是矣라 書는 卽周官保氏所謂六書是也요 計는 卽所謂九數是也니 以數必計其多少故로 又謂之計焉이라 自學書計而下는 皆就外傅所學之事也라 禮帥初는 謂遵習先日所爲而不敢變也니 慮其妄有所改爲故也라 朝夕學幼儀者는 至此라야 乃可以責事長之禮故也니 若昧爽而朝之類는 則朝之所當學也요 若日入而夕之類는 則夕之所當學也라 簡은 策也니 謂古先之事 必書於策이라도 必請而後習之者는 則以不敢專故也니라

嚴陵方氏 : '出就外傅'는 〈曾子問〉(071201)에 이른바 "옛날에 남자는 밖으로는 師傅가 있었다."는 것이 이것이다. 書는 바로 ≪周禮≫ 〈地官 保氏〉에 이른바 "六書"가

138) 簡書篇數也 諒言語信實也 : 이 내용은 鄭玄의 注에서 인용한 것인데, 이에 대한 孔穎達의 疏에 "簡은 禮의 篇과 章이다. 諒은 信實함이니, 진실한 말을 이른다. 이는 長者에게 청하여 篇·章의 간략한 예와 응대할 때의 신실한 말을 학습함을 말한다.〔簡 禮篇章也 諒 信也 謂言語信實 言請長者 習學篇章簡禮及應對信實言語也〕" 하였다.(≪禮記正義≫)

이것이고, 計는 바로 〈≪周禮≫ 〈地官 保氏〉에〉 이른바 "九數"가 이것이니, 數는 반드시 그 많고 적음을 계산하기 때문에 또 '計'라고 이른 것이다. '學書計'로부터 이하는 모두 바깥 스승에 나아가 배우는 일이다. '禮帥初'는 전날에 하던 바를 따라 익혀서 감히 바꾸지 않음을 이르니, 함부로 고치는 바가 있음을 염려하기 때문이다. '朝夕學幼儀'는 이에 이르러서야 비로소 어른을 섬기는 禮節을 요구할 수 있기 때문이니, 예컨대 〈'120401'의〉 "먼동이 틀 무렵에 부모를 뵙는다." 따위는 아침에 마땅히 배워야 할 바이고, 〈'120601'의〉 "해가 지면 〈어버이에게 가서〉 저녁 문안을 드린다." 따위는 저녁에 마땅히 배워야 할 바이다. 簡은 簡策이니, 옛날의 〈응대할 때의 信實한 말 등의〉 일이 반드시 간책에 쓰여 있더라도 반드시 청한 뒤에 익히는 것은 감히 자기 마음대로 익힐 수가 없기 때문이다.

124805 **十有三年**이어든 **學樂誦詩**하며 **舞勺**(작)[139]하고 **成童**이란 **舞象**하며 **學射御**니라

13세가 되면 음악을 배우고 詩를 외우며 〈勺〉 시에 맞추어 춤을 추고, 15세 이상이 되면 〈象〉 시에 맞추어 춤을 추며 활쏘기와 말 모는 것을 배운다.

≪集說≫

樂은 八音之器[140]也요 詩는 樂歌之篇章也라 成童은 十五以上이라 象은 說見文王世子[141]하니라 射는 謂五射요 御는 謂五御也[142]라 六藝[143]는 詳見小學書하니라

139) 勺(작) : ≪詩經≫ 〈周頌〉의 〈酌〉 시를 가리킨다. 이 시에 대해 朱子는 ≪詩經集傳≫에서 "이 또한 무왕을 칭송한 시이다. 무왕이 처음에 성대한 군사를 보유하였으나 사용하지 않고 물러나 스스로 道를 따라 힘을 길러서 때와 함께 모두 감추었다가, 이미 크게 빛나자 그런 뒤에 한 번 군복을 입고 정벌하여 天下가 크게 안정되었음을 말한 것이다.〔此亦頌武王之詩 言其初有於鑠之師而不用 退自循養 與時皆晦 既純光矣 然後一戎衣而天下大定〕"라고 풀이하였다.

140) 八音之器 : 팔음은 고대 8종의 악기인 金·石·絲·竹·匏·土·革·木을 소재로 한 악기를 이른다. 鄭玄의 注에 따르면 金은 쇠로 만든 종이나 鎛(박) 따위이고, 石은 돌로 만든 石磬이며, 絲는 줄로 만든 琴과 瑟이고, 竹은 대나무로 만든 管과 簫이며, 匏는 바가지로 만든 笙簧이고, 土는 진흙으로 만든 塤이며, 革은 가죽으로 만든 북이나 鞀(작은 북)이고, 木은 나무로 만든 柷이나 敔이다.(≪周禮注疏≫ 〈春官 大師〉)

141) 象說見文王世子 : 〈象〉은 〈文王世子〉 '082605'에 보이는데, 陳澔의 集說에 "〈象〉은 문왕

樂은 八音의 악기이고, 詩는 악곡을 따라 부르는 篇章이다. '成童'은 15세 이상이다. 象은 설명이 〈文王世子〉에 보인다. 射는 五射를 이르고 御는 五御를 이른다. '六

의 춤이니, ≪詩經≫ 〈周頌 維淸〉이 바로 〈象〉의 舞曲이다.〔象 是文王之舞 周頌維淸 乃象舞之樂歌〕" 하였다.

142) 射謂五射 御謂五御也 : ≪周禮≫ 〈地官 保氏〉의 '五射'와 '五御'에 대해 鄭玄의 注에 "鄭司農이 말하였다. '五射는 白矢, 參連, 剡注, 襄尺, 井儀이다. 五馭는 鳴和鸞, 逐水曲, 過君表, 舞交衢, 逐禽左이다.'〔鄭司農云 五射 白矢參連剡注襄尺井儀也 五馭 鳴和鸞逐水曲過君表舞交衢逐禽左〕" 하였다.

'오사'에 대해 賈公彦의 疏에 "先鄭(鄭衆)이 말한 '오사의 백시' 이하는 정문이 없으니, 혹 선정이 별도로 본 것이 있거나 혹 義로써 말한 것이다. '백시'는 화살이 과녁에 꽂혔는데 과녁을 관통해 나와서 살촉의 흰 부분이 보이는 것이다. '삼련'은 먼저 화살 한 개를 쏘고 뒤에 화살 세 개가 잇달아서 과녁을 향해 가는 것이다. '염주'는 살깃의 머리는 높고 살촉은 낮게 하여 과녁을 향해 빠르게 걸어가는 것이다. '양척'은 신하가 군주와 활쏘기를 할 적에 군주와 나란히 서지 않고 군주에게 1척 정도를 양보하여 물러나는 것이다. '정의'는 화살 네 개가 과녁을 관통함이 '井'자의 모습과 같은 것이다.〔先鄭云 五射白矢已下 無正文 或先鄭別有所見 或以義而言之 云白矢者 矢在侯而貫侯過 見其鏃白 云參連者 前放一矢 後三矢連續而去也 云剡注者 謂羽頭高鏃低而去 剡剡然 云襄尺者 臣與君射 不與君竝立 襄君　尺而退 云井儀者 四矢貫侯 如井之容儀也〕" 하였다.

'오어'에 대해 가공언의 소에 "'오어'는 수레를 모는 방빕에 다섯 가지가 있는 것이다. '명화란'은, 和는 수레 앞의 가로 댄 나무에 있고 鸞은 멍에에 있는 것이다.……'축수곡'은 정문이 없으니 선정이 뜻으로 말한 것으로, 수레를 몲에 水勢의 굴곡을 따라서 물에 떨어지지 않음을 말한다. '과군표'는……이는 '과군표'가 바로 '褐纏旃'이 이것인 것이다. '무교구'는 衢는 길이니, 수레를 몰아 교차로에 있을 적에 수레의 회전이 춤의 절주에 응함을 말한다. '축금좌'는 驅逆의 수레를 몰아서 짐승을 거슬러 몰아 왼쪽으로 가게 하여 군주에게 당하여 쏘게 하면 군주가 왼쪽으로부터 쏨을 이른다.〔云五馭者 馭車有五種 云鳴和鸞者 和在式 鸞在衡……云逐水曲者 無正文 先鄭以意而言 謂御車隨逐水勢之屈曲而不墜水也 云過君表者……是其過君表卽褐纏旃是也 云舞交衢者 衢 道也 謂御車在交道 車旋應於舞節 云逐禽左者 謂御驅逆之車 逆驅禽獸使左 當人君以射之 人君自左射〕" 하였다.(≪周禮注疏≫)

'和'와 '鸞'은 모두 방울인바, 말이 움직이면 和와 鸞이 울려서 그 소리가 호응하므로 '명화란'이라고 한 것이다. 가공언은 '과군표'를 '사냥터나 戰場에서 軍陣을 만들 적에 毛褐布로 순색 깃발의 장대를 감아서 군영 문의 양쪽 곁으로 삼는 것'으로 해석하였는데, 孫詒讓의 ≪周禮正義≫에는 이를 비판하며 "'군표'는 '군주의 자리'라고 말하는 것과 같다.……대개 회동과 정벌과 전렵에 군주가 있으면 반드시 '표위'가 있으니, 무릇 수레가 그곳을 지날 적에는 마땅히 별도로 공경을 지극히 하는 의절이 있기 때문에 오어에 '과군표'의 법이 있는바, 이는 치조(治朝)에 들어가는 자가 군주의 자리를 지날 적에 공경을 펴 보이는 것과 같다.〔君表猶言君位.……蓋會同師田 君在則必有表位 凡車過之 當別有儀以致敬 故五御有過君表之法 猶入治朝者申過位之敬矣〕" 하였다. '驅逆'은 짐승을 사냥터의 범위 안으로 몰아넣고 막아서 달아나지 못하게 하는 것이다.

143) 六藝 : 金在魯의 ≪禮記補注≫에 "이는 윗글의 六書와 九數 및 여기의 樂器 연주와 활쏘기와 말 모는 것 및 아랫글의 禮를 가리킨다.〔此指上文書計及此樂射御及下文禮也〕" 하였다.

藝'는 자세한 것이 ≪小學≫ 책에 보인다.

○ 朱子曰 酌은 卽勺也니 內則曰 十三에 舞勺이라하니 卽以此詩로 爲節而舞也라

朱子 : 〈≪詩經≫ 〈周頌〉의〉 〈酌〉 시가 곧 〈여기에서 말한〉 〈勺〉 시인데, 〈內則〉에 "13세가 되면 〈勺〉 시로 춤춘다." 하였으니, 〈'舞勺'은〉 바로 이 시를 가지고 박자를 삼아 춤추는 것이다.

≪大全≫

程子曰 古人爲學也易(이)라 八歲에 入小學하고 十三에 入大(태)學하야 舞勺舞象하되 有弦歌以養其耳하고 舞干羽以養其氣血이며 其心急則佩韋하고 緩則佩弦이라 出入閭里에 則視聽遊習과 與政事之施가 莫不由此하니 如此면 則非僻之心이 無自而入이니라

程子 : 옛사람은 학문을 하기가 쉬웠다. 8세에 小學에 들어가고, 13세에 太學에 들어가서 〈勺〉 시로 춤추고 〈象〉 시로 춤추되 현악기의 연주와 樂歌의 노래를 두어서 귀를 길렀고 방패와 깃털로 춤을 추어서 氣血을 길렀으며, 그 마음이 급하면 〈급한 마음을 단속하기 위해 부드러운〉 가죽을 차고 〈마음이〉 느긋하면 〈느긋한 마음을 긴장시키기 위해 팽팽한〉 활시위를 찼다. 閭里를 나가고 들어올 적에 보고 듣고 놀고 익히는 것과 政事에서 시행하는 것이 이러한 공부를 말미암지 않음이 없었으니, 이와 같으면 그르고 편벽된 마음이 들어갈 길이 없다.

○ 張子曰 古者教童子에 先以舞者는 欲柔其體也니 心下則氣和하고 氣和則體柔하니라 古者教冑子에 必以樂은 欲其體和也니라 教之舞하고 教之樂은 所以欲其和니 學者志則欲立이요 體則欲和也니라

張子 : 옛날에 동자를 가르칠 적에 먼저 춤을 가르친 것은 그 몸을 유연하게 하고자 해서이니, 마음이 가라앉으면 기운이 온화해지고 기운이 온화하면 몸이 유연해진다. 옛날에 맏아들을 가르칠 적에 반드시 음악을 가지고 가르친 것은 몸을 조화롭게 하고자 해서이다. 춤을 가르치고 음악을 가르침은 〈몸을〉 조화롭게 하고자 해서이니, 배우는 자가 뜻은 세우고자 하고 몸은 조화롭게 하고자 하는 것이다.

○ 嚴陵方氏曰 勺은 雖告武王之樂이나 然以勺其道而道成於文故也요 象雖奏文王之樂이나 然以象其事而事成於武故也라 必以告武王之樂爲文者는 以示文之道必有

武爲之備也요 必以奏文王之樂爲武者는 以示武之事必以文爲之經也라 勺固成王之樂이나 以告成大武故로 取義如此하니라

嚴陵方氏 : 〈勺〉 시는 비록 武王에게 고하는 〈내용의〉 樂章이지만 〈이 시에 맞추어 춤추는 이유는〉 그 〈武의〉 道를 참작하여 道가 文에서 이루어지기 때문이고, 〈象〉 시는 비록 文王에게 아뢰는 〈내용의〉 樂章이지만 〈이 시에 맞추어 춤추는 이유는〉 그 〈文의〉 일을 형상하여 일이 武에서 이루어지기 때문이다. 반드시 武王에게 고하는 樂章을 文으로 삼은 것은 文의 道는 반드시 武를 가지고 대비해야 함을 보인 것이고, 반드시 文王에게 아뢰는 樂章을 武로 삼은 것은 武의 일은 반드시 文을 가지고 법으로 삼아야 함을 보인 것이다. 〈勺〉 시는 진실로 王의 德을 이루는 음악이지만 〈武王에게〉 大武를 이룸을 고한 것이기 때문에 〈〈勺〉 시에서〉 뜻을 취함이 이와 같았던 것이다.

124806 二十而冠하야 始學禮요 可以衣裘帛하며 舞大夏하며 惇行孝弟하며 博學不教하며 內而不出이니라

20세에 冠禮를 하여 비로소 禮를 배우고, 갖옷과 비단옷을 입을 수 있으며, 〈大夏〉에 맞추어 춤을 추며, 효도와 공경을 돈독히 행하며, 널리 배우되 가르치지 않으며, 안에 쌓아두고 표출하지 않는다.

≪集說≫

始學禮는 以成人之道는 當兼習吉凶軍賓嘉之五禮也일새니라 大夏는 禹樂[144)]이니 樂之文武兼備者也라 孝弟는 百行之本이라 故先務惇行於孝弟하고 而後博學也라 不教는 恐所學未精故로 不可爲師以教人也라 內而不出은 言蘊畜其德美於中하고 而不自表見(현)其能也라 一說에 謂不出言以爲人謀畫이라하니라

'始學禮'는 成人의 道는 마땅히 吉·凶·軍·賓·嘉의 다섯 가지 禮를 겸하여 익혀야 하기 때문이다. 〈大夏〉는 禹임금의 음악이니, 음악 중에 文과 武를 겸비한 것

144) 大夏禹樂 : 大夏는 ≪周禮≫ 〈春官 大司樂〉에 보이는데, 鄭玄의 注에 "〈대하〉는 우임금의 음악이다. 우임금이 물을 다스리고 토지를 분별하여 九州를 만들었으니, 그 덕이 中國(夏)을 크게 할 수 있었음을 말한 것이다.〔大夏 禹樂也 禹治水傅土 言其德能大中國〕" 하였다.(≪周禮注疏≫)

이다. 효도와 공경은 百行의 근본이므로 먼저 힘써 효도와 공경을 돈독히 행하고 그런 뒤에 널리 배우는 것이다. '不敎'는 배운 바가 정밀하지 못하기 때문에 스승이 되어서 남을 가르칠 수 없을까 해서이다. '內而不出'은 아름다운 德을 마음에 쌓아두고 스스로 능력을 표출하지 않는 것이다. 一說에 "말을 내어서 남을 위하여 도모하고 계획하지 않는 것을 이른다." 하였다.

≪大全≫

嚴陵方氏曰 博學不敎者는 蓋學은 所以爲己요 敎는 所以爲人이라 故로 博學不敎하고 內而不出者는 以其未足以爲人故로 志乎內而無事乎外하야 有所入而無所出也니라

嚴陵方氏 : '博學不敎'는 배움은 자기를 위한 것이고 가르침은 남을 위한 것이므로 널리 배우되 가르치지 않는 것이다. '內而不出'은 아직 남을 위할 수가 없기 때문에 내면에 뜻을 두며 외면에 일삼음이 없어서 〈내면으로〉 들이는 것은 있어도 표출하는 바가 없는 것이다.

124807 三十而有室하야 始理男事하며 博學無方하며 孫友視志[145]니라

30세가 되면 아내를 두어서 비로소 남자의 일을 다스리며, 널리 배우되 일정한 방소가 없으며, 朋友를 恭順히 사귀되 〈붕우의〉 뜻을 살펴보아야 한다.

≪集說≫

室은 猶妻也라 男事는 受田給政役也[146]라 方은 猶常也니 學無常은 在志所慕則學之라

145) 博學無方 孫友視志 : 참고로 ≪小學≫ 〈立敎〉의 〈增註〉에 "널리 배워 일정한 곳이 없어 오직 善을 스승으로 삼고, 벗에게 공손히 하되 뜻을 살펴 오직 善을 취하여야 한다.〔博學無常 惟善是師 遜友視志 惟善是取〕" 하였다.

146) 受田給政役也 : ≪周禮≫ 〈地官 遂人〉에 "遂人은 王國의 野를 관장한다. 野의 토지를 변별하여서 田地와 廬舍를 나누어준다. 夫(正夫인 家長) 한 명에게 하나의 廛(宅地)과 전지 100畝와 휴경지 50무를 주니, 餘夫에게도 또한 이와 같이 한다.〔掌邦之野 辨其野之土 以頒田里 夫一廛 田百畝 萊五十畝 餘夫亦如之〕" 하였는데, 鄭玄의 注에 "집마다 夫 한 명과 婦 한 명을 헤아려서 전지를 주는데, 한 집에 몇 명의 식구가 있는 경우는 여부 또한 이 전지를 받는다. 전은 성읍에 있는 거처이다.〔戶計一夫一婦而賦之田 其一戶有數口者 餘夫亦受此田也 廛 城邑之居也〕" 하였다. ≪周禮≫ 〈天官 小宰〉에 "政役의 다툼을 다스린다.〔聽政役〕" 하였는데, 정현의 주에 "鄭司農(鄭衆)이 말하였다. '政은 軍政을 이르고, 役은 군대를 파견하고 役徒를 일으킴을 이른다.〔鄭司農云 政 謂軍政也 役 謂發兵起役

孫友는 順交朋友也요 視志는 視其志意所尙也라

室은 아내와 같다. '男事'는 田地를 받고 軍政과 役을 배정받는 것이다. 方은 常과 같으니, '學無常'은 자기 마음이 사모하는 바를 배우는 것이다. '孫友'는 朋友를 恭順히 사귀는 것이고, '視志'는 〈붕우의〉 뜻이 숭상하는 바를 살펴보는 것이다.

≪大全≫

慶源輔氏曰 博學不教하고 內而不出은 獨善而已니 獨善其身은 未足以善人也라 博學無方하고 孫友視志는 取諸人以爲善也니 取諸人以爲善이면 則善足以及人矣니라

慶源輔氏 : 널리 배우되 가르치지 않고 안에 쌓아두고 표출하지 않음은 홀로 〈자기 자신을〉 善하게 할 뿐이니, 〈자기〉 자신을 홀로 선하게 함은 남을 선하게 하지는 못한다. 널리 배우되 일정한 方所가 없고 붕우를 공순히 사귀되 〈붕우의〉 뜻을 살펴봄은 남에게서 취하여 선을 행하는 것이니, 남에게서 취하여 선을 행하면 〈그〉 선이 충분히 다른 사람에게 미칠 수 있다.

124808 四十이어든 始仕하야 方物하야 出謀發慮하야 道合則服從하고 不可則去니라 五十이어든 命爲大夫하야 服官政[147)]하며 七十이어든 致事니 凡男은 拜尙左手니라

40세가 되면 비로소 벼슬하여 일과 대조하여 계책을 내고 사려를 내어 〈임금과〉 道가 합하면 그 일을 하여 임금을 따르고 합할 수 없으면 떠나간다. 50세가 되면 命을 받아 대부가 되어서 국가의 정무를 맡아 일하며, 70에는 벼슬을 내놓으니, 무릇 남자는 절할 때 왼손을 〈오른손의〉 위에 올린다.

徒也〕'" 하였다.(≪周禮注疏≫)

147) 五十命爲大夫服官政 : 〈曲禮 上〉에 "50세가 된 자를 '艾'라 하니, 국가의 정무를 맡아 일한다.〔五十曰艾 服官政〕" 하였는데, 鄭玄의 注에 "관정에 일한다는 것은 대부가 되어 남의 우두머리가 되어서 국가의 큰일을 참여하여 듣는 것이다. 재주가 쓸 만하면 벼슬하게 하고, 德이 이루어지면 명하여 대부로 삼는 것이다.〔服官政者 爲大夫以長人 與聞邦國之大事者也 才可用則使之仕 德成命爲大夫也〕" 하였다.

≪集說≫

朱子曰 物은 猶事也니 方物出謀면 則謀不過物하고 方物發慮면 則慮不過物이라 問何謂不過物고 曰 方은 猶對也니 比方以窮理라

朱子가 말씀하였다. "物은 일과 같으니, 일과 對照해서 계책을 내면 계책이 일을 넘지 않고 일과 대조하여 思慮를 내면 사려가 일을 넘지 않는다." 〈혹자가〉 물었다. "무엇을 '일을 넘지 않는다.'고 말하는 것입니까?" 주자가 말씀하였다. "方은 對함과 같으니, 對照해서 이치를 궁구하는 것이다."

≪大全≫

程子曰 古之爲士者는 自十五入學하야 至四十始仕하니 中間自二十五年에 有事於學하고 又無利可趨하면 則其志可知라 此所以成德이라 故古之人은 必四十乃仕하니 然後志定業成이라 後世立法은 自童稚로 卽有汲汲利祿之誘하니 何由向善이리오

程子 : 옛날 士가 된 자는 15세에 太學에 들어가서 40세에 이르러 벼슬을 시작하였으니, 중간에 25년 동안 학문에 종사함이 있었고 또 좇을 만한 이로움이 없었으니, 그 뜻을 알 수 있다. 이것이 德을 이룬 까닭이다. 그러므로 옛날 사람들은 반드시 40이 되어야 비로소 벼슬하였으니, 이렇게 한 뒤에야 뜻이 안정되고 德業이 이루어지는 것이다. 후세에 세운 法은 어릴 때부터 즉시 이익과 녹봉의 유혹에 마음을 쏟게 만드니, 어떻게 善으로 향할 수 있겠는가.

○ 嚴陵方氏曰 四十은 則强之時也[148]라 仕則與物接而有理可言이라 故로 謀不得不出이요 有患可思라 故로 慮不得不發이라 然謀慮를 豈以僞飾加之乎아 亦比方事物하야 以應之而已라 事人之道 有合則有否라 故有從必有去라 合否는 在彼也니 有命存焉이요 從去는 在我也니 有義存焉이라 故道合則服從하고 不可則去也라 服은 謂服其事요 從은 謂從君也라 拜尙左手는 尊陽道[149]故也라

148) 四十則强之時也 : 〈曲禮 上〉에 "40세가 되면 强이라고 칭하니, 벼슬살이를 시작한다.〔四十曰强 而仕〕"라고 보인다.

149) 拜尙左手 尊陽道 : 남자가 평상시 및 吉事에는 陽인 左를 숭상하고, 凶事가 있을 적에는 陰인 右를 숭상함을 이른다. 〈檀弓 上〉에 "공자께서 문인들과 함께 서 계시면서 拱手를 하시되 오른손을 위에 놓으시자 제자들도 모두 오른손을 위에 놓았다. 공자께서 말씀

嚴陵方氏 : 40은 强할 때이다. 벼슬하면 일과 접하여 말할 만한 이치가 있으므로 계책을 내지 않을 수가 없고 생각할 만한 환란이 있으므로 사려를 내지 않을 수가 없는 것이다. 그러나 계책과 사려를 어찌 거짓으로 꾸며서 더하겠는가. 또한 사물과 對照하여 응할 뿐이다. 사람을 섬기는 道는 합함이 있으면 합하지 않음도 있으므로 따름이 있으면 반드시 떠남도 있는 것이다. 합하고 합하지 않음은 저 사람에게 있으니 天命이 존재함이 있는 것이고, 따르고 떠남은 나에게 달려 있으니 義理가 존재함이 있는 것이다. 그러므로 道가 합하면 그 일을 하여 임금을 따르고 합할 수 없으면 떠나가는 것이다. 服은 그 일을 함을 이르고, 從은 임금을 따름을 이른다. 절할 때에 왼손을 〈오른손의〉 위에 올림은 陽의 道를 높이기 때문이다.

124901 **女子十年**이어든 **不出**하며 **姆**(무)**教婉娩**(완만)**聽從**하며 **執麻枲**하며 **治絲繭**하며 **織紝組紃**(조순)하야 **學女事**하야 **以共衣服**하며 **觀於祭祀**하야 **納酒·漿·籩·豆·菹·醢**하야 **禮相助奠**이니라

여자가 10세가 되면 외출하지 않으며, 여스승이 가르치는데 언어를 柔順히 하고 용모를 유순히 하여 〈남의 말을〉 들어 따르며, 삼과 모시를 잡아 길쌈하며, 실과 누에고치를 다스리며, 비단을 짜고 끈을 짜서 여자의 일을 배워서 의복을 바치며, 제사를 살펴보아서 술·음료·籩·豆·채소절임·젓갈을 올려서 禮를 도와서 祭需를 올리는 것을 돕도록 가르친다.

≪集說≫

十年不出은 謂十歲則恒處於內也라 姆는 女師也라 婉은 謂言語요 娩은 謂容貌니 司馬公云 柔順貌[150]라 紝은 繒帛之屬이요 組는 亦織也니 詩에 執轡如組[151]라하니라 紃

하시기를 '그대들이 배우기를 좋아함이여! 나는 누님의 상이 있기 때문이다.' 하시자, 제자들이 모두 왼손을 위에 놓았다.〔孔子與門人立 拱而尙右 二三子 亦皆尙右 孔子曰 二三子之嗜學也 我則有姊之喪故也 二三子皆尙左〕" 하였다. 元나라 敖繼公의 ≪儀禮集說≫ 권12 〈士喪禮〉에 "남자는 吉拜에 왼손을 〈오른손의〉 위에 올리고, 喪拜에 오른손을 〈왼손의〉 위에 올린다. 여자는 이와 반대로 한다.〔男子 吉拜尙左手 喪拜 尙右手 婦人反是〕" 하였다.

150) 柔順貌 : 司馬光의 ≪書儀≫ 권4 〈婚儀下 居家雜儀〉에 보인다.

151) 紝繒帛之屬……詩執轡如組 : 陳澔의 集說은 '組'를 "〈실을〉 짜다."는 뜻으로 보았고, ≪詩經≫ 〈邶風 簡兮〉의 '執轡如組'의 '組'도 그러한 의미로 인용하였다.

之制는 似條하니 古人以置諸冠服縫中者라

'十年不出'은 10세가 되면 항상 閨門 안에 거처함을 이른다. '姆'는 여스승이다. '婉'은 언어를 이르고, '娩'은 용모를 이르니, 司馬公이 이르기를 "〈婉娩은〉 柔順한 모양이다." 하였다. 紝은 비단의 등속이고 組는 또한 짜는 것이니, ≪詩經≫에 이르기를 "고삐를 잡기를 실을 짜는 것처럼 한다." 하였다. 紃의 제도는 끈과 같으니, 옛사람이 이것을 冠과 의복의 솔기에 사용한다.

≪大全≫

慶源輔氏曰 婉有委曲之意하고 娩有遲緩之意하며 聽從은 所謂以順爲正[152]也니 婦人之容德이 莫此爲盛이라 始於容德하고 中於女工之事하고 終於祭祀之禮하니 婦人之事 盡是矣니라

慶源輔氏 : 婉에는 '곡진함'의 뜻이 있고 娩에는 '천천히 함'의 뜻이 있으며, '聽從'은 이른바 "여자는 순히 따름을 바른 도로 삼는다."는 것이니, 부인의 용모와 德이 이보다 성한 것이 없다. 용모와 덕을 처음에 말하고 여자가 하는 일을 중간에 말하고 제사의 일을 끝에 말하니, 부인의 일이 여기에서 다한 것이다.

참고로 ≪禮記正義≫의 孔穎達의 疏에는 "紝은 비단이 되므로 ≪春秋左氏傳≫의 杜預의 註에 '紝은 비단을 이른다.' 하였다. '組'와 '紃'은 모두 끈이 된다. 皇氏(皇侃)가 '組는 綬이다.' 하였으니, 그렇다면 얇고 넓은 것이 組가 되고 노끈과 비슷한 것이 紃이 된다.〔紝爲繒帛 故左傳杜註 紝 謂繒帛也 組紃 俱爲條也 皇氏云 組 綬也 然則薄闊爲組 似繩者爲紃〕" 하였다. 金在魯의 ≪禮記補註≫에도 다음과 같이 말하였다. "〈공영달의〉 疏의 뜻은 '紝'과 '組'와 '紃' 세 가지 물건을 짜는 것으로 해석하였는데, 字書에 紝은 '짜다'라고 하였다. 또한 ≪儀禮經傳通解≫는 이 疏의 설을 기재하면서 紝에 대한 풀이를 삭제하였으니, 그렇다면 소의 설이 취해지지 못하였음을 알 수 있다. 이제 마땅히 '組와 紃을 짜다.'는 뜻으로 보아야 한다. 또 살펴보건대, 組와 紃에 대한 풀이는 소의 설이 이와 같을 뿐만 아니다. ≪詩經≫ 〈邶風 簡兮〉에 '고삐를 잡기를 실처럼 하도다.' 하였는데, 朱子의 註에 '組는 실을 짜서 만든 것이다.'라고 하였고, ≪說文解字≫에 '組는 인끈의 등속이다.' 하여 '짜다'는 뜻이 아님이 분명한데, 陳澔의 註에 '組 또한 織(짜다)이다.'라고 하여 '紝을 짜고 紃을 짜다.'라고 풀이하였으니, 이 또한 잘못되었다.〔疏意以織了紝組紃三物爲解 而字書紝 織也 且通解載此疏說 而截去紝訓 則其不見取可知 今當以織紝了組紃之義看 又按 組紃之訓 不但疏說如此 詩簡兮執轡如組 朱子註 組 織絲爲之 說文 組 綬屬 其非織義爲明 而陳註云 組 亦織也 以織了紝組了紃爲訓 亦誤〕"

152) 以順爲正 : ≪孟子≫ 〈滕文公 下〉에 "순히 따름을 바른 도로 삼는 것은 첩부의 도리이다.〔以順爲正者 妾婦之道也〕"라고 한 데서 온 말이다.

○ 嚴陵方氏曰 不出은 謂常居閨閤之內也라 聽則有所受요 從則無所違니 皆女德也라 執麻枲는 則績事也요 治絲繭은 則蠶事也라 觀於祭祀는 則欲其習熟是事故也요 非特觀之而已며 又且納酒·漿·籩·豆·菹·醢等物하야 以致其禮하고 相助長者하야 而奠之於神焉이라 詩不云乎아 于以奠之를 宗室牖下로다 誰其尸之오 有齊季女[153]라하니 蓋助奠之謂也니라

嚴陵方氏 : '不出'은 항상 閨閤의 안에 거처함을 이른다. 聽은 받아들이는 바가 있는 것이고, 從은 어기는 바가 없는 것이니, 모두 여자의 德이다. '執麻枲'는 길쌈하는 일이고, '治絲繭'은 누에 치는 일이다. '觀於祭祀'는 이 일을 연습하여 익숙히 하고자 하기 때문이고 다만 구경할 뿐만이 아니며, 또 술·음료·籩·豆·채소절임·젓갈 등의 물건을 올려서 그 禮를 다하고 長者를 도와서 神에게 올린다. ≪詩經≫에 말하지 않았는가. "이에 올리기를, 종실의 창문 아래서 하도다. 이 일을 누가 주관하는고? 공경스러운 季女로다." 하였으니, 〈이 시는 祭需를〉 올리는 것을 도움을 이른다.

124902 **十有五年而笄**하고 **二十而嫁**호되 **有故**어든 **二十三年而嫁**니라 **聘則爲妻**요 **奔則爲妾**[154]이니 **凡女**는 **拜尙右手**니라

15세가 되면 笄禮를 행하고, 20세가 되면 시집을 가되 부모의 喪이 있으면 23세에 시집을 간다. 聘禮를 갖추어 맞이하면 아내가 되고 빙례를 갖추지 않고 달려오면 妾이 되니, 무릇 여자는 절할 때 오른손을 〈왼손의〉 위에 올린다.

---

153) 于以奠之……有齊季女 : ≪詩經≫ 〈召南 采蘋〉에 보인다.

154) 奔則爲妾 : 李睟光의 ≪芝峯類說≫ 권5 〈經書 禮記〉에 "≪周禮≫에 仲春의 달이 되면 媒氏가 남자와 여자를 모아 혼례를 이루게 하는데, 사사로이 좋아하는 상대에게 달려가는 자를 금지하지 않은 것은 婚期를 놓칠까 염려해서이다. 그렇다면 여기의 奔은 〈'남녀가 음란하고 방탕한 짓을 한다'는〉 '淫奔'의 뜻과는 같지 않다.〔周禮 仲春 媒氏會男女 奔者不禁 恐失時也 然則奔與淫奔之義不同〕" 하였다. ≪周禮≫ 〈地官 媒氏〉에 "중춘의 달에 남자와 여자로 하여금 모여서 혼례를 이루도록 한다. 이때에는 사사로이 좋아하는 상대에게 달려가는 자를 금지하지 않는다.〔中春之月 令會男女 於是時也 奔者不禁〕" 하였는데, 鄭玄의 注에 "중춘에 음과 양이 사귀니, 이때에 혼례를 이루게 함은 天時를 따르는 것이다. 〈이때에 사사로이 좋아하는 상대에게 달려가는 자를 금지하지 않는 것은〉 천시를 중시하여 임시로 허락한 것이다.〔中春 陰陽交 以成昏禮 順天時也 重天時 權許之也〕" 하였다.(≪周禮注疏≫)

≪集說≫

十五許嫁則笄하고 未許嫁者는 二十而笄이라 故는 謂父母喪이라 妻는 齊也요 妾之言은 接이니 言得接見於君子요 不得伉儷也라 尙左尙右는 陰陽之別이라

〈여자가〉 15세에 시집갈 것을 허락하면 笄禮를 행하고 시집갈 것을 허락받지 못한 자는 20세에 계례를 행한다. 故는 부모의 喪을 이른다. '妻'는 동등하다는 뜻이고, '妾'이라는 말은 접하다는 뜻이니, 妾은 군자(남편)를 接見할 수는 있고 동등하게 짝할 수 없는 것을 말한다. 왼손을 〈오른손의〉 위에 올리고 오른손을 〈왼손의〉 위에 올림은 陰과 陽의 구별이다.

≪大全≫

嚴陵方氏曰 三五而圓者는 月也라 故로 女子之年이 至是數而笄하니 笄者는 婦人首飾이니 蓋成人之服也라 夫男子冠則有成人之禮하고 女子笄則當許嫁之時라 然嫁止於二十하고 娶必止於三十者는 陰以少爲美하고 陽以壯爲强故也일새라 然經亦擧其大略耳라 故로 王氏謂女子非二十而後可嫁요 以爲二十而不嫁則非禮니 男子三十而娶하고 四十强而仕를 推此면 可知라하니라 聘은 言由彼而問此요 奔은 言自此而趨彼라 拜尙右手는 尊陰道也라

嚴陵方氏 : 15(3×5)일 만에 둥글게 되는 것은 달이다. 그러므로 여자의 나이가 이 수(15세)에 이르면 笄禮를 행하는데, 비녀는 부인의 머리 꾸밈이니 成人의 복식이다. 남자가 冠禮를 행하면 成人의 禮가 있고 여자가 계례를 행하면 시집감을 허락하는 때가 된 것이다. 그러나 시집감이 20세에 그치고 장가는 반드시 30세에 그치는 것은 陰은 적음을 아름답게 여기고 陽은 장성함을 강하게 여기기 때문이다. 그러나 經은 또한 그 대략을 들었을 뿐이므로 王氏가 이르기를 "여자가 20세가 된 뒤에 시집갈 수 있음을 말한 것이 아니고 20세에도 시집가지 않으면 禮가 아님을 말한 것이니, 남자가 30세에 장가들고 40세에 강하여 벼슬하는 것도 이것을 미루어 보면 알 수 있다." 하였다. 聘은 저곳으로부터 이곳에 물음을 말한 것이고, 奔은 이곳에서 저곳으로 달려감을 말한 것이다. 〈여자가〉 절할 때에 오른손을 〈왼손의〉 위에 올림은 陰의 道를 높이기 때문이다.

禮記集說大全 卷之十三

玉藻 第13

≪集說≫

130000 此篇은 記天子諸侯의 服冕笏佩諸制及行禮之容節하니라

이 편은 천자와 제후의 冕·笏·佩玉을 착용하는 것 등의 여러 제도 및 禮를 행하는 용모와 節度를 기록하였다.

130101 天子는 玉藻十有二旒 前後邃(수)延하고 龍卷(곤)以祭하나니라

천자는 여러 가지 색을 섞은 끈으로 옥을 꿰어 장식한 12개의 술이 〈각각〉 앞뒤에 드리워져 깊숙하고 〈그 위에는〉 덮개가 있는 冕을 쓰고 龍이 그려진 袞衣를 입고서 〈종묘에〉 제사한다.

≪集說≫

玉은 冕前後垂旒之玉也요 藻는 雜采絲繩之貫玉者也니 以藻穿玉하고 以玉飾藻라 故曰玉藻라 邃는 深也라 延은 冕上覆也니 玄表而纁裏라 前後邃延者는 言前後各有十二旒하여 垂而深邃하고 延在其上也라 龍袞은 畫龍於袞衣也라 祭는 祭宗廟也라 餘見禮器하니라

玉은 冕의 앞뒤에 드리워진 술에 꿰어져 있는 옥이고, 藻는 옥을 꿰고 있는 여러 가지 색을 섞은 끈이니, 藻로 옥을 꿰고 옥으로 藻를 꾸몄으므로 '玉藻'라 한 것이다. 邃는 깊음이다. 延은 冕 위의 덮개이니, 겉은 검은색이고 속은 붉은색이다. '前後邃延'은 앞뒤로 각각 열두 개의 술이 있어서 드리워져 깊고 덮개가 그 위에 있음을 말한 것이다. '龍袞'은 龍을 袞衣에 그린 것이다. 祭는 종묘에 제사하는 것이다. 나머지는 〈그 설명이〉 〈禮器〉(101101)에 보인다.

≪大全≫

馬氏[1]曰 冕之爲物이 後方而前圓하고 後仰而前俛하며 有延在上하고 有旒在下하야 視之則延長하고 察之則深邃라 服은 飾於下하야 陰也라 故有六이요 冕은 (袞則皿)〔飾〕[2]於上하야 陽也라 故止於五니 冕止於五면 則大裘而冕與袞冕一矣라 蓋祀昊天이면 則大裘而加冕하고 饗先王則服袞而已니 周官於祀昊天에 不言袞이면 則用袞을 可知也요 記於龍袞에 言以祭하고 不言所祭면 則昊天·先王을 可知也라 先儒有云 大裘無(冕袞)〔袞〕[3]하고 而其冕無旒라하니 不知何據라

---

1) 馬氏 : 北宋 神宗(재위 1068~1085) 때의 馬希盟 또는 馬晞孟이라고 하는 인물로, 字는 彦醇이고 吉州 廬陵 사람이다. 신종 熙寧 6년에 進士가 되었고 州學敎授를 지냈으며, 저서로 ≪禮記解≫, ≪揚州詩集≫ 등이 있다.

2) (袞則皿)〔飾〕 : 저본에는 '袞則皿'으로 되어 있으나, 문맥이 순하지 않아 陳祥道(1042~1093)의 ≪禮書≫ 권1 〈袞冕〉에 "의복은 아래를 꾸며서 陰이므로 〈司服이 관장하는〉 의복은 여섯 가지이고, 冕은 위를 꾸며서 陽이므로 〈弁師가 관장하는〉의 冕은 다섯 가지일 뿐이다.〔服 飾於下 陰也 故司服之服 六 冕 飾於上 陽也 故弁師之冕 五而已〕"라는 내용을 참고하여 '飾'으로 수정하였다.

陳祥道의 ≪禮書≫에서 말한 '〈司服이 관장하는〉 의복'은 ≪周禮≫ 〈春官 司服〉에 "〈사복은〉 왕이 길사와 흉사에 입는 의복을 관장하여 의복의 종류와 의복이 필요한 때를 판단하여 때에 알맞은 의복을 제공한다. 왕의 길복은, 昊天의 상제에게 제사할 적에는 大裘를 입고 면류관을 쓰고 五帝에게 제사할 적에도 이와 같이 한다. 선왕에게 제사할 적에는 袞冕을 착용하고 先公에게 제사하거나 연회를 베풀어 빈객을 접대하거나 활쏘기할 적에는 鷩冕을 착용한다. 四望이나 산천을 바라보고 제사할 적에는 毳冕을 착용하고 사직이나 五祀에 제사할 적에는 希冕을 착용하고, 모든 작은 제사에는 玄冕을 착용한다.〔掌王之吉凶衣服 辨其名物 與其用事 王之吉服 祀昊天上帝 則服大裘而冕 祀五帝亦如之 享先王則袞冕 享先公饗射則鷩冕 祀四望山川則毳冕 祭社稷五祀則希(치)冕 祭群小祀則玄冕〕"라고 한 것을 가리키고, '〈弁師가 관장하는〉 冕'은 ≪周禮≫ 〈夏官 弁師〉에 "〈弁師는〉 천자의 五冕을 관장하니, 〈오면은〉 모두 冕이 겉은 검은색이고 속은 붉은색인 덮개로 되어 있다.〔掌王之五冕 皆玄冕朱裏延〕"라고 한 것을 가리킨다.

3) (冕袞)〔袞〕 : 저본에는 '冕袞'으로 되어 있으나, 문맥이 순하지 않아 陳祥道의 ≪禮書≫ 권1 〈袞冕〉에 "康成(鄭玄)이 '大裘에는 袞이 없고, 그 冕에는 술이 없다.' 하였는데, 經文에서 이에 대한 근거를 찾을 수 없다.〔康成謂 大裘無袞 其冕無旒 於經無據〕"라고 한 말을 참고하여 '袞'으로 수정하였다.

陳祥道의 ≪禮書≫에서 말한 鄭玄의 설은 ≪周禮≫ 〈夏官 弁師〉에서 말한 '五冕'에 대해 정현의 주에 "冕服은 여섯 가지가 있는데 五冕이라고 말한 것은, 大裘의 冕에는 술이 없어서 〈大裘를〉 이어서 헤아리지 않은 것이다.〔冕服有六 而言五冕者 大裘之冕 蓋無旒 不聯數〕"라고 한 말을 가리킨다.(≪周禮注疏≫) 참고로, 정현의 설이 반영된 聶崇義의 ≪三禮圖≫ 〈大裘圖〉·〈袞冕圖〉와 진상도의 ≪禮書≫의 〈大裘而冕圖〉·〈袞冕圖〉를 아래에 수록하였다.

馬氏：冕이란 물건은 뒤쪽은 네모지고 앞쪽은 둥글며 뒤쪽은 위로 들려 있고 앞쪽은 아래로 기울어져 있으며, 덮개가 위에 있고 술이 아래에 있어서 얼핏 보면 길게 뻗어 있고 자세히 보면 깊게 드리워져 있다. 의복은 아래를 꾸며서 陰이므로 여섯 가지가 되고 冕은 위를 꾸며서 陽이므로 다섯 가지에 그친 것이니, 冕이 다섯 가지에 그친다면 大裘를 입고 冕을 쓰는 것이 袞冕과 〈冕의 樣式이〉 똑같은 것이다. 昊天에 제사하면 大裘를 입고 冕을 쓰며, 先王에게 祭饗하면 袞衣를 입을 뿐이다. ≪周禮≫〈春官 司服〉에서 昊天에 제사함에 〈大裘를 말하고〉 袞衣를 말하지 않았으니 袞衣를 씀을 알 수 있고, ≪禮記≫에서 '龍袞'에 대해 '이로써 제사한다.'고 말하고 제사할 대상을 말하지 않았으니 〈제사할 대상이〉 昊天과 先王임을 알 수 있다. 先儒(鄭玄)가 말하기를 "大裘에는 袞衣가 없고 冕에는 술이 없다." 하니, 무엇을 근거로 한 말인지 알 수 없다.

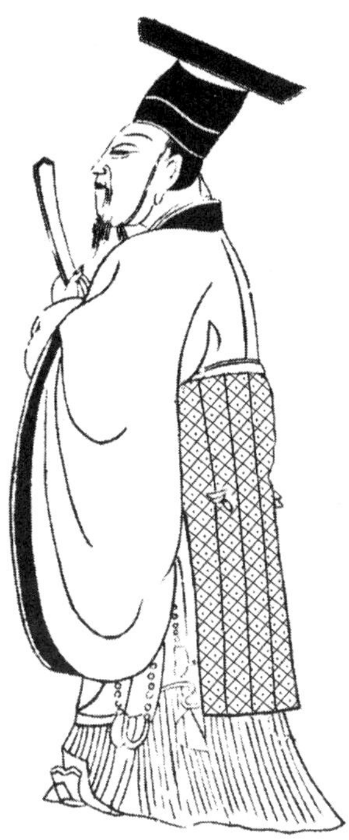
大裘(≪三禮圖≫)

袞冕(≪三禮圖≫)

大裘而冕(≪禮書≫)

袞冕(≪禮書≫)

130102 玄端[4)]而朝日[5)]於東門之外하고 聽朔於南門之外하나니라

玄冕을 입고서 東門의 밖에서 해에게 제사 지내고 南門의 밖에서 月朔의 일을 듣는다.

玄冕

≪集說≫

朝日은 春分之禮也요 聽朔者는 聽月朔之事也라 東門南門은 皆謂國門也라

'朝日'은 春分의 禮이고 '聽朔'은 月朔의 일을 듣는 것이다. 東門과 南門은 모두 國門(都城의 문)을 이른다.

○ 疏曰 知端當爲冕者[6)]는 皮弁은 尊하고 次則諸侯之朝服이요 又其次는 玄端이니 諸侯皮弁聽朔하고 朝服視朝하니 是는 視朝之服이 卑於聽朔이라 今天子는 皮弁視朝하니 若玄端聽朔이면 則是聽朔之服이 卑於視朝요 且聽朔은 大하고 視朝는 小라 故知端爲冕하니 謂玄冕也라 是는 冕服之下者라

〈孔穎達의〉 疏 : 〈鄭玄이〉 端이 冕이 되어야 함을 알았던 까닭은, 皮弁服은 높고 그다음은 제후의 朝服이고 또 그다음은 玄端服인데, 제후는 피변복을 입고서 月朔의 일을 듣고 조복을 입고서 조회를 보니, 이는 조회를 볼 때의 의복이 월삭의 일을 들을 때의 의복보다 낮은 것이다. 이제 천자는 피변복을 입고 조회를 보니, 만약 현단복을 입고 월삭의 일을 듣는다면 이는 월삭의 일을 들을 때의 의복이 조회를 볼 때의 의복보다 낮은 것이고, 또 월삭의 일을 듣는 것은 큰 일이고 조회 보는 것은

4) 玄端 : 集說에서는 '端'을 '冕'으로 보았는데, 이는 鄭玄의 注에 근거한 것으로, 아래 孔穎達의 疏에 자세하다. 그런데 이와 달리 '玄端' 그대로 보는 설이 있는데, 아래 大全의 嚴陵方氏와 金在魯(朝鮮)의 ≪禮記補註≫가 그러하다. 김재로는 "玄端을 입고 冕을 쓰는 데에 문제될 것이 없다." 하였다.

5) 朝日 : ≪周禮≫ 〈天官 掌次〉의 '朝日'에 대한 鄭玄의 注에 "朝日은 春分에 동문 밖에서 해에게 제사 지내는 것이다.〔朝日 春分拜日於東門之外〕" 하였다.(≪周禮注疏≫)

6) 知端當爲冕者 : 鄭玄의 注에 "端은 마땅히 冕이 되어야 하니, 이는 글자가 잘못된 것이다.〔端 當爲冕 字之誤也〕" 한 것을 이른다.(≪禮記正義≫)

작은 일이다. 그러므로 端이 冕이 됨을 아는 것이니, 玄冕을 이른다. 이것은 冕服 중에 낮은 것이다.

≪大全≫

嚴陵方氏曰 經에 有曰玄冕하고 有曰玄冠하고 有曰玄端은 何也오 蓋玄端者는 祭服燕服之總名이니 衣玄衣而加玄冕이면 則爲祭服이요 衣玄衣而加玄冠이면 則爲燕服이니 或冠冕을 通謂之端이라 玄端而朝日이면 則是玄冕者也요 玄端而居면 則是加玄冠者也요 聽朔亦玄冕者는 敬朔事如祭故也라 日生於東故로 朝日於東門之外하고 日月合於朔하고 陰陽交於南이라 故聽朔於南門之外하니 卽明堂[7]是也라 必曰門之外者는 亦猶迎氣之於郊與[8]인저

---

7) 明堂 : 고대에 帝王이 정치와 교화를 시행하던 곳으로, 朝會·祭祀·慶賞·選士·養老·教學 등의 큰 典禮를 모두 여기에서 거행하였는바, ≪周禮≫〈考工記 匠人〉에 "周나라 사람의 명당은 길이가 9척인 筵을 가지고 헤아려보면 東西로 9연(81척)이고 南北으로 7연(63척)이며 당의 높이는 1연(9척)으로 모두 다섯 개의 室이 있는데, 모든 실은 한 변이 2연(18척)으로 된 정방형이다.〔周人明堂 度九尺之筵 東西九筵 南北七筵 堂崇一筵 五室 凡室二筵〕"라고 하였다.

明堂의 제도에 대해 孔穎達의 疏에서 講學大夫 淳于登이 다음과 같이 설명하였다. "명당은 국도의 남쪽에 있으니, 丙과 巳의 땅으로 3리의 밖이고 7리의 안인데, 그곳에서 제사 지내는 것은 陽의 자리에 나아가는 것이다. 위는 둥글고 아래는 네모지며 여덟 개의 창문과 네 개의 문이 있으니, 정사를 펴는 궁이다. 周公이 명당에서 文王에게 제사 지내어 上帝에게 配享하였으니, 상제는 五方星의 帝로 太微垣의 뜰에는 그 가운데에 五帝座星이 있다.〔明堂在國之陽 丙巳之地 三里之外 七里之內而祀之 就陽位 上圓下方 八窓四闥 布政之宮 周公祀文王於明堂 以配上帝 上帝 五精之帝 大微之庭 中有五帝座星〕" '丙'은 陽火에 속하고 '巳'는 陰火에 속하는바, 모두 오행 중에서 火가 되어 남방을 나타내므로 '丙과 巳의 땅'이라고 한 것이다.(≪禮記正義≫〈玉藻〉)

또 ≪孝經緯≫〈援神契〉에 "周나라의 명당은 국도의 남쪽 3리 밖과 7리 안에 있는데, 辰巳(동남쪽)의 방향에 있으니, 명량한 陽氣를 얻는 곳을 '明堂'이라고 한다.〔周之明堂 在國之陽三里之外七里之內 在辰巳者也 得陽氣明朗 謂之明堂〕" 하였다.

8) 迎氣之於郊與 : '迎氣'는 계절이 시작되는 立春·立夏·立秋·立冬에 각 계절의 기운이 밖으로부터 찾아오는 것을 맞이하는 의식을 이른다. 이에 대해서는 ≪禮記≫〈月令〉의 '孟春'에 대한 내용 중에 "이달에 立春이 있으니……입춘 날에 천자가 친히 三公·九卿·제후·대부들을 거느리고서 동쪽 교외에서 봄을 맞이한다.〔是月也 以立春……立春之日 天子親帥三公九卿諸侯大夫 以迎春於東郊〕"라고 한 것에 대해 嚴陵方氏가 다음과 같이 설명한 것이 참고가 된다.

"四立(立春·立夏·立秋·立冬)의 날은 각 계절의 氣가 이른다. 그러므로 천자가 친히 신하들을 거느리고서 郊外에서 〈節氣를〉 맞이하는 것이니, 이는 그 氣의 이름을 인도하는 것이다. 봄은 寅·卯·辰을 주장하니, 〈寅方·卯方·辰方의〉 위치가 동쪽에 있으므로 동쪽 교외에서 맞이한다. 여름은 巳·午·未를 주장하니, 〈巳方·午方·未方의〉 위치가 남쪽에 있

嚴陵方氏 : 經에 '玄冕'이라고 함이 있고 '玄冠'이라고 함이 있고 '玄端'이라고 함이 있는 것은 어째서인가? 玄端은 祭服과 燕服의 총칭이니, 玄衣를 입고 玄冕을 쓰면 祭服이 되고 玄衣를 입고 玄冠을 쓰면 燕服이 되는데, 혹 冠과 冕을 통틀어 '端'이라 이르기도 한다. 玄端服을 입고 해에게 제사 지내면 이는 玄冕인 것이고, 玄端服을 입고 거처하면 이는 玄冠을 쓴 것이다. 月朔의 일을 들을 때에도 玄冕을 하는 것은 초하루의 일을 공경하기를 제사와 같이 하기 때문이다. 해는 동방에서 생겨나므로 東門의 밖에서 해에게 제사하고, 해와 달은 초하루에 합하고 陰과 陽은 남쪽에서 합하므로 南門의 밖에서 月朔의 일을 들으니, 바로 〈이러한 것을 행하는 곳은〉 明堂이다. 반드시 "남문의 밖"이라고 말한 것은 또한 郊外에서 四時의 기운을 맞이하는 것과 같을 것이다.

130103 閏月엔 則闔門左扉하고 立于其中하나니라

윤달에는 왼쪽 문을 닫고 그 가운데에 선다.

≪集說≫

鄭氏曰 天子廟及路寢이 皆如明堂制하니 明堂이 在國之陽이라 每月에 就其時之堂[9)]

으므로 남쪽 교외에서 맞이한다. 가을은 申・酉・戌을 주장하니, 〈申方・酉方・戌方의〉 위치가 서쪽에서 있으므로 서쪽 교외에서 맞이한다. 겨울은 亥・子・丑을 주장하니, 〈亥方・子方・丑方의〉 위치가 북쪽에 있으므로 북쪽 교외에서 맞이한다. 五行의 氣 중에 홀로 土를 맞이하지 않는 것은 土는 중앙에 있어서 밖으로부터 오는 것이 아니기 때문이다. 오직 〈木(봄)・火(여름)・金(가을)・水(겨울)의 氣가〉 밖으로부터 오기 때문에 맞이하는 것을 매번 교외에서 하는 것이다.〔四立之日 則其氣至矣 故天子親帥其臣 以迎之於郊焉 所以導其氣之至也 春主寅卯辰 其位居東 故迎之於東郊 夏主巳午未 其位居南 故迎之於南郊 秋主申酉戌 其位居西 故迎之於西郊 冬主亥子丑 其位居北 故迎之於北郊 五行之氣 獨不迎土者 以其居中 非自外至也 唯其自外至 故迎之者 每於郊焉〕"(≪禮記集說大全≫)

9) 每月就其時之堂 : 孔穎達의 疏에 "〈月令〉에 맹춘에는 青陽의 左个에 거처하고, 중춘에는 청양의 太廟에 거처하고, 계춘에는 청양의 右个에 거처하는데, 이 이하 다른 철에 거처하는 바가 각각 마땅한 처소가 있으니, 이것이 매달 그 철의 堂에 나아간다는 것이다.〔月令 孟春 居青陽左个 仲春 居青陽大廟 季春 居青陽右个 以下所居 各有其處 是每月就其時之堂也〕" 하였다. 천자가 明堂에서 거처하는 장소는 매달 바뀌는데, 이 밖에 孟夏에는 남쪽에 위치한 명당의 左个, 仲夏에는 명당의 太廟, 季夏에는 명당의 右个, 계하의 말 18일 동안은 중앙에 위치한 태묘의 太室, 孟秋에는 서쪽에 위치한 總章의 좌개, 仲秋에는 총장의 태묘, 季秋에는 총장의 우개, 孟冬에는 북쪽에 위치한 玄堂의 좌개, 仲冬에는 현당의 태묘, 季冬에는 현당의 우개에 거처한다. '个'는 각 방향마다 있는 偏室이다. 명당의 제도에 대한 설은

而聽朔焉하고 卒事면 反宿路寢이라 閏月은 非常月也라 聽其朔於明堂門中하고 還處路寢門하야 終月이라

鄭氏(鄭玄) : 천자의 廟와 路寢이 모두 明堂의 제도와 같으니, 명당은 國都의 남쪽에 있다. 매달 그 철의 堂에 나아가서 月朔의 일을 듣고 일을 끝내면 돌아와 노침에서 잔다. 윤달은 일정한 달이 아니다. 그래서 그 월삭의 일을 명당의 문 가운데에서 듣고 돌아와 노침의 문에서 거처하여 한 달을 마친다.

○ 疏曰 (樂)〔案〕[10]太史云 終月[11]은 謂終竟一月所聽之事於一月中耳라 尋常則居燕寢也라 皇氏云 明堂有四門은 卽路寢亦有四門하니 閏月에 各居其時當方之門이라하니 義或然也니라

〈孔穎達의〉 疏 : 살펴보건대 ≪周禮≫ 〈春官 太史〉에서 말한 '終月'은 〈문에 있으면서〉 한 달에 들을 일을 한 달 안에 끝마침을 이른다. 평상시에는 연침에 거처한다. 皇氏(皇侃)가 말하기를 "明堂에 네 개의 문이 있음은 바로 路寢에도 네 개의 문이 있는 것이니, 윤달에 각각 그 철의 해당 방위의 문에 처하게 한다." 하였으니, 뜻이 혹 그럴듯하다.

○ 今按闔門左扉者는 左爲陽이요 陽爲正이니 以非月之正이라 故闔左而由右라

지금 살펴보건대 왼쪽 문을 닫는다는 것은, 왼쪽은 陽이 되고 陽은 바름이 되니, 〈윤달은〉 바른 달이 아니기 때문에 왼쪽을 닫고 오른쪽을 따르는 것이다.

≪大全≫

嚴陵方氏曰 夫左는 陽이라 爲正이요 右는 陰也라 時出佐陽而已니 闔門左扉而由其右以

분분하지만, 朱子의 주장에 따르면 명당은 '井'자의 형태로 9室이기 때문에 청양의 우개가 바로 명당의 좌개가 되고, 명당의 우개가 바로 총장의 좌개가 되며, 총장의 우개가 바로 현당의 좌개가 되고, 현당의 우개가 바로 청양의 좌개가 되는바, 그 시절의 방위에 따라서 문을 열 뿐이다. 태묘의 태실에는 각 계절마다 18일 동안 거처한다.(≪朱子大全≫ 권68 〈雜著 明堂說〉)

10) (樂)〔案〕 : 저본에는 '樂'으로 되어 있으나, 金在魯의 ≪禮記補註≫에 "'樂'은 아마도 '案'의 오자인 듯하다.〔樂 恐案之誤〕" 한 것에 의거하여 '案'으로 수정하였다.

11) 太史云終月 : 孔穎達의 疏에는 "≪주례≫ 〈춘관 태사〉에 '윤달이 되면 왕에게 아뢰어서 노침의 문에 거처하여 한 달을 끝마치게 한다.' 하였다.〔太史云 閏月 詔王居門 終月〕"라는 말이 더 있다. 金在魯가 ≪禮記補註≫에서 이 내용을 추가해야 글이 순하다고 하였다.

積分者는 非正故也[12)]라 且開明而發하고 開暗而用者는 扉之常也어늘 今於開明之時에 而用其左는 亦以閏月之所居非常故也라 以居而爲之位故로 曰立于其中이라하니라

嚴陵方氏 : 왼쪽은 陽이어서 바름이 되고, 오른쪽은 陰이어서 때로 나와 陽을 도울 뿐이니, 왼쪽 문을 닫고 그 오른쪽을 따라 餘分을 쌓는 것은 바름이 아니기 때문이다. 또 밝아지면 열어놓고 어두워지면 〈닫으려고〉 사용하는 것은 문의 평상적인 쓰임인데 이제 밝아지는 때에 그 왼쪽을 〈열어놓지 않고 닫으려고〉 사용함은 또한 윤달에 처하는 바가 평상적인 것이 아니기 때문이다. 처하는 곳을 마땅한 자리로 삼으므로 "그 가운데에 선다." 한 것이다.

130201 皮弁으로 以日視朝하고 遂以食하며 日中而餕(준)호되 奏而食하며 日少牢하고 朔月에 大(태)牢하며 五飮은 上水하고 漿酒醴酏(이)니라

皮弁服을 입고 평일에 조회를 보고서 마침내 〈피변복 차림으로〉 음식을 먹으며, 한낮에는 〈아침에 먹고〉 남은 음식을 먹되 樂을 연주하게 하여 먹으며, 평일에 少牢(양・돼지)를 먹고 초하루에는 太牢(소・양・돼지)를 먹으며, 다섯 가지 음료는 물을 위에 놓고 다음으로 장・술・단술・묽은 죽을 놓는다.

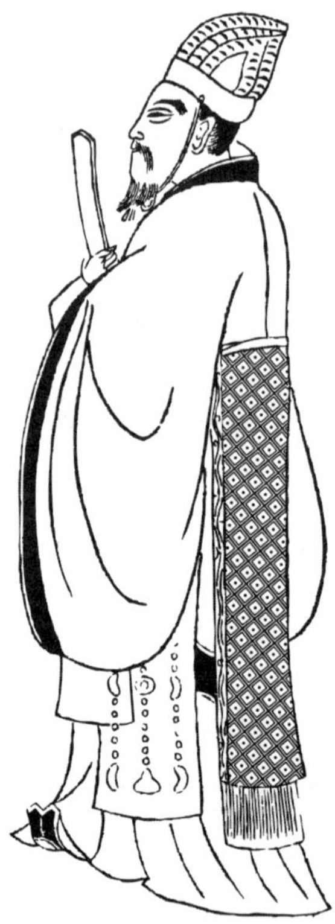
皮弁

≪集說≫

皮弁服은 天子常日視朝之服也니 諸臣이 同此服이라 日中而餕은 謂日中所食이 乃朝食之餘也라 奏는 作樂也라 日은 常日也요 朔月은 月朔也라 上水는 以水爲上也라 下四者는 說見內則[13)]하니라

12) 闔門左扉而由其右以積分者 非正故也 : 1태양년마다 11일의 여분이 생기는 것을 쌓아 윤달을 만드는 이치를 원용하여 陽인 왼쪽 문을 열어서 그 여분을 쌓는 것이 바름을 말한 것이다. 1朔望月은 29.53059일이고, 1태양년은 365.2422일이니, 음력 12달은 1태양년보다 약 11일이 짧기 때문에 19년 동안 7개의 윤달을 두면 태양력과 태음력이 맞아떨어지게 된다.

皮弁服은 천자가 평일에 조회 볼 때 입는 옷이니, 여러 신하가 똑같이 이 옷을 입는다. '日中而餕'은 한낮에 먹는 음식이 바로 아침에 먹고 남은 것임을 이른다. 奏는 樂을 연주하게 함이다. 日은 平日이고, '朔月'은 매월 초하루이다. '上水'는 물을 위에 놓는 것이다. 아래 네 가지는 해설이 〈內則〉에 보인다.

○ 疏曰 餕에도 尙奏樂하니 卽朝食奏樂을 可知니라

〈孔穎達의〉 疏 : 〈한낮에〉 남은 음식을 먹을 때에도 오히려 樂을 연주하게 하니, 곧 아침밥을 먹을 때에도 악을 연주하게 함을 알 수 있다.

≪大全≫

嚴陵方氏曰 以禮朝之服而食은 不敢慢於所養也요 日中에 餕朝之餘하야 不別改造는 不敢厚於所養也라 奏而食은 周官膳夫掌王之食飮이라하고 以樂侑食이 正謂是矣라 且人之養也에 心志和而後에 氣體從之하나니 奏樂而食이면 則所以和其心志而助氣體之養이라 日(小)〔少〕[14)]牢하고 朔月大(태)牢는 則所以爲豐儉之節이요 且重朔故也라 前은 於朔言聽하고 此는 於朝言視는 何也오 聽은 主有所受於上이요 視는 主有所明於下라 味는 以淡爲本하니 上水는 則貴本故也라 以至五齊加明水하고 三酒加玄酒[15)]者

---

13) 說見內則 : 〈內則〉 '121901'과 '121902'에 보인다.

14) (小)〔少〕 : 저본에는 '小'로 되어 있으나, 일반적인 용례에 의거하여 '少'로 수정하였다.

15) 五齊加明水 三酒加玄酒 : ≪禮記≫ 〈郊特牲〉에 "五齊로 제사할 적에 明水를 더함은 陰에 아뢰는 것이다.〔祭齊 加明水 報陰也〕"라고 한 데 대한 鄭玄의 注에 "齊는 五齊이다. 오제에 明水(달에서 취한 물)를 더한다면 三酒에는 玄酒(明水)를 더하는 것이다.〔齊 五齊也 五齊加明水 則三酒加玄酒也〕"라고 보인다.

五齊는 고대에 술의 맑은 정도에 따라서 구분한 다섯 등급으로, 宗廟 등의 大祭에 사용하였는바, ≪周禮≫ 〈天官 酒正〉에 "주정은 술의 政令을 관장하여 술을 만드는 법식으로 쌀과 麴櫱 등 술 재료를 酒人에게 주어서 술을 만들게 한다. 공적인 일 때문에 술을 만드는 경우에 또한 이와 같이 한다. 그리고 오제의 명칭을 변별하니, 첫 번째는 泛齊이고, 두 번째는 醴齊이고, 세 번째는 盎齊이고, 네 번째는 緹齊(제제)이고, 다섯 번째는 沈齊이다.〔酒正掌酒之政令 以式灋授酒材 凡爲公酒者亦如之 辨五齊之名 一曰泛齊 二曰醴齊 三曰盎齊 四曰緹齊 五曰沈齊〕" 하였다. 범제는 지게미가 둥둥 떠 있는 술이고, 예제는 지게미를 거르지 않은 술이고, 앙제는 탁주이고, 제제는 지게미가 밑에 가라앉아 있고 빛깔이 붉은 술이고, 침제는 탁주와 청주가 반씩 섞여 있는 술이다.

三酒는 찌끼를 걸러낸 세 가지 술로, ≪주례≫ 〈천관 주정〉에 "삼주의 물건을 변별하니, 첫 번째는 事酒이고, 두 번째는 昔酒이고, 세 번째는 淸酒이다.〔辨三酒之物 一曰事酒 二曰昔酒 三曰淸酒〕" 하였다. 사주는 일이 있어서 술이 필요할 때마다 만든 것으로 비교

亦此義也라 以水爲上이면 則飮爲次矣요 以淸爲上이면 則濁爲次矣라 故로 以漿酒醴酏爲之序하니 其名義已見內則解하니라

嚴陵方氏 : 禮服이나 朝服을 입고 먹는 것은 자신의 몸을 감히 기르는 바를 태만히 하지 못해서이고, 한낮에 아침에 먹고 남은 음식을 먹어서 별도로 다시 만들지 않는 것은 감히 자신의 몸을 기르는 바를 후하게 하지 않는 것이다. '奏而食'은 ≪周禮≫ 〈天官 膳夫〉에 "〈膳夫가〉 王의 먹고 마시는 것을 관장한다."라고 하고 "〈선부가〉 樂으로 밥 먹는 것을 권한다."라고 한 것이 바로 이것을 말한다. 또 사람이 자신의 몸을 기를 적에는 心志가 화평한 뒤에야 氣體가 따라서 화평해지니, 악을 연주하게 하고 밥을 먹으면 心志를 화평하게 하여 氣體의 기름을 도울 수 있다. 평일에 少牢를 먹고 매월 초하루에 太牢를 먹는 것은 풍성하게 하고 검소하게 하는 節度이고, 또 초하루를 중하게 여기기 때문이다.

앞(130102)에서는 초하루에 〈초하루의 일을〉 '듣는다'라고 하고, 여기서는 조회에 '본다'라고 함은 어째서인가? '들음'은 윗사람에게 받음을 위주로 삼고, '봄'은 아랫사람에게 밝힘을 위주로 삼는 것이다. 맛은 담담한 것을 근본으로 삼으니, 물을 위에 놓음은 근본을 귀하게 여기기 때문이다. "五齊에 明水를 더하고 三酒에 玄酒를 더하는 것이다."라고 한 경우도 이 뜻이다. 물을 위에 놓으면 음료가 다음이 되고, 맑은 것을 위에 놓으면 탁한 것이 다음이 되므로 장・술・단술・묽은 죽으로 그 순서를 삼았으니, 〈물・장・술・단술・묽은 죽의〉 이름과 뜻이 이미 〈內則〉의 해설에 보인다.

130202 卒食하고 玄端而居하니 動則左史書之하고 言則右史書之니라 御瞽(고)幾聲之上下하나니 年不順成이어든 則天子素服하고 乘素車하며 食無樂이니라

식사를 끝마치고 玄端服을 입고 거처하니, 행동하면 왼쪽의 史官이 〈그 행한 것을〉 쓰고 말하면 오른쪽의 사관이 〈그 말한 것을〉 기록한다. 御瞽는 음률의 높고 낮음을 살피니, 年事가 순히 이루어지지 않으면 천자가 素服을 입고 흰 수레를 타며 밥을 먹을 때에 樂을 연주하지 않게 한다.

적 탁하고, 석주는 겨울에 빚어 이듬해 봄에 익은 술로 비교적 맑고, 청주는 겨울에 빚어 이듬해 여름에 익은 술로 더욱 맑다.

≪集說≫

玄端服은 說見(현)內則[16)]하니라 玄者는 幽陰之色이니 宴息向晦而服之 於義爲得也라 御瞽는 侍御之樂工也요 幾는 察也니 察樂聲之高下하야 以知政令之得失也라 此以上은 皆天子之禮라

'玄端服'은 해설이 〈內則〉에 보인다. 玄은 으슥한 그늘처럼 어두운 빛깔이니, 편안히 쉴 때 어두워질 무렵에 입는 것이 뜻에 맞다. '御瞽'는 侍御하는 樂工이고, 幾는 살핌이니, 樂 소리의 높고 낮음을 살펴서 政令의 잘잘못을 아는 것이다. 이것 이상은 모두 천자의 禮이다.

≪大全≫

延平周氏曰 天子之於事則無爲니 而其所有爲者는 言動而已라 故로 動則左史書之하고 言則右史書之라 聲音之道는 與政通故로 御瞽幾聲之上下니라

延平周氏 : 천자는 일에 있어서 하는 것이 없으니, 하는 바가 있는 것은 말과 행동뿐이다. 그러므로 행동을 하면 왼쪽의 史官이 〈그 행한 것을〉 쓰고, 말하면 오른쪽의 사관이 〈그 말한 것을〉 쓰는 것이다. 聲音의 道는 政事와 통하기 때문에 御瞽가 성음의 높고 낮음을 살피는 것이다.

○ 嚴陵方氏曰 憂民之憂하야 而以喪禮自貶也라

嚴陵方氏 : 〈천자가〉 백성의 근심을 근심하여 〈素服을 입고 흰 수레를 타는 등의〉 喪禮로써 스스로 자신이 누리는 것을 물리치는 것이다.

130301 諸侯는 玄端[17)]以祭하고 裨冕以朝하며 皮弁으로 以聽朔於大(태)廟하고 朝服으로 以日視朝於內朝[18)]하나니라

16) 說見內則 : 〈內則〉 '120201'에 보인다.

17) 玄端 : 〈玉藻〉 '130102'에서 '玄端而朝日於東門之外'의 玄端을 玄冕으로 본 것과 같다. 자세한 내용은 그곳 孔穎達의 疏 참조.

18) 內朝 : 鄭玄의 注에 "내조는 路寢의 문밖에 있는 조정이다.〔內朝 路寢門外之朝也〕" 하였는데, 孔穎達의 疏에 "아랫글(130302)에 '군주는 해가 나오면 조회를 보고 물러나 노침에 간다.' 라고 하였기 때문에 내조가 노침의 문밖에 있는 조정임을 아는 것이다. 여기에서 '내조'라

제후는 玄冕을 입고 제사 지내고, 裨冕을 입고 조회하며, 皮弁服으로 太廟에서 月朔의 일을 듣고, 朝服을 입고 날마다 內朝에서 조회를 본다.

≪集說≫

裨冕은 公은 衮이요 侯伯은 鷩(별)이요 子男은 毳(취)也[19]라 朝는 見天子也라 諸侯는 以

고 한 것은 中門 밖에 있는 조정에 상대하여 '內'라고 한 것이고, 〈문왕세자〉(081803)에서 이를 '외조'라 한 것은 노침의 뜰에 있는 조정에 상대하여 '外'라고 한 것이다.〔以下文云 君日出而視之 退適路寢 故知路寢門外之朝也 此云內朝 對中門外之朝爲內也 文王世子謂之外朝 對路寢庭之朝爲外也〕" 하였다. 참고로, 金在魯의 ≪禮記補注≫에서 이 注疏의 설을 인용하고서 陳澔가 集說에서 인용한 方氏의 설에 대해 다음과 같이 말하였다.

"살펴보건대 노침의 문밖에 있는 조정은 바로 方氏가 말한 治朝인데 이 편의 내조 및 〈문왕세자〉(081803)의 외조에 대해 정현이 모두 路門의 밖에 있는 조정으로 해석한 것은 과연 근거한 바가 있다. 또한 내조에 상대하면 외조가 되고 외조에 상대하면 내조가 되는 것은 〈治朝가 내조와 외조의〉 가운데에 위치하기 때문이다. 또 살펴보건대, 진호의 주에 방씨의 설을 범범하게 인용하여 마치 이 내조가 노문 안의 燕朝가 되는 듯한 점이 있으니, 이는 잘못이다.〔按 路寢門外之朝 卽方氏所謂治朝 而此篇內朝及文王世子外朝 鄭皆以路門外之朝爲解者 果有所據 且對內朝則爲外朝 對外朝則爲內朝 以其居中故也 又按 陳註泛引方說 有若此內朝爲路門內燕朝者然 誤矣〕"

그리고 〈문왕세자〉(081803)의 내용은 "外朝에 있어서는 관직을 따라 서열하니, 司士가 이것을 맡는다.〔其在外朝 則以官 司士爲之〕"라고 한 부분을 가리키는데, 이에 대한 정현의 주에 "외조는 노침 문밖의 뜰이다.〔外朝 路寢門之外庭〕" 하였고, 공영달의 소에 "외조는 노침 문밖의 조정을 이른다.〔外朝 謂路寢門外之朝也〕" 하였다. '내조'는 고대에 천자와 제후가 정사를 처리하거나 휴식을 취하는 장소로 그 종류에 두 가지가 있다. 路門 밖에 있는 것은 정사를 처리하는 장소로 '治朝'라고도 하며, 노문 안의 路寢에 있는 것은 휴식을 취하는 장소로 '燕朝'라고도 하는데, '연조'는 또한 노침에서 신하를 會見하는 것을 가리키기도 한다.

19) 裨冕……毳(취)也 : 裨冕은 裨衣를 입고 冕을 쓰는 것이다. 천자의 예복은 여섯 가지인데 大裘, 衮衣, 鷩衣, 毳衣, 絺衣, 玄衣인바, 대구는 천자만이 입을 수 있으므로 가장 높은 것이 되고 이를 제외한 나머지 다섯 가지를 통틀어 '裨衣'라 한다. 천자는 行禮의 종류가 무엇인지에 따라 그에 맞는 옷을 골라서 입는다. 다섯 가지 비의는 제후와 孤, 卿, 대부도 입을 수 있는데, 지위에 따라 입을 수 있는 비의의 종류가 다르다. 公은 곤의부터 현의까지, 侯와 伯은 별의부터 현의까지, 子와 男은 취의부터 현의까지를 입으며, 孤는 치의와 현의, 卿과 대부는 현의만 입는다. 이 여섯 가지 의복은 모두 玄衣에 纁裳이므로 의상에 있는 문장으로 구별하는데, 大裘는 해와 달과 星辰과 산과 용과 華蟲과 宗彝와 마름과 불과 粉米와 黼와 黻의 12章이고, 곤의는 산과 용과 화충과 종이와 마름과 불과 분미와 보와 黻의 9장이고, 별면은 화충과 종이와 마름과 불과 분미와 보와 黻의 7장이고, 취의는 종이와 마름과 분미와 보와 黻의 5장이고, 치의는 분미와 보와 黻의 3장이고, 현의는 검은색 윗옷에 문장이 없고 치마에 黻만 있는 1장이다. 신분과 지위에 따라 입는 의복이 다르지만 모두 冕을 쓰는데 천자는 술이 12개인 冕을, 公은 술이 9개인 冕을 쓰고, 그 이하는 신분에 따라 두 개씩 줄어든다.

玄冠・緇衣・素裳으로 爲朝服하니 凡在朝君臣上下同服이라 但士服則謂之玄端하니 袂廣이 二尺二寸故也[20]라 大夫以上은 皆侈袂니 三尺三寸이니라

裨冕은 公은 袞冕이고, 侯와 伯은 鷩冕이고, 子와 男은 毳冕이다. 朝는 천자를 뵙는 것이다. 제후는 검은 冠에 검은 옷에 흰 치마를 朝服으로 삼으니, 무릇 조정에 있는 君臣上下가 똑같이 이 옷을 입는다. 다만 士의 의복은 '玄端'이라고 이르니 소매의 너비가 2척 2촌이기 때문이다. 대부 이상은 모두 소매의 너비가 넓으니, 3척 3촌이다.

侯伯鷩冕

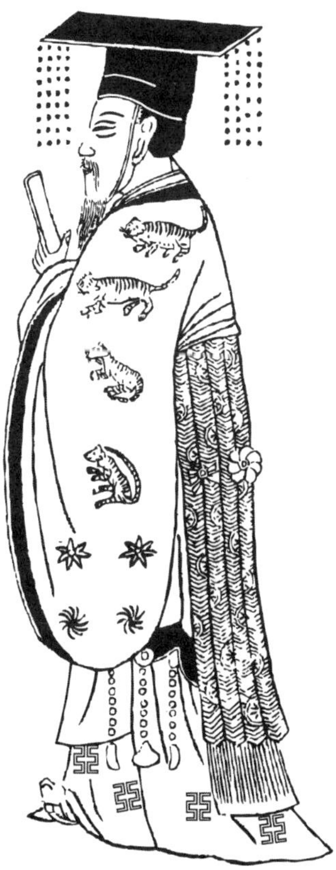
子男毳冕

20) 但士服則謂之玄端……二尺二寸故也 : 참고로, 金長生의 ≪經書辨疑≫ 〈禮記 玉藻〉에 "'端'은 方正하다는 뜻이다. 폭의 너비와 소매의 너비가 모두 2척 2촌이기 때문에 端으로 명명한 것이다. 현단은 본래 士의 의복인데 제후의 의복을 또한 '현단'이라고 하니, 상하가 통용한 것일 뿐이다.〔端 方正之意 幅廣與袂廣 皆二尺二寸 故以端名 玄端本是士服 而諸侯服亦謂玄端 蓋上下通用爾〕" 하였다.

○ 方氏曰 天子聽朔於南門은 示受之於天이요 諸侯聽朔於太廟는 示受之於祖니 原其所自也라 天子諸侯 皆三朝니 外朝는 在庫門之外하고 治朝는 在路門之外하고 內朝는 在路門之內하니 亦曰燕朝也라

方氏 : 천자가 南門에서 月朔의 일을 들음은 하늘에서 받음을 보이는 것이고, 제후가 太廟에서 月朔의 일을 들음은 祖上에게 받음을 보이는 것이니, 그 유래한 바를 근원한 것이다. 천자와 제후가 모두 세 조정이니, 外朝는 庫門의 밖에 있고 治朝는 路門의 밖에 있고 內朝는 노문의 안에 있는데, 〈내조를〉 또한 '燕朝'라고 한다.

≪大全≫

長樂劉氏曰 天子聽朔於明堂하고 而頒其正朔于天下어든 諸侯受而藏諸其太廟라가 每月之吉이면 則以餼羊告朔하고 祭于太廟하나니 因而聽其月朔之政이면 則服皮弁焉이니라

長樂劉氏 : 천자가 明堂에서 月朔의 일을 듣고 正朔을 천하에 나누어주면 제후들이 이것을 받아서 太廟에 보관하였다가 매월 초하루가 되면 犧牲으로 쓸 羊으로 초하루임을 아뢰고 太廟에 제사하니, 인하여 月朔의 정사를 듣게 되면 皮弁服을 입는다.

130302 朝에 辨色始入이어든 君日出而視之하고 退適路寢하야 聽政하고 使人視大夫호되 大夫退然後에 適小寢하야 釋服이니라

조회할 적에 〈날이 새어〉 색이 구별될 무렵에 〈신하들이〉 처음으로 들어오거든 임금이 해가 나오면 조회를 보고 물러나 路寢에 가서 政事를 듣고 사람을 시켜 대부들이 있는 곳에 가보게 하되, 대부들이 물러간 뒤에 小寢에 가서 朝服을 벗는다.

≪集說≫

臣入常先하고 君出常後하니 尊卑之禮然也라 視朝而見群臣은 所以通上下之情이요 聽政而適路寢은 所以決可否之計라 釋服은 釋朝服也라

신하가 항상 먼저 들어오고 임금이 항상 뒤에 나가니, 尊卑의 禮가 그러한 것이

다. 조회를 보고서 여러 신하를 만남은 上下의 情을 통하는 것이고, 政事를 들을 때 路寢에 가는 것은 계책의 可否를 결정하는 것이다. '釋服'은 조복을 벗음이다.

≪大全≫

慶源輔氏曰 言始入하니 不必早요 言視之하니 不敢緩이라 使人視大夫는 所以體群臣也니 必如是故로 天下爲一家하고 君臣爲一人이니라

慶源輔氏 : "〈날이 샐 무렵에 신하들이〉 처음으로 들어온다."라고 말하였으니 〈임금이〉 굳이 서두를 필요가 없는 것이고, "〈임금이 해가 뜨면 조회를〉 본다."라고 말하였으니 〈신하들이〉 감히 천천히 하지 못하는 것이다. 사람을 시켜 대부를 보게 하는 것은 여러 신하를 살피는 것이니, 반드시 이와 같이 하기 때문에 천하가 한 집안이 되고 군신 간이 한 사람이 되는 것이다.

130303 又朝服以食호되 特牲三俎祭肺하고 夕에는 深衣요 祭牢肉하며 朔月엔 少牢호되 五俎四簋(궤)하며 子卯엔 稷食(사)菜羹하나니 夫人은 與君同庖하나니라

또 조복을 입고 밥을 먹되 特牲을 쓰고 三俎를 진설하고 폐로 고수레를 하고, 저녁밥을 먹을 적에는 深衣를 입고 牢肉으로 고수레를 한다. 月朔에는 少牢(양・돼지)를 쓰되 五俎와 四簋를 진설하며, 甲子日과 乙卯日에는 메기장밥에 나물국을 먹으니, 〈제후의〉 부인은 임금과 푸줏간을 함께 한다.

≪集說≫

三俎는 特豕魚腊也니 周人은 祭肺라 夕은 夕食也라 牢肉은 即特牲之餘也라 五俎는 加羊與其腸胃也라 簋는 盛黍稷之器니 常食엔 二簋요 月朔則四簋也라 子卯는 說見檀弓[21)]하니라 夫人은 不特殺이라 故云與君同庖也라

21) 子卯 說見檀弓 : ≪禮記≫ 〈檀弓 下〉에 "평공이 〈두괴를〉 불러 나오게 하고 말하기를 "두괴야, 조금 전에 〈벌주 석 잔을 따른〉 네 마음이 혹 나를 깨우쳐줄 것이라 여겼기에 이 때문에 너와 더불어 말하지 않았다. 네가 사광에게 벌주를 마시게 한 것은 무엇 때문인

'三俎'는 한 마리의 돼지·어물·말린 고기이니, 周나라 사람은 폐로 고수레를 하였다. 夕은 저녁밥을 먹는 것이다. '牢肉'은 特牲의 남은 것이다. '五俎'는 三俎에다 羊과 〈양의〉 내장과 천엽을 더한 것이다. 簋는 〈穀類인〉 黍稷을 담는 그릇이니, 평상시에 먹을 때에는 두 簋를 쓰고 초하루에는 네 簋를 쓴다. '子卯'는 해설이 〈檀弓〉에 보인다. 〈제후의〉 夫人은 〈犧牲을〉 별도로 잡지 않기 때문에 "임금과 〈희생의 고기가 있는〉 푸줏간을 함께한다." 한 것이다.

≪大全≫

嚴陵方氏曰 牛羊豕爲大(태)牢요 羊豕爲少牢라 諸侯는 朔月에 少牢以見(현)하니 日所食特牲者는 或羊或豕而已라 日食特牲下에 又言祭牢肉하니 止言牢而不言少면 則不必具羊豕矣라 祭肺는 則明堂位所謂周人祭肺 是矣라 深衣는 燕居之服이니 由朝至夕이면 則可以燕矣라 故夕深衣而燕食焉이라 祭牢肉은 則以夕食非始殺故로 止於肉而不必肺也라 周官에 膳夫王燕食이면 則奉膳贊祭라한대 王氏謂燕食엔 有魚鳥之膳하니 非祭朝之餘라하니 此言日中與夕이면 則燕食爾어늘 而曰祭牢肉者는 由周以前은 質略故也라 朔月少牢는 固以降天子이니 亦以無故면 不殺牛[22)]故也라 俎는 以薦魚肉하니 則天產也라 故用陽數之奇하고 簋는 以盛黍稷하니 則地產也라 故用陰數之耦하나니 五俎四簋는 則以朔月故로 倍常也라 君之常膳은 非不以稷爲食(사)로되 特以稻粱爲上而稷爲之次爾요 非不以菜爲羹이로되 特以鷄犬爲胾(자)而菜爲芼(모)爾라 今食(사)止以其次하고 羹止以其芼는 則以疾日로 當自貶故也라 與君同庖는 與共牢而食[23)]으로 同義라

가?" 하자, 사광이 대답하였다. "子日(甲子日)과 卯日(乙卯日)에는 樂을 연주하지 않습니다. 知悼子의 殯이 당에 있으니 이는 자일과 묘일보다 기피함이 더 큰데도 사광이 태사가 되어 이를 아뢰지 않았기에 이 때문에 벌주를 마시게 한 것입니다.〔平公呼而進之 曰 蕢 曩者 爾心 或開予 是以不與爾言 爾飮曠 何也 曰 子卯 不樂 知悼子在堂 斯其爲子卯也 大矣 曠也 太師也 不以詔 是以飮之也〕"라고 한 것에 대해 陳澔의 集說에 "〈夏나라의 마지막 왕인〉 桀이 을묘일에 죽었고, 〈殷나라의 마지막 왕인〉 紂가 갑자일에 죽었으니, 이것을 나쁜 날이라고 이른다. 그러므로 이 날에는 군주가 악을 연주하지 않는 것이다.〔桀以乙卯日死 紂以甲子日死 謂之疾日 故君不擧樂〕" 하였다.

22) 無故 不殺牛 : ≪禮記≫ 〈王制〉에 "제후는 〈제사나 연향의〉 연고가 없으면 소를 잡지 않는다.〔諸侯無故 不殺牛〕"라고 보인다.

23) 共牢而食 : ≪禮記≫ 〈郊特牲〉(113205)에 "부부가 牢를 함께하여 먹음은 높고 낮은 등급

嚴陵方氏 : 소・양・돼지를 '太牢'라 하고, 양・돼지를 '少牢'라 한다. 제후는 月朔에 少牢를 써서 뵈니, 평일에 먹는 特牲은 양이거나 돼지일 뿐이다. '평일에 特牲을 먹는다.'는 말 아래에 또 '牢肉으로 고수레한다.'고 말했으니, 다만 '牢'를 말하고 '少'를 말하지 않았으면 양과 돼지를 모두 갖출 필요는 없는 것이다. '祭肺'는 〈明堂位〉에 이른바 '周나라 사람은 폐로 고수레한다.'는 것이 이것이다.

'深衣'는 한가하게 거처할 때 입는 의복이니, 아침을 지나서 저녁에 이르면 한가할 수 있으므로 저녁에 심의를 입고 燕食을 하는 것이다. 牢肉으로 고수레하면 저녁을 먹는 것이 처음 짐승을 잡은 것이 아니므로 고기를 쓰기만 하고 굳이 肺를 쓸 필요는 없는 것이다.

≪周禮≫ 〈天官 膳夫〉에 "膳夫는 왕이 燕食을 하면 음식을 받들어 고수레를 돕는다." 하였는데, 王氏가 이르기를 "燕食에는 어류, 조류의 음식이 있으니, 아침 먹고 남은 음식으로 고수레하는 것이 아니다." 하였다. 여기에 '한낮(日中)'과 '저녁(夕)'이라고 말했으면 燕食일 뿐인데 '牢肉으로 고수레한다.' 한 것은 周나라 이전은 질박하고 간략하기 때문이다. 月朔에 少牢(양・돼지)를 쓰는 것은 진실로 천자보다 줄인 것이니, 또한 연고가 없으면 소를 잡지 않기 때문이다.

俎에는 어류와 육류를 올리니 어류과 육류는 하늘(땅 이외의 공간)에서 생산한 것이므로 陽의 數인 奇(홀수)를 쓰고, 簋에는 〈穀類인〉 黍稷을 담으니 黍稷은 땅에서 생산한 것이므로 陰의 수인 耦(짝수)를 쓰는 것이다. 五俎와 四簋는 朔月이기 때문에 평상시(三俎와 二簋)보다 倍를 한 것이다. 임금의 평상시 음식은 稷(메기장)을 밥으로 삼지 않은 것은 아니나 다만 稻(벼)와 粱(차조)을 上으로 삼아 稷이 그다음이 될 뿐이고, 채소로 국을 삼지 않은 것은 아니나 다만 닭고기와 개고기를 고깃국으로 삼아서 채소가 들어간 것이 芼(고기와 나물을 섞은 국)가 될 뿐이다. 지금 밥을 그 음의 것을 쓸 뿐이고 국을 〈그다음인〉 芼를 쓸 뿐인 것은 〈桀과 紂의〉 忌日이어서 마땅히 자신이 누리는 것을 물리쳐야 하기 때문이다. '임금과 푸줏간을 함께한다.'는 것은 '牢를 함께 먹는다.'는 것과 뜻이 같다.

○ 馬氏曰 春秋傳曰 辰在子卯를 謂之疾日이라하야 君徹燕樂하고 學人舍學[24]이라하니

을 동등하게 하는 것이다. 그러므로 부인은 별도의 爵이 없고 남편의 작을 따르며, 앉을 때에 남편의 年齒에 따르는 것이다.〔共牢而食 同尊卑也 故婦人無爵 從夫之爵 坐以夫之齒〕" 라고 보인다.

則飮食之約也 宜矣라 士喪禮에 朝莫(모)哭호되 不辟(피)子卯[25)]라하고 又檀弓에 言子卯不樂이 皆謂此也라

馬氏 : ≪春秋左氏傳≫에 이르기를 "地支가 子나 卯에 있는 날을 忌日이라 하여 임금은 樂을 그치고 樂을 배우는 자는 學業을 정지한다." 하였으니, 음식을 약소하게 하는 것이 마땅하다. ≪儀禮≫ 〈士喪禮〉에 "아침과 저녁에 哭을 하는데 子日과 卯日을 피하지 않는다." 하고, 또 ≪禮記≫ 〈檀弓 下〉에 "子日과 卯日에 樂을 연주하지 않는다." 한 것이 모두 이것을 이른 것이다.

130401 君無故어든 不殺牛하며 大夫無故어든 不殺羊하며 士無故어든 不殺犬豕니 君子遠庖廚하야 凡有血氣之類를 弗身踐[26)]也하나니라 至于八月不雨어든 君不擧하나니라

임금(제후)이 연고가 없으면 소를 잡지 않으며, 〈제후의〉 대부가 연고가 없으면 양을 잡지 않으며, 士가 연고가 없으면 개와 돼지를 잡지 않으니, 군자는 푸줏간을 멀리해서 모든 血氣가 있는 종류를 몸소 잡지 않는다. 8월에 이르도록 비가 내리지 않으면 임금은 盛饌을 들지 않는다.

≪集說≫

天子膳用六牲하니 則無故亦殺牛니 此言國君也라 天子之大夫는 有故면 得殺牛하니 此無故不殺羊은 謂諸侯之大夫也라 故는 謂祭祀及賓客饗食(사)之禮也라 祭禮에 有射牲之文[27)]하니 此言弗身踐은 亦謂尋常也라 八月은 今之六月[28)]이라 殺牲盛饌曰擧[29)]라

---

24) 辰在子卯……學人舍學 : ≪春秋左氏傳≫ 昭公 9년에 보인다.

25) 朝莫(모)哭 不辟(피)子卯 : 子日과 卯日은 옛사람들이 꺼리는 날이어서 吉事에는 이날을 피하였지만 凶事에는 피하지 않은 것이다.

26) 踐 : 鄭玄의 注에 "踐은 마땅히 翦이 되어야 하니, 殺과 같다.〔踐 當爲翦 猶殺也〕" 하였다. (≪禮記正義≫)

27) 祭禮 有射牲之文 : ≪周禮≫ 〈夏官 司弓矢〉의 직책에 "무릇 제사를 지낼 적에 왕이 희생을 쏘는 활과 화살을 공급한다.〔凡祭祀 共射牲之弓矢〕"라고 하고, 또 〈夏官 射人〉에 "제사를 지내게 되면 왕이 희생을 쏘는 것을 돕는다.〔祭祀 則贊射牲〕"라고 한 것 등을 이른다. 이에 대한 鄭玄의 注에 "희생을 잡는 것은 尊者가 직접 하는 바가 아니고, 오직 화살을 쏘

천자는 음식에 여섯 가지 犧牲(말・소・양・돼지・닭・개)을 쓴다. 그렇다면 연고가 없어도 또한 소를 잡는 것이니, 여기의 임금은 諸侯國의 임금을 말한 것이다. 천자의 대부는 연고가 있으면 소를 잡을 수 있으니, 여기에 '연고가 없으면 양을 잡지 않는다.'는 것은 제후의 대부를 이른 것이다. 〈여기서의〉 '연고'는 제사와 賓客・饗食(음식을 베풀어 잔치하는 일)의 禮를 이른다. 祭禮에 "화살을 쏘아 희생을 잡는다."는 글이 있으니, 여기에서 "몸소 잡지 않는다."라고 말한 것은 또한 평상시를 이른다. 8월은 지금의 6월이다. 희생을 잡아 성찬을 드는 것을 '擧'라 한다

≪大全≫

嚴陵方氏曰 君子之於禽獸에 見其生하고 不忍見其死하며 聞其聲하고 不忍食其肉이라 故로 遠庖廚[30]라하고 凡有血氣之類를 弗身踐이라하니 是乃仁術也라 庖는 蓋宰殺之所요 廚는 蓋烹飪之所라

嚴陵方氏 : "군자가 禽獸에 대하여 그 산 것을 보고서 차마 그 죽는 것을 보지 못하며, 그 〈죽을 때의〉 슬피 우는 소리를 듣고서 차마 그 고기를 먹지 못하므로 푸줏간을 멀리한다." 하고, 〈여기에서〉 "모든 血氣가 있는 종류를 몸소 잡지 않는다." 하였으니, 이것은 바로 仁을 행하는 방법이다. 庖는 屠畜하는 곳이고, 廚는 요리하는 곳이다.

○ 金華應氏曰 無故不殺은 仁也요 君大夫士를 必有辨은 禮也며 有故而殺은 禮也요

는 것만이 가능하다. ≪國語≫ 〈楚語〉에 말하였다. '郊禘의 일에 천자가 반드시 직접 그 희생을 화살로 쏜다.'〔殺牲 非尊者所親 唯射爲可 楚語云 郊禘(체)之事 天子必自射其牲〕" 하였다.(≪周禮注疏≫)

28) 八月今之六月 : 周나라의 8월은 陳澔가 살았던 元나라 때의 6월에 해당한다는 말이다. 三代 시대를 거쳐 秦나라 때까지 王朝가 바뀔 때마다 歲首를 새로 정했는바, 夏나라는 寅月(지금 음력 1월)을, 殷나라는 丑月(지금 음력 12월)을, 周나라는 子月(동짓달)을, 秦나라는 亥月(지금 음력 10월)을 세수로 삼았다. 한나라는 진나라의 正朔을 이어 음력 10월을 세수로 삼고 9월을 연말로 사용하다가 太初 원년(B.C. 104)에 하나라 정삭인 지금의 음력 1월로 세수를 삼고 명칭을 太初曆이라 하였는데, 이것이 오늘날까지 사용되고 있는 음력이다.

29) 殺牲盛饌曰擧 : 참고로 金在魯의 ≪禮記補註≫에 "살펴보건대 〈檀弓 上〉의 '國亡大縣邑' 章의 주에 '성찬을 들면서 樂으로 식사를 돕는 것을 擧라 한다.' 하였으니, 마땅히 참고해서 보아야 한다.〔按 檀弓國亡大縣邑章 註盛饌而以樂侑食曰擧 當參看〕" 하였다.

30) 君子之於禽獸……故遠庖廚 : ≪孟子≫ 〈梁惠王 上〉에 보인다.

遠之而弗身踐은 仁也라 君子遠庖廚는 蓋古有是語어늘 孟子亦引之시리라

金華應氏 : 연고가 없으면 죽이지 않는 것은 仁이고, 임금과 대부와 士를 반드시 구별하는 것은 禮이며, 연고가 있어서 죽이는 것은 禮이고, 멀리하여 몸소 죽이지 않음은 仁이다. '군자가 푸줏간을 멀리함'은, 옛날에 이러한 말이 있었는데 孟子가 또한 이것을 인용하신 것인 듯하다.

130402 年不順成이어든 君衣布搢本하며 關梁을 不租하며 山澤을 列而不賦하며 土功을 不興하며 大夫不得造車馬니라

年事가 순히 이루어지지 않거든 임금이 삼베옷을 입고 아랫부분을 상아로 꾸민 〈士의 대나무〉 笏을 꽂으며, 關門과 魚梁에 조세를 거두지 않으며, 산과 못을 막기만 하고 세금을 거두지 않으며, 토목공사를 일으키지 않으며, 대부들은 수레와 말을 새로 만들지 못한다.

≪集說≫

衣布는 身著布衣也라 士는 以竹爲笏하고 而以象飾其本이라 搢은 揷也니 君揷士之笏也라 關은 謂門關이요 梁은 謂澤梁[31)]이요 不租는 不收租稅也라 列은 當作迾(렬)하니 遮遏之義라 周禮에 山虞掌其厲禁이라하니 鄭云 遮列守之[32)] 是也라 凶年에 雖不收山澤之賦나 猶必遮迾其非時采取者라 造는 新有製作也라 此皆爲歲之凶이라 故上之人이 節損하야 以寬貸其下也라

'衣布'는 몸에 삼베옷을 입는 것이다. 士는 대나무로 笏을 만들고 상아로 그 아랫

31) 梁 謂澤梁 : 참고로, 鄭玄의 注는 설명이 없으나 孔穎達의 疏에는 "梁은 橋梁을 이른다.〔梁謂津梁〕" 하였다. 大全의 嚴陵方氏도 疏의 설을 따랐다.

32) 山虞掌其厲禁……遮列守之 : ≪周禮≫ 〈地官 山虞〉에 "山澤에 관한 政令을 관장하여 산에 있는 각종의 물산마다 울타리를 설치하고 산림을 살펴 지키는 백성을 위해 禁令을 설행한다.〔掌山澤之政令 物爲之厲 而爲之守禁〕" 하였는데, 鄭玄의 注에 "'物爲之厲'는 산에 있는 물산마다 울타리를 설치하여 경계를 삼는 것이다. '爲之守禁'은 지키는 자를 위하여 금령을 설행하는 것이니, 지키는 자는 그 땅의 백성으로서 숲의 나무를 베는 것을 살펴 지키는 자를 이른다. 鄭司農(鄭衆)이 말하였다. '厲는 막아서 지키는 것이다.'〔物爲之厲 每物有蕃界也 爲之守禁 爲守者設禁令也 守者 謂其地之民占伐林木者也 鄭司農云 厲 遮列守之〕" 하였다.(≪周禮注疏≫)

부분을 꾸민다. 搢은 꽂음이니 임금이 士의 笏을 꽂는 것이다. 關은 關門을 이르고, 梁은 못의 魚梁을 이르고, '不租'는 조세를 거두지 않는 것이다. 列은 마땅히 迾(막다)이 되어야 하니, 막는다는 뜻이다. ≪周禮≫ 〈地官 山虞〉에 "山虞는 막고 금지함을 관장하였다." 하였는데, 鄭氏(鄭衆)가 "〈厲는〉 막아서 지키는 것이다." 한 것이 이것이다. 흉년에 비록 山澤의 세금을 거두지는 않더라도 반드시 제때가 아닌 때에 채취하는 자를 막아야 한다. 造는 새로 제작하는 것이다. 이것은 모두 연사가 흉년이 들었기 때문에 윗사람이 절약하고 줄여서 아랫사람들에게 관대히 하는 것이다.

≪大全≫

嚴陵方氏曰 衣布는 所以致憂요 搢本은 所以自貶이라 不租不賦는 所以寬民財니 司關에 凶札則無關門之征이 是也라 土功不興은 所以寬民力이니 司徒荒政弛役[33]이 是也라 關以通陸하고 梁以通川[34]이라 周官에 司書言賦而終之以凡稅斂[35]하고 掌交言九稅而餘官言九賦[36]하고 司徒言征而繼之以賦[37]하고 載師言(賦)〔征〕[38]而繼之

33) 司徒荒政弛役 : ≪周禮≫ 〈地官 大司徒〉에 "荒政 12가지로 萬民을 모으니……넷째는 繇役을 없애는 것이다.〔以荒政十有二聚萬民……四曰弛力〕"라고 보인다. 여기서 '力'자는 '役'자로 되어 있는 판본도 있다.

34) 梁以通川 : 陳澔가 '梁'의 의미를 澤梁(魚梁)으로 본 것과 달리 嚴陵方氏는 사람이 물을 건널 수 있도록 만든 橋梁으로 보았다.

35) 司書言賦而終之以凡稅斂 : '賦'는 ≪周官≫ 〈天官 司書〉의 첫 부분에 "〈司書는〉 나라의 六典, 八法, 八則(칙), 九職, 九正을 관장한다.〔掌邦之六典八法八則九職九正〕"라고 한 곳의 '九正'을 이르고, '凡稅斂'은 그 마지막에 "모든 稅收는 〈地官의 閭師나 旅師처럼 세금 걷는〉 일을 관장하는 자들이 〈司書에게 와서〉 세금을 내야 할 사람의 數를 받는다.〔凡稅斂掌事者 受法焉〕"라고 한 것을 이른다. 鄭玄의 注에 "九正은 九賦, 九貢과 같은 正稅를 이른다.〔九正謂 九賦九貢正稅也〕" 하였기 때문에 엄릉방씨가 여기서 '正'이라 하지 않고 '賦'라고 한 것이다.

九賦는 邦中, 四郊, 邦甸, 家削, 邦縣, 邦都, 關市, 山澤, 幣餘의 賦稅를 말하는데, 鄭玄의 注에 "邦中은 城郭 안이고, 四郊는 國都에서 100리, 邦甸은 200리, 家削은 300리, 邦縣은 400리, 邦都는 500리 떨어진 곳인데, 이는 평민들에게 걷는 것이다. 關市와 山澤 온갖 물건을 차지하여 모으는 자를 이르고, 幣餘는 나라 안의 官庫에 쓰지 않고 남은 물건을 차지하여 파는 자를 이르니, 모두 末作(工商)으로 增稅해야 할 자들이다.〔邦中在城郭者 四郊去國百里 邦甸二百里 家削三百里 邦縣四百里 邦都五百里 此平民也 關市山澤 謂占會百物 幣餘 謂占賣國中之斥弊 皆末作當增賦者〕" 하였다.(≪周禮注疏≫)

36) 掌交言九稅而餘官言九賦 : '九稅'는 '九賦'와 같은 말인데, ≪周禮≫ 가운데 〈秋官 掌交〉에서만 '九稅'라고 하였고, 〈天官 大宰〉, 〈天官 小宰〉, 〈天官 內府〉 등에서는 모두 '九賦'라고 하였음을 이른다.

以(稅)〔賦〕[39]하니 則稅者는 以地取之也요 征者는 以正取之也요 斂則收而聚之요 賦則取而布之요 租則取之不可以悉이며 稅者는 取之以道요 征者는 取之以義요 斂者는 取之事요 賦者는 取之法이요 租[40]者는 取之戒라 其言不同은 相備故也라 大夫不得造車而繼之以馬者는 造車而馬從之也라 王制에 關市를 譏而不征하고 澤梁을 無禁[41]이라하니 則非特凶年然也니 蓋王制所言은 異代之禮니라

嚴陵方氏 : 삼베옷을 입는 것은 근심을 다하는 것이고, 〈士의 대나무〉 笏을 꽂는 것은 자신이 누리는 것을 물리치는 것이다. 조세를 거두지 않고 부세를 거두지 않는 것은 백성의 재물을 넉넉하게 해주는 것이니, ≪周禮≫ 〈地官 司關〉에 "凶年이거나 疫病이 유행하면 關門의 세금을 거두지 않는다."는 것이 이것이다. 토목공사를 일으

---

37) 司徒言征而繼之以賦 : ≪周禮≫ 〈地官 大司徒〉에 "大司徒는 토지를 균등하게 하는 법으로써 五物과 九等을 분별하고, 天下의 地征을 다스리고 民職을 만들어서 地貢을 바치게 하고 財賦를 거두어서 천하의 정사를 가지런하게 다스린다.〔以土均之法 辨五物九等 制天下之地征 以作民職 以令地貢 以斂財賦 以均齊天下之政〕" 한 것을 이른다. 이에 대한 鄭玄의 注에 "均는 고름이다. 五物은 〈山林, 川澤, 丘陵, 墳衍, 原濕의〉 五土에서 나는 물건이다. 九等은 〈붉으면서 딱딱한 땅인〉 騂剛과 〈붉으면서 딱딱하지 않은 땅인〉 赤緹 등속이다. 征은 조세이다. 民職은 백성의 〈三農, 園圃, 虞衡 등의〉 九職이다. 地貢은 땅에서 생산되는 것을 바치는 것으로 아홉 가지 곡식을 이른다. 財는 샘과 곡식이고, 賦는 九賦와 軍賦를 이른다.〔均 平也 五物 五地之物也 九等 騂剛赤緹之屬 征 稅也 民職 民九職也 地貢 貢地所生 謂九穀 財 謂泉穀 賦 謂九賦及軍賦〕" 하였다.(≪周禮注疏≫)

38) (賦)〔征〕 : 저본에는 '賦'로 되어 있으나, ≪周禮≫에 의거하여 '征'으로 수정하였다.
≪周禮≫ 〈地官 載師〉에 "무릇 땅을 사용하는데 관공서는 征(세금)이 없고, 園圃와 백성의 거주 구역은 20분의 1의 세금을 받고, 近郊는 10분의 1을 받고, 遠郊는 20분의 3을 받고, 甸·稍·縣·都는 모두 10분의 2를 넘지 않도록 하며, 오직 자연적으로 조성된 옻나무 숲의 세금만은 20분의 5를 받는다.〔凡任地 國宅無征 園廛二十而一 近郊十一 遠郊二十而三 甸稍縣都皆無過十二 唯其桼林之征二十而五〕" 하고, 이어서 마지막 부분에 "정해진 때에 그 賦를 징수한다.〔以時徵其賦〕" 하였다. 陳師道의 ≪禮書≫ 권32 〈賦稅征斂之辨〉에서는 엄릉방씨의 말처럼 "司徒言征而繼之以賦"라 하고 이어서 "載師에서 征을 말하고 또한 마지막에 賦를 말하였다.〔載師言征 亦終之以賦〕"라고 하였다.

39) (稅)〔賦〕 : 저본에는 '稅'로 되어 있으나, ≪周禮≫와 陳師道의 ≪禮書≫에 의거하여 '賦'로 수정하였다.

40) 租 : 이 글자는 ≪禮記≫, ≪周禮≫, ≪儀禮≫ 가운데 ≪예기≫의 이 經文에만 보인다.

41) 關市譏而不征 澤梁無禁 : 이 내용은 원래 ≪孟子≫ 〈梁惠王 下〉에 "관문과 시장은 기찰만 하고 세금을 걷지 않았으며, 못과 魚梁에는 〈생산물을 취하는 것을〉 금지함이 없다.〔關市譏而不征 澤梁無禁〕" 한 것인데, ≪禮記≫ 〈王制〉에 "關門을 기찰만 하고 세금을 걷지 않으며, 山林川澤을 정해진 때에 들어가게 하고 〈채취하는 것을〉 금하지 않았다.〔關 譏而不征 林麓川澤 以時入而不禁〕" 한 것과 大同小異하기 때문에 〈王制〉의 말이라고 한 것이다.

키지 않음은 백성이 들이는 힘을 가볍게 하는 것이니, ≪周禮≫ 〈地官 大司徒〉에 "大司徒는 흉년이 들면 부역을 줄여준다."는 것이 이것이다. 關門은 육지를 오갈 수 있는 것이고 橋梁은 내를 건널 수 있는 것이다.

≪周官≫ 〈天官 司書〉에서는 '賦'를 말하고 '凡稅斂(모든 稅收)'으로 끝마쳤고, 〈秋官 掌交〉에서는 '九稅'를 말하고 나머지 관직에서는 '九賦'를 말하였으며, 〈地官 大司徒〉에서는 '征'을 말하고 '賦'로써 뒤를 이었으며, 〈地官 載師〉에 '征'을 말하고 '賦'로써 뒤를 이었다. 稅는 토지에 따라 취하는 것이고 征은 바르게 취하는 것이며, 斂은 거두어 모으는 것이고 賦는 취하여 펴주는 것이고 租는 취하되 다 취해서는 안 된다는 뜻이다. 稅는 취하기를 道에 맞게 하는 것이며 征은 취하기를 義에 맞게 하는 것이고 斂은 취하는 일이고 賦는 취하는 法이고 租는 취하는 警戒이다. 그 글자가 똑같지 않음은 서로 구비하였기 때문이다.

대부는 수레를 만들 수가 없는데 말을 뒤이어 말한 것은, 수레를 만들면 말이 〈그 수레에〉 따라오기 때문이다. 〈王制〉에 "關門과 시장은 기찰만 하고 세금을 걷지 않았으며, 못과 魚梁에는 금지함이 없다." 하였는데, 이는 凶年에만 그러했던 것이 아니니, 〈王制〉에서 말한 것은 아마도 다른 왕조의 禮인 듯하다.

130501 卜人定龜[42)]하고 史定墨하고 君定體니라

卜人은 〈마땅히 써야 할〉 거북을 정하고 史官은 墨을 정하고 임금은 거북점의 吉凶을 정한다.

≪集說≫

周禮에 龜人所掌이 有天地四方六者之異[43)]하니 各以方色與體로 辨之하야 隨所卜之

---

42) 定龜 : 孔穎達의 疏에 "'定한다'는 것은 마땅히 써야 할 바를 정하는 것이니, 하늘에 제사 지냄을 점칠 적에는 靈龜를 쓰고 땅에 제사 지냄을 점칠 적에는 繹龜를 쓰고 봄에 점칠 적에는 果龜(나귀)를 쓰고 가을에 점칠 적에는 靁龜(뇌귀)를 쓰는 따위를 이른다.〔定之者 其所當用 謂卜祭天用靈 祭地用繹 春用果 秋用靁之屬也〕" 하였다.(≪禮記正義≫)

43) 周禮龜人所掌 有天地四方六者之異 : ≪周禮≫ 〈春官 龜人〉에 "귀인은 여섯 가지 거북의 등속을 관장하니, 天龜를 靈屬(영속)이라 하고, 地龜를 繹屬이라 하고, 東龜를 果屬(나속)이라 하고, 西龜를 靁屬(뇌속)이라 하고, 南龜를 獵屬(엽속)이라 하고, 北龜를 若屬이라 하는바, 각각 그 방위의 색과 그 體(각 거북의 특징)를 가지고 구분한다.〔掌六龜之屬 天龜曰靈屬 地龜曰繹屬 東龜曰果屬 西龜曰靁屬 南龜曰獵屬 北龜曰若屬 各以其方之色與其體辨之〕" 한

事하야 各有宜用하니 所謂卜人定龜也라 史定墨者는 凡卜에 必以墨畫龜하야 以求吉兆하고 乃鑽之하야 以觀其所拆하야 若從墨而拆大면 謂之兆廣이요 若裂其旁岐하고 細出이면 則謂之璺拆(문탁)이니 亦謂之兆璺이라 韻書에 璺은 音問이니 器破而未離之名也라 體者는 兆象之形體요 定은 謂決定其吉凶也라

≪周禮≫에 龜人이 관장한 것은 천지와 사방 여섯 가지의 다름이 있는데, 각각 방위의 색과 거북의 體를 가지고 구분하여 점치는 바의 일에 따라 각각 마땅히 써야 할 것이 있으니, 이른바 '卜人定龜'이다. '史定墨'은 무릇 점칠 적에 墨으로 거북을 그어서 길조를 구하고, 이에 거북에 구멍을 뚫어서 그 갈라지는 바를 관찰하여, 만약 墨을 따르고 터진 것이 크면 이것을 '兆廣'이라 이르고, 만약 옆으로 갈라지고 가늘게 나오면 이것을 '璺拆'이라 이르니, 또한 '兆璺'이라고도 한다. 韻書에 "璺은 음이 問이니, 그릇이 깨졌으나 아직 부서지지는 않은 명칭이다." 하였다. 體는 兆象의 형체이고, 定은 그 길흉을 결정함을 이른다.

○ 疏曰 尊者는 視大하고 卑者는 視小[44]니라

疏 : 尊者는 큰 것을 살펴보고 卑者는 작은 것을 살펴본다.

≪大全≫

朱子曰 占龜는 土兆大橫이요 木兆直이요 金兆從右邪上이요 火兆從左邪上이요 水兆曲하니 以大小長短明暗爲吉凶이라 或占凶事할새 又以短小爲吉이고 又有旋者吉하고 大橫吉이라 大橫庚庚[45]의 庚庚은 是豹(地)〔起〕[46]恁地庚庚然이니 不是金兆也니라

것을 이른다. 이에 대한 鄭玄의 注에 "屬은 하나가 아님을 말한 것이다. 色은, 천귀는 玄色이고 지귀는 황색이고 동귀는 청색이고 서귀는 백색이고 남귀는 적색이고 북귀는 흑색임을 이른다. 거북이 머리를 떨군 것은 靈龜이고, 머리를 쳐든 것은 繹龜이고 龜甲의 앞이 긴 것은 果龜(나귀)이고 귀갑의 뒤가 긴 것은 獵龜이고 왼쪽으로 비스듬히 보는 것은 靁龜이고 오른쪽으로 비스듬히 보는 것은 若龜이니, 이것이 그 體이다. '果'를 杜子春은 '贏(나)'로 읽었다.〔屬 言非一也 色 謂天龜玄 地龜黃 東龜青 西龜白 南龜赤 北龜黑 龜俯者靈 仰者繹 前弇果 後弇獵 左倪靁 右倪若 是其體也 果 杜子春讀爲贏〕" 하였다.(≪周禮注疏≫) '前弇'은 앞이 긴 것이고 '後弇'은 뒤가 긴 것이다. '左倪'는 머리가 왼쪽을 향하여 비스듬히 보는 것이고, '右倪'는 머리가 오른쪽을 향하여 비스듬히 보는 것이다.

44) 尊者視大 卑者視小 : 金在魯의 ≪禮記補註≫에 "살펴보건대 尊者와 卑者는 임금과 士와 卜人을 가리킨다.〔按 尊卑 指君史卜人〕" 하였다.

45) 大橫庚庚 : 漢나라 文帝가 代王으로 있다가 大臣들에 의해 황제로 추대받았을 때 거북점

朱子 : 占龜는, 土의 조짐은 크게 가로로 갈라진 것이고, 木의 조짐은 직선으로 갈라진 것이고, 金의 조짐은 오른쪽부터 비스듬히 올라간 것이고, 火의 조짐은 왼쪽부터 비스듬히 올라간 것이고, 水의 조짐은 굽은 것이니, 大와 小·長과 短·明과 暗을 가지고 吉과 凶을 삼는다. 혹은 흉한 일을 점칠 적에 또 짧고 작은 것을 길하게 여기기도 하고, 또 회전하는 모양이 있으면 길하게 여기고 크게 가로로 퍼지면서 갈라지는 것을 길하게 여긴다. '大橫庚庚'의 '庚庚'은 표범의 무늬가 이와 같이 가로로 퍼지면서 갈라진 것이니, 이것은 金의 조짐이 아니다.

○ 馬氏曰 卜人定龜는 周禮所謂卜師辨龜之上下左右陰陽하야 以授命龜[47]者라 是也요 史定墨은 周禮所謂大(태)史大祭祀에 與執事卜이 是也요 君定體는 如〔書〕[48]曰 體王其罔害와 詩曰體無咎言이 是也니라

馬氏 : '卜人定龜'는 ≪周禮≫ 〈春官〉에 이른바 "卜師는 거북의 上下·左右·陰陽을 분별하여 命龜者에게 준다."라는 것이 이것이고, '史定墨'은 ≪周禮≫ 〈春官 大史〉에 이른바 "大史(태사)는 큰 제사를 올릴 적에 執事者와 함께 거북점을 친다."라는 것이 이것이고, '君定體'는 ≪書經≫ 〈周書 金縢(금등)〉에 "점괘의 體를 보니, 왕에게는 아무런 해가 없게 되겠다."라는 것과 ≪詩經≫ 〈衛風 氓〉에 "점괘의 體에 나쁜 말이 없다."라는 것이 이것이다.

130601 君은 羔幦(멱)虎犆(직)하고 大夫齊(재)車는 鹿幦豹犆이요 朝車와 士齊車는 鹿幦豹犆이니라

임금의 수레는 염소 가죽으로 수레의 軾을 덮고 범 가죽으로 가선을 두르고, 대부의 齊車는 사슴 가죽으로 軾을 덮고 표범 가죽으로 가선을 두르고, 〈대부의〉 朝車와 士의 齊車는 사슴 가죽으로 軾을 덮고 표범 가죽

을 친 결과, 거북 등이 가로로 퍼지면서 균열된 '大橫庚庚'의 길조를 얻었던 고사를 이른다.(≪史記≫ 권10 〈孝文本紀〉)

46) (地)〔起〕: 저본에는 '地'로 되어 있으나, ≪朱子語類≫ 권66 〈易二 綱領上之下 卜筮〉에 의거하여 '起'로 수정하였다.

47) 命龜 : 거북 껍질에게 점칠 일을 고하는 것을 이르거나 그 일을 하는 자를 이른다.

48) 〔書〕: 저본에는 '書'가 없으나, ≪書經≫의 글이고 아래 '詩曰'에 상대하여 보충하였다.

으로 가선을 두른다.

≪集說≫

幦者는 覆軾之皮요 䙱은 緣也니 君之齊車는 以羔皮覆軾하고 而緣以虎皮라 朝車는 亦謂大夫之朝車니 以下文에 兩言齊車故로 知上爲君齊車也라

幦은 軾을 덮는 가죽이고 䙱은 가선을 두름이니, 임금의 齊車는 염소 가죽으로 軾을 덮고 범 가죽으로 가선을 두른다. '朝車'는 또한 대부의 朝車를 이르니, 아랫글에 두 번 齊車를 말했기 때문에 위가 임금의 齊車가 됨을 알 수 있다.

≪大全≫

山陰陸氏曰 豹䙱一也어늘 而大夫士異言之는 則其大小麤縟(추욕)이 有不同焉이라 君不言車는 凡車如之也요 大夫士言齊車는 嫌齊而已라 故로 車間言朝하니라

山陰陸氏 : 표범 가죽으로 가선을 두르는 것은 똑같은데 대부와 士를 달리 말한 것은 크고 작음과 거칠고 고움이 똑같지 않기 때문이다. 임금에게는 수레를 말하지 않은 것은 모든 수레가 이와 같아서이고, 대부와 士에 齊車를 말한 것은 〈대부와 士의 수레가〉 齊車뿐임을 혐의하였으므로 수레 사이에 朝를 말한 것이다.

130701 君子之居는 恒當戶요 寢은 恒東首하며 若有疾風迅雷甚雨어든 則必變하야 雖夜나 必興하야 衣服冠而坐니라

군자가 거처함은 항상 〈남쪽의〉 방문을 마주 대하게 하고, 잠을 잘 때에는 항상 머리를 동쪽에 두며, 만약 거센 바람이 불고 맹렬한 우레가 치고 많은 비가 내리거든 반드시 얼굴빛을 바꾸어 비록 밤중이라 하더라도 반드시 일어나서 옷을 입고 冠을 쓰고 앉는다.

≪集說≫

向明而居하고 順生氣而臥하고 敬天威而變은 凡知禮者 皆當如是요 不但有位者也라 故以君子言하니라

밝은 곳을 향하여 거처하고 生氣를 순히 따라서 눕고 하늘의 위엄을 공경하여 얼

굴빛을 바꾸는 것은, 무릇 禮를 아는 자가 모두 이와 같이 하여야 하고 다만 지위 있는 자만이 아니므로 '君子'라고 말한 것이다.

≪大全≫

嚴陵方氏曰 凡戶必南而啓하니 居恒當戶는 則向天明故也라 孔子는 將病에 猶當戶而坐[49]하시고 君視之면 猶東首加朝服하시고 迅雷風烈하면 必變[50]하시니 蓋禮然也니라

嚴陵方氏 : 모든 방문은 반드시 남쪽으로 열리니, 거처가 항상 방문을 마주 대하여 있음은 하늘의 밝음을 향하기 때문이다. 孔子는 병이 심해지려 했을 때에도 여전히 문을 마주 대하여 앉으셨고 임금이 문병하러 오시면 오히려 머리를 동쪽으로 하고 朝服을 몸에 걸치셨으며 맹렬한 우레가 치고 바람이 거세게 불면 반드시 얼굴빛을 바꾸셨으니, 禮가 그러한 것이다.

○ 金華應氏曰 陽明溫厚之方은 天地仁氣之所寓라 故로 起居興寢에 必常對之하니 所以順其常이라 風雨雷霆之怒는 天地怒氣之所形이니 雖中夜幽暗之時라도 必盛服而興은 所以敬其變이라 若天子諸侯飮食起居之節이 未常不順其常이로되 而特自貶損於年不順成者는 亦所以敬其變也니라

金華應氏 : 陽明하고 溫厚한 방위는 天地의 仁한 기운이 붙어 있는 곳이므로 일어나고 앉고 잠잘 적에 반드시 항상 이곳을 마주 대하니, 떳떳한 도리를 순히 따르는 것이다. 바람이 불고 비가 내리며 천둥 번개가 치는 怒氣는 天地의 怒氣가 드러난

49) 孔子將病 猶當戶而坐 : ≪禮記≫ 〈檀弓 上〉에 "공자께서 일찍 일어나시어 손을 뒤로하여 지팡이를 끌고서 문 앞을 거닐며 노래하시기를 '〈뭇 산이 우러르는〉 태산이 무너지겠구나! 〈뭇 나무가 의지하는〉 대들보가 부러지겠구나! 〈뭇 사람이 우러르고 의지하는〉 철인이 시들어 죽겠구나!' 하셨다. 노래를 마치고 〈방 안으로〉 들어가서 〈급히 사람들을 만나기 위해〉 방문 앞에 앉으시자, 子貢이 이를 듣고 '태산이 무너지면 내가 장차 어느 곳을 우러르며, 대들보가 부러지고 철인이 시들어 죽으면 내가 장차 어느 곳에 의지하겠는가. 夫子께서는 아마도 중병이 드실 것이다.' 하고는, 마침내 종종걸음으로 들어갔다.〔孔子蚤作 負手曳杖 消搖於門 歌曰 泰山 其頹乎 梁木 其壞乎 哲人 其萎乎 旣歌而入 當戶而坐 子貢聞之 曰 泰山其頹 則吾將安仰 梁木其壞 哲人其萎 則吾將安放 夫子殆將病也 遂趨而入〕" 한 것을 두고 한 말이다.

50) 君視之……必變 : ≪論語≫ 〈鄕黨〉에 "병이 들었을 때에 임금이 문병을 오면 머리를 동쪽으로 두고 누워서 조복을 몸에 걸치고 그 위에 紳을 걸쳐놓았다. 맹렬한 우레가 치고 바람이 거세게 불면 반드시 얼굴빛을 바꾸었다.〔疾 君視 東首 加朝服拖紳 迅雷風烈 必變〕"라고 보인다.

것이니, 비록 한밤중의 깜깜하고 어두울 때라도 반드시 복장을 整齊하고 일어남은 그 변고를 공경히 대하는 것이다. 천자와 제후의 마시고 먹고 일어나고 앉는 節度가 일찍이 떳떳한 도리를 순히 따르지 않음이 없으나 특별히 年事가 순히 이루어지지 않았을 때에 자신이 누리는 것을 물리치는 것도 그 변고를 공경히 대하는 것이다.

130702 日五盥(관)하고 沐稷而靧(회)粱하며 櫛(즐)用樿(전)櫛하고 髮晞(희)엔 用象櫛하며 進機進羞엔 工乃升歌하나니라

하루에 다섯 번 손을 씻고 기장쌀을 인 뜨물로 머리를 감으며 좁쌀을 인 뜨물로 얼굴을 씻으며, 젖은 머리를 빗질할 때에는 흰 나무 빗을 사용하고 머리가 말랐을 때에는 상아 빗을 사용하며, 머리를 감은 뒤에 술을 마시고 음식을 먹을 때에는 樂工이 이에 올라가서 노래를 부른다.

≪集說≫

盥은 洗手也라 沐稷은 以淅稷之水로 洗髮也요 靧粱은 以淅粱之水로 洗面也라 樿櫛은 白木梳也요 晞는 乾也요 象櫛은 象齒梳也니 髮濕則滑故로 用木梳하고 乾[51]則澁故로 用象櫛也이라 沐而飮酒曰機요 羞則籩豆之實也라 工乃升堂하야 以琴瑟而歌焉하니 旣充之以和平之味하고 又感之以和平之音은 皆爲新沐氣虛하야 致其養也라

盥은 손을 씻는 것이다. '沐稷'은 기장쌀을 인 뜨물로 머리를 감는 것이고, '靧粱'은 좁쌀을 인 뜨물로 얼굴을 씻는 것이다. '樿櫛'은 흰 나무 빗이고 晞는 말림이고 '象櫛'은 상아 빗이니, 머리카락이 젖으면 매끄럽기 때문에 나무 빗을 사용하고 머리카락이 마르면 꺼칠하기 때문에 상아 빗을 사용하는 것이다. 머리를 감고서 술을 마시는 것을 機라 하고 羞는 籩豆에 담은 것이다. 樂工이 이에 堂에 올라가서 거문고와 비파를 가지고 노래 부르니, 이미 화평한 맛으로 배를 채우게 하고 또 화평한 樂으로 마음을 감동하게 함은 모두 새로 머리를 감아 氣가 허약해져서 그 기름을 지극히 한 것이다.

---

51) 乾 : 金在魯의 ≪禮記補註≫에 孔穎達 疏의 "머리를 감은 뒤에 말리면 머리털이 거칠어진다.〔沐已 燥則髮澁〕"라는 해설에 의거하여 "이 '乾'자는 이미 머리를 감은 뒤에 말린 것을 가리킨다.〔此乾字 指已沐而乾也〕" 하였다.

130703 浴用二巾호되 上絺(치)下綌(격)하고 出杅하야 履蒯(괴)席[52)]하야 連[53)]用湯하고 履蒲席하야 衣布晞身하고 乃屨進飮이니라

목욕할 때에는 두 개의 수건을 사용하되 상체를 닦을 때에는 고운 갈포를 쓰고 하체를 닦을 때에는 거친 갈포를 쓰고, 목욕통에서 나와 蒯草로 짠 자리를 밟고서 데운 물로 발을 씻은 다음 부들자리를 밟고서 삼베옷을 입어서 몸을 말리고 이에 신을 신고 음료를 마신다.

≪集說≫

杅는 浴盤也라 履는 踐也요 蒯席은 蒯草之席也라 湅은 洗也라 履蒯席之上하야 而以湯으로 洗其足垢然後에 立於蒲席하야 而以布乾潔其體하고 乃著(착)屨而進飮也라

杅는 목욕하는 통이다. 履는 밟음이고, 蒯席은 蒯草로 짠 자리이다. 湅은 씻음이다. 蒯席의 위를 밟고서 데운 물로 발의 때를 씻은 다음 부들자리에 서서 삼베로 몸을 깨끗이 말리고 이에 신을 신고 음료를 마시는 것이다.

≪大全≫

金華應氏曰 日必五盥於其間而沐浴焉이면 則所以滌其垢而致其潔하고 養其和者亦無所不至也라 沐則先稷而後粱하며 其櫛則先樿而後象하고 浴之巾則下用綌而上用絺하고 其席則先用蒯而後用蒲라 大抵整治之初하얀 則先用其粗者니 蓋垢汚之難去하야 不可不加刮摩滌蕩之力이요 及其整治之後하얀 則用其潤養之功이니라

金華應氏 : 날마다 반드시 그 〈하루〉 사이에 다섯 번 손을 씻고 머리를 감고 목욕

52) 履蒯(괴)席 : 鄭玄의 注에 "蒯草로 짠 자리는 거칠어서 발을 씻기에 편하다.〔蒯席澁 便於洗也〕" 하였다. 참고로, 저본의 '蒯'자에 대한 音註가 '怏(앙)'으로 되어 있는데, 이에 대해 金在魯의 ≪禮記補註≫에 "음주에 '蒯의 音은 快(쾌)이다.'라고 한 곳의 '快'자가 今本에는 잘못하여 '怏'자로 되어 있다.〔音註 蒯音快之快 今本誤作怏〕" 하였다.

53) 連 : 저본의 音註에 '〈'누이다', '씻다'의 뜻인〉 湅(련)으로 읽는다.〔讀爲湅〕'라고 되어 있는데, 이는 陳澔 集說의 설명에 의거한 것이다. 참고로, 鄭玄의 注에는 "連은 씻음과 같다.〔連猶釋也〕" 하였고, 孔穎達의 疏에는 "〈정현이〉 '連猶釋也'라고 한 것은 발의 때를 씻어 없앨 적에 끓인 뜨물을 사용함을 말한다.〔連猶釋也 言釋去足垢而用湯闌也〕" 하였다.(≪禮記正義≫)

한다면 그 때를 씻어내어 깨끗함을 지극히 하고 그 화함을 기르는 것이 또한 지극하지 않은 바가 없는 것이다. 머리를 감을 때에는 기장쌀을 인 뜨물로 먼저 머리를 감고 좁쌀을 인 뜨물로 뒤에 얼굴을 씻으며, 빗질할 때에는 나무 빗을 먼저 사용하고 상아 빗을 뒤에 사용하며, 몸을 씻는 수건은 아래를 닦을 때는 굵은 갈포를 사용하고 위를 닦을 때는 고운 갈포를 사용하며, 자리는 먼저 蒯草로 짠 자리를 사용하고 뒤에 부들자리를 사용한다. 대저 整齊하는 초기에는 거친 것을 먼저 사용하니 더러운 때를 제거하기가 어려워 문지르고 비벼서 씻어내는 힘을 가하지 않을 수 없는 것이고, 정제한 뒤에는 윤택하게 기르는 功을 쓰는 것이다.

○ 延平周氏曰 沐稷而靧粱은 所以別其賤與貴也라 旣沐而升歌는 所以作其陽也요 旣浴而進飮은 所以養其陽也[54)]니라

延平周氏 : 기장쌀을 인 뜨물로 머리를 감고 좁쌀을 인 뜨물로 얼굴을 씻는 것은 천한 것(얼굴)과 귀한 것(머리)을 구별하는 것이다. 이미 머리를 감고 당에 올라가서 노래를 부름은 陽을 일으키는 것이고, 목욕한 뒤에 음료를 마시는 것은 陽을 기르는 것이다.

130801 將適公所할새 宿齊戒하야 居外寢하고 沐浴하며 史進象笏이어든 書思對命하며

장차 임금 계신 곳에 갈 적에는 미리 재계해서 밖에 거처하여 잠을 자고 목욕하며, 史官이 상아 笏을 올리거든 〈홀에〉 자기가 생각한 것과 대답할 것과 임금이 명령하신 것을 쓰며,

---

54) 旣沐而升歌……所以養其陽也 : 이 내용은 〈郊特牲〉(110301)에 "〈봄에 孤子에게〉 연향을 베풀고 禴祭를 지낼 적에는 樂이 있으며, 〈가을에 耆老에게〉 연향을 베풀고 嘗祭를 지낼 적에는 樂이 없으니, 이는 陰·陽의 뜻을 나타낸 것이다. 무릇 마심은 陽氣를 기르는 것이고, 무릇 먹음은 陰氣를 기르는 것이다. 그러므로 봄에는 禴祭를 지내고 가을에는 嘗祭를 지내며 봄에는 고자에게 연향을 베풀고 가을에는 기로에게 음식을 먹이니, 그 뜻이 똑같으나 食禮와 嘗祭에는 樂이 없다. 마심은 양기를 기르는 것이므로 樂이 있고 먹음은 음기를 기르는 것이므로 樂이 없으니, 무릇 소리는 陽이다.〔饗(禘)〔禴〕有樂 而食(사)嘗 無樂 陰陽之義也 凡飮 養陽氣也 凡食 養陰氣也 故春(禘)〔禴〕而秋嘗 春饗孤子 秋食耆老 其義一也 而食嘗 無樂 飮 養陽氣也 故有樂 食 養陰氣也 故無聲 凡聲 陽也〕" 한 말을 원용한 것이다.

≪集說≫

大夫之有史는 蓋掌文史之事耳요 非史官之比也라 思는 謂意所思念으로 欲告君之事요 對는 謂君若有問이면 則對答之辭요 命은 謂君所命令으로 當奉行者니 此三者를 皆書之於笏이라 故曰書思對命이니 皆謂敬謹之至하야 恐或遺忘也라

대부에게 있는 史官은 〈문서에 일을 기록하는〉 文史의 일을 관장할 뿐이고 〈임금의〉 史官에 견줄 수 있는 것이 아니다. 思는 마음속에 생각한 것으로 임금에게 고하고자 하는 일을 이르고, 對는 임금이 만약 질문이 있으면 〈임금에게〉 대답할 말을 이르고, 命은 임금이 명령한 것으로 〈대부가〉 받들어 행해야 할 것을 이르니, 이 세 가지를 모두 笏에 쓴다. 그러므로 "생각한 것과 대답할 것과 임금이 명령하신 것을 쓴다." 한 것이니, 모두 공경하고 삼감이 지극해서 혹 빠뜨리고 잊을까 두려워함을 이른다.

130802 旣服하고 習容觀玉聲하야 乃出하야 揖私朝호되 煇(휘)如也하며 登車則有光矣니라

朝服을 입고 용모와 儀觀과 佩玉 소리를 익히고 나서야 나가서 私朝에서 揖을 하되 빛이 나고 수레를 타면 광채가 난다.

≪集說≫

旣服은 著朝服畢也라 容觀은 容貌儀觀也요 玉聲은 佩玉之聲也라 揖私朝는 與其家臣揖하고 而往朝于君也라 煇與光은 皆言德容發越之盛이니 光則又盛於煇矣니라

'旣服'은 朝服을 다 입는 것이다. '容觀'은 용모와 의관이고, '玉聲'은 佩玉의 소리이다. '揖私朝'는 家臣들과 더불어 揖하고 군주에게 가서 뵙는 것이다. 煇와 光은 모두 德스러운 모양이 성하게 발양됨을 말한 것이니, 光은 煇보다 더 성하게 빛나는 것이다.

≪大全≫

朱子曰 旣服에 必先進笏은 所以備忽忘也니 漢初에 有秉笏奏事[55)]하니라 又曰 執簿는

---

55) 漢初 有秉笏奏事 : ≪漢書≫ 권25上 〈郊祀志 第5上〉에 "그러한 말이 경전에 보이지 않으

亦笏之類니 只是爲備遺忘故로 手執眼觀口誦이라 於君前에 有所指畫(획)이면 不敢用手故로 以笏指畫이러니 今世에 遂用以爲常執之物이라 周禮典瑞에 王搢大圭하고 執鎭圭라하니 大圭不執하고 只是搢於腰間이요 却執鎭圭하고 用藻藉以朝日이러니 而今郊廟에 天子皆執大圭니라 大圭는 長三尺하야 且重하야 執之甚難하니 古者엔 本非執大圭也니라

朱子 : 조복을 입은 뒤에 반드시 먼저 〈사관이〉 笏을 올림은 잊음을 대비하는 것이니, 漢나라 초기에 笏을 잡고 일을 아룀이 있었다.

또 : 簿를 잡는 것도 笏을 잡는 것과 같은 종류이니, 이는 다만 빠트리거나 잊음을 대비하기 위해서이므로 손으로 잡고 눈으로 보고 입으로 외는 것이다. 임금 앞에서 그려 보여야 할 것이 있으면 감히 손을 쓸 수 없기 때문에 笏로 그려 보이는데 지금 세상에는 마침내 笏을 항상 잡는 물건으로 사용한다. ≪周禮≫ 〈春官 典瑞〉에 "王이 大圭를 꽂고 鎭圭를 잡는다." 하였으니, 대규는 손에 잡지 않고 다만 허리 사이에 꽂을 뿐이며 진규를 잡고 옥 받침을 사용하여 해에게 제사 지냈는데, 지금 郊 제사와 종묘 제사에는 천자가 모두 대규를 잡는다. 대규는 길이가 3尺이고 또 무거워서 잡기가 매우 어려우니, 옛날에는 본래 대규를 잡은 것이 아니다.

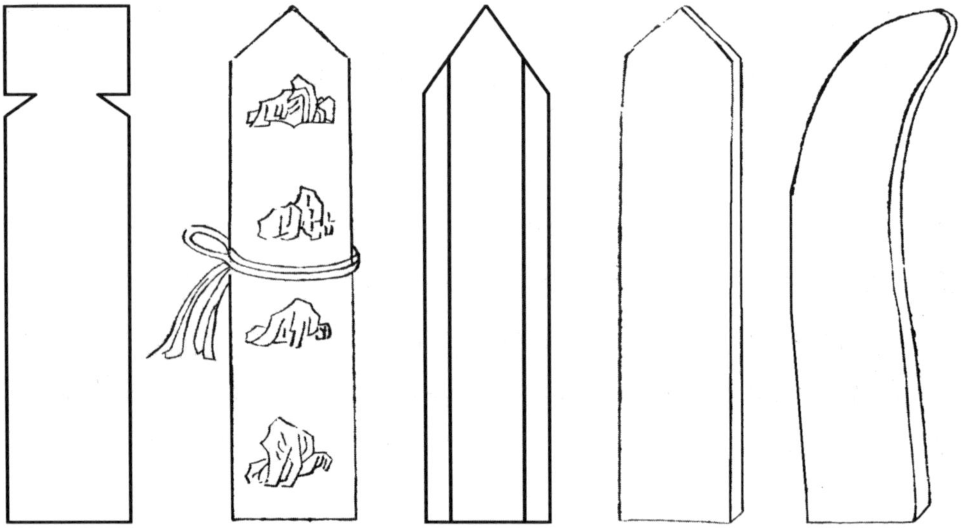

大圭 鎭圭 桓圭 信圭 躬圭

니, 사대부들이 말하지 않는다.〔其語不經見 縉紳者弗道〕" 한 것에 대한 顔師古의 주에 "李奇가 '縉은 꽂음이다.' 한 것이 옳다. '縉'자는 본래 '搢'으로 되어 있으니, 홀을 大帶와 革帶의 사이에 꽂을 뿐이고 대대에 꽂는 것이 아니다.〔李云縉插是也 字本作搢 插笏於大帶與革帶之間耳 非插於大帶也〕" 한 것에 의거하여 이렇게 말한 것이다.

130901 天子搢珽(정)은 方正於天下也니라

천자가 곧은 笏을 꽂음은 천하에 方正함을 보이는 것이다.

≪集說≫

搢은 揷也요 珽은 亦笏也니 卽玉人所謂大圭長三尺[56] 者 是也니 以其挺然無所詘(굴)이라

---

56) 玉人所謂大圭長三尺 : 金在魯의 ≪禮記補註≫에 "≪周禮≫ 〈考工記 玉人〉에 '鎭圭는 1척 2촌이니 평상시에 천자가 지키고, 命圭가 9촌인 것을 桓圭라 하니 평상시에 공이 지키고, 명규가 7촌인 것을 信圭라 하니 평상시에 侯가 지키고, 명규가 7촌인 것을 躬圭라 하니 평상시에 伯이 지킨다.' 하였고, 또 '大圭는 길이가 3척이니, 천자가 의대의 사이에 꽂는다.' 하였는데, 賈公彦의 疏에 '「대규」라고 말한 것은 그 길이 때문에 대규라는 명칭을 얻은 것이다. 「服之(착용함)」라고 말한 것은 의대의 사이에 꽂아서 의복과 같이 착용하기 때문에 「服」자를 가지고 말한 것이다. 또 ≪주례≫ 〈春官 典瑞〉에 「왕은 대규를 꽂고 진규를 잡는데, 이것으로 해에게 제사하는 예를 행한다.」 하였다.'라고 하였으니, 楊梧의 설은 대체로 여기에 근거한 것이다.〔周禮玉人 鎭圭尺有二寸 天子守之 命圭九寸 謂之桓圭 公守之 命圭七寸 謂之信圭 侯守之 命圭七寸 謂之躬圭 伯守之 又曰 大圭長三尺 天子服之 疏曰 言大圭者 以其長故得大圭之稱 言服之者 以其搢於衣帶之間 同於衣服 故以服言之 又典瑞 王搢大圭 執鎭圭 以朝日 楊梧說 蓋據此〕" 하였다.

참고로, 김재로가 말한 양오의 설은 다음과 같다. "'搢珽' 節의 주에 笏을 圭라 하여서 억지로 합하여 하나로 만들었으므로 그 설이 이해하기 어려운 것이니, 다음과 같은 차이가 있음을 알지 못한 것이다. 규에는 用事(써야 할 일)가 있고 笏은 일을 기록하는 데에 쓰니, 그 같지 않음이 첫 번째이다. 천자의 大圭는 해에게 제사할 적에 쓰는데 띠에 꽂고 손으로 잡지 않으며, 제후의 命圭는 왕에게 春朝, 秋覲, 夏宗, 冬遇 및 時見(현), 殷見(현)의 예를 행할 경우와 제후끼리 서로 만나볼 적에 쓰는데, 홀은 평상시 視朝하고 사당에 들어가고 활쏘기를 익힐 적에 쓰는 바이니, 그 같지 않음이 두 번째이다. ≪주례≫ 〈고공기 옥인〉에 '대규는 길이가 3척이다.' 하였고 ≪예기≫ 〈雜記〉에 '公은 圭가 9촌이고 侯와 伯은 7촌이다.' 하였는데, 여기에서는 '2척 6촌이다.' 하였으니, 그 같지 않음이 세 번째이다. 또 〈옥인〉에 '천자의 대규는 윗부분의 양쪽 측면을 안쪽으로 깎아서 머리 부분을 椎(몽치)처럼 만든다.' 하였는데, 여기에서는 '그 중간의 넓은 곳은 3촌이고 줄어드는 부분은 3촌을 6등분하여 그중에 1분을 제거한다.' 하였으니, 그 같지 않음이 네 번째이다. 제후의 명규는 옥을 쓰는데 여기에서는 상아를 쓴다고 하였으니, 그 같지 않음이 다섯 번째이다. 더구나 대규는 천자가 衣帶의 사이에 꽂는 것으로 신하가 쓸 수 있는 바가 아닌데, 홀은 천자와 제후로부터 대부와 士에 이르기까지 모두 있으니, 대규가 아님이 분명하다. 만약 대규의 제도를 가지고 홀이라고 한다면, ≪예기≫에서 '줄어드는 부분은 3촌을 6등분하여 그중에 1분을 제거한다.'라고 말한 것이 또 제후는 그 윗부분을 줄이고 대부와 사는 그 아랫부분을 줄이는 것임을 어찌 알겠는가. 또한 '홀의 길이가 2척 6촌인데 그 중간의 넓은 곳은 3촌이다.'라는 것은 줄이지 않은 부분을 말한 것이니, 이는 위아래를 모두 줄인 것이다. '그 줄어드는 부분은 3촌을 6등분하여 그중에 1분을 제거한다'는 것은 위아래가 모두 2촌 반이라는 뜻이니, 어찌 '천자는 윗부분을 깎아서 머리 부분을 椎처럼 만들고, 제후는

故謂之珽이라 蓋以端方正直之道로 示天下也라

搢은 꽂음이고 珽은 또한 笏이니, 바로 ≪周禮≫ 〈考工記 玉人〉에 이른바 "大圭는 길이가 3尺이다."라는 것이 이것이다. 곧아서 굽힌 바가 없기 때문에 이 笏을 일러 珽이라고 이른 것이니, 方正하고 正直한 道를 천하에 보이는 것이다.

130902 諸侯荼(서)前詘後直은 讓於天子也니라

제후의 〈笏인〉 荼가 앞이 굽고 뒤가 곧음은 천자에게 사양한 것이다.

≪集說≫

荼者는 舒遲之義니 前有所畏면 則其進舒遲라 諸侯之笏이 前詘者는 圓殺(쇄)其首也요 後直者는 下角正方也니 以其讓於天子故로 殺其上也라

荼는 더디고 느리다는 뜻이니 앞에 두려워하는 바가 있으면 나아감이 더디고 느리다. 제후의 笏이 앞이 굽음은 그 〈각이 있는〉 머리 부분을 〈깎아내어〉 둥글게 줄인 것이고, 뒤가 곧음은 아래의 각진 부분이 正方의 모양이니, 천자에게 사양하기 때문에 그 위를 줄인 것이다.

130903 大夫前詘(굴)後詘은 無所不讓也니라

대부의 笏이 앞도 굽고 뒤도 굽은 것은 사양하지 않는 바가 없기 때문이다.

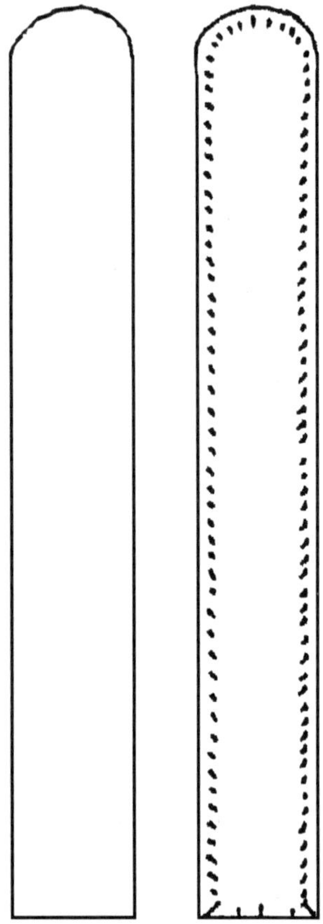

諸侯荼 大夫笏

椎처럼 만들지 않고, 대부와 士는 그 아랫부분을 깎는다.'라고 말하겠는가. 규와 홀은 분명하게 다른 것이니, 독자는 이를 자세히 살펴야 한다.〔搢珽節註以笏爲圭 强合爲一 故其說難通 不知圭有用事 笏以記事 其不同一也 天子大圭 以朝日 搢而不執 諸侯命圭 朝覲宗遇會同于王及諸侯相見用之 笏則常日視朝入廟習射所用 其不同二也 周禮玉人云 大圭長三尺 雜記云 公圭九寸侯伯七寸 此云 二尺六寸 其不同三也 又玉人云 天子杼上 終葵首 此云 中博三寸 殺六分之一 其不同四也 諸侯命圭以玉 此云 以象 其不同五也 況大圭天子服之 非臣下所得用 笏則自天子諸侯至大夫士皆有之 其非大圭明矣 若以大圭之制爲笏 記言 其殺六分去一 又安知諸侯殺其上首 大夫士殺其下首乎 且笏之度二尺有六寸 而其中博三寸 不殺 則是上下皆殺也 其殺六分去一 則上下皆二寸有半也 何謂天子杼上終葵首 諸侯不終葵首 大夫士杼其下首乎 圭笏 明是兩樣 讀者詳之〕"

≪集說≫

大夫는 上有天子하고 下有己君이라 故笏之下角을 亦殺(쇄)而圜하니 示無所不讓也라

대부는 위로는 천자가 있고 아래로는 자기의 임금이 있다. 그러므로 笏의 아래 각진 부분을 또한 줄여서 둥글게 하니, 사양하지 않는 바가 없음을 보이는 것이다.

≪大全≫

長樂陳氏曰 天子之於天下에 體無屈이라 故로 珽必方正이요 諸侯之於天子엔 則謹度以臣之하고 於臣民則制節以君之라 故로 荼必前詘後直이요 大夫於其君則爲臣하고 於天子則爲陪臣이라 故로 笏必前詘後詘이라 士笏之制는 無所經見하니 觀其飾之以象하면 疑亦前詘後直歟인저

長樂陳氏 : 천자는 천하에 있어서 몸을 굽힘이 없기 때문에 珽을 반드시 方正하게 하는 것이고, 제후는 천자에게는 법도를 삼가 신하 노릇 하고 신하와 백성에게는 禮節을 따라 임금 노릇 하므로 荼를 반드시 앞은 굽게 하고 뒤는 곧게 하는 것이고, 대부는 자기의 임금에게는 신하가 되고 天子에게는 陪臣이 되므로 笏을 반드시 앞을 굽게 하고 뒤를 굽게 하는 것이다. 士의 笏의 제도는 경전에 보이는 바가 없으니, 상아로 꾸민 것을 보면 아마도 또한 앞이 굽고 뒤가 곧은 것인 듯하다.

○ 嚴陵方氏曰 玉之廷者爲珽이니 左傳衮冕黻珽[57]이 是矣라 廷故直하고 直故方하고 方故正하니 方正者는 以其直而無所詘於天下也라 故로 天子搢之라 且其動也直은 天道也요 其動也屈은 地道也니 天子體天道故로 無所詘이요 諸侯進則勢詘於天子故로 前詘하고 退則道伸於國人故로 後直이라 大夫進則詘於天子하고 退則詘於諸侯라 故前詘後詘하야 以示其無所不讓也니라

嚴陵方氏 : 玉이 公正한 것을 珽이라 하니, ≪春秋左氏傳≫에 "衮衣와 冕을 착용하고 黻(蔽膝)과 珽을 찬다."라는 것이 이것이다. 공정하기 때문에 곧고, 곧기 때문에 方正하고 방정하기 때문에 바르니, 방정하게 하는 것은 곧아서 천하에 굽히는 바가 없기 때문이다. 그러므로 天子가 이것을 꽂는 것이다. 또 동함이 곧음은 하늘의 道이고 동함이 굽힘은 땅의 도이니, 천자는 하늘의 道를 체행하기 때문에 굽히는 바가 없고 제

57) 左傳衮冕黻珽 : ≪春秋左氏傳≫ 桓公 2년에 보인다.

후는 나가면 형세가 천자에게 굽히기 때문에 앞이 굽으며 물러나면 道가 나라 사람들에게 펴지기 때문에 뒤가 곧은 것이다. 대부는 나가면 천자에게 굽히고 물러가면 제후에게 굽히므로 앞이 굽고 뒤가 굽어서 사양하지 않는 바가 없음을 보이는 것이다.

131001 侍坐則必退席이니 不退어든 則必引而去君之黨이니라

〈임금을〉 모시고 앉을 때에는 반드시 물러나 〈別席의〉 자리에 앉아야 하니, 물러날 수가 없거든 반드시 몸을 이끌고 물러나 임금의 親黨 아래에 앉는다.

≪集說≫

臣侍君之坐에 若側旁에 有別席이면 則退就別席하고 或旁無別席可退어나 或有席이라도 而君不命之退어든 則當引而却하야 離坐於君親黨之下也라 一說에 黨屬於鄉而小[58)]라 故以爲旁側之喩라하니라

신하가 임금을 모시고 앉을 때에 만약 옆에 別席이 있으면 물러나 별석으로 나아가고, 혹 옆에 물러나 앉을 수 있는 별석이 없거나 혹 별석이 있더라도 임금이 물러나 앉으라고 명하지 않거든 마땅히 몸을 이끌고 물러나서 親黨 아래에 떨어져 앉는 것이다. 一說에 "黨은 鄕에게 소속되어서 작으므로 〈임금의〉 옆의 비유로 삼은 것이다." 하였다.

131002 登席호되 不由前은 爲躐席[59)]이니라

58) 黨屬於鄕而小 : ≪周禮≫ 〈地官 大司徒〉에 "5家를 比라 하고, 5비를 閭라 하고, 4려를 族이라 하고, 5족을 黨이라 하고, 5당을 州라 하고, 5주를 鄕이라 한다.〔五家爲比 五比爲閭 四閭爲族 五族爲黨 五黨爲州 五州爲鄕〕"라고 보인다.

59) 登席……爲躐席 : '躐'은 '뛰어넘다〔越〕'는 뜻으로, 자리에 올라갈 때 앞으로 올라가지 말아야 하는 것은 그것이 자리를 건너뛰는 것이기 때문이다. 돗자리는 위와 아래가 있어 특별한 일이 없을 경우 아래쪽으로 올라가고 위쪽으로 내려오는데, 앞쪽을 위로 삼고 뒤쪽을 아래로 삼은 듯하다. 金在魯의 ≪禮記補註≫에 "살펴보건대 疏의 설이 옳고 陳澔의 주가 잘못되었다. 朱子의 해석이 매우 분명하니, 〈曲禮 上〉의 ≪예기보주≫에 보인다.〔按 疏說爲是 陳註爲誤 朱子之訓甚明 見曲禮上補註〕" 하였다.

김재로의 해석은 '爲躐席'의 '爲'자를 去聲으로 읽어야 함을 말한 것이다. 이 경문에 대한 鄭玄의 註에 "올라갈 적에는 반드시 아래를 따라야 하는 것이다.〔升必由下也〕" 하였고,

자리에 올라가되 앞을 통해 올라가지 않는 것은 자리를 밟음이 된다.

≪集說≫

疏曰 失節而踐이 爲躐席이니 應從下升이라 若由前升이면 是躐席也라 鄕飮酒禮에 賓은 席于戶西하니 以西頭爲下요 主人은 席于阼階하고 介는 席于西階하니 皆北頭爲下요 賓升席自西方이라 註云 升由下也라하니라 又記云 主人介凡升席自北方하고 降自南方이라한대 註云 席南上升由下하고 降由上이라하니라 主人受獻에 自席前으로 適阼階라한대 是降自北方者니 以受獻正禮는 須席末啐(쵀)酒하고 因從北方降也라 故註云由便也라 若尋常無事면 則升由下而降由上하고 若賓則升降皆由下也라

〈孔穎達의〉 疏 : 禮節을 잃고 밟는 것을 '躐席'이라 하니 응당 아래로부터 올라가야 한다. 만약 앞을 따라 올라가면 이것이 躐席이다. ≪儀禮≫ 〈鄕飮酒禮〉에 따르면 賓은 방문의 서쪽에 자리하니 서쪽 부분을 아래로 삼은 것이고, 주인은 堂 위의 동쪽 계단 쪽에 자리하고 介는 서쪽 계단 쪽에 자리하니 〈주인과 介가〉 모두 북쪽 부분을 아래로 삼은 것이다. "賓은 자리에 올라갈 때에 西方으로부터 한다." 하였는데 〈鄭玄의〉 註에 "올라갈 때에 아래를 따른 것이다." 하였다. 또 〈鄕飮酒禮記〉에 "주인과 介가 모두 자리에 올라갈 때에 北方으로부터 하고 내려올 때에는 南方으로부터 한다." 하였는데 〈정현의〉 주에 "자리는 남쪽을 상위로 하니 올라갈 때에는 아래를 따르고 내려올 때에는 위를 따른다." 하였다. "주인이 獻을 받을 때에 자리 앞으로부터 내려와 동쪽 계단 쪽으로 간다." 하였는데, 이것은 北方으로부터 내려오는 것이니, 獻을 받는 바른 禮는 자리 끝에서 술을 맛보고 인하여 北方을 따라 내려와야 하기 때문이다. 그러므로 〈정현의〉 주에 "편리함을 따른 것이다." 한 것이다. 만약 평상시 일이 없으면 올라갈 때에는 아래를 따르고 내려올 때에는 위를 따르고, 만약 손님이면 오르고 내리는 것을 모두 아래를 따른다.

孔穎達의 疏 역시 '爲'자를 거성으로 보아 '앞을 따르지 않는 것'이 예에 맞는 것으로 설명하였는바, 여기에 맞추어 경문을 해석하면 "자리에 올라갈 적에 앞을 따르지 않는 것은 자리를 밟음이 되기 때문이다."라고 해야 한다. 주자는 ≪儀禮經傳通解≫ 권12 〈學禮 臣禮 侍坐賜食〉에 이 경문 및 注疏의 설을 그대로 기재하였으며, 또한 권10 〈學禮 少儀 洒埽應對進退〉에서 〈곡례 상〉의 '자리에 올라갈 때 앞쪽으로 올라가지 말아야 한다.〔毋踖席〕'를 설명하면서 注疏의 설을 따랐다. 이와 반대로 진호는 '爲'자를 平聲으로 보아 '앞을 따르는 것'이 예에 맞는 것으로 설명하였다.

○ 今按此說席之上下 固爲明白하니 竊意此經八字 當作一句요 而爲字는 平聲이라 蓋行禮之時에 人各一席而相離稍遠이면 固可從下而升이요 若布席稍密하고 或數人共一席이면 則必須由前이라야 乃可得已之坐니 若不由前이면 則是躐席矣니라

지금 살펴보건대 여기에 자리의 위아래를 설명한 것이 진실로 명백하니, 생각하건대 이 經의 여덟 글자가 마땅히 한 句가 되고 '爲'자는 〈'되다'는 뜻의〉 平聲이어야 한다. 禮를 행할 때에 사람마다 각각 한 자리를 차지하고 있어서 서로 거리가 조금 멀면 진실로 아래로부터 올라갈 수가 있고, 만일 자리를 편 것이 사이가 약간 촘촘하거나 혹 여러 사람이 한 자리에 앉으면 반드시 앞으로 따라 올라가야 비로소 자기 자리에 앉을 수 있으니, 만약 앞을 따라 올라가지 않으면 躐席이다.

131003 徒坐에는 不盡席이 尺이니라

평상시 앉았을 때에는 자리의 앞쪽을 다 차지하지 않고 남기는 것이 1尺이다.

≪集說≫

徒는 空也니 非飮食及講問之坐 爲徒坐니 不盡席之前一尺은 示無所求於前也라

徒는 空이니 음식을 먹거나 講論하는 자리가 아닌 것을 '徒坐'라고 하니, 자리의 앞쪽을 다 차지하지 않는 것이 1尺인 것은 앞쪽에 구할 바가 없음을 보인 것이다.

131004 讀書食엔 則齊豆하야 去席이 尺[60]이니라

---

60) 讀書食則齊豆去席尺 : 鄭玄의 注에 "책을 읽는 것은 그 소리가 마땅히 존자에게 들려야 한다. 음식을 먹을 경우에는 자리를 더럽히기 때문이다.〔讀書 聲當聞尊者 食 爲汚席也〕" 하였고, 孔穎達의 疏에 "'책을 읽거나 음식을 먹을 경우에는 가지런하게 앉는다.' 한 것은, 독서는 그 소리가 마땅히 존자에게 들려야 하는 것이고, 음식을 먹을 경우에는 자리를 더럽히기 때문에 앉게 되면 앞쪽으로 가까이 가서 자리의 가와 가지런하게 하는 것이다. '豆는 자리와의 거리가 1척 정도 떨어져 있다.'라고 한 것은 자리에서 앞쪽으로 가까이 가는 뜻을 풀이한 것이다. 豆를 자리와의 거리가 1척 정도 떨어지게 진설하기 때문에 앞쪽으로 앉아 豆 쪽으로 나아가지 않을 수 없는 것이다.〔讀書食則齊者 讀書 聲則當聞尊者 食爲其汚席 坐則近前與席畔齊也 豆去席尺者 解席所以近前之意 以設豆去席一尺 不得不前坐就豆也〕" 하였다.

참고로, 金在魯의 ≪禮記補註≫에 "살펴보건대 이는 독서를 하거나 음식을 먹을 경우

책을 읽거나 먹을 때에는 豆와 거리를 똑같이 해서 자리와의 거리가 1尺 떨어지게 한다.

≪集說≫

石梁王氏曰 食則豆去席尺이요 讀書則與豆齊하야 亦去席尺이니 是謂齊豆去席尺이라

石梁王氏 : 밥을 먹을 때에는 豆가 자리와의 거리가 1尺쯤이고, 책을 읽을 때에는 豆와의 거리가 똑같아서 또한 자리와의 거리가 1척이니, 여기에서 "豆와 거리를 똑같이 해서 자리와의 거리가 1척 떨어지게 한다." 말한 것이다.

≪大全≫

嚴陵方氏曰 侍坐則必退席者는 不敢與尊者竝故也라 雖不退席이나 猶須引身而去君之黨以避之니 於其黨如此면 則於君可知矣라 登席不由前爲躐席者는 席은 以前爲正故로 登之不由前이니 曲禮言趨隅者 以此라 躐은 踐也니 獵者之所逐에 無所顧而踐焉이라 故謂之躐이니 先儒謂失節而(躐)〔踐〕[61]을 爲躐者 以此라 夫趨席之隅非不踐也로되 特由前而登이 乃失節爾라 故曰爲躐席이라 徒坐不盡席尺의 徒坐는 卽曲禮所謂虛坐是也니라

嚴陵方氏 : 모시고 앉으면 반드시 자리를 물러나 앉는 것은 감히 尊者와 나란히 앉을 수가 없기 때문이다. 비록 자리를 물러나 앉지 않는다 하더라도 오히려 반드시 몸을 이끌고 임금의 親黨을 떠나서 피해야 하니, 〈임금의〉 親黨에도 이와 같이 한다면 임금에게 어떻게 하는지 알 수 있다. 자리를 오를 때에 앞을 따르지 않음을 '躐席'이라 하는 것은 자리는 앞을 바름으로 삼기 때문에 올라갈 때에 앞을 따르지 않는 것이니, 〈曲禮 上〉에 "자리의 모퉁이 쪽(아래쪽)으로 나아가 올라간다." 한 것은 이 때문이다. 躐은 밟음이니 사냥하는 자가 짐승을 쫓아갈 때 〈다른 곳을〉 돌아보지

에는 모두 앉을 적에 자리 가와 가지런하게 함을 이른다. '豆는 자리와의 거리가 1척 정도 떨어져 있다.' 한 것은 우선 '음식을 먹는 것' 한쪽을 들어서 '가지런하게 한다'는 뜻을 밝힌 것이니, 〈集說에 실려 있는〉 석량왕씨의 설은 이해하지 못하겠다.〔按 此謂讀書及食則皆坐與席畔齊也 豆去席尺 姑擧食一邊以明所以齊之意也 石梁說未曉〕" 하였다.

61) (躐)〔踐〕 : 저본에는 '躐'으로 되어 있으나, 孔穎達의 疏에 "庾氏(庾蔚之)가 말하였다. '범절을 잃고 밟는 것을 躐이라 한다.'〔庾云 失節而踐爲躐〕" 한 것에 의거하여 '踐'으로 수정하였다.

않고 〈짐승의 뒤를〉 밟으므로 躐이라 이른 것이다. 先儒가 "禮節을 잃고 밟는 것을 일러 躐이라 한다." 한 것은 이 때문이다. 자리의 모퉁이 쪽으로 나아감이 밟지 않는 것은 아니지만 특히 앞을 말미암아 오르는 것이 마침내 禮節을 잃는 것이므로 '躐席'이라 한 것이다. '徒坐不盡席尺'의 '徒坐'는 바로 〈曲禮 上〉에 이른바 "빈자리(虛坐)"라는 것이 이것이다.

131101 **若賜之食**하고 **而君客之**어든 **則命之祭然後**에 **祭**하며 **先飯**하야 **辯**(편)**嘗羞**하고 **飮而俟**니라

만약 임금이 음식을 하사하고 자기를 손님으로 예우하거든 임금이 고수레할 것을 명한 뒤에 고수레하며, 먼저 밥을 먹어서 두루 음식을 맛보고 음료를 마시고서 임금이 식사하기를 기다린다.

≪集說≫

客之는 以客禮待之也라 然이나 必命之祭然後祭者는 不敢以客禮自居也라 先食而徧嘗諸味는 亦示臣爲君嘗食之禮也라 飮而俟者는 禮에 食未飧(손)以前에 啜飮하야 以利滑喉中하야 不令澁噎(삽열)이라 今君猶未飧이라 故臣亦不敢飧而先嘗羞하니 嘗羞畢而啜飮하야 以俟君飧이라가 臣乃敢飧也라

'客之'는 손님의 禮로 대우하는 것이다. 그러나 반드시 고수레하기를 명한 뒤에 고수레하는 것은 감히 손님의 禮로 자처하지 못해서이다. 먼저 밥을 먹고서 두루 여러 가지 맛을 맛보는 것은 또한 신하가 임금을 위해서 음식을 맛보는 禮를 보이는 것이다. '飮而俟'는, 禮에 따르면 식사할 적에 밥을 물에 말기 이전에 음료를 마셔서 목구멍을 부드럽고 매끄럽게 해서 〈음식이〉 목에 걸리거나 막히지 않게 한다. 지금 君主가 아직 밥을 물에 말지 않았으므로 신하 또한 감히 밥을 물에 말지 않고 먼저 음식을 맛보는 것이니, 음식을 다 맛본 뒤에 음료를 마시고서 임금이 밥을 물에 말기를 기다렸다가 신하가 그제야 감히 밥을 물에 마는 것이다.

≪大全≫

嚴陵方氏曰 於飯曰先하고 於羞曰嘗은 互言之耳라 食必先嘗은 臣子之職에 所當然

也라 凡飮은 必先飯而後食이라 故로 飮而俟君食而後食也니라

嚴陵方氏 : 밥에서는 '先'이라고 말하고 음식에서는 '嘗'이라고 말한 것은 互文일 뿐이다. 음식을 반드시 먼저 맛봄은 신하의 직분에 당연한 바이다. 모든 음료는 반드시 먼저 밥을 먹으며 그 뒤에 음식을 먹기 때문에 음료를 마시고서 임금이 먹기를 기다린 뒤에 음식을 먹는 것이다.

131102 若有嘗羞者어든 則俟君之食然後에 食하고 飯飮而俟하며 君命之羞어든 羞近者하고 命之品嘗之然後에 唯所欲이니라 凡嘗遠食호되 必順近食이니라

만약 음식을 맛보는 자가 있거든 임금이 음식을 드시기를 기다린 뒤에 음식을 먹고 밥을 먹고 음료를 마시고서 기다리며, 임금이 음식을 먹을 것을 명하시거든 가까운 것을 먹고, 여러 가지를 맛보라고 명한 뒤에 먹고 싶은 대로 먹는다. 무릇 멀리 놓인 음식을 맛볼 때에는 반드시 가까이 있는 것부터 먹는다.

≪集說≫

此는 謂君但賜之食而非客之者니 則膳宰自嘗羞라 故云若有嘗羞者라 此臣이 旣不祭不嘗이면 則俟君食乃食也니 雖不嘗羞나 亦先飮하야 飮以利喉而俟君也라 羞近者는 但於近處에 食一羞也라 品은 猶徧也라 凡嘗遠食에는 必自近者始니 客與不客이 皆然이라 故云凡也라

이것은 임금이 단지 음식만 하사하고 손님으로 대우하지 않는 경우를 이른 것이니, 膳宰가 직접 음식을 맛보기 때문에 "만약 음식을 맛보는 자가 있다."고 말한 것이다. 이 신하가 이미 고수레하지 않고 맛보지 않는다면 임금이 먹기를 기다린 뒤에야 먹는 것이다. 비록 음식을 맛보지 않더라도 또한 먼저 음료를 마셔서 목구멍을 매끄럽게 하고 임금이 먹기를 기다린다. '羞近'은 다만 가까운 곳에 있는 음식에서 한 가지 음식을 먹는 것이다. 品은 두루와 같다. 무릇 먼 곳에 놓인 음식을 맛볼 때에는 반드시 가까운 것에서 시작하여야 하니, 이것은 손님이 된 자와 손님이 되지

않은 자가 모두 그러하므로 '무릇'이라고 말한 것이다.

131103 **君未覆手**어든 **不敢飧**하고 **君旣食**이어든 **又飯飧**이니 **飯飧者**는 **三飯也**라 **君旣徹**이어든 **執飯與醬**하야 **乃出授從者**니라

임금이 식사를 마치고서 입에 손을 덮어 입에 묻은 것을 훑지 않았거든 감히 물을 말지 않고, 임금이 식사를 마쳤거든 또다시 밥을 물에 마니, 밥을 물에 만다는 것은 세 차례에 걸쳐 밥을 물에 마는 것이다. 임금이 이미 식사를 끝마치고 음식을 치우게 하거든 자기가 먹던 밥과 장을 가지고 나와서 자기의 從者에게 준다.

≪集說≫

覆手者는 謂食畢而覆手하야 以循口之兩旁이니 恐有殽粒汚著之也라 飧은 以飮澆飯也니 禮食竟에 更作三飧하야 以助飽實이라 故君未覆手면 則臣不敢飧하니 明不敢先君而飽也라 旣는 猶畢也라 君畢食이면 則臣更飯飧也라 三飯은 竝是飧이니 謂三度飧也라 故曰飯飧者三飯也라 君食竟하야 旣徹饌이어든 臣乃自執己之飯與醬하야 出授己之從者하니 此食이 己所當得故也라 此非客禮故로 得以己饌으로 授從者라 故公食(사)大夫禮에 賓取粱與醬하야 降奠於階西라하니 不以出也라 若非君臣이요 但是降等者면 則徹之하야 以授主人之相者라 故曲禮云 徹飯齊(자)하야 以授相者也라하니라

'覆手'는 식사를 마치고 〈입에〉 손을 덮어서 입의 양쪽을 훑는 것을 이르니, 반찬이나 밥알이 지저분하게 붙어 있을까 두려워해서이다. '飧'은 마실 것을 가지고 밥을 마는 것이니, 禮를 갖추어 먹는 것이 끝나면 다시 세 차례 밥을 물에 말아서 배부름을 돕는다. 그러므로 임금이 아직 〈입에〉 손을 덮지 않았으면 신하가 감히 물을 말지 않는 것이니, 감히 임금보다 먼저 배부를 수가 없음을 밝게 보인 것이다. '旣'는 畢(마치다)과 같다. 임금이 식사를 마쳤으면 신하가 다시 밥을 물에 마는 것이다. '三飯'은 모두 밥을 물에 마는 것이니, 세 차례 밥을 물에 마는 것을 이르므로 "밥을 물에 만다는 것은 세 차례에 걸쳐 밥을 물에 마는 것이다." 한 것이다. 임금이 식사를 끝마치고 이미 음식을 치우게 하거든 신하가 그제야 직접 자기가 먹던 밥과 醬을

가지고서 나와서 자기의 從者에게 주니, 이 음식이 자기가 마땅히 얻어야 할 바이기 때문이다. 이것은 손님의 禮가 아니기 때문에 자기가 먹던 음식을 가지고 종자에게 줄 수 있으므로 ≪儀禮≫ 〈公食大夫禮〉에 "손님이 조밥과 醬을 가지고 내려와서 계단 서쪽에 내려놓는다." 하였으니, 이는 가지고 나가지 않는 것이다. 만약 君臣 간이 아니고 다만 〈주인보다〉 신분이 낮은 자라면 음식 상을 물려서 주인의 〈음식을 올리거나 치우는〉 相者에게 주기 때문에 〈曲禮 上〉에 "〈자신이 먹고 남은〉 밥과 醬을 거두어 주인의 相者에게 준다." 하였다.

≪大全≫

嚴陵方氏曰 君未覆手면 不敢飧者는 待君一食之竟然後에 敢勸之하야 使再也니 如是者三故로 曰飯飧者三飯也라 語有三飯之樂師[62] 非謂是歟아

嚴陵方氏 : 임금이 식사를 마치고서 입에 손을 덮어서 입을 훑지 않았으면 감히 밥을 물에 말지 않는 것은 임금이 한번 먹기를 마치시기를 기다린 뒤에 감히 권하여 〈임금으로 하여금〉 다시 드시게 하는 것이니, 이와 같이 하기를 세 차례 하기 때문에 "밥을 물에 만다는 것은 세 차례에 걸쳐 밥을 물에 마는 것이다." 하였나. ≪論語≫에 '三飯'이라는 樂師가 있는 것은 이것을 말함이 아니겠는가.

131201 凡侑食에 不盡食하며 食於人에 不飽요 唯水漿은 不祭하나니 若祭하면 爲已偞(엽)卑니라

무릇 음식을 더 먹을 것을 권할 때에는 다 먹도록 하지 않으며, 남에게 얻어 먹을 때에는 배불리 먹지 않는다. 오직 물과 漿은 고수레하지 않으니, 만약 〈물과 장을〉 고수레하면 너무 억눌리고 위축되는 것이다.

≪集說≫

食而勸侑는 禮之勤也요 食之不盡與不飽는 禮之謙也라 公食(사)大夫禮에 賓祭觶

62) 三飯之樂師 : ≪論語≫ 〈微子〉에 "亞飯인 干은 楚나라로 가고, 三飯인 繚는 蔡나라로 가고, 四飯인 缺은 秦나라로 갔다.〔亞飯干適楚 三飯繚適蔡 四飯缺適秦〕" 한 것을 이르는데, 朱子의 주에 따르면 亞飯, 三飯, 四飯은 음식을 먹을 때 樂을 연주하여 흥을 돕는 관직이다. (≪論語集註≫)

漿[63]은 臣敬君之禮요 此言水漿不祭는 禮各有所施也라 水漿은 非盛饌之比니 若祭之면 則爲大偞卑矣라 已는 太也요 偞은 厭也니 謂大厭降卑微하야 如有所畏迫也라

먹을 때에 더 먹을 것을 권함은 禮의 부지런함이고, 먹기를 다하도록 하지 않고 배부르게 먹지 않음은 禮의 겸손함이다. ≪儀禮≫ 〈公食大夫禮〉에 賓이 술잔의 장을 고수레하는 것은 신하가 임금을 공경하는 禮이고, 여기에서 "물과 장은 고수레하지 않는다."라고 말함은 禮에는 각기 베풀 곳이 있기 때문이다. 물과 장은 盛饌에 견줄 수 있는 것이 아니니, 만약 이것을 고수레하면 너무 낮춤이 된다. 已는 너무이고 偞은 억눌림이니, 크게 억눌리고 위축되어 마치 두려워하는 바가 있는 것과 같음을 이른다.

≪大全≫

嚴陵方氏曰 侑食은 謂勸侑人食也니 雖勸人食之나 使足而已요 不敢自足也라 食於人不飽는 與共食不飽同義라 飮食之有祭는 非特仁鬼神이라 亦所以重其食이라 水漿祭之면 則失於自偞卑矣니 偞卑는 薄也라 不祭水漿은 特於敵者設爾요 於尊者則又不得不祭焉이라 此於首에 言侑食則不(圭)〔主〕[64]尊者可知니라

嚴陵方氏 : '侑食'은 남에게 먹기를 권함을 이르니, 비록 남에게 권하여 먹게 하더라도 그로 하여금 충분히 먹게 할 뿐이고 감히 자기가 만족할 때까지 권해서는 안 된다. '食於人不飽'는 〈曲禮 上〉의 "함께 음식을 먹을 적에 배불리 먹으려 하지 않는다."는 것과 뜻이 같다. 먹고 마실 때 고수레가 있음은 귀신을 사랑해서일 뿐만 아니라 또한 그 음식을 소중히 여겨서이다. 물과 장을 고수레하면 스스로 偞卑하는 잘못이 되니, 偞卑는 박하게 하는 것이다. 물과 장을 고수레하지 않음은 신분이 대등한 자에게 행하는 것일 뿐이고, 尊者에게는 또 〈물과 장을〉 고수레하지 않을 수 없는 것이다. 이 글에서 첫머리에 "남에게 먹기를 권한다."라고 말했으면 尊者를 위주로 삼지 않은 것임을 알 수 있다.

---

63) 賓祭觶漿 : ≪儀禮≫ 〈公食大夫禮〉에 "宰夫는 술잔의 장과 음료와 그 잔대를 잡고서 올리면……賓이 앉아서 고수레하고 마침내 마신다.〔宰夫執觶漿飮與其豐以進……賓坐祭 遂飮〕"라고 보인다.

64) (圭)〔主〕 : 저본에는 '圭'로 되어 있으나, 衛湜의 ≪禮記集說≫에 의거하여 '主'로 수정하였다.

131301 **君若賜之爵**이어든 **則越席**하야 **再拜稽首受**하야 **登席**하야 **祭之**하고 **飮卒爵**하야 **而俟君卒爵然後**에 **授虛爵**이니라 **君子之飮酒也**는 **受一爵而色洒**(선)**如也**하고 **二爵而言言**(은은)**斯**요 **禮已三爵而油油以退**[65]니 **退則坐取屨**호되 **隱辟**[66]**而后**에 **屨**하나니 **坐左納右**하고 **坐右納左**[67]니라

임금이 만약 술잔을 내려주거든 자리를 넘어가서 再拜하고 머리를 조아리고 받고서 자기 자리로 올라가 고수레하고, 술잔의 술을 다 마신 다음 임금이 술잔의 술을 다 마시기를 기다린 뒤에 빈 잔을 건넨다. 군자가 술

---

65) 二爵而言言(은은)斯 禮已三爵而油油以退 : 이 부분의 句讀에 대해서는 陳澔의 集說에도 분명하게 설명하지 않았고, 그 외 역대 학자들의 의견도 분분한데, 金在魯의 ≪禮記補註≫에서 注疏의 설이 그중에 제일 낫다고 하였는바, 본서에서는 주소의 설에 따라 구두를 끊고 번역하였다. 참고로 김재로가 제시한 설들을 소개하면 다음과 같다.

鄭玄의 注에 "言言은 화락하고 공경하는 모양이다. 斯는 耳와 같다.〔言言 和敬貌 斯 猶耳〕" 하였고, 孔穎達의 疏에서는 "耳는 어조사이다. '예는 세 번째 술잔에 그치니 신중하고 자득한다.' 한 것은, 군주를 모시고 작은 연회를 할 적의 예는 오직 세 번째 술잔에 그치는데, 얼굴빛이 화락하고 기뻐하여 공경함을 말한 것이다. ≪춘추좌씨전≫에 말하였다. '신하가 군주를 모시고 宴飮할 적에 술이 세 번째 잔을 넘는 것은 예가 아니다.'〔耳 助語辭 禮已三爵而油油者 言侍君小飮之禮 唯止三爵 顔色和說而敬 春秋左傳曰 臣侍君宴 過三爵 非禮也〕" 하였다. 王肅은 "'二爵而言'은 두 번째 술잔에 말을 할 수 있음을 이른다. '言斯禮'는 말을 할 적에 반드시 예를 가지고 함을 이른다.〔二爵而言 謂二爵可以語也 言斯禮 謂語必以禮也〕" 하였고, 崔錫鼎의 ≪禮記類編≫에는 "'已'는 어조사이니, '이것이 바로 예이다.'라고 말한 것이다. 진호의 주에 '已는 그침이다.'라고 한 것은 마땅하지 못하고, 古註에서 '斯' 아래에 句를 끊은 것 역시 잘못이다.〔已 語辭 言此乃禮也 註云已止也未當 舊註斯下句絶亦非〕" 하였다.

66) 辟 : '僻(궁벽함)'과 같다.

67) 坐左納右 坐右納左 : 金在魯가 ≪禮記補註≫에 다음과 같이 말한 것에 의거하여 번역하였다. "살펴보건대 이는 이미 무릎을 꿇고 신을 가져왔기 때문에 한쪽 발이 신을 신을 때에 한쪽 발은 무릎을 꿇음을 이르니, 다리를 뻗고자 하지 않는 것이다. 〈陳澔의〉 註의 설이 대체로 옳은데, ≪예기대문언두≫는 '坐左'와 '坐右'의 아래에 모두 '於等(어든)' 토를 달았으니, 이는 잘못이다. 〈곡례 상〉에 '몸을 구부리고 신을 신는다.' 하였는데, 〈孔穎達의〉 疏에 이를 인용하여 '비록 두 무릎을 모두 꿇지는 않지만 또한 왼쪽 무릎을 꿇고서 오른쪽 신을 신고 오른쪽 무릎을 꿇고서 왼쪽 신을 신는다.' 하였고, 朱子가 이미 이 설을 채택하여 ≪의례경전통해≫에 기입하였으니, 마땅히 확정된 해석으로 삼아야 할 듯하다.〔按 此謂旣坐取屨 故一足納屨時 一足則坐屈 蓋不欲箕股也 註說槩得之 而諺讀坐左坐右之下皆作於等吐 誤矣 曲禮俯而納屨 疏引此曰 雖不竝跪 亦坐左納右 坐右納左 而朱子旣收入於通解 恐當爲定訓〕"

을 마시는 것은 첫 번째 술잔을 받으면 예의 법도가 분명하고도 엄숙하고, 두 번째 술잔을 받으면 의기가 화평하고 기뻐하며, 예는 세 번째 술잔에 그치니 신중하고도 자득한 모습으로 물러간다. 물러가게 되면 무릎을 꿇고 신을 취하되 隱僻한 곳을 찾은 뒤에 신을 신으니, 왼쪽 무릎을 꿇고서 오른쪽 신을 신고 오른쪽 무릎을 꿇고서 왼쪽 신을 신는다.

≪集說≫

洒如는 禮度明肅之貌요 言言은 與誾誾同하니 意氣和悅之貌라 已는 止也라 油油는 謹重自得之貌라 坐取屨는 跪而取屨也라 隱辟而后屨는 不敢向人而著屨也라 跪左足而納右足之屨하고 跪右足而納左足之屨하니 此는 納屨之儀也라

'洒如'는 예의 법도가 분명하고 엄숙한 모양이고, '言言'은 誾誾과 같으니, 意氣가 화평하고 기뻐하는 모양이다. 已는 그침이다. '油油'는 신중하고 자득한 모양이다. '坐取屨'는 무릎 꿇고서 신을 취하는 것이다. '隱辟而后屨'는 감히 남을 향하여 신을 신지 않는 것이다. 왼발을 무릎 꿇고서 오른쪽 신을 신고 오른발을 무릎 꿇고서 왼쪽 신을 신으니, 이는 신을 신는 예의이다.

≪大全≫

金華應氏曰 自侍坐退席登席之初로 以至取屨納屨之後면 則燕見於君에 一席之禮가 始終略具矣라 蓋古之君臣이 以情相與하야 不若後世堂陛(폐)之森嚴也라 於其(間)〔閒〕[68]燕에 命之侍坐하야 從容無事면 可以用其情矣라 故로 其賜食賜爵之禮 若今之燕見而留之飮食也라 燕見侍食은 則非朝聘宴饗之正이니 疑若不必過於嚴其分矣나 然亦未嘗忘恭敬之心廉恥之節焉이라 其有不同者는 食則命之祭然後祭하고 爵則越席而飮者는 不敢留君惠也라 飮至于三而亟退者는 酒易(이)及亂而遂其驩이면 則無已也요 飯至于三而猶勸者는 食以養人而相愛之意 爲無窮也라 詩曰 三爵不識(지)어니와 矧敢多又아하니라 故로 聘射之禮에 賓主百拜而酒三行하니 則爵不過三이 古之定禮也라 若夫傳有四飯之文[69]하고 禮有勸飧之義하니 其亦不厭

68) (間)〔閒〕: 저본에는 '間'으로 되어 있으나, 앞뒤 문맥을 따져 '閒'으로 수정하였다.

於詳矣니라

金華應氏 : 처음에 모시고 앉으며 자리에서 물러나고 자리에 오르는 것으로부터 이후에 신을 취하고 신을 신는 데에 이르면, 임금을 사사로이 뵐 때에 한 자리에서의 禮가 그 始終이 대략 갖추어진다. 옛날의 임금과 신하는 情으로 서로 대하여 후세에 朝廷에서 예를 삼엄하게 갖추었던 것과 같지 않았다. 사사로운 연회에 〈임금이〉 모시고 앉도록 명하여 아무 일 없이 여유가 있게 되면 그 情을 쓸 수 있다. 그러므로 음식을 하사하고 술잔을 하사하는 禮가 오늘날 사사로이 뵐 때에 머물러 두고서 마시고 먹게 하는 것과 같은 것이다. 사사로이 뵙고서 모시고 먹는 것은 朝聘하고 宴饗하는 正式 禮가 아니니, 그 분수를 지나치도록 엄하게 지킬 필요가 없을 듯하나 또한 일찍이 공경의 마음과 염치의 예절을 잃지 않았던 것이다. 그 똑같지 않은 점은, 밥을 먹으면 고수레할 것을 명한 연후에 고수레하고, 술잔을 주면 자리를 넘어가서 마시는 것은 임금이 베푸신 은혜를 감히 지체하여 받을 수 없어서이다. 〈술을〉 마심이 석 잔에 이르면 빨리 물러나는 것은 술은 〈취하여〉 어지러운 지경에 이르기 쉬워서 즐거운 기분을 이루면 부득이 물러가는 것이고, 밥은 세 번에 이르러도 오히려 권하는 것은 음식으로써 사람을 기르는 것이어서 서로 아껴주는 마음이 무궁하기 때문이다. ≪詩經≫ 〈小雅 賓之初筵〉에 “술 석 잔에도 기억하지 못하니, 하물며 감히 더 마시겠는가.” 하였다. 그러므로 聘禮와 射禮에 손님과 주인이 서로 100번 절하고 술이 세 순배가 돌았으니, 술잔이 석 잔을 초과하지 않는 것이 옛날의 정해진 禮였다. 傳에 ‘四飯’이라는 글이 있고 禮에 밥을 물에 마는 것을 권하는 義가 있는 것으로 말하면 또한 자세히 다함을 싫어하지 않은 것이다.

131401 凡尊(준)은 必尚玄酒니 唯君은 面尊하며 唯饗野人엔 皆酒라 大夫는 側尊用棜(어)하고 士는 側尊用禁이니라

모든 술동이는 반드시 玄酒를 높이니, 오직 임금만이 술동이를 향해 있으며 野人(농부)에게 宴饗을 베풀 때에만 모두 술을 사용한다. 대부는 술

69) 傳有四飯之文 : 天子가 매일 4차례의 식사를 하였는데, 이것을 四飯이라 하기도 하고, 樂으로 천자의 식사를 돕는 관원인 四飯을 이르기도 한다.(≪論語集註≫ 〈微子〉, ≪白虎通≫ 〈禮樂〉)

동이를 옆에 둘 적에 〈술동이를 받치는 기구인〉 柎를 사용하고, 士는 술동이를 옆에 둘 적에 〈술동이를 받치는 기구인〉 禁을 사용한다.

柎

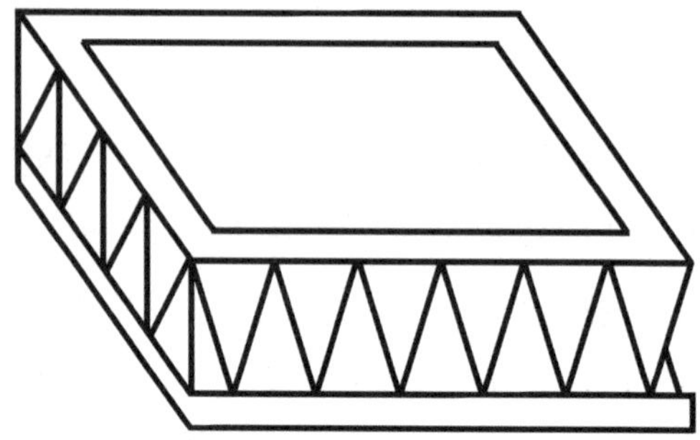

禁

≪集說≫

尊(준)尙玄酒는 不忘古也라 君坐에 必向尊은 示惠自君出而君專之也라 饗野人은 如蜡(사)祭之飮[70]이 是也니 禮不下庶人하야 唯使之足於味而已라 故로 一用酒也라 側은 旁側也니 謂設尊이 在賓主兩楹之間하야 旁側夾之라 故云側尊이라 柎禁은 見禮器하니라

술동이는 玄酒를 높임이니, 이는 〈술이 없던〉 옛날을 잊지 않는 것이다. 임금이 앉았을 때 반드시 술동이를 향해 있음은 〈술을 베푸는〉 은혜가 임금으로부터 나와서 임금이 〈술동이를〉 마음대로 할 수 있음을 보이는 것이다. 野人(농부)에게 연향을 베풂은 예컨대 蜡祭에 술을 마시는 것이 이것이니, 禮는 庶人에게 내려가지 아니하여 오직 맛있는 것을 충분히 먹게 할 뿐이므로 한결같이 술을 사용하는 것이다. 側은 옆이니, 술동이를 진설함이 賓과 주인의 두 기둥 사이에 있어서 〈빈과 주인이〉 좌우 양옆으로 늘어져있기 때문에 '側尊'이라고 말한 것이다. 〈술동이를 받치는 기구인〉 柎와 禁은 〈禮器〉(101001)에 보인다.

○ 疏曰 若一尊을 亦曰側尊이라 故로 士冠禮云 側尊一甒(무)醴가 在服北이라한대 註云 無偶曰側이라하니 與此側別이라

---

70) 饗野人 如蜡祭之飮 : 蜡祭는 음력 12월에 한 해의 농사가 무사히 끝난 것을 온갖 신에게 감사드리기 위해 들판에서 지내는 제사로서, 冬至 이후 셋째 戌日인 臘日에 지내기 때문에 臘祭라고도 하는데, 이때 飮酒의 예를 베풀고 농부를 위로하기 때문에 이렇게 말한 것이다.(≪禮記≫ 〈郊特牲〉)

〈孔穎達의〉 疏 : 예컨대 한 술동이를 또한 '側尊'이라고 한다. 그러므로 ≪儀禮≫ 〈士冠禮〉에 "한 동이 단술이 〈士가 착용하는 분홍색 치마인〉 纁裳의 북쪽에 있다." 하였는데, 〈鄭玄의〉 註에 "짝이 없는 것을 側이라고 한다." 하였으니, 여기의 '側'자와 구별된다.

○ 馬氏曰 面尊(준)則不側하고 側尊則不面하니 尊於房戶之間하야 賓主共之[71] 是也라

馬氏 : 술동이를 향해 있으면 옆이 되지 않고 술동이를 옆에 두면 술동이를 향하지 않으니, "東房과 室戶 사이에 술동이를 두어서 賓과 주인이 함께 한다."라는 것이 이것이다.

≪大全≫

延平周氏曰 玄酒는 所以貴其道也요 面尊은 所以專其恩也라 饗野人에 皆酒者는 蓋野人之所知者 恩而已일새라

延平周氏 : 玄酒는 그 道를 귀하게 여기는 것이고, 술동이를 향함은 그 은혜를 마음대로 하는 것이다. 野人에게 연향을 베풀 때에 반드시 모두 술을 쓰는 것은 야인이 아는 것은 은혜일 뿐이기 때문이다.

○ 嚴陵方氏曰 設玄酒之尊(준)은 必在衆尊之上하니 禮運의 玄酒在室이 是矣라 面尊者는 尊面向君也니 面尊則不面이라 君面尊者는 專惠之道也요 臣側尊者는 辟(피)君之嫌也니 臣之側尊用棜禁이면 則君之面尊用罍(뇌)를 可知矣니라

嚴陵方氏 : 玄酒의 술동이를 진설함은 반드시 여러 술동이의 위에 있으니, 〈禮運〉의 "玄酒가 방 안에 있다."라는 것이 이것이다. 술동이를 향함은 술동이의 앞면이 임금을 향해 있는 것이니, 술동이를 향함은 〈임금이 술동이로〉 향해 있지 않는 것이다. 임금이 술동이를 향하는 것은 은혜를 마음대로 하는 道이고, 신하가 술동이를 옆에 놓는 것은 임금의 예를 행한다는 혐의를 피하는 것이니, 신하가 술동이를 옆에

71) 尊於房戶之間 賓主共之 : ≪禮記≫ 〈鄕飮酒義〉에 보이는데, 이에 대한 孔穎達의 疏에 "鄕大夫 등은 오직 東房만 있기 때문에 술동이를 東房의 서쪽과 실문의 동쪽에 진설하여 賓과 주인의 사이에 두니, 빈과 주인이 이 술을 공유함을 보인 것이다. 술은 비록 주인이 진설한 것이지만 빈 또한 이 술을 가지고 주인에게 따라 주기 때문에 '빈과 주인이 이것을 함께 한다.'라고 말한 것이다.〔以鄕大夫等唯有東房 故設酒尊於東房之西室戶之東 在賓主之間 示賓主之共有此酒也 酒雖主人之設 賓亦以酢主人 故云賓主共之也〕" 하였고, 陳澔의 集說에도 疏의 설을 기재하였다.(≪禮記正義≫)

둘 적에 〈술동이를 받치는 기구인〉 棜와 禁을 쓰면 임금이 술동이를 향할 적에 〈공경을 지극히 해야 하는 임금에게 받침대 없는 술동이인〉 罍를 씀을 알 수 있다.

131501 **始冠緇布冠**은 **自諸侯下達**하니 **冠而敝之 可也**니라

처음 冠禮를 할 때에 〈아무런 꾸밈이 없이 검은 베로 만든〉 緇布冠을 씀은 제후로부터 이하에 통용되니, 冠을 쓰고 폐기하는 것이 옳다.

≪集說≫

冠禮에 初加緇布冠하니 諸侯以下通用이라 存古故로 用之요 非時王之制也라 故既用이면 卽敝棄之 可矣니라

冠禮에 처음 緇布冠을 쓰니, 제후로부터 이하에 통용된다. 〈꾸밈이 없는〉 古禮를 보존하기 때문에 쓰는 것이고, 당시 王의 제도가 아니므로 사용하고 나서 즉시 폐기하는 것이 옳다.

≪大全≫

延平周氏曰 用緇布者는 所以(主)〔立〕[72]本也라 然非以趨時라 故로 冠而卽敝之可也니라

延平周氏 : 緇布를 사용하는 것은 근본을 세우는 것이다. 그러나 때를 따르는 방법이 아니기 때문에 冠禮를 하면 즉시 폐기하는 것이 옳다.

131601 **玄冠朱組纓**은 **天子之冠也**요 **緇布冠繢緌**(회유)는 **諸侯之冠也**요 **玄冠丹組纓**은 **諸侯之齊**(재)**冠也**요 **玄冠綦**(기)**組纓**은 **士之齊冠也**니라

玄冠에 다홍색 갓끈을 매는 것은 천자의 冠이고, 緇布冠에 여러 색깔의 비단 끈을 매는 것은 제후의 관이고, 玄冠에 붉은색 갓끈을 매는 것은 제후의 〈제사 때 쓰는〉 齋冠이고, 玄冠에 밝은 쑥색 갓끈을 매는 것은 士의 齋冠이다.

---

72) (主)〔立〕: 저본에는 '主'로 되어 있으나, 藏書閣 소장본(K1-73)과 四庫全書本 등에 의거하여 '立'으로 바로잡았다.

≪集說≫

天子始冠之冠은 則玄冠而以朱組爲纓하고 諸侯는 雖是緇布冠이나 却用雜采之繢하야 爲纓緌하니 爲尊者飾耳요 非古制也라 齊(재)冠은 齊(재)戒時所服者니 諸侯與士皆玄冠이로되 但其纓이 則有丹組綦組之異하니 朱는 色紅而明하고 丹은 赤色也요 綦는 帛之蒼白艾色者라 一說에 文也라

천자가 처음 冠을 쓸 때의 冠은 玄冠에 다홍색 끈으로 갓끈을 만들고, 제후는 비록 緇布冠을 사용하나 여러 색깔의 비단을 사용하여 갓끈을 만드니, 이것은 尊者를 위하여 꾸미는 것이고 옛날 제도가 아니다. '齊冠'은 齋戒할 때 쓰는 것인데, 제후와 士가 모두 玄冠이나 다만 그 갓끈이 붉은색 끈과 쑥색 끈의 차이가 있으니, 朱는 다홍색이어서 선명하고 丹은 붉은색이고 綦는 비단 중에 창백한 쑥색이다. 一說에 〈갓끈의 무늬가 이러한 색의〉 무늬라 한다.

天子始冠之冠　諸侯始冠之冠　諸侯齊冠　士齊冠

≪大全≫

嚴陵方氏曰 天子言纓하고 諸侯言緌는 互相備爾라 組는 蓋綬(수)屬이니 以其縱横相阻故也라 然繢不可徒設하니 設之於組又不可면 則設之於帛을 可知라 夫始冠之冠을 或以玄하고 或以緇者는 反本復古也라 然玄則存乎天之色이요 緇則雜以地之色이라 故로 以爲天子諸侯隆殺(쇄)之辨이라 齊(재)之冠을 一以玄者는 以陰幽思也[73]라

73) 齊(재)之冠……以陰幽思也 : ≪禮記≫ 〈郊特牲〉(113314)의 "齊戒할 때 검은 冠을 쓰고 검

嚴陵方氏 : 천자는 纓을 말하고, 제후는 緌를 말함은 서로 구비하였을 뿐이다. 組는 끈의 등속이니, 〈이것을 '組'라고 한 것은 그 실가닥이〉 종횡으로 서로 엇갈려 막혀 있기 때문이다. 그러나 緌는 공연히 설치할 수가 없으니, 組에 설치하는 것이 또 불가하면 명주 베에 설치함을 알 수 있다. 처음 冠을 쓸 때의 冠을 玄을 쓰거나 緇를 쓰는 것은 근본으로 돌아가 古禮를 회복하는 것이다. 그러나 玄은 하늘의 색을 보존한 것이고, 緇는 땅의 색을 섞은 것이다. 그러므로 천자와 제후의 높이고 낮추는 구분으로 삼은 것이다. 재계할 때 쓰는 冠을 한결같이 玄色을 쓰는 것은 陰幽의 생각을 지극히 하려는 것이다.

131701 **縞**(호)**冠玄武**는 **子姓之冠也**요 **縞冠素紕**(비)는 **旣祥之冠也**라

〈흰색 生絹으로 만든〉 縞冠에 검은 武를 단 것은 〈아버지가 喪服을 입고 있을 때의〉 손자가 쓰는 冠이고, 縞冠에 흰색 熟絹으로 가선을 두름은 大祥祭를 마친 자가 쓰는 관이다.

子姓冠 旣祥冠

≪集說≫

縞는 生絹也요 武는 冠卷也라 以縞爲冠은 凶服也요 武則玄色吉也니 所以吉凶相半者라 蓋父有喪服이면 子不可用純吉이라 故曰子姓之冠이라 姓은 生也니 孫是子之所生이라 故謂之子姓이라 素는 熟絹也요 紕는 冠兩邊及卷下畔之緣也니 縞冠素紕는 謂冠與卷身을 皆用縞로되 但以素緣之耳라 旣祥之冠者는 祥祭後所服也라

縞는 〈흰색의〉 生絹이고 武는 冠卷(관을 묶는 띠)이다. 縞로 冠을 만든 것은 凶服이고, 武는 玄色으로 吉服이니, 〈'縞冠玄武'는〉 길복과 흉복이 반씩 섞인 것이다. 아

은 옷을 입는 것은 陰幽의 생각을 지극히 하려는 것이다. 그러므로 군자가 3일 동안 재계하여 반드시 그 제사하는 대상이 되는 분을 보는 것이다.〔齊之玄也 以陰幽思也 故君子三日齊 必見其所祭者〕"라는 말을 원용한 것이다.

버지가 喪服을 입고 있으면 자식은 순수한 吉服을 사용할 수 없기 때문에 "손자가 쓰는 冠이다." 한 것이다. 姓은 낳음이니, 손자는 바로 자식이 낳았기 때문에 '子姓'이라 이른다. 素는 熟絹이고 紕는 冠의 양쪽 가장자리와 冠卷의 아랫부분에 가선을 두른 것이니, '縞冠素紕'는 冠과 冠卷의 몸통을 모두 〈生絹인〉 縞를 사용하되 다만 熟絹으로 가선을 두름을 이른다. '旣祥之冠'은 大祥祭를 지낸 뒤에 입는 것이다.

○ 方氏曰 爲祖之亡也故로 冠縞하야 以示其凶하고 爲父之存也故로 武玄하야 以示其吉하니 冠上而武下라 爲祖而縞者는 尊尊於上也요 爲父而玄者는 親親於下也라

方氏 : 조부가 별세하였기 때문에 冠을 〈흰색〉 縞로 하여 그 흉함을 나타내고, 아버지가 생존하였기 때문에 武를 검은색으로 하여 그 길함을 나타내니, 冠이 위에 있고 武가 아래에 있다. 조부를 위하여 〈冠에〉 縞를 쓴 것은 위에 높은 분을 높이는 것이고, 아버지를 위하여 〈武에〉 검은색을 쓴 것은 아래에 어버이를 친애하는 것이다.

131702 垂緌(유)五寸은 惰游之士也요

〈갓끈을 매고 나서 남겨 장식으로〉 드리우는 緌를 5寸이 되게 하는 것은 게을러 노는 士이고,

≪集說≫

此는 言縞冠素紕而緌之垂者長五寸이니 蓋以其惰游失業之士라하야 使之服此하야 以恥之耳라

이것은 〈生絹으로 만든〉 縞冠에 熟絹으로 가선을 두르고 갓끈을 매고 남은 부분을 드리운 것이 그 길이가 5寸임을 말한 것이니, 그 게을러 놀아서 失業한 士이기 때문에 이것을 입혀 부끄럽도록 한 것이다.

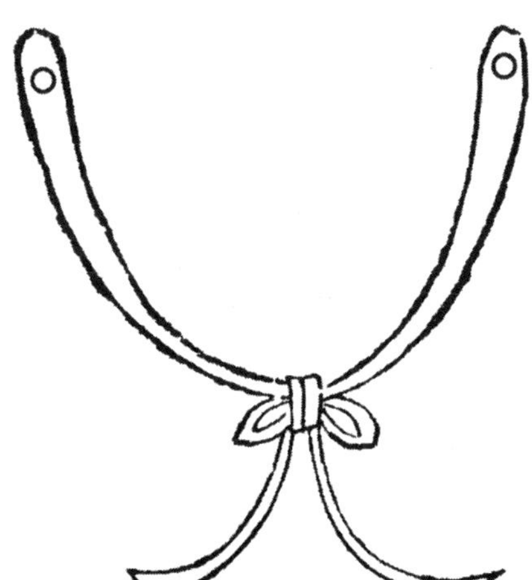

緌(갓끈)

131703 玄冠縞武는 不齒之服也라

玄冠에 武를 生絹으로 만든 것은 士의 축에 끼지 못하는 자의 복식이다.

≪集說≫

不齒는 卽王制所謂不帥教而屛棄之者[74)]니 使之玄冠縞武는 亦以恥辱之라

'不齒'는 바로 〈王制〉에 이른바 "가르침을 따르지 아니하여 〈먼 지방으로〉 내친다."라는 것이니, 玄冠에 武를 生絹으로 만드는 것은 또한 치욕을 주기 위한 것이다.

≪大全≫

山陰陸氏曰 縞冠玄武는 孫爲祖旣祥之冠이요 縞冠素紕는 子爲父旣祥之冠이라 上言子姓하고 下言旣祥은 相備也니 相備而言縞冠玄武在上은 謂其父親而先祖也라 子姓은 適孫也라 期而小祥이면 孫爲祖服除矣로되 而父之服未除면 不敢純吉은 以有純重之端焉이라 縞冠素紕를 練冠言緣[75)]하고 祥冠言紕하니 紕는 飾也라 祥而言飾은 亦言之法이니 卽吉服皆言純(준)이라 惰游言士는 非罷民著矣니 亦言士는 猶以士望之니라

山陰陸氏 : 〈生絹으로 만든〉 縞冠에 검은색 武를 단 것은 손자가 조부의 상를 위하여 대상제를 마친 뒤에 쓰는 冠이고, 縞冠에 熟絹으로 가선을 두르는 것은 자식이 〈상복을 입고 있는〉 아버지를 위하여 대상제를 마친 뒤에 쓰는 관이다. 위에서는 '子姓'이라 말하고 아래에서는 '旣祥'이라 말함은 서로 구비한 것이니, 서로 구비하였는데 縞冠에 검은색 武를 닮을 말한 것이 위에 있음은 아버지가 친하여 조부보다 먼

74) 王制所謂不帥教而屛棄之者 : ≪禮記≫ 〈王制〉에 "〈司徒가 왕성 밖 100리 이내의〉 鄕에 명하여 가르침을 따르지 않는 자들을 가려서 고하게 하면, 耆老가 모두 〈鄕學인〉 庠에 모여 〈가르침을 따르지 않는 사람을 분발시키기 위해〉 吉日에 〈州學에 나아가〉 鄕射禮를 익혀 공이 많은 자를 상석에 앉히고 〈가르침을 따르지 않는 사람으로 하여금 장로를 공경하게 하기 위해 黨學에 나아가〉 鄕飮酒禮를 익혀 연치를 숭상한다. 그리하면 大司徒가 나라의 俊士를 거느리고 참여하여 禮事를 행한다. 그래도 바뀌지 않거든 國都의 右鄕에 명하여 가르침을 따르지 않는 자를 가려서 左鄕으로 옮기고, 국도의 좌향에 명하여 가르침을 따르지 않는 자를 가려서 우향으로 옮기고 처음에 했던 禮와 같이 한다. 그래도 바뀌지 않거든 교외로 옮기고 처음의 禮와 같이 하며, 그래도 바뀌지 않거든 〈왕성 밖 100리 밖에서 200리 이내의〉 遂로 옮기고 처음에 했던 禮와 같이 하며, 그래도 바뀌지 않거든 먼 지방으로 내쳐서 종신토록 끼워주지 않는다.〔命鄕 簡不帥教者 以告 耆老皆朝于庠 元日 習射上功 習鄕上齒 大司徒帥國之俊士 與執事焉 不變 命國之右鄕 簡不帥教者 移之左 命國之左鄕 簡不帥教者 移之右 如初禮 不變 移之郊 如初禮 不變 移之遂 如初禮 不變 屛之遠方 終身不齒〕"라고 보인다.

75) 練冠言緣 : ≪禮記≫ 〈檀弓 上〉에 "小祥祭에 〈中衣로 입는〉 練衣를, 노란색으로 안감을 대고 분홍색으로 옷깃의 가선을 두른다.〔練 練衣黃裏縓(전)緣〕" 하였다.

저 함을 말한 것이다. 子姓은 適孫이다. 期年이 되어 小祥祭를 지내면 손자가 조부를 위하여 服을 벗더라도 〈조부를 위한〉 아버지의 服을 벗지 않았으면 감히 순수한 吉服을 하지 못하는 것은 〈適孫에게는 조부와 아버지를〉 모두 重하게 여겨야 하는 단서가 있기 때문이다. '縞冠素紕'를 〈소상제 이후에 쓰는〉 練冠에서는 〈가선 두름을〉 '緣'이라 말하고 〈大祥祭 이후에 쓰는〉 祥冠에서는 '紕'라 말하였으니, 紕는 꾸밈이다. 大祥祭에 꾸밈을 말한 것은 또한 말하는 방법이니, 이는 곧 吉服에는 모두 純이라 말한다. 게으르게 노는 것을 士라고 말했으면 피폐한 백성이 아님이 분명하니, 또한 士라고 말함은 오히려 士로 기대한 것이다.

○ 慶源輔氏曰 垂緌五寸은 惰游之象也라 玄冠縞武는 旣非凶服이요 又非吉服이라 故爲不齒니라

慶源輔氏 : 드리우는 끈을 5寸이 되게 하는 것은 게을러 노는 자임을 형상한 것이다. 玄冠에 武를 生絹으로 만든 것은 凶服도 아닌 데다 吉服도 아니므로 士의 축에 끼지 못하는 자의 복식이 된다.

131801 居冠屬(촉)武는 自天子下達이니 有事然後에 緌(유)니라

燕居할 때의 冠에 武(관을 묶는 띠)를 다는 것은 天子로부터 이하가 공통이니, 일이 있은 연후에 緌(갓끈)를 늘어뜨린다.

≪集說≫

禮服之冠은 則臨著하야 乃合其武하니 有儀飾故也요 若燕居之冠은 則冠與武相連하니 以非行禮之時故로 率略少威儀也라 此冠은 無分貴賤하고 皆著之라 故云自天子下達이라 凡緌는 所以致其飾이라 故有事면 乃緌하고 無事則否也라

禮服의 冠은 착용할 때를 당하여 비로소 그 武를 합하니 禮儀에 따른 꾸밈이 있기 때문이고, 燕居의 冠으로 말하면 冠과 武가 서로 이어져 있으니 禮를 행할 때가 아니기 때문에 간략히 하여 威儀를 줄인 것이다. 이 冠은 貴賤을 구분하지 않고 모두 착용하므로 "천자로부터 이하가 공통이다." 한 것이다. 무릇 緌는 그 꾸밈을 다하는 것이므로 일이 있으면 비로소 緌를 늘어뜨리고 일이 없으면 緌를 늘어뜨리지 않는다.

≪大全≫

嚴陵方氏曰 君子動而有爲則詳而文하고 靜而無事則略而質하니 居冠屬(촉)武는 以靜而無事故로 略而質也요 有事然後緌者는 蓋緌는 所以爲冠之飾이니 無事則去飾故也라 其言이 與上文으로 互相明爾니라

嚴陵方氏 : 군자는 동하여 하는 일이 있으면 자세히 하여 문채를 내고, 고요하여 일이 없으면 생략하여 질박하게 하니, 燕居하는 冠에 武를 연결시킴은 고요하여 일이 없기 때문에 생략하여 질박하게 하는 것이고, 일이 있은 연후에 緌를 늘어뜨리는 것은, 緌는 관의 꾸밈이 되니 일이 없으면 꾸밈을 제거하기 때문이다. 그 말이 윗글과 서로 〈다 말하지 않은 뜻을〉 밝힌 것일 뿐이다.

131901 五十이어든 不散送하며 親沒이어든 不髦(모)니라

50세가 되면 〈要絰의 삼을〉 흩어 늘어뜨려서 葬送하지 않으며 어버이가 별세하면 髦(다팔머리)를 하지 않는다.

≪集說≫

喪禮에 啓殯以後에 要絰之麻를 散垂라가 葬畢乃絞하니 此는 言五十始衰하야 不散麻以送葬也라 髦는 象幼時鬋髮爲鬌(타)之形이니 父母在則用之라 故親沒則去此飾이라 詳見內則하니라

喪禮에 殯을 연 뒤에 腰絰의 삼을 흩어 늘어뜨리다가 장례가 끝나면 비로소 묶으니, 이는 50세가 되면 노쇠하기 시작하여 삼을 흩어 늘어뜨려서 葬送하지 않음을 말한 것이다. 髦는 어렸을 때 머리카락을 잘라 황새머리의 형상을 만든 것을 형상한 것이니, 어버이가 살아 계시면 사용하므로 어버이가 별세하면 이 꾸밈을 제거한다. 자세한 것은 〈內則〉(120201)에 보인다.

132001 大帛은 不緌(유)하나니 玄冠紫緌는 自魯桓公始也니라

〈白布冠인〉 大帛은 緌를 늘어뜨리지 않으니, 玄冠에 자주색의 緌를 늘어뜨림은 魯나라 桓公으로부터 시작되었다.

≪集說≫

方氏曰 大帛은 冠之白者니 凶服은 去飾이라 故不緌也라 玄冠之緌는 不宜用紫色이니 爲其非正色也라 後世用之는 則自魯桓公始니라

方氏 : 大帛은 冠 중에 흰 것이니, 凶服은 꾸밈을 제거하기 때문에 끈을 늘어뜨리지 않는 것이다. 玄冠에 늘어뜨리는 緌는 자주색을 사용하지 않아야 하니, 〈자주색은〉 正色이 아니기 때문이다. 그런데 후세에 사용함은 魯나라 桓公으로부터 시작되었다.

≪大全≫

延平周氏曰 五十不散送은 所以養筋力於始衰之年也요 親沒不髦는 所以責成人於親沒之後也라 大帛不緌는 所以異於吉也라

延平周氏 : 50세가 되면 〈要絰의 삼을〉 흩어 늘어뜨려서 葬送하지 않음은 처음 노쇠하는 나이에 筋力을 기르기 위한 것이고, 어버이가 별세하면 髦를 하지 않음은 어버이가 별세한 뒤에 成人의 일을 요구하려는 것이다. 大帛에 緌를 늘어뜨리지 않는 것은 吉事와 차이가 있게 한 것이다.

132101 朝玄端이요 夕深衣니라

아침에는 玄端服을 입고, 저녁에는 深衣를 입는다.

≪集說≫

前章에 言夕深衣祭牢肉者는 國君之禮也요 此言朝玄端夕深衣者는 謂大夫士在私朝及家에 朝夕所服也라

앞 章(130303)에서 "저녁밥을 먹을 적에는 深衣를 입고 牢肉으로 고수레를 한다." 한 것은 諸侯王의 禮이고, 여기에서 "아침에는 玄端服을 입고 저녁에는 深衣를 입는다." 한 것은 대부와 士가 사사로운 朝廷과 집안에 있을 때 아침과 저녁에 입는 것을 말한 것이다.

132102 深衣는 三袪(거)요 縫齊(자)倍要니 衽當旁이요 袂(몌)可以回肘(주)니라

深衣는 허리둘레가 소맷부리 둘레의 세 배이고, 아랫단을 꿰맨 것이 허리둘레의 두 배이니, 옷섶은 옆구리에 닿고 소매는 팔꿈치를 돌릴 수 있게 한다.

深衣前圖

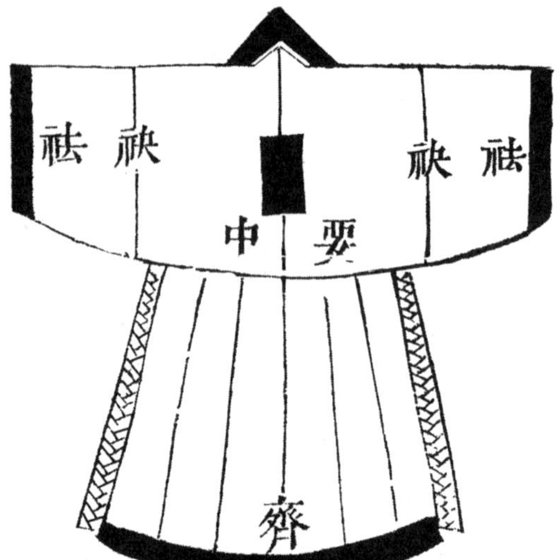

深衣後圖

≪集說≫

袪는 袖口也니 尺二寸을 圍之하야 爲二尺四寸이요 要之廣은 三其二尺四寸이면 則七尺二寸也라 故云三袪라 齊者는 裳之下畔이요 要는 爲裳之上畔이니 縫齊倍要者는 謂縫下畔之廣이 一丈四尺四寸이니 是는 倍要之七尺二寸也라 衽은 裳交接之處也니 在身之兩旁이라 故云衽當旁이라 袂는 袖之連衣者也니 上下之廣이 二尺二寸이요 肘長이 尺二寸이라 故可以回肘也라

袪는 소맷부리이니 1척 2촌을 겹으로 싸서 2척 4촌이 되고, 허리둘레는 2척 4촌을 3배 하면 7척 2촌이 된다. 그러므로 '三袪'라고 말한 것이다. 齊는 치마의 아랫단이고 要는 치마의 윗단인데, '縫齊倍要'는 아랫단을 꿰맨 너비가 1丈 4척 4촌이니, 이는 7척 2촌의 허리보다 배가 됨을 말한 것이다. 衽은 치마가 서로 접하는 곳이니, 몸의 양 옆구리에 있다. 그러므로 '衽當旁'이라고 말한 것이다. 袂는 옷소매에서 上

衣에 이어지는 부분이니, 上下 간의 너비가 2척 2촌이고, 팔꿈치의 길이가 1척 2촌이기 때문에 팔꿈치를 돌릴 수 있는 것이다.

132103 **長中**은 **繼揜尺**이요 **袷**(겁)이 **二寸**이요 **袪尺二寸**이요 **緣廣寸半**이니라

長衣와 中衣는 소맷부리를 이어 덮은 것이 1척이고 〈깃이 둥글게 생긴 옷인〉 曲領이 2촌이고, 소맷부리가 1척 2촌이고 가선을 두른 폭의 너비가 1촌 반이다.

≪集說≫

長中者는 長衣・中衣也니 與深衣制同而名異者라 著於內則曰中衣니 蓋著在朝服或祭服之內也요 著於外則曰長衣니 以素爲純(준)緣者也라 雜記云 練冠長衣以筮[76]라한대 註云 深衣之純以素者也라하니 若凶服之純以布者면 則謂之麻衣라 繼揜尺者는 幅廣이 二尺二寸이니 以半幅으로 繼續袂口而揜覆一尺也라 袷은 曲領也니 其廣則二寸이라

'長中'은 長衣와 中衣이니, 深衣와 그 제도는 같으나 이름이 다른 것이다. 안에 입는 것을 中衣라고 하니 朝服이나 祭服의 안에 입는 것이고, 밖에 입는 것을 長衣라고 하니 熟絹으로 가선을 두른 것이다. 〈雜記 上〉에 "練冠을 쓰고 長衣를 입고서 시초점을 친다." 하였는데, 〈鄭玄의〉 註에 "〈長衣는〉 熟絹으로 가선을 두른 심의이다." 하였다. 만약 凶服에 삼베로 가선을 두르면 '麻衣'라고 이른다. '繼揜尺'은 한 폭의 너비가 2척 2촌이니, 반 폭을 가지고 소매부리에 이어서 한 척을 덮어 가리는 것이다. 袷은 曲領이니, 그 너비가 2촌이다.

≪大全≫

嚴陵方氏曰 長中은 與深衣大同而小異라 繼揜尺者는 繼袂而揜覆一尺也니 此所以異於深衣也라 袷은 領也니 以交而合이라 故로 謂之袷이라 辨則奇하고 合則耦라 故로

---

76) 練冠長衣以筮 : ≪禮記≫ 〈雜記 上〉에 "만일 시초점을 치게 되면 시초점을 치는 사람은 練冠을 쓰고 長衣를 입고서 시초점을 치고, 卦爻의 길흉을 살피는 사람은 朝服을 입는다.〔如筮 則史練冠長衣以筮 占者朝服〕"라고 보인다.

二寸이라 緣寸半者는 三五之分也[77)]라

嚴陵方氏 : 長衣와 中衣는 深衣와 大同小異하다. '繼揜尺'은 소매를 이어서 한 자를 덮어 가리는 것이니, 이는 심의와 다른 것이다. 袷은 曲領이니 교차하여 합하기 때문에 '袷'이라 이른다. 나누면 〈홀수인〉 奇가 되고 합하면 〈짝수인〉 偶가 되므로 2촌인 것이다. '가선을 두른 너비가 1촌 반'이라는 것은 〈한 달 30일이〉 15(3×5)로 등분된 것과 같다.

132201 以帛裏布 非禮也니라

비단을 삼베옷의 속옷으로 삼는 것은 禮가 아니다.

≪集說≫

外服是布면 則不可用帛하야 爲中衣以裏之니 謂不相稱也라 冕服은 是絲衣요 皮弁服・朝服・玄端服은 是麻衣니 皆十五升布니 凡裏를 各如其服이니라

겉옷이 삼베이면 비단을 사용하여 中衣를 만들어 속옷으로 삼아서는 안 되니, 서로 걸맞지 않음을 이른다. 冕服은 명주 베로 만든 옷이고, 皮弁服・朝服・玄端服은 삼베로 만든 옷이니 모두 15升의 布를 사용하는데, 모든 속옷의 옷감을 각각 겉옷의 옷감과 같이 한다.

≪大全≫

延平周氏曰 玄冕而上衣用帛者는 則裏亦用帛하고 皮弁而下衣用布者는 則裏亦用布하니 欲其有純一之德也니라

延平周氏 : 玄冕에 上衣를 비단을 사용한 경우 속옷 또한 비단을 사용하고, 皮弁服에 下衣를 삼베를 사용한 경우 속옷 또한 삼베를 사용하니, 이는 순일한 德을 간직하고자 해서이다.

---

77) 三五之分也 : 엄릉방씨의 이 글은 衛湜의 ≪禮記集說≫에도 인용되어 있는데, 거기에는 이 글 뒤에 "또 深衣의 제도 12폭이 12개월에 응한 것이기 때문에 가선을 두르는 것이 〈한 달이〉 15일의 차고 비워지는 뜻을 취한 것이다.〔且深衣之制十有二幅 以應十有二月 故其緣取三五盈虛之義〕"라는 말이 더 있다.

132301 士不衣織하고 無君者는 不貳采니라

士는 물들인 실로 짠 옷을 입지 않고 〈지위에서 떠나〉 임금이 없는 자는 〈衣裳과 冠에〉 채색을 달리 쓰지 않는다.

≪集說≫

染絲而織之爲織니 功多色重이라 故로 士賤하야 不得衣之也라 無君은 去位之臣也라 不貳采는 謂衣裳이 與冠同色이라

물들인 실로 짠 옷을 織이라 하니, 功力이 많이 들고 색깔이 중첩된 것이다. 그러므로 士는 신분이 천해서 입을 수가 없다. '無君'은 지위를 떠난 신하이다. '不貳采'는 衣와 裳이 冠과 색깔이 같음을 이른다.

○ 疏曰 大夫士去國에 三月之內는 服素衣素裳하고 三月之後는 服玄端玄裳이니라

疏 : 대부와 士가 나라를 떠났을 적에 3개월 이내는 素衣와 素裳을 입고, 3개월 이후는 玄端과 玄裳을 입는다.

≪大全≫

延平周氏曰 士不衣織은 德不足以稱也요 無君者不貳采는 有可弔之道也[78]니라

延平周氏 : 士가 織을 입지 않음은 德이 걸맞을 수가 없기 때문이고, 임금이 없는 자가 채색을 달리 쓰지 않음은 〈지위가 없는 자에게〉 위문할 만한 도가 있기 때문이다.

132401 衣는 正色이요 裳은 間色이니 非列采어든 不入公門하며 振絺綌(치격)으로 不入公門하며 表裘로 不入公門하며 襲裘로 不入公門이니라

衣는 正色으로 하고 裳은 間色으로 하니 〈반열에 맞는〉 正服의 색이 아니면 궁궐 문에 들어가지 않으며, 고운 갈포와 거친 갈포의 홑옷을 입고

78) 有可弔之道也 : ≪孟子≫ 〈滕文公 下〉에 "옛사람은 3개월 동안 군주가 없으면 위문했다.〔古之人 三月無君則弔〕"라고 한 말을 원용한 것으로, 선비가 벼슬을 하지 못하면 녹봉이 없어 祭需를 제대로 갖추어 제사 지내는 것이 어렵고, 아울러 잔치도 베풀지 못하는 등 선비로서 해야 할 것들을 하지 못하기 때문에 그를 위문할 수 있다는 말이다.

궁궐 문에 들어가지 않으며, 〈裼衣 없이〉 겉에 갖옷만 입고서 궁궐 문에 들어가지 않으며, 襲衣를 가려서 갖옷 위에 입는 裼衣를 드러내지 않는 차림으로는 궁궐 문에 들어가지 않는다.

≪集說≫

正色者는 青赤黃白黑五方之正色也니 木青克土黃이라 故綠色青黃이 爲東方之間色이요 火赤克金白이라 故紅色赤白이 爲南方之間色이요 金白克木青이라 故碧色青白爲西方之間色이요 水黑克火赤이라 故紫色赤黑이 爲北方之間色이요 土黃克水黑이라 故騮(류)黃之色黃黑이 爲中央之間色也라 列采는 謂正服之色이 各有尊卑品列也니 非此면 則是褻服이라 振은 讀爲袗(진)하니 襌(단)也니 襌則見(현)體라 裘上에 必有裼(석)衣[79]하니 表裘는 是無裼衣而裘在外也요 襲裘는 謂掩其襲衣而不露裼衣也니 表與襲이 皆爲不敬이라 故此四者는 皆不可以入公門也라

'正色'은 青·赤·黃·白·黑 五方의 정색이니, 〈五行相克의 원리에 따라〉 木의 청색이 土의 황색을 이기기 때문에 青黃色인 綠色이 東方의 間色이 되고, 火의 적색이 金의 백색을 이기기 때문에 赤白色인 紅色이 南方의 간색이 되고, 金의 백색이 木의 청색을 이기기 때문에 青白色의 碧色이 西方의 간색이 되고, 水의 흑색이 火의 적색을 이기기 때문에 赤黑色의 紫色이 北方의 간색이 되고, 土의 황색이 水의 흑색을 이기기 때문에 黃黑色인 騮黃色이 중앙의 간색이 된다.

'列采'는 正服의 색깔이 각각 尊卑의 等列이 있음을 이르니, 이것이 아니면 바로 褻服(평상시에 입는 옷)이다. 振은 袗으로 읽으니 홑옷인데, 홑옷이면 몸이 보인다. 갖옷 위에는 반드시 裼衣가 있으니, 表裘는 裼衣가 없어서 갖옷이 밖에 있는 것이고 襲裘는 襲衣를 가려서 裼衣를 드러내지 않음을 이른다. 表裘와 襲裘가 모두 不敬함이 되므로 이 네 가지로는 모두 궁궐 문에 들어가지 못하는 것이다.

79) 裼衣 : 의례를 행할 때 입는 옷으로, 가죽옷이나 갈옷 위에 걸쳤던 일종의 외투인데, 중간에 입는 옷이어서 때때로 中衣라 칭하기도 한다. ≪禮記≫ 〈曲禮 下〉의 '裼'에 대한 陳澔의 集說에 "갖옷을 입거나 갈옷을 입거나 그 위에는 모두 裼衣를 입고, 석의 위에는 襲衣를 입는다. 습의 위에 평상 입는 옷을 걸치니, 皮弁服과 深衣 등이 이것이다. 가려서 열어 헤치지 않는 것을 襲이라 하고, 열어 헤쳐서 속의 裼衣를 드러내 보이는 것을 裼이라 한다.〔或裘或葛 其上皆有裼衣 裼衣上有襲衣 襲衣之上有常著之服 則皮弁服及深衣之屬 是也 掩而不開 謂之襲 若開而見出其裼衣 則謂之裼也〕" 하였다.

≪大全≫

延平周氏曰 衣正色은 所以尊道故로 用之하고 裳間色은 所以下功故로 用之라 蓋天地五方之色이 爲正이요 而五方相勝之色이 爲間이니 若木勝土爲綠이라 故로 詩以綠衣黃裳[80)]으로 而刺妾之上僭者也하니라

延平周氏：正色의 옷을 입음은 道를 높이는 것이므로 사용하는 것이고, 間色의 裳을 입음은 功을 낮추는 것이기 때문에 사용하는 것이다. 天地의 五方의 색깔이 正色이 되고 五方이 서로 이기는 색은 間色이 되니, 禮를 들면 木이 土를 이기면 綠色이 되므로 ≪詩經≫에서 "녹색 상의에 황색 치마"를 가지고 妾이 위로 참람한 짓을 행함을 풍자한 것이다.

○ 嚴陵方氏曰 正服則文采備焉이라 故로 謂之列이라 絺綌은 據暑時言之요 表裘는 據寒時言之니 絺綌이 固爲涼矣나 必有表衣以蔽之는 所以惡(오)其褻也요 表裘는 固爲溫矣나 必有正服以被之는 所以惡其簡也라 然則絺綌이 非不可入公門也라 以之振則不可요 裘非不可入公門也라 爲之表則不可라 夫大裘는 可以祀天이니 非不重也로되 猶不可以徒服하야 必被之衮焉이면 則表裘不入公門이 固所宜矣라 襲裘는 與曾子襲裘而弔[81)]로 所言同하니 不入公門은 則惡其似凶故也라 振은 曲禮·論語에 皆作袗(진)하니라

嚴陵方氏：正服에는 文采가 구비되었기 때문에 列이라 이른다. 絺綌은 더울 때를 근거하여 말한 것이고 表裘는 추울 때를 근거하여 말한 것이니, 絺綌이 진실로 시원함을 위해서 입는 것이지만 반드시 겉옷을 입어서 몸을 가림은 그 설만함을 미워하기 때문이고, 表裘는 진실로 따뜻함을 위해서 입는 것이지만 반드시 正服을 겉에 입음은 간략함을 미워해서이다. 그렇다면 絺綌 차림으로 궁궐 문에 들어갈 수 없는 것이 아니고 홑옷이면 들어갈 수 없는 것이며, 갖옷을 입고 궁궐 문에 들어갈 수 없는 것이 아니고 갖옷으로 겉옷을 삼으면 들어갈 수 없는 것이다. 무릇 大裘 차림으로 하늘에 제사 지낼 수가 있으니 중요하지 않은 것이 아니나, 오히려 그것만 입을 수

80) 綠衣黃裳：≪詩經≫〈邶風 綠衣〉에 보이는 말로, 正色인 황색은 치마가 되고 間色인 녹색이 상의가 되어 상하와 귀천이 뒤바뀌었음을 풍자한 것인바, 朱子가 ≪詩經集註≫에서 황상을 衛나라 莊公의 부인 莊姜이 嬖妾에게 밀려 제 위치를 잃은 것을 시인이 풍자한 말이라고 설명하였다.

81) 曾子襲裘而弔：≪禮記≫〈檀弓 上〉에 보인다.

가 없어서 반드시 袞衣를 입는다. 그렇다면 表裘로 궁궐 문에 들어가지 않음은 진실로 마땅한 것이다. 襲裘는 "曾子가 襲裘 차림으로 조문했다."라는 것과 말한 바가 같으니, 襲裘 차림으로 궁궐 문에 들어가지 않음은 凶禮 차림에 가까움을 싫어해서이다. 振은 〈曲禮 下〉와 ≪論語≫ 〈鄕黨〉에 모두 '袗'자로 되어 있다.

132501 纊爲繭이요 縕爲袍요 襌(단)爲絅(경)이요 帛爲褶(첩)이니라

새 솜을 繭이라 하고, 헌솜을 袍라 하고, 홑옷을 絅이라 하고, 솜이 없는 겹옷을 褶이라 한다.

≪集說≫

纊은 新綿也요 縕은 舊絮也니 衣之有著(저)者 用新綿則謂之繭이요 用舊絮則謂之袍라 有表而無裏者를 謂之絅이요 有表裏而無著者를 謂之褶이라

纊은 새 솜이고 縕은 헌솜이니, 옷 중에 솜이 있는 것을 새 솜을 사용하면 繭이라 이르고 헌솜을 사용하면 袍라 이른다. 겉만 있고 속이 없는 옷을 絅이라 이르고, 겉과 속이 있으나, 솜이 없는 옷을 褶이라 이른다.

132601 朝服之以縞(호)也는 自季康子始也하니라

朝服을 〈생견인〉 縞로 만든 것은 季康子로부터 시작되었다.

≪集說≫

朝服之布는 十五升이니 先王之制也[82)]라 季康子始用生絹하야 後人因之라 故記者原其所自하니 凡古禮之亡은 皆由於變이니라

朝服의 布는 15升의 布이니 先王의 제도이다. 季康子가 처음 生絹을 사용하여 後代의 사람들이 인습하였으므로 기록한 자가 유래한 바를 고찰하였으니, 무릇 古禮가 없어짐은 모두 禮를 바꾸는 데에서 연유한다.

---

82) 朝服之布……先王之制也 : ≪禮記≫ 〈雜記 上〉에 "朝服은 〈精하고 가늘어서 완전히〉 15升의 베로 만든다.〔朝服 十五升〕"라고 하였다.

132701 **孔子曰 朝服而朝**니 **卒朔然後**에 **服之**니라

공자께서 말씀하시기를 "朝服을 입고서 조회하니, 月朔의 일을 듣는 禮를 마친 뒤에 조복을 입는다." 하셨다.

≪集說≫

聽朔이 **重於視朝**하니 **諸侯之朝服**은 **玄端素裳**이요 **而聽朔則皮弁**이라 **故卒聽朔之禮然後**에 **服朝服而視朝也**라

月朔의 일을 듣는 禮가 조회 보는 것보다 중하니, 제후의 朝服은 玄端服에 흰 치마이고 月朔의 일을 들을 때에는 皮弁服을 입는다. 그러므로 月朔의 일을 듣는 禮를 마친 뒤에 조복을 입고서 조회를 보는 것이다.

132702 **曰 國家未道**어든 **則不充其服焉**이니라

공자께서 말씀하시기를 "국가가 〈그 禮樂과 刑政이 先王의〉 道에 부합하지 않거든 그 복식을 성대하게 하지 않는다." 하셨다.

≪集說≫

曰字는 **承上文**이니 **亦孔子之言也**라 **禮樂刑政**이 **未合於先王之道**면 **則亦不宜充盛其衣服**이라

'曰'자는 윗글을 이은 것이니, 또한 공자의 말씀이다. 禮樂과 刑政이 先王의 道에 부합하지 않으면 또한 그 의복을 성대히 해서는 안 된다.

○ **鄭氏曰 謂若衛文公者**[83)]니라

83) 謂若衛文公者 : 춘추시대 衛나라가 狄의 침입으로 나라를 잃고 齊 桓公의 도움으로 楚丘에 도읍하고 文公을 임금으로 세웠는데, 문공은 망국의 한을 잊지 않기 위해 거친 베로 만든 옷을 입고 거친 명주로 만든 관을 쓰고 국가 재건에 정성을 다하였는바, ≪春秋左氏傳≫ 閔公 2년에서 이를 "위 문공이 거친 베옷에 거친 명주로 만든 冠을 쓰고서 힘써 목재를 축적하고 농사를 가르치며, 물자를 유통시키고 공인을 대우하며, 교육을 중시하고 학문을 권면하며, 관리의 도리를 가르쳐 능력 있는 자를 임용하니, 희공 원년에 30승이던 병거가 희공 25년에는 300승이 되었다.〔衛文公大布之衣大帛之冠 務材訓農 通商惠工 敬敎勸學

鄭氏(鄭玄) : 예컨대 衛나라 文公과 같이 함을 이른다.

≪大全≫

嚴陵方氏曰 朝服은 以布요 不以純(준)하며 以緇요 不以縞라 然而後世則反之者는 則始乎季康子之失禮也라 天子皮弁視朝하고 玄端聽朔하니 卒朔事然後에 視朝事라 故로 卒朔然後에 服朝服也라 禮不盛이면 服不充이니 禮所以行道也라 故國家未道면 則不充其服焉이라 此亦孔子所言也니 以承上文故로 止言曰이라

嚴陵方氏 : 朝服은 삼베를 사용하고 가선을 두르지 않으며, 〈검은색의〉 緇를 사용하고 〈흰색의〉 縞를 사용하지 않는다. 그러나 후대에 반대로 하는 것은 季康子가 禮를 잘못 행한 데에서 비롯되었다. 천자는 皮弁服 차림으로 조회를 보고 玄端服 차림으로 月朔의 일을 들으니, 월삭의 일을 마친 뒤에 조회의 일을 보기 때문에 月朔의 일을 마친 뒤에 조복을 입는 것이다. 禮가 성대하지 않으면 의복이 성대하지 않으니, 禮는 道를 행하기 위한 것이므로 국가가 道를 행하지 못하면 그 의복을 성대히 하지 않는 것이다. 이는 또한 공자께서 말씀한 바이니, 윗글을 이었기 때문에 다만 '曰'이라고 말한 것이다.

132703 唯君이 有黼(보)裘하야 以誓省(성)하나니 大裘는 非古也니라

오직 임금(제후)이 黼裘가 있어서 〈군대에〉 맹세하고 〈밭 가는 것과 수확을〉 시찰하니, 大裘를 입는 것은 古禮가 아니다.

≪集說≫

君은 國君也라 黼裘는 以黑羊皮로 雜狐白하야 爲黼文以作裘라 舊讀省爲獮(선)[84]이어늘 方氏釋爲省耕省斂之義하니 今從之라 大裘는 黑羔裘也니 天子郊服이라 謂國君이 固可衣黼裘하야 以誓軍旅하고 省耕斂이어늘 今而僭服大裘하니 則不可也라 但言非古면 則僭禮之失이 自見이라

授方任能 元年革車三十乘 季年乃三百乘〕" 하였다.

84) 舊讀省爲獮(선) : 鄭玄의 注에 "省은 獮이 되어야 하니, 獮은 가을 사냥이다.〔省 當爲獮 獮秋田也〕" 한 것을 가리킨다.(≪禮記正義≫ 〈玉藻〉)

黼裘

君은 나라의 임금(제후)이다. '黼裘'는 검은 양가죽으로 여우의 흰 가죽을 섞어서 〈도끼 문양인〉 黼의 무늬를 놓아 갖옷으로 만든 것이다. 舊注에는 '省'을 〈가을 사냥의 뜻인〉 '獮'으로 읽었는데, 方氏는 〈봄의〉 밭가는 것을 살펴보고 〈가을의〉 거두는 것을 살펴본다는 뜻으로 해석하였으니, 지금 이 해석을 따른다. 大裘는 검은 염소 갖옷이니, 천자가 郊祭를 지낼 때 입는 禮服이다. 그러므로 나라의 임금이 진실로 黼裘를 입고서 군대에 맹세하고 밭갈이와 수확을 시찰할 수가 있는데 이제 참람하게 〈천자의〉 大裘를 입으니, 옳지 못함을 말한 것이다. 다만 "古禮가 아니다."라고 말했으면 참람한 禮를 행한 잘못이 저절로 드러난다.

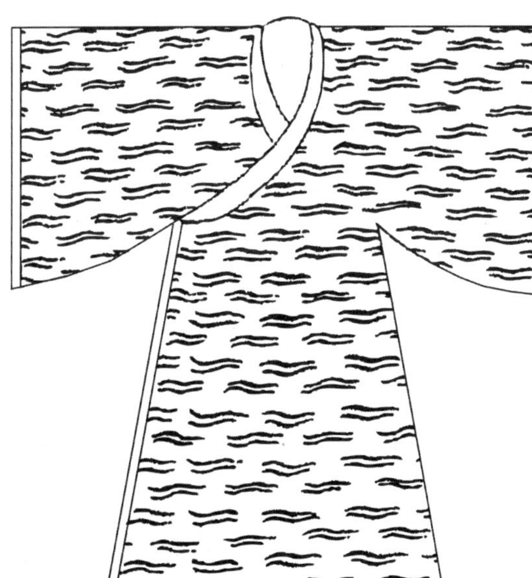
虎裘

132801 **君衣狐白裘**하고 **錦衣以裼之**어든 **君之右**는 **虎裘**요 **厥左**는 **狼裘**며 **士**는 **不衣狐白**이니라

임금이 狐白裘를 입고 비단옷으로 裼衣를 삼거든 임금의 오른쪽에 있는 衛士는 범 갖옷을 입고, 그 왼쪽에 있는 위사는 이리의 갖옷을 입으며, 士는 호백구를 입지 않는다.

《集說》

狐白裘는 以狐之白毛皮로 爲裘也니 君衣此裘면 則以素錦爲衣하야 加其上하야 使可

裼也라 袒而有衣曰裼이니 詳見曲禮[85)]하니라 虎裘者居右하고 狼裘者居左는 示威猛之衛也라 狐之白者少라 故惟君得衣之하고 士賤하야 不得衣也라

'狐白裘'는 여우의 흰 모피로 갖옷을 만든 것이니, 임금이 이 갖옷을 입으면 흰 비단으로 옷을 만들어 그 위에 입어서 裼衣로 삼을 수 있게 한 것이다. 겉옷 소매를 벗어도 옷이 있는 것을 '裼'이라 하니, 〈曲禮 下〉에 자세히 보인다. 범 갖옷을 입은 자가 오른쪽에 있고, 이리 갖옷을 입은 자가 왼쪽에 있음은 위엄이 있고 용맹한 護衛를 보이는 것이다. 여우 중에 흰 것은 적기 때문에 오직 임금만 입을 수 있고, 士는 신분이 낮아서 입을 수가 없는 것이다.

≪大全≫

長樂陳氏曰 狐白은 所以象德之成이요 狐靑은 所以象仁之發이라 故로 狐白錦衣는 爲人君之服이요 狐靑而下는 爲君子之服이니 言君子之服이면 則大夫士同之也라 夫天下無粹白之狐로되 而有粹白之裘하니 則狐白裘는 天下之尤難得者也라 觀紂以狐白免西伯[86)]하고 田子方以狐白禮子思[87)]하고 田文以狐白脫秦患[88)]하면 則狐白之貴를

85) 袒而有衣曰裼 詳見曲禮 : ≪禮記≫ 〈曲禮 下〉에 "옥을 들되 옥을 올려두는 비단이 있으면 〈왼쪽 겉옷 소매를 벗어〉 裼衣를 드러내고, 옥을 올려두는 비단이 없으면 겉옷을 여미서 석의를 드러내지 않는다.〔執玉 其有藉者則裼 無藉者則襲〕" 한 데 대한 陳澔의 集說에 설명이 자세히 보인다.

86) 紂以狐白免西伯 : 殷나라 紂王이 "西伯이 善德을 쌓아 제후들이 그에게 쏠려 장차 임금에게 불리해질 것입니다."라는 崇侯虎의 참소를 듣고 서백인 周 文王을 羑里라는 감옥에 가두었다. 이에 서백의 신하인 閎夭 등이 有莘氏의 미녀와 驪戎의 文馬, 有熊의 九駟, 稀貴한 물건을 구하여 주왕의 嬖臣인 費仲을 통해 주왕에게 바치니, 주왕이 크게 기뻐하며 서백을 석방한 고사를 이른다. 이 고사에서 狐白을 언급하지 않았으나 장락진씨는 희귀한 물건에 호백이 들어 있었을 것이라 판단하여 이렇게 말한 것으로 보인다.(≪史記≫ 권3 〈殷本紀〉)

87) 田子方以狐白禮子思 : 子思가 衛나라에 있으면서 옷은 다 해지고 끼니를 거르기 일쑤였는데, 이 소식을 들은 田子方이 사람을 시켜 狐白裘를 보내면서 자사가 받지 않을까 염려하여 "내가 이 옷을 어떤 이에게 빌었다가 누구인지 잊었다. 내가 남에게 주는 것은 버리는 것과 같다."라고 둘러대게 했다. 이에 자사는 "내가 비록 가난하지만, 차마 내 몸을 쓰레기통이 되게 할 수는 없으니, 받을 수 없다.〔汲雖貧也 不忍以身爲溝壑 是以不敢當也〕" 하고서 받지 않았던 고사를 이른다.(≪說苑≫ 〈立節〉)

88) 田文以狐白脫秦患 : 田文은 전국시대 齊나라 公族으로서 孟嘗君에 봉해진 인물로, 그 문하에 식객이 많았다. 秦나라 昭王의 부름으로 진나라에 들어갔을 때 진나라에서 맹상군을 죽이려고 모의하자, 맹상군이 이미 소왕에게 바쳤던 狐白裘를 도둑질을 잘하는 그의

可知矣라 士不衣狐白裘는 不特以其德之未成也라 蓋亦不敢以賤服貴歟인저

長樂陳氏 : 여우 털이 흰 것은 德의 완성을 형상한 것이고, 여우 털이 푸른 것은 仁의 발함을 형상한 것이다. 그러므로 狐白裘를 입고 비단옷을 裼衣로 입음은 임금의 옷이 되고 푸른 여우 털 이하는 君子의 옷이 되는 것이니, 군자의 옷을 말했으면 대부와 士가 군자와 똑같은 것이다. 천하에는 순수하게 흰 여우가 없으나 순수하게 흰 갖옷이 있으니, 狐白裘는 천하에 더욱 얻기 어려운 것이다. 殷나라 紂王이 호백구로 西伯을 감옥에서 풀어주었고, 田子方이 호백구로 子思를 예우하였고, 田文이 狐白裘로 秦나라의 환란에서 벗어난 것을 살펴보면 狐白裘가 귀함을 알 수 있다. 士가 狐白裘를 입지 않음은 다만 그 德이 아직 이루어지지 않아서일 뿐만이 아니고, 또한 감히 천한 신분으로 귀한 옷을 입을 수 없어서일 것이다.

○ 嚴陵方氏曰 有裘爲裏者는 必以衣爲表焉하니 裼之則所謂表也라 夫狐之爲物이 善疑而可戒하니 以之爲裘면 則有戒心存焉이니 所用雖不同이나 其爲戒則一也라 若錦衣以裼之는 則燕居之狐裘也니 燕居必戒者는 安不忘危也라 虎屬西方하고 爲右라 故右以虎裘하고 且右爲有力이라 狼雖善搏이나 不若虎之猛이라 故在左而已라 狐白은 以狐腋爲之니 非狐白이면 則士亦得服이니라

嚴陵方氏 : 갖옷이 속옷이 되는 경우는 반드시 〈다른〉 옷을 겉옷으로 삼는 것이니, 裼衣로 삼음은 이른바 '表'라는 것이다. 여우라는 동물은 의심을 잘하여 경계를 잘 할 수 있다. 그래서 여우의 가죽으로 갖옷을 만들면 경계하는 마음이 보전되어 있는 것이니, 사용하는 곳이 비록 똑같지 않더라도 경계하는 물건이 됨은 똑같다. 비단옷으로 裼衣를 삼는 것은 한가히 거처할 때 입는 狐裘이니, 한가히 거처할 때 반드시 경계함은 편안하여도 위태로움을 잊지 않아서이다. 범은 西方에 속하고 오른쪽이 되기 때문에 오른쪽에 범 가죽 갖옷을 입고, 또 오른쪽은 힘이 있는 곳이 된다. 이리는 비록 공격을 잘하나 범만큼 사납지 못하므로 왼쪽에 있을 뿐이다. 狐白은 여우의 겨드랑이에 있는 흰털로 만든 것이니, 狐白裘만 아니라면 士 또한 여우 갖옷을 입을 수 있다.

식객에게 훔쳐내게 하여 소왕의 첩에게 주어 첩의 도움으로 풀려나서 달아나 살 수 있었던 고사를 이른다.(≪史記≫ 권75 〈孟嘗君列傳〉)

132802 **君子**는 **狐青裘豹褎**(수)요 **玄綃**(초)**衣以裼之**하며

군자는 푸른색 여우 갖옷 차림에 표범 가죽으로 소매를 달고 검은색의 綃衣로 裼衣를 삼으며,

≪集說≫

君子는 謂大夫士也라 狐青裘는 狐之青毛皮로 爲裘也요 豹褎는 豹皮로 爲袖(수)요 玄綃衣는 玄色之綃로 爲衣也라

'君子'는 대부와 士를 이른다. '狐青裘'는 여우의 푸른 모피로 갖옷을 만든 것이고, '豹褎'는 표범 가죽으로 소매를 만든 것이고, '玄綃衣'는 검은색의 綃(비단)로 옷을 만든 것이다.

132803 **麛**(미)**裘青豻**(안)**褎**요 **絞**(효)**衣以裼之**하며

〈흰색〉 사슴 새끼 갖옷 차림에는 푸른색 들개의 가죽으로 소매를 달고 〈푸르고 누런 색의〉 絞衣로 裼衣를 삼으며,

≪集說≫

麛는 鹿子也요 豻은 胡地野犬이요 絞는 蒼黃之色이라

麛는 사슴 새끼이고, 豻은 오랑캐 땅의 들개이고, 絞는 푸르고 누런색이다.

132804 **羔裘豹飾**이요 **緇衣以裼之**하며 **狐裘**엔 **黃衣以裼之**하나니 **錦衣狐裘**는 **諸侯之服也**니라

〈검은색의〉 새끼 양 갖옷에는 표범 가죽으로 소매를 두르고 緇衣로 裼衣를 삼으며, 〈누런색의〉 여우 갖옷에는 黃衣로 裼衣를 삼으니, 비단옷에 여우 갖옷을 입는 것은 제후의 복식이다.

≪集說≫

飾은 謂袖也라 論語에 緇衣엔 羔裘요 黃衣엔 狐裘라하니라

飾은 소매이다. ≪論語≫ 〈鄕黨〉에 "〈검은색의〉 緇衣에는 검은색의 새끼 양 갖옷을 입고, 黃衣에는 누런색의 여우 갖옷을 입는다." 하였다.

○ 鄭氏曰 凡裼衣는 象裘色이니라

鄭氏(鄭玄) : 모든 裼衣는 갖옷의 색깔을 형상한다.

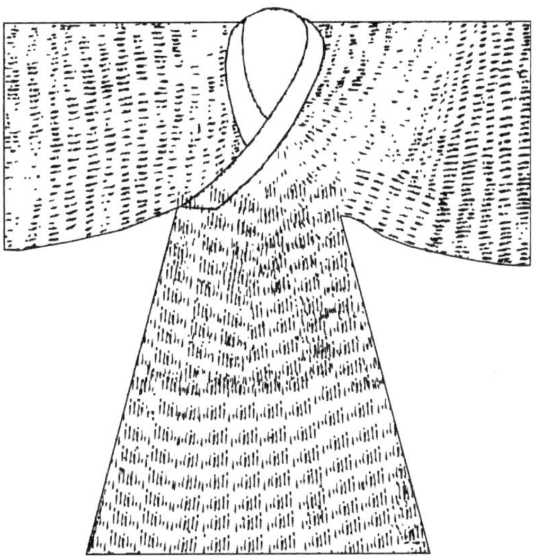

羔裘

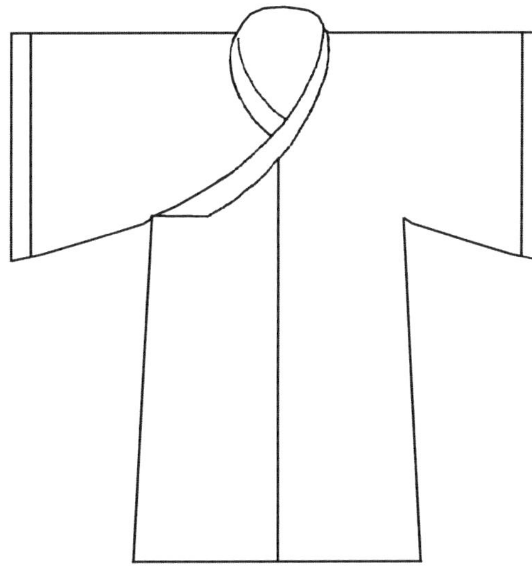

黃衣

≪大全≫

延平周氏曰 裘用狐青은 所以象其仁이요 褎用豹는 所以象其義요 玄綃衣는 所以象其道니 內衣狐青裘而外加玄綃衣는 有顯道神德行之意라 麛裘青豻도 與此同이라 麛能愛而其色白하고 豻善守而其色青하니 麛裘는 所以象其義而能愛요 豻褎는 所以象其仁而善守라 絞는 蒼黃之色이니 蒼은 所以象天道요 黃은 所以象地道라 羔裘는 所以象其禮요 豹飾은 所以象其義요 緇衣는 所以象其道之幽라 黃衣者는 坤道在上六之時[89]에 息民之祭요 一歲之終也라 羔之色黑而衣用緇하고 狐之色黃而衣用黃者는 欲其有純一之德也니라

延平周氏 : 갖옷으로 푸른색의 여우 가죽을 사용함은 그 仁을 형상한 것이고, 소

89) 坤道在上六之時 : ≪周易≫ 坤卦 上六에 "용이 들에서 싸우니, 그 피가 검고 누렇다.〔龍戰于野 其血玄黃〕"라고 한 것을 이른다.

매를 표범 가죽을 사용함은 그 義를 형상한 것이고, 검은색의 綃(비단)로 옷을 만듦은 그 道를 형상한 것이니, 안에는 푸른색 여우 갖옷을 입고 밖에는 검은색 綃衣를 덧입는 것은 道를 드러내고 德行을 신묘하게 하는 뜻이 있다. 사슴 새끼 갖옷에 푸른색 들개의 가죽으로 소매를 단 것도 이와 같다. 사슴 새끼는 능히 사랑하고 그 색깔이 희며 들개는 지키기를 잘하고 그 색깔이 푸르니, 사슴 새끼 갖옷은 의로우면서 능히 사랑함을 형상한 것이고 들개 가죽으로 소매를 단 것은 그 仁하면서 잘 지킴을 형상한 것이다. 그러므로 絞는 푸르고 누런 색깔이니, 蒼은 하늘의 道를 형상한 것이고 黃은 땅의 道를 형상한 것이다. 새끼 양 갖옷은 禮를 형상한 것이고, 표범 가죽으로 꾸밈은 義를 형상한 것이고, 검은 옷은 道가 그윽함을 형상한 것이다. 黃衣는 坤의 도가 上六에 있는 때에 백성을 쉬게 하는 제사를 지내면서 한 해를 끝마침을 형상하는 옷이다. 새끼 양의 색깔은 검은데 옷을 검은색을 사용하고 여우의 색깔은 누런데 옷은 누런색을 사용함은 순일한 德을 사용하고자 해서이다.

132805 犬羊之裘엔 不裼은 不文飾也일새 不裼하나니라

개가죽 갖옷과 양가죽 갖옷에는 裼衣를 드러내지 않음은 文飾을 하지 않기 때문에 석의를 드러내지 않는다.

≪集說≫

犬羊之裘는 庶人所服이니 裘與人俱賤이라 故不裼以爲飾也니라

개가죽과 양가죽 갖옷은 庶人이 입는 것이니, 갖옷과 사람이 모두 천하므로 裼衣를 드러내는 것으로 꾸밈을 삼지 않는다.

132806 裘之裼也는 見(현)美也니 弔則襲은 不盡飾也요 君在則裼은 盡飾也니라

갖옷에 裼衣를 드러내는 것은 〈석의의〉 아름다움을 드러내기 위한 것이니, 조문할 때에 갖옷을 드러나지 않게 함은 꾸밈을 다하지 않는 것이고, 군주가 계시면 석의를 노출시키는 것은 꾸밈을 다하는 것이다.

≪集說≫

此는 言裼襲之異宜라 見(현)美는 謂裼衣上에 雖加他服이나 猶必開露하야 以見示裼衣之美라 弔喪襲裘는 惟小斂後則然이라 盡飾者는 盡其文飾之道하야 以爲敬이요 弔는 主於哀라 故敬不在美요 君在則當以盡飾爲敬也니라

이것은 裼衣를 드러냄과 석의를 드러내지 않음이 마땅함이 다름을 말한 것이다. '見美'는 裼衣의 위에 비록 다른 옷을 덧입는다 하더라도 오히려 반드시 〈덧입은 옷을〉 열어 헤쳐서 裼衣의 아름다움을 드러내어 보임을 이른다. 弔喪할 때에 갖옷을 드러나지 않게 함은 오직 小斂한 뒤에만 그렇게 한다. '盡飾'은 꾸밈의 道를 다해서 공경으로 삼는 것이고, 弔問은 슬픔을 주장하므로 공경이 아름답게 꾸미는 데에 있지 않는 것이고, 임금이 계시면 꾸밈을 다하는 것을 공경으로 삼아야 한다.

132807 **服之襲也**는 **充美也**라 **是故**로 **尸襲**하고 **執玉龜**에 **襲**하나니 **無事則裼**은 **弗敢充也**니라

옷에 裼衣를 드러내지 않는 것은 아름다움을 가리는 것이다. 이 때문에 尸童은 겉옷을 여며 석의를 드러내지 않고 玉과 거북을 잡을 때에 석의를 드러내지 않으니, 일이 없으면 석의를 드러냄은 감히 아름다움을 가리지 못해서이다.

≪集說≫

充美는 猶云揜塞其華美也라 尸尊하야 無所示敬이라 故襲이라 執玉之禮는 有裼時하고 有襲時하니 執龜하야 爲享禮庭實則裼하고 以卜則襲하니 此는 特主襲而言耳요 非謂執玉龜無裼之禮也라 無事는 謂執玉執龜之禮 已竟也라 無事則裼은 亦謂在君之所요 非君所則否니 弗敢充者는 以見美爲敬也라

'充美'는 "화려함과 아름다움을 가린다."고 말하는 것과 같다. 尸童은 높아서 공경을 보일 대상이 없으므로 襲衣를 입는 것이다. 玉을 잡는 禮는 〈왼쪽 겉옷 소매를 벗어〉 裼衣를 드러낼 때도 있고 겉옷을 여며 석의를 드러내지 않을 때도 있는데, 거

북을 잡고서 享禮(禮物을 바치는 의식)에 뜰에 예물을 진열하여 바칠 때에는 석의를 드러내고, 점을 치게 되면 석의를 드러내지 않으니, 이것은 다만 석의를 드러내지 않음을 위주로 말했을 뿐이고, 옥과 거북을 잡을 때 석의를 드러내는 禮가 없다고 말한 것은 아니다. '無事'는 옥을 잡고 거북을 잡는 禮가 이미 끝났음을 이른다. '無事則裼'은 또한 임금의 처소에 있을 때를 이르고 임금의 처소가 아니면 그렇게 하지 않으니, 감히 아름다움을 가리지 못하는 것은 아름다움을 드러냄을 공경으로 삼기 때문이다.

○ 疏曰 凡敬有二體하니 以質爲敬者는 子於父母之所에 不敢袒裼[90)]이요 以文爲敬者는 臣於君所則裼이라 若平敵以下則亦襲하니 以質略故也니 所襲雖同이나 其意異也니라

〈孔穎達의〉 疏 : 무릇 공경에는 두 가지 體가 있으니, 질박함을 공경으로 삼는 경우에는 자식이 부모의 처소에 있을 때 감히 袒裼을 하지 않는 것이고, 文飾을 공경으로 삼는 경우에는 신하가 임금의 처소에 있을 때 裼衣를 드러내는 것이다. 만약 대등한 신분 이하의 사람과 있을 때에는 또한 겉옷을 여며 석의를 드러내지 않으니, 질박하고 간략히 하려고 해서이다. 겉옷을 여며 석의를 드러내지 않는 것은 비록 같으나 그 뜻은 다르다.

≪大全≫

延平周氏曰 裼者는 盡飾故로 其美見(현)於外하고 襲者는 不盡飾故로 其美充於內라 臣之於君엔 則不敢充其美故로 以文爲貴하니 以文爲貴故로 君在則裼하고 無事則襲이라 弔喪에 爲尸執國寶에 則不敢見其美하니 不敢見其美라 故以質爲貴라 故襲이라 所謂玉은 非執贄與庭實也라 蓋執贄者有藉則裼이요 而爲庭實者執璧琮則裼[91)]이니라

---

90) 袒裼 : 上衣의 왼쪽 소매를 벗어서 內衣인 裼衣를 드러내는 것이다. '袒'은 본래 웃통을 벗는다는 뜻으로 상반신을 그대로 드러내는 것을 가리키며, '裼'은 裼衣를 가리키는데, 또한 이 둘은 모두 상의의 앞자락을 열어 왼쪽 소매를 벗어서 그것을 앞자락의 오른쪽에 꽂고 석의를 드러내는 행위를 지칭하기도 한다.

91) 執贄者有藉則裼 而爲庭實者執璧琮則裼 : ≪儀禮≫ 〈聘禮〉에 "上介는 裼衣를 드러내어 圭를 잡고 옥 받침대의 끈을 굽혀 賓에게 주고 賓은 석의를 드러내지 않고 圭를 잡는다.…… 賓은 석의를 드러내어 束帛을 받들고 그 위에 벽옥을 올려놓고서 향례를 행한다.……부인에게 聘禮를 행할 때에는 璋을 사용하고, 향례를 행할 때 琮을 사용하기를 처음의 禮

延平周氏 : 裼衣를 드러냄은 꾸밈을 다하는 것이기 때문에 아름다움을 밖에 드러내고, 석의를 드러내지 않음은 꾸밈을 다하지 않는 것이기 때문에 아름다움을 안에 가린다. 신하가 임금에 대해서는 감히 아름다움을 가릴 수가 없으므로 문채 나는 것을 귀하게 여기니, 문채 나는 것을 귀하게 여기기 때문에 임금이 계시면 裼衣를 드러내고, 일이 없으면 겉옷을 여며 석의를 드러내지 않는 것이다. 弔喪할 때 尸童이 되어서 國寶를 잡으면 감히 그 아름다움을 드러내지 않으니, 감히 그 아름다움을 드러내지 않기 때문에 질박함을 귀하게 여겨서 겉옷을 여며 석의를 드러내지 않는다. 이른바 '玉'은 執贄(임금을 뵐 때 예물을 가지고 가서 경의를 표하는 일)와 庭實(뜰에 예물을 진열하는 일)의 옥이 아니다. 執贄를 하는 자는 옥을 올려두는 비단이 있으면 裼衣를 드러내고, 庭實을 하는 자는 璧과 琮을 잡으면 裼衣를 드러낸다.

132901 笏은 天子는 以球玉이요 諸侯는 以象이요 大夫는 以魚須文竹이요 士는 竹호되 本象이 可也라

笏은, 천자는 아름다운 玉을 쓰고, 제후는 象牙를 쓰고, 대부는 상어 수염으로 꾸민 대나무를 쓰고, 士는 대나무를 쓰되 아랫부분을 상아로 꾸며도 된다.

≪集說≫

球는 美玉也라 文은 飾也라 陸氏는 音須爲班[92)]이어늘 而疏엔 引庾氏說하야 以鮫(교)魚須로 飾竹以成文이라하야 與應氏說로 相近하니 宜讀如字라

球는 아름다운 玉이다. 文은 文飾이다. 陸氏(陸德明)는 須의 音을 '班'이라고 하였는데, 〈孔穎達의〉 疏에는 庾氏의 說을 인용하여 "상어의 수염으로 대나무를 꾸며 문채를 이룬다." 하여 應氏의 說과 서로 비슷하니, 마땅히 본래 글자대로 읽어야 할 것이다.

와 같이 한다.〔上介不襲執圭 屈繅授賓 賓襲執圭……賓裼 奉束帛 加璧享……聘于夫人 用璋 享用琮如初禮〕"라고 보인다.

92) 音須爲班 : 陸德明의 音義에 南朝 때 梁나라 崔靈恩의 "무늬 있는 대나무와 상어의 가죽을 사용하는 것이다.〔用文竹及魚班也〕"라는 설을 인용하고서 이렇게 말하였다.(≪禮記正義≫)

○ 應氏曰 爾雅에 魚曰須니 蓋魚之所以鼓息者 在須라 大夫는 以近尊而屈이라 故飾竹以魚須하고 士는 以遠尊而伸이라 故飾以象이니라

應氏 : ≪爾雅≫ 〈釋獸〉에 "물고기의 수염을 須라 한다." 하니, 물고기가 아가미를 움직여 숨 쉬는 것이 수염에 달려 있기 때문이다. 대부는 높은 분과 가까워서 예를 굽히기 때문에 물고기의 수염으로 대나무를 꾸미고, 士는 높은 분과 멀어서 예를 펴기 때문에 상아로 꾸미는 것이다.

≪大全≫

山陰陸氏曰 竹은 有節而已니 死制之事也요 大夫則又有文焉하니 言笏에 大夫以魚須文竹이라 士는 以竹本爲正이나 若或用象하면 亦許라 故로 曰象可也라하니 可者通許之詞라

山陰陸氏 : 대나무는 마디가 있을 뿐이니 〈節介를 지키다가〉 法制에 복종하여 죽는 일이고, 대부는 또 문식함이 있으니 笏을 말할 적에 대부는 상어 수염으로 대나무를 꾸민 것이다. 士는 대나무로 바탕을 삼는 것이 바르지만, 만약 혹 상아를 써서 꾸민다면 또한 허락하므로 "상아를 쓰는 것도 괜찮다." 하였으니, '可'는 허락해주는 말이다.

132902 見於天子與射엔 無說(탈)笏이니 入大(태)廟하야 說笏이 非禮也라 小功엔 不說笏이요 當事免(문)[93]則說之하며 旣搢하야는 必盥(관)이요 雖有執於朝나 弗有盥矣니라

천자를 뵙거나 射禮를 행할 때에는 笏을 벗겨놓지 않으니, 太廟에 들어가서 笏을 벗겨놓는 것은 禮가 아니다. 小功의 喪에는 笏을 벗겨놓지 않고 일을 당하여 袒免을 하게 되면 벗겨놓으며, 꽂고 나서는 〈일을 집행하기 위해〉 반드시 손을 씻고 〈이 이후에는〉 비록 조정에서 일을 집행함이 있더라도 손을 씻지 않는다.

---

93) 免(문) : 袒免으로, 上衣의 한쪽을 벗어 좌측 어깨를 드러내고, 冠을 벗고 머리끈으로 머리를 묶는 것이다. 喪禮에서 緦麻 이하의 服이다.(≪禮記≫ 〈大傳〉)

≪集說≫

陳氏曰 笏之所用은 蓋諸侯之朝天子엔 則執命圭而搢荼(서)하고 大夫之聘엔 則執聘圭而搢笏하며 及其合瑞而授圭면 則執其所搢而已니 所謂見於天子無說(탈)笏者 此也라 射以觀德하니 則禮固在所隆이요 小功則禮可以勝情이라 故亦不說이라 當事而免(문)이면 則事可以勝禮라 故說之니라

陳氏 : 笏을 사용하는 것은 제후가 천자를 조회할 때에는 命圭를 잡고 荼를 꽂으며, 대부가 聘禮를 할 때에는 聘圭를 잡고 笏을 꽂으며, 瑞玉을 맞춰보고 圭를 주게 되면 꽂는 것을 잡을 뿐이니, 이른바 "천자를 뵐 때에는 笏을 벗겨놓지 않는다."는 것이 이것이다. 활쏘기는 德을 관찰하는 것이니 禮가 진실로 높여야 할 대상에 있고, 小功의 喪은 禮가 슬픈 情을 이길 수 있기 때문에 또한 〈笏을〉 벗겨놓지 않는 것이다. 일을 당하여 袒免을 하게 되면 일이 禮를 이길 수 있기 때문에 〈笏을〉 벗겨놓는 것이다.

○ 方氏曰 大(태)廟之內에 惟君當事則說(탈)笏은 所以逸尊者也어늘 後世에 臣或說之하니 則失之簡矣라 小功之喪은 悲哀殺(쇄)矣니 事不可不記也라 故不說笏이요 及當事而免(문)之時하야는 則不可以不說이라 凡在廟搢笏에 必盥手者는 爲將執事也요 及有執事於朝하야는 則亦不再盥은 爲其已盥故也니라

方氏 : 太廟의 안에서 오직 임금이 일을 당하면 笏을 벗겨놓는 것은 尊者를 편안히 쉬게 하기 위한 것인데 후세에 신하가 혹 벗겨놓으니, 이는 소략히 하는 잘못을 범한 것이다. 小功의 喪은 슬퍼하는 마음이 적으니 일을 기록하지 않을 수 없기 때문에 笏을 벗겨놓지 않는 것이고, 일을 당하여 袒免을 할 때에 이르러서는 벗겨놓지 않을 수 없는 것이다. 무릇 사당에 있으면서 笏을 꽂을 적에 반드시 손을 씻는 것은 장차 일을 집행하기 위해서이고, 조정에서 일을 집행함에 이르러서는 또한 다시 손을 씻지 않는 것은 이미 손을 씻었기 때문이다.

132903 凡有指畫(획)於君前이어든 用笏하고 造受命於君前이어든 則書於笏이니 笏畢用也일새 因飾焉이니라

무릇 임금 앞에서 지시할 일이 있거든 笏을 사용하고 임금 앞에 나아가 명령을 받게 되면 笏에 기록하니, 笏은 〈매사에〉 모두 사용하기 때문에 이로 인해 文飾한다.

≪集說≫

因事而有所指畫에 用手則失容이라 故用笏也라 造受命은 詣君所而受命也라 畢用者는 每事皆用之也라 因飾焉은 謂因而文飾之하야 以爲上下之等級也라

일을 인하여 지시하는 바가 있을 적에 손을 사용하면 몸가짐을 잃으므로 笏을 사용하는 것이다. '造受命'은 임금이 있는 곳에 나아가 명을 받는 것이다. '畢用'은 매사에 모두 사용하는 것이다. '因飾焉'은 인하여 文飾해서 上下의 등급으로 삼음을 이른다.

≪大全≫

金華應氏曰 酒는 以涚(세)爲新하고 器는 以滌爲敬하고 手는 以盥爲潔이라 故로 祭尊(준)爵者는 盥不止於一이라 笏之爲用이 尤重이로되 而執於朝에 亦弗再盥者는 以其端潔之有素也일새라 始而進見(현)이면 則史進象笏하여 書思對命하고 及其造見(현)受命이면 則又退而書之하고 心思恍惚之間과 對揚造次之頃에 謹敬君命하야 慮有廢忘하야 而進退終始에 皆假笏以書之하니 是不謂之畢用乎아

金華應氏 : 술은 거르는 것을 새로운 것으로 삼고, 그릇은 씻는 것을 공경함으로 삼고, 손은 씻는 것을 깨끗함으로 삼는다. 그러므로 술동이와 술잔으로 제사 지내는 자는 손을 씻는 것이 한 번에 그치지 않는다. 笏의 쓰임은 더욱 중하나 조정에서 잡을 때에 또한 두 번 손을 씻지 않는 것은 笏은 평소 단정하고 깨끗이 하기 때문이다. 처음 나아가 뵈면 史官이 상아홀을 올려서 〈임금에게 아뢰고자 한 것을〉 생각한 것과 대답할 것과 〈임금의〉 명을 여기에 쓰게 하고, 나아가 뵙고 명령을 받게 되면 또 물러 나와서 이것을 쓴다. 그리고 心思가 번뜩 생겼다가 사라지는 사이와 임금의 명령을 받들어 널리 알리는 잠깐 사이에 임금의 명령을 삼가고 공경하여 폐하고 잊는 것이 있을까 염려하여 나아가고 물러가고 끝마치고 시작할 때에 모두 笏을 빌려서 쓰니, 이것을 "모두 사용한다."고 말하지 않을 수 있겠는가.

132904 笏度는 二尺有六寸이니 其中博은 三寸이요 其殺(쇄)는 六分而去一이니라

笏의 上下 길이는 2척 6촌이니, 그 중간의 左右 너비는 3촌이고 그 〈上段의〉 줄어드는 부분은 〈3촌의〉 6분의 1을 제거한다.

≪集說≫

中廣三寸은 天子諸侯大夫士之笏이 皆然이라 天子諸侯則從中以上하야 稍稍漸殺하야 至上首하면 止廣二寸半이니 是六分三寸而去其一也요 其大夫士는 又從中殺至下하야 亦廣二寸半이라 故惟中間이 廣三寸也라 玉人言大圭長三尺은 是兼終葵首言之[94]니라

가운데 너비가 3촌인 것은 천자・제후・대부・士의 笏이 모두 그러하다. 천자와 제후는 가운데부터 올라가면서 차츰차츰 줄어들어 위쪽 머리 부분에 이르면 左右 너비가 다만 2촌 반이니 이는 3촌을 6등분한 것에서 그중 1등분(반 촌)을 제거한 것이고, 대부와 士는 또 가운데부터 줄어들어 아래에 이르러서 또한 좌우 너비가 2촌 반이다. 그러므로 오직 중간만 그 너비가 3촌인 것이다. ≪周禮≫ 〈考工記 玉人〉에 "大

94) 是兼終葵首言之 : ≪周禮≫ 〈考工記 玉人〉에 "대규는 길이가 3척이고 윗부분의 양쪽 측면을 안쪽으로 깎아서 머리 부분을 終葵처럼 만든다.〔大圭長三尺 杼上 終葵首〕" 하였는데, 鄭玄의 注에 "왕이 꽂는 대규이니, 혹은 이를 '珽'이라 이르기도 한다. 종규는 椎(추)이니, 그 윗부분을 깎은 것에 椎를 만든 것으로, 그 굽히는 바가 없음을 밝힌 것이다. 杼는 殺(쇄)이다. ≪상옥서≫에 말하였다. '珽玉은 6촌이다.'〔王所搢大圭也 或謂之珽 終葵 椎也 爲椎於其杼上 明其無所屈也 杼 殺也 相玉書曰 珽玉六寸〕" 하였고, 賈公彦의 疏에 "齊 지역 사람들은 椎를 종규라고 하기 때문에 '종규는 椎이다.' 한 것이다. '≪相玉書≫에 말하였다. 「정옥은 6촌이다.」' 한 것은 3척이 되는 규의 위에서 6촌을 제외한 아래를 양쪽 측면을 깎아내어서 그 이상을 椎의 머리로 만듦을 이른다. '6촌'을 말한 것은 위의 깎지 않은 부분을 근거하여 말한 것이다. ≪상옥서≫를 인용한 것은, 대규의 종규가 6촌 이하를 깎은 것임을 증명한 것이다.〔齊人謂椎爲終葵 故云終葵椎也 云相玉書曰 珽玉六寸者 謂於三尺圭上 除六寸之下 兩畔殺去之 使已上爲椎頭 言六寸者 據上不殺者而言 引相玉書者 證大圭終葵 六寸已下杼之也〕" 하였다. 참고로, 金在魯의 ≪禮記補註≫에서는 注疏의 설을 근거로 "살펴보건대 이것을 가지고 보면 '머리 부분을 종규처럼 만든다.' 한 것은 바로 6촌으로, 2척 6촌과 합하면 그 길이가 3척 2촌이 되니, 陳澔의 註에 이른바 '종규처럼 만든 머리 부분을 겸하여 말한 것이다.' 한 것은 또한 부합하지 않는다. 그렇다면 홀과 규가 두 가지 물건이 된다는 것은 분명하다.〔以此觀之 終葵首乃六寸 幷二尺六寸 則其長爲三尺二寸 陳註所謂兼終葵首言之者 亦不合 然則笏與圭爲二物明矣〕" 하였다.

圭는 길이가 3척이다." 한 것은 終葵처럼 만든 머리 부분을 겸하여 말한 것이다.

天子素帶

133001 天子는 素帶朱裏終辟(비)[95]하고

천자는 素帶에 붉은 안감을 대고 〈띠의〉 끝까지 가선을 두르고,

≪集說≫

此辟字는 讀如前章縞冠素紕之紕하니 緣也라 天子는 以素爲帶라 素는 熟絹也니 用朱爲裏라 終은 竟也니 終辟(비)는 終竟此帶하야 盡緣之也라

이 '辟'자는 앞 章의 '縞冠素紕'의 '紕'자와 같이 읽으니, 가

---

95) 天子 素帶朱裏終辟(비) : 金在魯의 ≪禮記補註≫에 "살펴보건대 이 여덟 자는 본래 '一命縕韍(133501)' 장의 아래에 있었는데, 鄭玄이 처음으로 바로잡았다.〔按 此八字 舊在一命縕韍章之下 鄭玄始正之〕" 하였다. 이하에도 정현이 바로잡은 것들이 있는데 순서를 바로잡지 않고 錯簡 부분에 밑줄을 그어보면 다음과 같다.

"笏度二尺有六寸 其中博三寸 其殺六分而去一 而素帶終辟 大夫素帶辟垂 士練帶率下辟 居士錦帶 弟子縞帶 并紐 約用組㉯ 韠 君朱 大夫素 士爵韋 圜殺直 天子直 公侯前後方 大夫前方後挫角 士前後正 韠下廣二尺 上廣一尺 長三尺 其頸五寸 肩革帶博二寸 大夫大帶四寸 雜帶 君朱綠 大夫玄華 士緇辟二寸 再繚四寸 凡帶有率 無箴功㉱ 一命縕韍幽衡 再命赤韍幽衡 三命赤韍蔥衡 天子素帶 朱裏 終辟㉮ 王后褘衣 夫人揄狄㉳ 三寸 長齊于帶 紳長制 士三尺 有司二尺有五寸 子游曰 參分帶下 紳居二焉 紳韠結三齊㉰ 君命屈狄 再命褘衣 一命襢衣 士褖衣……童子之節也 緇布衣錦緣 錦紳并紐 錦束髮 皆朱錦也 肆束及帶 勤者有事則收之 走則擁之㉲ 童子不裘不帛 不屨絇 無緦服 聽事不麻"

그리고 정현의 설에 따라 바로잡은 순서는 다음과 같다.

"笏度二尺有六寸 其中博三寸 其殺六分而去一 韠 君朱 大夫素 士爵韋 圜殺直 天子直 公侯前後方 大夫前方後挫角 士前後正 韠下廣二尺 上廣一尺 長三尺 其頸五寸 肩革帶博二寸 一命縕韍幽衡 再命赤韍幽衡 三命赤韍蔥衡 天子素帶 朱裏 終辟㉮ 而素帶終辟 大夫素帶辟垂 士練帶率下辟 居士錦帶 弟子縞帶 并紐 約用組㉯ 三寸 長齊于帶 紳長制 士三尺 有司二尺有五寸 子游曰 參分帶下 紳居二焉 紳韠結三齊㉰ 大夫大帶四寸 雜帶 君朱綠 大夫玄華 士緇辟二寸 再繚四寸 凡帶有率 無箴功㉱ 肆束及帶 勤者有事則收之 走則擁之㉲ 王后褘衣 夫人揄狄㉳ 君命屈狄 再命褘衣 一命襢衣 士褖衣……童子之節也 緇布衣錦緣 錦紳并紐 錦束髮 皆朱錦也 童子不裘不帛 不屨絇 無緦服 聽事不麻"

陳澔의 集說에서는 정현이 바로잡은 부분인 "天子素帶……夫人揄狄"을 "其殺六分而去一" 다음에 넣은 점이 정현과 다르다.

선을 두르는 것이다. 천자는 흰 명주 베로 띠를 만든다. 素는 熟絹이니, 붉은 비단을 사용하여 안감을 만든다. 終은 끝마침이니, '終辟'는 이 띠의 끝까지 모두 가선을 두르는 것이다.

133002 **而素帶終辟**하고

〈제후는〉 素帶에 끝까지 가선을 두르고,

≪集說≫

而下에 缺諸侯字라 諸侯亦素帶終辟而不朱裏라

'而'자 아래에 '諸侯'자가 빠졌다. 제후 또한 素帶에 끝까지 가선을 두르기는 하지만 붉은 것으로 안감을 만들지 않는다.

133003 **大夫**는 **素帶辟垂**하고

대부는 素帶에 늘어진 부분에 가선을 두르고,

≪集說≫

大夫之素帶는 則惟緣其兩耳及垂下之紳이요 腰後는 不緣이라

대부의 素帶는 오직 그 양쪽 귀 부분과 아래로 늘어진 紳에만 가선을 두르고, 허리 뒤쪽 부분은 가선을 두르지 않는다.

133004 **士**는 **練帶率**(율)[96]하고 **下辟**하고

士는 한 겹 비단 띠에 양쪽 가를 꿰매고 아래의 늘어진 부분에만 가선을 두르고,

≪集說≫

練은 繒也니 士以練爲帶하야 單用之而緶(편)緝其兩邊이라 故

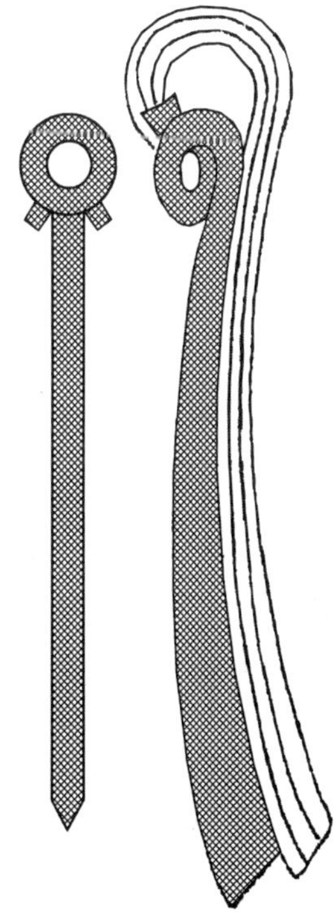

士練帶

96) 率(율) : 鄭玄의 注에 "率은 꿰맴이다.〔率 繂也〕" 하였다.(≪禮記正義≫)

謂之綷(율)이요 腰及兩耳는 皆不緣하고 惟緣其紳이라 故云下辟라

練은 〈누인 생사로 짠〉 비단이니 士는 비단으로 띠를 만들어서 한 겹만 사용하여 그 양쪽 가를 꿰매므로 이것을 '綷'이라 하였고, 허리와 양쪽 귀 부분은 모두 가선을 두르지 않고 오직 그 紳에만 가선을 두르므로 '아래만 가선을 두른다.' 한 것이다.

133005 居士는 錦帶하고 弟子는 縞帶니라

居士는 〈무늬 있는 비단으로 만든〉 錦帶를 하고 弟子는 〈生絹으로 만든〉 縞帶를 한다.

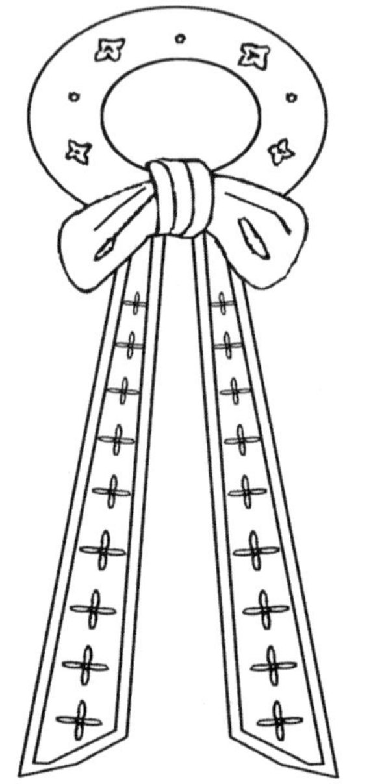

居士錦帶

≪集說≫

以錦爲帶는 示文也요 弟子用生絹은 示質也라

비단으로 띠를 만듦은 문채를 보이는 것이고, 제자는 生絹을 사용함은 질박함을 보이는 것이다.

○ 鄭氏曰 居士는 道藝處士也라

鄭氏(鄭玄) : 居士는 道德과 才藝를 갖춘 處士이다.

≪大全≫

長樂陳氏曰 天子至士히 帶皆合帛爲之호되 或以素하고 或以練하며 或終辟(비)하고 或辟垂하고 或下辟요 其飾은 或朱綠하고 或玄華[97]하니 蓋素得於自然이요 練成於人功이며 終辟則所積者備요 辟垂下辟則所積者少라 朱者는 正陽之色이요 綠者는 少陽之雜이요 玄與緇者는 陰之體요 華者는 文之成이라 天子는 體陽而兼乎下故로 朱裏而裨以朱綠하고 諸侯는 雖體陽이나 而不兼乎上故로 飾以朱綠而不朱裏하고 大夫는 體陰而有文故로 飾以玄華하고 士則體陰而已故로 飾以緇라 下文에 大夫言帶廣四寸이면 則其上可知而士不必四寸也요 於士에 言紳三尺이면 則其上可知而有司止於二尺五寸也라 凡帶는 有率(율)無箴功하니 則帶綷(율)而已요 無刺繡之功也[98]니라

97) 其飾……或玄華 : 이 내용은 아래 '133201'의 원문에 대한 설명이다.

98) 凡帶有率無箴功……無刺繡之功也 : 이 내용은 '133202'의 원문에 대한 설명으로, 陳澔의 集說에서 '有率無箴功'에 대해 '꿰맨 데에 바느질한 공이 드러나지 않게 한다.'고 설명한

長樂陳氏 : 천자로부터 士에 이르기까지 띠는 명주 베를 합하여 만드는데, 혹은 熟絹을 사용하고 혹은 〈누인 생사로 짠〉 비단을 사용하며, 혹은 끝까지 가선을 두르고 혹은 늘어진 부분에 가선을 두르고 혹은 아래의 늘어진 부분에만 가선을 두르며, 그 꾸밈이 혹은 붉은색과 녹색을 쓰고 혹은 검은색과 누런색을 쓴다. 熟絹은 자연에서 얻은 것이고, 〈누인 생사로 짠〉 비단은 人功에서 이룬 것이며, 끝까지 가선을 두름은 쌓은 공적이 갖추어진 것이고 늘어진 부분에 가선을 두르고 아래의 늘어진 부분에만 가선을 두름은 쌓은 공적이 적은 것이다.

붉은색은 正陽의 색깔이고 녹색은 少陽이 섞인 것이며, 〈검은색인〉 玄과 緇는 陰의 體이고 누런색은 文이 완성된 것이다. 천자는 體가 陽인데 아래를 겸하기 때문에 속을 붉게 하고서 붉은색과 녹색으로 가선을 두르며, 제후는 비록 體가 陽이지만 위를 겸하지 못하기 때문에 붉은색과 녹색으로 가선을 둘러 꾸미기만 하고 속을 붉게 하지 않으며, 대부는 體가 陰이지만 文이 있기 때문에 검은색과 누런색으로 꾸미며, 士는 體가 陰일 뿐이기 때문에 검은색으로 꾸민다.

아랫글(133201)에 대부에 대해 "띠의 너비가 4촌이다." 말했으면 그 이상의 지위의 띠를 알 수 있으며 士는 반드시 4촌이 아닐 것이고, 士에 대해서 "紳의 길이가 3척이다." 말했으면 그 이상의 지위의 紳을 알 수 있으며 有司는 2척 5촌에 그치는 것이다. 모든 帶는 꿰매기만 하고 바느질하는 功이 없게 하니, 띠는 꿰맬 뿐이고 刺繡하는 功이 없는 것이다.

133101 幷紐한대 約호되 用組三寸하나니 長齊于帶니라 紳長制는 士는 三尺이요 有司는 二尺有五寸이니 子游曰 參(삼)分帶下하야 紳居二焉이라하니 紳韠(필)結이 三齊니라

〈천자의 帶로부터 弟子의 대에 이르기까지〉 모두 〈매듭 부분인〉 紐가 있는데 〈이를〉 묶되 3촌의 끈을 쓰니, 길이는 띠와 똑같이 한다. 紳의 길이의 제도는 士는 3척이고 有司는 2척 5촌이니, 子游가 말하기를 "띠 아래를 3등분해서 紳이 3분의 2를 차지한다." 하였으니, 紳과 韠과 結 세 가지의 길이가 똑같다.

것과 차이가 있다.

≪集說≫

疏曰 幷은 竝也[99)]라 謂天子下至弟子히 其所紐約之物을 竝用組爲之라

〈孔穎達의〉 疏 : 幷은 아우름이다. 천자로부터 아래로 弟子에 이르기까지 紐를 묶는 물건을 모두 끈으로 만듦을 이른다.

○ 方氏曰 紐則帶之交結也니 合幷其紐하야 用組以約이면 則帶始束而不可解矣라 三寸은 其廣也라 長齊于帶者는 言組之垂 適與紳齊也라 紳之長制 士三尺者는 自要而下爲稱也니 士如此는 亦擧卑以見(현)尊也라 有司는 欲便於趨走라 故特去五寸이라 引子游之言하야 言人長八尺에 自要而下가 四尺五寸이니 分爲三分而紳居二라 故長三尺也라 韠은 蔽膝也요 結은 卽組也니 紳韠結三者가 皆長三尺이라 故曰三齊니라

方氏 : 紐는 띠를 교차하여 맺은 부분이니, 그 紐까지 합하여 끈을 써서 묶으면 띠가 비로소 결속되어 풀리지 않는다. '三寸'은 〈組의〉 너비이다. '長齊于帶'는 끈의 드리움이 마침 紳과 똑같음을 말한 것이다. '紳之長制士三尺'은 허리로부터 이하가 걸맞은 것이니, 士가 이와 같음은 또한 낮은 자를 들어서 尊者를 드러낸 것이다. '有司'는 종종걸음 걷거나 달리며 분주히 일하기에 편하고자 하기 때문에 특별히 5촌을 제거한 것이다. 子游의 말을 인용하여 말하기를 "사람의 신장 8척에 허리로부터 이하가 4척 5촌이니, 이것을 나누어 3등분했을 때 紳이 3분의 2를 차지하므로 길이가 3척이다." 한 것이다. 韠은 蔽膝이고, 結은 즉 끈이니, 紳·韠·結 이 세 가지 모두 길이가 3척이기 때문에 '세 가지의 길이가 똑같다.' 한 것이다.

133201 大夫는 大帶四寸이요 雜帶는 君은 朱綠이요 大夫는 玄華요 士는 緇辟(비)二寸이니 再繚(료)면 四寸이니라

대부는 大帶의 너비가 4촌이다. 雜帶는, 〈가선을 두름이〉 임금은 위는 붉은색이고 아래는 녹색이며 대부는 밖은 검은색이고 안은 누런색이다. 士는 검은색의 가선을 두르되 너비가 2촌이니, 두 번 돌리면 4촌이다.

---

99) 幷 竝也 : 金在魯의 ≪禮記補註≫에 "살펴보건대 이 설이 옳다. 방씨가 '合幷'으로 해석한 것은 아마도 옳지 않은 듯하다.〔按 此說爲是 方氏訓以合幷者 恐不然〕" 하였는바, 원문의 '幷紐'를 孔穎達의 疏에 따라 번역하였다.

≪集說≫

四寸은 廣之度也라 雜帶는 謂以雜色爲辟(비)緣也[100)]라 朱綠者는 上以朱하고 下以綠이요 玄華者는 外以玄하고 內以華하니 華는 黃色也라 士帶之辟는 則內外皆緇니 是謂緇帶라 大夫以上은 帶皆廣四寸이요 士練帶는 惟廣二寸이나 而再繞要一匝(잡)이면 則亦是四寸矣라 一說에 大帶者는 正服之帶요 雜帶者는 雜服之帶라

4촌은 너비의 치수이다. '雜帶'는 여러 색깔을 가지고 가선을 두름을 이른다. '朱綠'은 위는 붉게 하고 아래는 녹색으로 하는 것이고, '玄華'는 밖은 검게 하고 안은 누렇게 하는 것이니, 華는 누런색이다. 士의 띠에 가선을 두른 것은 안팎이 다 검은 색이니, 이것을 '緇帶'라 이른다. 대부 이상은 띠가 모두 너비가 4촌이고, 士의 練帶는 오직 너비가 2촌이지만 재차 허리를 감아서 한 번 돌리게 되면 또한 4촌이 된다. 一說에 "大帶는 正服의 띠이고, 雜帶는 雜服의 띠이다." 하였다.

133202 凡帶는 有率[101)]에 無箴功이니라

모든 帶는 꿰맨 데에 바느질한 功이 드러나지 않게 한다.

≪集說≫

凡帶當率緶(율편)之處엔 箴線細密하야 不見用箴之功하야 若無箴功也라

모든 띠에 꿰맨 부분에는 바느질 선이 세밀하여 바늘을 사용한 功이 드러나지 않게 하여 바느질하여 刺繡한 功이 없는 것과 같이 한 것이다.

133301 肆(이)束及帶를 勤者有事則收之하고 走則擁之니라

100) 雜帶 謂以雜色爲辟緣也 : 참고로, 金在魯의 ≪禮記正義≫에 "鄭玄의 주에 말하였다. '雜은 飾(꾸밈)과 같으니, 바로 위의 「辟(가선을 두름)」이다.' 살펴보건대 陳澔의 주에 '여러 색깔을 가지고 가선을 두름이다.' 한 것은 정현의 주와 조금 다른 듯하며, 〈진호의 주에〉 '일설에 잡복의 띠라고 하였다.' 한 것은 더욱 옳지 않은 듯하다. 군주와 대부에게는 '雜帶'라 일컫고 士에게는 '辟'라 일컬은 것이 똑같다.〔鄭註 雜 猶飾也 卽上之辟也 按 陳註曰 以雜色爲辟 似與鄭註少異 而一說雜服之帶云者 尤恐不然 於君大夫稱雜帶 士稱辟一也〕" 하였다.

101) 率 : '繂(꿰매다)'과 같다.

띠를 묶고 남은 組와 드리워진 띠를, 수고롭게 할 일이 있으면 손에 거두어 잡고 〈일이 급박하여〉 달려갈 일이 있으면 품에 간직한다.

≪集說≫

肆는 讀爲肄(이)니 餘也라 詩에 伐其(餘)〔條〕[102)]肄라하니라 謂約束帶之餘組及紳之垂者를 遇有勤勞之事면 則收斂而持於手하고 若事迫而不容不走者면 則擁抱之於懷也라

肆는 肄로 읽으니, 남음이다. ≪詩經≫ 〈周南 汝墳〉에 "그 가지와 여분으로 다시 자란 가지를 벤다." 하였다. 띠를 묶고 나서 남은 組와 紳이 드리워진 것을 수고롭게 할 일이 있을 때를 만나면 거두어서 손에 잡고, 만약 일이 급박하여 분주히 하지 않을 수 없을 경우에는 품에 간직함을 말한다.

133401 韠(필)은 君은 朱요 大夫는 素요 士는 爵韋호되 圜殺(원쇄)直이니 天子는 直하고 諸侯는 前後方하고 大夫는 前方後挫角이요 士는 前後正이니라 韠은 下廣二尺이요 上廣一尺이요 長三尺이요 其頸五寸이요 肩革帶는 博二寸이니라

韠(蔽膝)은 임금은 붉은색이고 대부는 흰색이고 士는 흑적색 다룸가죽을 사용하되 둥글게 하고 줄이고 곧게 하니, 천자는 곧고 제후는 아래와 위가 모나고, 대부는 아래는 모나고 위는 좌우의 두 모서리를 제거해 둥글게 하고, 士는 아래와 위가 곧고 바르다. 韠은 아래의 너비가 2척이고 위의 너비가 1척이고 길이가 3척이며, 頸이 5촌이고, 肩과 혁대는 너비가 2촌이다.

≪集說≫

韠은 象裳色하니 天子諸侯는 玄端服朱裳이요 大夫는 素裳이요 上士는 玄裳이요 中士는 黃裳이요 下士는 雜裳이라 此는 言玄端服之韠이니 若皮弁服則皆素韠也라 凡韠은 皆

102) (餘)〔條〕: 저본에는 '餘'로 되어 있으나, ≪詩經≫에 의거하여 '條'로 수정하였다.

韋爲之라 故其字從韋하고 又以著衣畢然後著之라 故名爲韠하니 韠之言은 蔽也라 爵韋는 爵色之韋也니 在冕服則謂之韍(불)하니 字亦作芾(불)也라 圜殺直은 三者之形制也니 天子之韠은 直하니 謂四角이 無圜無殺(쇄)也라 下爲前이요 上爲後니 公侯는 上下各去五寸이니 所去之處에 以物補飾之하야 使方하야 變於天子也요 大夫則圜其上角하야 變於君也라 正은 卽直與方之義니 士賤하야 不嫌與君同也라 頸之廣五寸이니 在中故로 謂之頸이요 肩은 兩角也니 肩與革帶 皆廣二寸이라

韠은 치마 색깔을 본뜬 것이니, 천자와 제후는 玄端服에 붉은 치마이고, 대부는 흰 치마이고, 上士는 검은 치마이고, 中士는 누런 치마이고, 下士는 여러 색깔의 치마이다. 이것은 현단복의 韠을 말한 것이니, 만약 皮弁服이면 흰색 韠을 찬다. 무릇 韠은 모두 가죽으로 만든다. 그러므로 그 글자가 '韋'자 邊을 따르고 또 옷을 입기를 끝마친 뒤에 착용하기 때문에 이름을 '韠'이라 하였으니, 韠이라는 말은 가림이다. '爵韋'는 爵色(흑적색)의 가죽이다. 冕服에 있으면 이것을 '韍'이라 하니, 글자를 또한 '芾'로도 쓴다. '圜殺直'은 세 가지 형태의 제도이다. 천자의 韠은 곧으니, 네 모서리가 둥긂도 없고 줄어듦도 없음을 이른다. 아래가 앞이 되고 위가 뒤가 되니, 公과 侯는 위와 아래를 각각 5촌씩 제거하고 제거한 곳에 물건으로 보충해 꾸며서 네모지게 하여 천자와 다르게 한다. 대부는 그 위의 모서리를 둥글게 해서 군주와 다르게 한다. 正은 곧 直과 方의 뜻이니, 士는 신분이 천하여 군주와 똑같이 함을 혐의하지 않는다. 頸의 너비는 5촌이니, 가운데에 있기 때문에 '頸'이라 이른다. 肩은 양쪽 모서리이니, 肩과 혁대가 모두 너비가 2촌이다.

○ 詩疏曰 古者에 佃漁而食하고 因衣其皮하야 先知蔽前하고 後知蔽後러니 後王이 易之以布帛이로되 而猶存其蔽前者는 重古道하야 不忘本也라 士服爵弁에 以韎韐(매겹)配之하니 則服冕者는 以芾(불)配之라 故知冕服을 謂之芾이니 芾韠이 皆是蔽膝이니 其制同호되 但以尊祭服이라 故異其名耳라

≪詩經≫ 〈小雅 采菽〉의 孔穎達의 疏 : 옛날에 사냥하고 물고기 잡아서 먹고 인하여 그 가죽을 입어서 먼저는 그 앞을 가릴 줄 알고 후에는 뒤를 가릴 줄 알게 되었는데, 後王들이 그것을 삼베와 비단으로 바꾸었으나 그래도 앞을 가리는 것을 보존한 것은 옛 道를 소중히 여겨서 근본을 잃지 않은 것이다. 士가 爵弁을 착용할 적에 韎韐으로 배합하였는데, 冕을 착용하는 경우에는 芾로 배합하므로 면복에 있어서는

'芾'이라 이름을 알 수 있다. 芾과 韠은 모두 폐슬이니, 제도는 같으나 다만 祭服을 높이기 때문에 이름을 달리하였을 뿐이다.

○ 今按韎韐(매겹)者는 以茜(천)草로 染韋爲赤色하야 作蔽膝也라

이제 살펴보건대, 韎韐은 꼭두서니풀로 가죽을 적색으로 염색하여 폐슬을 만든 것이다.

≪大全≫

延平周氏曰 士賤而無嫌故로 正이니 雖正矣나 未必直且方也니라

延平周氏 : 士는 천하여 혐의쩍을 것이 없기 때문에 〈韠의 아래와 위가〉 바르니, 비록 바르더라도 반드시 곧고 방정하지는 않다.

○ 嚴陵方氏曰 下廣二尺은 以象地요 上廣一尺은 以象天이요 長三尺은 以象三才요 其頸五寸은 以象五行이요 肩革帶博二寸은 以象陰陽이라 故로 其制如此라 頸은 中央也니 以上下皆大而中特小하야 如人之頸故也라 肩은 兩角也니 以在兩旁하야 如人之肩故也라 以繫於革故로 幷言革帶之博焉하니라

嚴陵方氏 : 아래의 너비가 2척임은 〈陰인〉 땅을 형상한 것이고, 위의 너비가 1척임은 〈陽인〉 하늘을 형상한 것이다. 길이가 3척임은 〈天・地・人〉 三才를 형상한 것이고, 頸이 5촌인 것은 五行을 형상한 것이고, 肩과 혁대의 너비가 2촌임은 陰과 陽을 형상한 것이다. 그러므로 제도가 이와 같은 것이다. 頸은 중앙이니, 위아래가 모두 크고 가운데가 특별히 작아서 사람의 목과 같기 때문이다. 肩은 양쪽 모서리이니, 양쪽 곁에 있어서 사람의 어깨와 같기 때문이다. 혁대에 매달기 때문에 혁대의 너비를 아울러 말한 것이다.

133501 一命은 縕韍(온불)[103] 幽衡(형)[104]이요 再命은 赤韍幽衡이요 三命은

103) 縕韍(온불) : 鄭玄의 注에 "이는 玄冕服 및 爵弁服의 韠이니, 祭服을 높여서 그 이름을 달리하였을 뿐이다. '縕'은 이른바 '韎'이다.〔此玄冕爵弁服之韠 尊祭服異其名耳 縕 所謂韎(매)也〕" 하였다. 孔穎達의 疏에 "≪儀禮≫ 〈士冠禮〉에 '작변에 매겹을 한다.' 하였으니, 여기의 '縕韍'은 저기의 '매겹'에 해당하므로 이른바 '韎'라는 것이다 하였다.〔士冠禮爵弁韎韐(매겹) 此縕韍則當彼韎韐 故云所謂韎也〕" 하였다.(≪禮記正義≫)

104) 衡(형) : 金在魯의 ≪禮記補註≫에 "살펴보건대 '衡'은 ≪詩經≫에 '珩'으로 되어 있는데,

赤韍葱衡이니라

1命은 적황색 韍에 검은색 珩(형)을 차고, 2命은 적색 韍에 검은색 珩을 차고, 3命은 적색 韍에 청색 珩을 찬다.

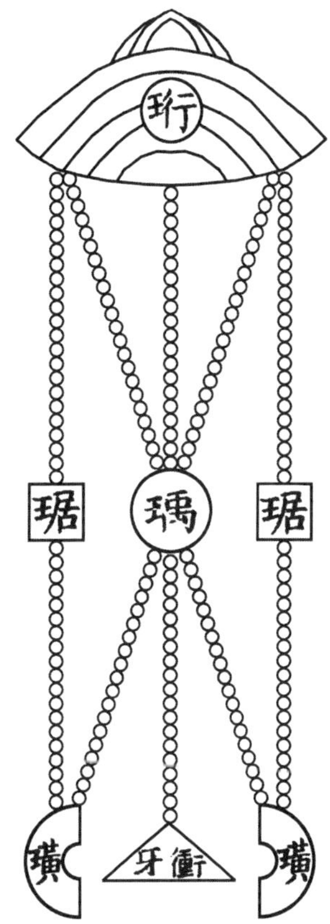

佩

≪集說≫

此는 以命數之多寡로 定韍佩之制라 緼은 赤黃色也요 幽는 讀爲黝(유)하니 黑色也라 衡은 佩玉之衡也라 葱은 青色也라 周禮에 公侯伯之卿은 三命이요 其大夫는 再命이요 其士는 一命이요 子男之卿은 再命이요 其大夫는 一命이요 其士는 不命이니라

이것은 命數의 많고 적음을 따라 韍과 佩玉의 제도를 정한 것이다. 緼은 적황색이고 幽는 黝로 읽으니 黑色이다. 衡은 佩玉 중에 衡이다. 葱은 청색이다. ≪周禮≫ 〈春官 典命〉에 따르면 公·侯·伯의 卿은 3命이고 그 대부는 2命이고 그 士는 1命이며, 子·男의 卿은 2命이고 그 대부는 1命이고 그 士는 命을 받지 않는다.

朱子의 주에 말하였다. '佩玉의 맨 위에 가로로 댄 玉이다.'〔按 衡 詩作珩 朱子註 佩首橫玉也〕" 하였다. 김재로가 말한 내용은 ≪시경≫ 〈小雅 采芑(채기)〉에 "푸른 珩이 창창히 울리도다.〔有瑲葱珩〕" 한 구절과 이에 대한 주자의 集傳를 가리킨다. 참고로, ≪시경≫ 〈鄭風 女曰鷄鳴〉의 '雜佩(珩·璜·琚·瑀)'에 대해 주자가 다음과 같이 설명하였다.

"패옥의 맨 위에 가로댄 것을 珩이라 하는데 그 아래로 세 가닥의 끈을 매달고 진주를 꿰며, 그 가운데 끈의 중간쯤에 하나의 큰 구슬을 꿰는데 이것을 瑀라 한다. 그 끈의 끝에 하나의 옥을 매다는데 두 끝이 모두 뾰족하니, 이것을 衝牙라 한다. 양쪽 끈의 중간쯤에 각각 하나의 옥을 매다는데, 길쭉하고 넓적하며 네모지니, 이것을 琚라 한다. 그 끝에 각각 한 옥을 매다는데, 半璧과 같으며 안으로 향했으니, 이것을 璜이라 한다. 또 두 개의 끈으로 구슬을 꿰어 위로 珩에 매달고, 양 끝은 아래로 瑀에 교차시켜 꿰고 아래로 두 璜에 매다니, 사람이 걸어가면 衝牙가 璜에 부딪쳐 소리가 난다.〔上橫曰珩 下繫三組 貫以蠙珠 中組之半貫一大珠曰瑀 末懸一玉 兩端皆銳曰衝牙 兩旁組半 各懸一玉 長博而方曰琚 其末各懸一玉 如半璧而內向曰璜 又以兩組貫珠 上繫珩 兩端下交貫瑀而下繫於兩璜 行則衝牙觸璜而有聲也〕"

≪大全≫

嚴陵方氏曰 韍은 卽韠矣니 以前은 言天子諸侯與在朝之臣하고 而此는 止言諸侯之臣이라 故로 變言之爾라 緼은 赤黃之色也라 土出於火하니 土出則火藏矣라 故로 其(言)〔色〕[105]을 謂之緼이니 緼者는 藏也라 衡은 珮上璜也니 以言其寓之以爲覆(부)면 則謂之璜요 以言其橫之以爲平이면 則謂之衡이라 一命은 其韍用緼하니 (而)〔以〕[106] 見(현)雖有所緼이나 未足以發見而著明也요 再命三命은 爵位漸隆하야 足以發見而著明矣일새 故其韍用赤焉이니라

嚴陵方氏 : 韍은 바로 韠이니, 앞에서는 천자와 제후와 조정에 있는 신하를 말하였고, 여기서는 다만 제후의 신하를 말하였으므로 바꾸어 말한 것일 뿐이다. 緼은 적황색이다. 土는 火에서 나왔으니, 土가 나오면 火가 감추어진다. 그러므로 그 색을 緼이라 말하니, 緼은 감춤이다. 衡은 珮玉상의 璜이니, 붙여서 덮이게 한 부분을 말하면 璜라 이르고 가로로 평평하게 한 부분을 말하면 衡이라 이른다. 一命은 그 韍을 적황색을 쓰니 비록 온축된 것이 있더라도 밖으로 밝게 드러내지 못함을 나타낸 것이고, 2命과 3命은 爵位가 점점 높아져서 충분히 밝게 드러낼 수 있기 때문에 그 韍을 적색을 사용하는 것이다.

133601 王后는 褘(휘)衣요 夫人은 揄狄(요적)이요 君命은 屈(궐)狄이요

王后는 翬衣를 입고, 夫人은 搖翟을 입고, 〈왕후의〉 명을 받는 〈子와 男의 부인인〉 女君은 闕狄을 입는다.

≪集說≫

此는 言后夫人以下六等之服이라 (幃)〔褘〕[107]衣는 色玄하고 揄狄은 青하고 屈狄은 赤하니 六服이 皆衣裳相連이라 褘는 讀爲翬(휘)하고 揄狄은 讀爲搖翟하니 翬翟은 皆

---

105) (言)〔色〕 : 저본에는 '言'으로 되어 있으나, 衛湜의 ≪禮記集說≫을 참고하여 '色'으로 바로잡았다.

106) (而)〔以〕 : 저본에는 '而'로 되어 있으나, 藏書閣 소장본(K1-73)과 四庫全書本에 의거하여 '以'로 바로잡았다.

107) (幃)〔褘〕 : 저본에는 '幃'로 되어 있으나, 經文에 의거하여 '褘'로 바로잡았다.

雉也니 二衣를 皆刻繒爲雉形而五采畫之라 屈은 讀爲闕하니 刻形而不畫라 故云闕也라 王后褘衣와 夫人揄狄은 皆本服也라 君命屈狄은 謂女君子男之妻가 受王后之命하야 得服屈狄也라

이것은 〈천자의〉 王后와 〈제후의〉 夫人 이하 6등의 의복을 말한 것이다. 褘衣는 색이 검고 揄狄은 푸르고 屈狄은 붉으니, 6服이 모두 상의와 치마가 서로 연결되어 있다. 褘는 翬로 읽고 揄狄은 搖翟으로 읽는데, 翬와 翟은 모두 꿩이니, 두 가지 옷은 모두 비단을 오려서 꿩 모습을 만들고 다섯 가지 색깔로 꿩을 그린다. 屈은 闕로 읽으니, 꿩의 모양을 오려 만들되 다섯 가지 색깔로 꿩을 그리지 않기 때문에 闕이라고 말한 것이다. 왕후의 翬衣와 부인의 搖翟은 모두 본래의 禮服이다. '君命屈狄'은 女君인 子와 男의 처가 왕후의 命을 받아 闕狄을 입을 수 있음을 이른다.

褘衣(휘의)

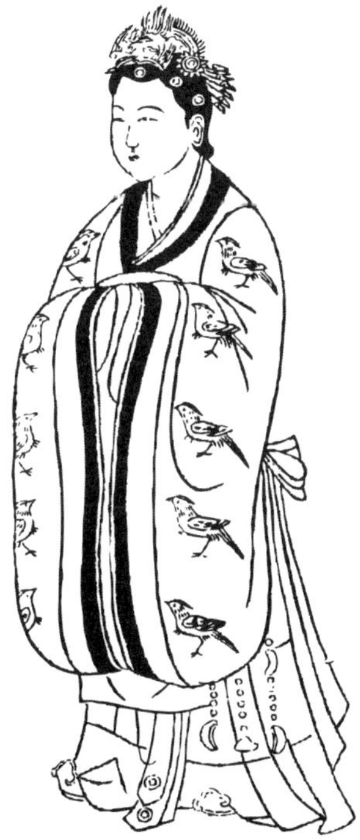
揄狄(요적)

屈狄(궐적)

133602 再命은 褘(국)衣요 一命은 襢(전)衣요 士는 褖(단)衣니라

〈子男의 卿인〉 2命의 처는 鞠衣를 입고, 〈子男의 大夫인〉 1命의 처는 襢衣를 입고, 〈子男의〉 士의 처는 褖衣를 입는다.

鞠衣

褖衣

≪集說≫

鞠衣는 黃하고 襢衣는 白하고 褖衣는 黑이라 褘는 讀爲鞠(국)[108]하니 鞠衣는 黃桑服也라 色如鞠塵하니 象桑葉始生之色이라 再命鞠衣者는 子男之卿은 再命이니 其妻得服鞠衣也요 一命襢衣者는 子男之大夫는 一命이니 其妻得服襢衣也요 士褖衣者는 子男之士는 不命하니 其妻服褖衣也라

鞠衣는 누런색이고, 襢衣는 흰색이고, 褖衣는 검은색이다. 褘는 鞠으로 읽으니, 鞠衣는 黃桑(담황색)의 服이다. 색깔이 〈술 누룩에 생기는 담황색의 곰팡이인〉 鞠塵과 같으니, 뽕잎이 처음 생겨날 때의 담황색을 형상한 것이다. '再命鞠衣'는 子와 男의 卿은 2命이니 그 아내가 鞠衣를 입을 수 있고, '一命襢衣'는 子와 男의 대부는 1命이니 그 아내가 襢衣를 입을 수 있고, '士褖衣'는 子와 男의 士는 명을 받지 않으니 그 아내가 褖衣를 입는다.

108) 褘(위) 讀爲鞠(국) : 정현의 주에 "褘는 鞠이 되어야 하니, 글자를 잘못 쓴 것이다.〔褘 當爲鞠 字之誤也〕" 하였다.(≪禮記正義≫)

133603 **唯世婦**[109]는 **命於奠繭**하고 **其他則皆從男子**니라

오직 世婦는 누에를 바칠 때에 命을 받고, 그 나머지는 모두 남자의 작위를 따른다.

≪集說≫

世婦는 天子는 二十七人이라 奠繭은 獻繭也니 凡獻物에 必先奠置于地故로 謂獻爲奠이라 凡妻貴因夫라 故得各服其命數之服호되 惟世婦는 必俟蠶畢獻繭에 命之服이라야 乃服耳요 他皆從夫之爵位也라

世婦는 천자에게는 27명이 있다. '奠繭'은 누에고치를 바치는 것이니, 무릇 물건을 바칠 때에 반드시 먼저 바닥에 놓아두기 때문에 바침을 奠이라 이른 것이다. 무릇 아내의 귀함은 남편을 따르므로 각각 그 남편의 命數의 禮服을 입을 수 있는데, 오직 世婦는 반드시 누에치기를 마치고 누에고치를 바칠 때에 입으라는 명을 기다리고서 비로소 입을 수 있고, 다른 경우는 모두 남편의 爵位를 따른다.

133701 **凡侍於君**에 **紳垂**하며 **足如履齊**(자)하며 **頤霤**(이류)하며 **垂拱**하며 **視下而聽上**하며 **視帶而及袷**(겁)하며 **聽鄕任左**니라

무릇 임금을 모실 적에 紳이 아래로 드리워지며, 발은 옷자락을 밟는 듯하며, 〈몸을 굽히면〉 턱은 지붕의 처마처럼 아래로 드리우며, 拱手를 아래로 드리우며, 시선을 아래로 하지만 윗사람의 말씀을 들으며, 시선은

---

109) 世婦 : 천자의 后와 夫人과 嬪의 다음 차례에 있는 27명의 세부를 이르는바, ≪禮記≫ 〈昏義〉에 "옛날에 천자의 后는 6궁과 3명의 부인, 9명의 빈과 27명의 세부, 81명의 어처를 세워 천하의 內治를 다스려서 부녀자의 순종하는 덕을 밝혔다.〔古者 天子后 立六宮 三夫人九嬪二十七世婦八十一御妻 以聽天下之內治 以明章婦順〕" 하였다.

참고로, 〈曲禮 下〉에서는 "천자는 후를 두며, 부인을 두며, 세부를 두며, 빈을 두며, 처를 두며, 첩을 둔다.〔天子有后 有夫人 有世婦 有嬪 有妻 有妾〕" 하였는데, 이에 대한 孔穎達의 疏에 "≪周禮≫ 〈天官〉에 〈지위의 차례상〉 嬪이 世婦의 위에 있고, 또 첩에 관한 글이 없으니, 지금 이 부분에서 기록한 자의 말은 혹 夏나라와 殷나라의 제도를 뒤섞어 말한 듯하다.〔周禮 嬪在世婦上 又無妾之文 今此記者之言 或雜夏殷而言之〕" 하였다.(≪禮記正義≫)

띠로부터 袷에 미치며, 듣고 향함은 〈앉아 있는〉 군주의 오른쪽에 위치해서 왼쪽으로 향한다.

≪集說≫

立而磬折則紳必垂하고 身折則裳下之緝이 委地故로 足如踐之也라 頤는 頷也요 霤는 屋簷也니 身俯故로 頭臨前에 而頤之垂 如屋霤然이라 垂拱은 亦謂身俯則手之拱者下垂也라 視雖在下나 而必側面向上하야 以聽尊者之言이라 故로 云視下而聽上也라 袷은 交領也니 視則自帶至袷은 高下之則也라 凡立者는 尊右하고 坐者는 尊左하니 侍而君坐면 則臣在君之右라 是以로 聽向을 皆任左以向君이니라

서서 경쇠처럼 몸을 꺾으면 〈띠의 드리워진 부분인〉 紳이 반드시 아래로 드리워지고 몸이 꺾이면 치마 아랫단이 땅에 닿으므로 발이 마치 그것을 밟는 것과 같은 것이다. 頤는 턱이고 霤는 처마이니, 몸을 굽히므로 머리가 앞으로 쏠림에 턱이 드리워진 것이 집의 처마와 같은 것이다. '垂拱'은 또한 몸을 굽히면 모으고 있는 손이 아래로 드리워짐을 말한다. 시선은 비록 아래에 있으나, 반드시 얼굴을 옆으로 돌려 위를 향하여 尊者의 말씀을 들으므로 "시선을 아래로 하지만 윗사람의 말씀을 듣는다." 한 것이다. 袷은 교차한 옷깃이다. 시선은 띠로부터 袷에 이르니, 이는 〈시선을 두는〉 높낮이의 한계이다. 무릇 서 있을 경우에는 오른쪽을 높이고 앉아 있을 경우에는 왼쪽을 높이니, 모시고 있을 때에 임금이 앉아 있으면 신하가 임금의 오른쪽에 있기 때문에 듣고 향함을 모두 왼쪽으로 임금에게 향하는 것이다.

≪大全≫

嚴陵方氏曰 頤霤는 則首俯而頤傾하야 如簷霤也라 身屈故로 手垂라 高目下耳는 以尊臨卑之道요 視下聽上은 以卑事尊之道니라

嚴陵方氏 : '頤霤'는 머리가 구부러지고 턱이 기울어서 〈그 모습이〉 처마와 같은 것이다. 몸을 굽히기 때문에 손이 드리워진다. 시선은 높이고 귀를 낮춤은 높은 사람으로서 낮은 자에게 임하는 道이고, 시선은 낮추고 귀를 높임은 낮은 사람으로서 높은 이를 섬기는 道이다.

133801 凡君이 召以三節하나니 二節엔 以走요 一節엔 以趨하며 在官에 不俟屨하고 在外에 不俟車니라

무릇 임금이 부를 때에는 3節로써 하니, 2절을 가지고 부를 적에는 달려가고, 1절을 가지고 부를 적에는 종종걸음으로 걸어가며, 관청에 있을 때에는 신발 신기를 기다리지 않고, 밖에 있을 때에는 수레를 기다리지 않는다.

≪集說≫

疏曰 節은 以玉爲之하니 所以明信이니 輔於君命者也라 君使使召臣에 有二節時하고 有一節時라 故合云三節也라 隨事緩急하야 急則二節故로 走하고 緩則一節故로 趨니라 官은 謂朝廷治事處也요 外는 謂其室及官府也니 在官은 近故로 云屨하고 在外는 遠故로 云車라

疏 : 節은 옥으로 만드니, 信을 밝히는 것으로, 임금의 명령을 돕는 것이다. 임금이 사자를 시켜 신하를 부를 적에 2절로 부를 때가 있고 1절로 부를 때가 있으므로 합하여 3절이라 한 것이다. 일의 느림과 빠름에 따라 급하면 2절로 부르기 때문에 달려가고, 급하지 않으면 1절로 부르기 때문에 종종걸음으로 간다. 官은 조정의 일을 살피는 곳을 이르고 外는 자기 집이나 官府를 이르니, 관청에 있는 경우는 가깝기 때문에 '신발'을 말하였고, 밖에 있는 경우는 멀기 때문에 '수레'를 말하였다.

≪大全≫

山陰陸氏曰 節有疏數(삭)하니 一節而二則數矣라 故로 君召에 二節以走하고 一節以趨니라

山陰陸氏 : 節에 성김과 자주 함이 있으니, 1절이라도 두 번 부르면 자주 부르는 것이므로 임금이 부르실 때에 절을 두 번 보내면 달려가고 한 번 보내면 종종걸음으로 간다.

133901 士於大夫에 不敢拜迎하고 而拜送하며 士於尊者에 先拜進面하고 答之拜則走니라

士는 〈찾아온〉 대부에 대해 감히 절하여 맞이하지 못하고 절하여 전송하며, 士는 尊者에 대해 〈물 밖에서〉 먼저 절한 뒤에 나아가 얼굴을 뵙고 상대방이 답하여 절하면 달아나 피한다.

≪集說≫

士於大夫에 尊卑有間하니 若大夫詣士에 士不敢拜而迎之는 恐其答拜也라 去則拜送者는 禮에 賓出則主人再拜送之호되 賓不答拜하니 禮有終止故也라 士若見於大夫하면 則先拜於門外然後에 進而見面하고 若大夫出迎而答其拜하면 則走避之하니라

士가 대부에 대해 尊卑의 차이가 있으니, 만약 대부가 士를 찾아왔을 때에 士가 감히 절하여 맞이하지 못하는 것은 대부가 答拜할까 두려워서이다. 갈 때는 절하여 전송하는 것은, 禮에 손님이 나가면 주인이 재배하여 전송하되 손님은 答拜하지 않으니, 이것은 禮에 마침이 있기 때문이다. 士가 만약 대부를 뵙게 되면 먼저 문밖에서 절한 뒤에 나아가 얼굴을 뵙고, 만약 대부가 나와서 맞이하여 士의 절에 답하면 달아나 피한다.

≪大全≫

慶源輔氏曰 拜迎則勞尊者之答己요 拜送則盡己之敬이니라

慶源輔氏 : 절하여 맞이하면 尊者가 자기에게 답배하는 수고를 하도록 하는 것이고, 절하여 전송하면 자기의 공경을 다하는 것이다.

134001 士於君所에 言할새 大夫沒矣면 則稱諡若字하고 名士하며 與大夫言할새 名士하고 字大夫니라

士는 임금이 있는 곳에서 말할 적에 대부가 죽었으면 〈대부의〉 諡號나 字를 칭하고 〈죽은〉 士는 이름을 칭하며, 대부와 더불어 말할 적에 〈살아

있는〉 士는 이름을 칭하고 〈살아 있는〉 대부는 字를 칭한다.

≪集說≫

名士者는 士雖沒이나 猶稱其名이니 以在君之前也라 與大夫言而名士는 則謂士之生者也요 大夫之生者는 則字之니라

'名士'는 士가 비록 죽었더라도 오히려 그 이름을 일컬으니, 임금의 앞에 있기 때문이다. 대부와 더불어 말할 적에 士의 이름을 부르는 것은 살아 있는 士를 이르고, 살아 있는 대부는 字를 부른다.

≪大全≫

金華應氏曰 隱其名하고 而擧其諡與字는 非獨自謹分守存謙退라 亦所以體君上尊賢貴貴隱卒崇終之心也니라

金華應氏 : 〈士가 대부의〉 이름을 숨기고 諡號와 字를 들어 말함은 스스로 職分을 삼가고 겸양함을 보존할 뿐만 아니라 또한 임금이 어진 이를 높이고 귀한 이를 귀하게 여기며 〈대부의〉 죽음을 애도하고 〈대부의〉 죽음을 높이는 마음을 체행하는 것이다.

134101 於大夫所에 有公諱하고 無私諱하며 凡祭에 不諱하며 廟中에 不諱하며 教學臨文에 不諱니라

대부가 있는 곳에서는 공적인 諱는 있고 사적인 諱는 없으며, 〈사직이나 산천 등〉 여러 신에게 지내는 제사에 〈先君의 이름을〉 諱하지 않으며, 사당 안에서 〈윗사람의 이름을〉 諱하지 않으며, 학생을 가르치고 글을 대해서는 諱하지 않는다.

≪集說≫

公諱는 本國先君之諱也요 私諱는 私家之諱也라 凡祭는 祭群神也라 餘見曲禮하니라

'公諱'는 本國 先君의 諱이고, '私諱'는 私家의 諱이다. '凡祭'는 여러 神(社稷・山川・百神)에게 제사하는 것이다. 나머지는 〈曲禮 上〉에 보인다.

≪大全≫

嚴陵方氏曰 此一節은 與曲禮所言으로 文雖小異나 而義則一也라 彼言君所하고 此止言大夫者는 擧卑以見尊也요 此言教學하고 彼則不言者는 以詩書見之也일새라 凡祭는 則廟中在其間矣어늘 而重言之者는 廟中에 上不諱下하야 與凡祭異故로 重言之라 曲禮에 不言凡祭者는 擧親以見疏也니라

嚴陵方氏 : 이 한 절은 〈曲禮 上〉(016203~016205)에서 말한 바와 글은 비록 조금 다르나 뜻은 똑같다. 저기 〈曲禮 上〉에서는 '군주가 계시는 곳'을 말하고 여기서는 다만 '대부'를 말한 것은 낮은 자를 들어 尊者를 드러낸 것이고, 여기에서는 '학생을 가르침'을 말하고 저기에서는 말하지 않은 것은 ≪詩經≫과 ≪書經≫를 가지고 드러냈기 때문이다. 무릇 제사는 '사당 안'의 일도 그 〈제사〉 사이에 포함되는데 거듭 말한 것은, 사당 안에서는 윗사람에게 제사 지낼 때 아랫사람을 諱하지 않아서 여러 신에게 지내는 제사와 다르기 때문에 거듭 말한 것이다. 〈曲禮 上〉에서 '여러 신에게 지내는 제사'를 말하지 않는 것은 〈祠堂의〉 친한 사람의 제사를 들어서 〈그 외의〉 소원한 사람의 제사를 드러낸 것이다.

134201 古之君子는 必佩玉하니 右徵(치)角하고 左宮羽하니

옛날 군자들은 반드시 玉을 찼으니, 오른쪽에는 徵 소리와 角 소리에 맞는 것을 차고 왼쪽에는 宮 소리와 羽 소리에 맞는 것을 찼으니,

≪集說≫

徵(치)角宮羽는 以玉聲所中으로 言也라 徵爲事하고 角爲民이라 故在右하니 右爲動作之方也라 宮爲君하고 羽爲物하니 君道는 宜靜하고 物道는 宜積이라 故在左하니 左乃無事之方也라 不言商者는 或以西方肅殺之音故로 遺之歟아

徵·角·宮·羽는 玉 소리에 맞는 것을 가지고 말한 것이다. 徵는 일을 상징하고 角은 백성을 상징하므로 오른쪽에 있으니, 오른쪽은 동작을 하는 방위이다. 宮은 임금을 상징하고 羽는 물건을 상징하는데 임금의 道는 고요해야 하고 물건의 도는 쌓여야 하므로 왼쪽에 있으니, 왼쪽은 일이 없는 방위이다. 商을 말하지 않은 것은 혹

西方의 肅殺의 소리여서 빼놓은 듯하다.

○ 方氏曰 徵角은 爲陽하고 宮羽는 爲陰하니 陽主動하고 陰主靜이라 右佩는 陰也어늘 而聲中徵角之動하고 左佩는 陽也어늘 而聲中宮羽之靜은 何哉오 蓋佩는 所以爲行止之節이니 時止則止하고 時行則行이니 此設佩之意也니라

方氏 : 徵와 角은 陽이 되고 宮과 羽는 陰이 되니, 陽은 動함을 주관하고 陰은 靜함을 주관한다. 오른쪽 佩玉은 陰인데 소리가 徵와 角의 動함에 맞고 왼쪽 패옥은 陽인데 소리가 宮과 羽의 靜함에 맞는 것은 어째서인가? 패옥은 행동하고 멈춤의 節度를 삼는 것이니, 때가 그쳐야 할 때이면 그치고 때가 행동해야 할 때이면 가니, 이것이 패옥을 차는 뜻이다.

134202 趨以采齊(자)하고 行以肆夏[110)]하며 周還(선)中規하고 折還中矩하며 進則揖之하고 退則揚之하나니 然後에 玉鏘(장)鳴也라 故로 君子在車則聞鸞(란)和之聲하고 行則鳴佩玉이라 是以로 非辟[111)]之心이 無自入也니라

---

110) 趨以采齊(자) 行以肆夏 : 참고로, ≪周禮≫ 〈春官 樂師〉에 "악사는 천자에게 樂에 맞추어 예의를 행하도록 가르치는데, 걸어갈 적에는 〈肆夏〉에 맞추고 종종걸음으로 빨리 걸어갈 적에는 〈采薺〉에 맞추며, 수레를 탈 적에 또한 이와 같이 한다. 몸을 돌리고 절을 할 적에는 鍾鼓의 節奏에 맞추어 한다.〔教樂儀 行以肆夏 趨以采薺 車亦如之 環拜以鍾鼓爲節〕" 하였는데, 鄭玄의 注에 "鄭司農이 '〈사하〉와 〈채자〉는 모두 악곡의 명칭인데, 혹자는 모두 逸詩라고 한다. 이는 군주가 걸음을 걸을 적에는 〈사하〉를 절도로 삼고, 종종걸음으로 보통의 걸음보다 더 빨리 걸을 적에는 〈채자〉를 절도로 삼음을 이른다.'라고 하였다. 내가 생각하건대 '行'이라는 것은 大寢의 가운데에서 걸어감을 이르고, '趨'라는 것은 조정에서 종종걸음으로 걸어감을 이른다. ≪爾雅≫ 〈釋宮〉에 '당상에서 걸어가는 것을 行이라 이르고, 문 밖에서 걸어가는 것을 趨라 이른다.'라고 하였으니, 그렇다면 왕이 나감에 이미 옷을 입고 당에 이르면 〈사하〉가 연주되고 노문을 나서면 〈채자〉가 연주된다. 돌아와서 들어가 응문과 노문에 이르면 또한 이와 같으니, 이는 걸어가서 빈객을 맞이함을 이른다. 왕이 만일 수레를 타고 나갈 일이 있으면 대침의 서쪽 계단 앞에서 수레에 오르고, 돌아와서는 동쪽 계단 앞에서 내린다. ≪尙書傳≫에 말하였다. '천자가 장차 출행하려 할 적에는 황종의 종을 치는데 오른쪽의 다섯 종이 모두 응하고, 들어가면 유빈의 종을 치는데 왼쪽의 다섯 종이 모두 응하니, 태사가 이에 樂을 연주한다.'〔鄭司農云 肆夏采薺皆樂名 或曰皆逸詩 謂人君行步 以肆夏爲節 趨疾於步 則以采薺爲節 玄謂行者 謂於大寢之中 趨謂於朝廷 爾雅 堂上謂之行 門外謂之趨 然則王出既服 至堂而肆夏作 出路門而采薺作 其反入至應門路門亦如之 此謂步迎賓客 王如有車出之事 登車於大寢西階之前 反降於阼階之前 尙書傳曰 天子將出 撞黃鍾之鍾 右五鍾皆應 入則撞蕤賓之鍾 左五鍾皆應 大師於是奏樂〕" 하였다.

종종걸음으로 걸어갈 때는 〈采齊〉에 맞추고 보통 걸음으로 걸어갈 때는 〈肆夏〉에 맞추며, 두루 돌 때는 規에 맞추고 꺾어 돌 때는 矩에 맞추며, 나아갈 때는 〈몸을 숙여〉 읍하는 듯하고 물러갈 때는 〈몸을 조금〉 든다. 그런 뒤에 玉 소리가 쟁쟁히 울린다. 그러므로 군자가 수레에 있으면 鸞과 和의 소리가 들리고 걸어가면 佩玉 소리가 울린다. 이 때문에 그르고 사벽한 마음이 들어갈 길이 없다.

≪集說≫

路寢門外至應門을 謂之趨니 於此趨時에 歌采齊之詩하야 以爲節이라 路寢門內至堂을 謂之行이니 於行之時엔 則歌肆夏之詩하야 以爲節이라 中規는 圓也요 中矩는 方也라 進而前이면 則其身略俯하야 如揖然하고 退而後면 則其身微仰이라 故曰揚之니 進退俯仰이 皆得其節이라 故佩玉之鳴이 鏘然可聽也라 鸞和는 鈴也라 常所乘之車에 鸞在衡하고 和在軾하니 若田獵之車는 則和在軾하고 鸞在馬鑣(표)也라

路寢의 문 밖으로부터 應門에 이르기까지 갈 때의 종종걸음을 趨라 하니, 이렇게 종종 걸음으로 걸어갈 때에 〈采齊〉의 시를 노래하여 절도로 삼는다. 路寢의 문 안에서부터 堂에 이르기까지 갈 때의 보통 걸음을 行이라 하니, 걸어갈 때에는 〈肆夏〉의 시를 노래하여 절도로 삼는다. '中規'는 둥근 것이고, '中矩'는 네모진 것이다. 나아가서 앞쪽으로 가면 그 몸이 약간 구부려져서 揖하는 것과 같고 물러나 뒤쪽으로 나오면 그 몸이 약간 우러르므로 '든다'고 말했으니, 나가고 물러나고 굽히고 우러름이 모두 그 절도에 맞기 때문에 佩玉 소리의 울림이 쟁쟁하여 들을 만한 것이다. 鸞과 和는 방울이다. 평상시 타는 수레에는 鸞이 〈멍에 위에 가로 댄 나무인〉 衡에 있고 和가 〈수레 앞턱의 가로 댄 나무인〉 軾에 있으니, 만일 사냥하는 수레의 경우는 和가 軾에 있고 鸞이 말의 재갈에 있다.

○ 方氏曰 心은 內也而言入은 何哉오 蓋心雖在內나 有物探之而出하야 及其久也면 則與物俱入矣라 故得以入言焉이니라

方氏 : 마음은 안에 있는데 '들어간다'라고 말함은 어째서인가? 마음이 비록 안에

---

111) 辟 : '僻(사벽함)'과 같다.

있기는 하지만 사물이 마음을 더듬어 밖으로 나오게 해서 오래되면 사물과 함께 들어가므로 '들어간다'고 말할 수 있는 것이다.

≪大全≫

朱子曰 周旋中規折旋中矩는 周旋은 是直去却回來할새 其回轉處 欲其圜如規也요 折旋은 是直去了라가 復(부)橫去할새 如曲尺相似하야 其橫轉處 欲其方如矩也니라

朱子 : '周旋中規·折旋中矩'는, '周旋'은 곧장 갔다가 되돌아올 때에는 그 되도는 곳이 마치 그림쇠와 같이 둥글고자 하는 것이고, '折旋'은 곧장 갔다가 다시 橫으로 갈 때에는 曲尺과 서로 비슷하게 하여 그 가로로 꺾는 곳이 곱자와 같이 모나고자 하는 것이다.

○ 西山眞氏曰 古之君子 於所以養其心者에 無不至也라 佩玉은 中宮(祉)〔徵〕[112] 之音하고 步趨엔 有詩樂之節하며 行必中規矩하고 在車則聞鸞和하야 進退俯仰之間과 出入動靜之際에 莫不節之以禮하고 和之以樂(악)이라 故로 於是時에 防邪僻(벽)而導中正이 其爲功也易(이)라 近世엔 一切無之하고 而所以熒(형)惑斲喪者는 則不可勝數라 故로 於是時에 防邪僻而導中正이 其爲力也難이라 夫惟知其難하야 而益勉持敬之功이면 庶乎非僻이 無自而入矣리라

西山眞氏 : 옛날 君子들이 마음을 기르는 공부에 지극한 공을 들이지 않음이 없었다. 佩玉은 宮·徵에 맞는 音이 있고, 걷거나 종종걸음으로 걸어갈 때에는 詩와 樂의 節奏가 있으며, 걸음걸이는 반드시 規와 矩에 맞고, 수레에 있을 때는 鸞과 和 소리를 들어서 나아가고 물러가고 구부리고 우러르는 사이와 나가고 들어가고 動하고 靜할 때에 禮로써 절제하고 樂으로써 조화롭게 하지 않음이 없었으므로 이때에 사특하고 편벽된 마음을 막아 中正의 道로 인도하는 공부를 하기가 쉬웠다. 근세엔 이런 것이 일체 없고 마음을 현혹시키고 손상시키는 것을 이루 다 셀 수가 없으므로 이때에 사특하고 편벽된 마음을 막아 中正의 도로 인도하는 힘을 쓰기가 어렵다. 오직 그 어려움을 알고 공경의 마음을 지키는 공부를 더욱 힘쓴다면 그릇되고 편벽된 마음이 들어올 길이 거의 없을 것이다.

---

112) (祉)〔徵〕: 저본에는 '祉'로 되어 있으나, 陳德秀의 ≪大學衍義≫에 의거하여 '徵(치)'로 수정하였다.

134203 君在어든 不佩玉이니 左結佩하고 右設佩하며 居則設佩하고 朝則結佩니라

〈세자는〉 임금이 계시면 〈왼쪽〉 패옥의 소리가 나지 않게 하니, 왼쪽에는 佩玉의 끈을 묶고 오른쪽에는 事佩를 차며, 거처할 적에는 패옥을 차고 조회할 때에는 패옥의 끈을 묶어둔다.

≪集說≫

君在는 謂世子在君所也라 不佩玉은 非去之也요 但結躄(축)其左佩之綬하야 不使玉之有聲이니 玉以比德일새 示不敢表其有如玉之德耳라 右設佩者는 佩는 謂事佩니 觿燧(휴수)之屬을 設之於右하야 示有服役以奉事於上也라 居則設佩는 謂退而燕居면 則佩玉如常也요 朝則結佩는 申言上意니 此皆謂世子也라

'君在'는 世子가 임금의 처소에 있음을 이른다. '不佩玉'은 玉을 벗어놓는 것이 아니고 다만 왼쪽 佩玉의 끈을 묶어서 옥 소리가 나지 않게 하는 것이니, 옥을 德에 견주기 때문에 감히 옥과 같은 덕이 있음을 표시하지 못함을 보이는 것이다. '右設佩'는, 〈여기서의〉 佩는 事佩를 이르니, 뿔송곳과 부싯돌 같은 등속을 오른쪽에 차고서 일하여 윗사람을 받들어 섬김을 보이는 것이다. '居則設佩'는 물러나 편안히 거처할 때에는 옥을 평상시처럼 차는 것이고, '朝則結佩'는 위의 〈'左結佩'의〉 뜻을 거듭 말한 것이니, 이는 모두 세자를 말한 것이다.

134204 齊(재)則綪(쟁)結佩而爵韠(필)이니라

재계할 때에는 佩玉의 끈을 묶은 뒤 접어올려 놓고서 적흑색의 폐슬을 찬다.

≪集說≫

凡佩玉者는 遇齊(재)時면 則綪結其佩라 綪은 屈也니 謂結其綬而又屈上之也라 爵韠은 爵色之韋로 爲韠也니 士之服이라 但齊則雖諸侯大夫라도 亦服之也라

무릇 옥을 찬 자는 재계할 때를 만나면 차고 있는 패옥의 끈을 접어서 묶어놓는다. 緕은 접음이니, 그 끈을 묶은 뒤 또 접어 올려놓는 것을 이른다. '爵韠'은 爵色(적흑색)의 가죽으로 폐슬을 만든 것이니, 士의 禮服이다. 다만 재계할 때에는 비록 제후와 대부라도 그것을 입는다.

≪大全≫

慶源輔氏曰 左結佩는 不敢比德也요 右設佩는 不敢忘事也라 居恐其略故로 言設佩하고 朝戒其敖故로 言結佩하니 無非教也니라

慶源輔氏 : 왼쪽에는 佩玉의 끈을 묶음은 감히 德을 〈임금과〉 견주지 못해서이고, 오른쪽에는 事佩를 참은 감히 〈자기가 해야 할〉 일을 잊지 못해서이다. 거처할 때는 〈자신의 몸가짐이〉 소략할까 두렵기 때문에 '패옥을 찬다.' 하였고, 조회할 때에는 〈임금에게〉 오만히 함을 경계하기 때문에 '패옥의 끈을 묶어둔다.'고 말하였으니, 가르침 아닌 것이 없다.

134205 凡帶는 必有佩玉이니 唯喪에 否니라 佩玉이 有衝(충)牙하니 君子無故어든 玉不去身이니 君子於玉에 比德焉이니라

무릇 띠에는 반드시 佩玉이 있으니, 오직 喪事에만 패옥을 차지 않는다. 패옥에는 衝牙가 있는데, 군자가 연고가 없으면 옥을 몸에서 떠나지 않게 하니, 군자는 옥에다 德을 견준다.

≪集說≫

疏曰 凡佩玉에 必上繫於衡하고 下垂三道하야 穿以蠙(빈)珠하고 下端前後에 以懸璜(황)하고 中央下端에 懸以衝牙하야 動則衝牙前後觸璜而爲聲하니 所觸之玉이 其形似牙라 故曰衝牙라

〈孔穎達의〉 疏 : 무릇 佩玉을 찰 적에 반드시 위는 衡에다 달고 아래는 세 가닥을 드리워서 진주조개로 꿰고 아래 끝 앞뒤에는 璜을 달고 중앙의 아래 끝에는 衝牙를 매달아서 움직이면 충아가 앞뒤로 璜에 부딪혀 소리를 내니, 부딪치는 옥이 그 모양이 이빨과 같기 때문에 '충아'라 한 것이다.

≪大全≫

慶源輔氏曰 帶必有佩는 言飾之不可已也니 據此면 則不佩는 非去之也요 結之耳라 有衝牙然後에 有聲하니 佩는 所以設聲也라 玉不去身은 必有以也라 故로 又言其所以하야 曰 君子於玉比德焉이라하니 如是면 則不去身也宜矣니라

慶源輔氏 : 띠에 반드시 佩玉이 있는 것은 꾸밈을 그만둘 수 없음을 말한 것이니, 이것에 근거하면 〈패옥을〉 차지 않는다는 것은 제거함이 아니고 〈끈을〉 묶어놓는 것일 뿐이다. 衝牙가 있은 뒤에 소리가 나니, 佩玉은 소리를 내기 위해 마련한 것이다. 옥을 몸에서 떠나지 않게 함은 반드시 이유가 있으므로 또 그 이유를 말하여 '군자는 옥에다 德을 견준다.' 하였으니, 이와 같다면 옥을 몸에서 떠나지 않게 하는 것이 마땅하다.

134206 天子는 佩白玉而玄組綬하며

천자는 白玉을 차는데 검은색 끈으로 〈옥을 꿰는〉 끈을 삼으며,

≪集說≫

綬는 所以貫佩之珠玉而相承受者니 玄組綬는 謂以玄色之組로 爲綬也라

綬는 佩玉의 珠玉을 꿰어 서로 이어받게 하는 것이니, '玄組綬'는 검은색 끈으로 〈옥을 꿰는〉 끈을 삼음을 이른다.

134207 公侯는 佩山玄玉而朱組綬하며 大夫는 佩水蒼玉而純(치)[113]組綬하며 世子는 佩瑜玉而綦組綬하며 士는 佩瓀玟(연민)而縕組綬니라

公·侯는 山처럼 검은색의 玉을 차고 붉은색 끈으로 〈옥을 꿰는〉 끈을 삼으며, 대부는 물처럼 푸른색의 옥을 차고 검은색 끈으로 〈옥을 꿰는〉 끈을 삼으며, 世子는 〈아름다운 옥인〉 瑜玉을 차고 여러 무늬가 섞인 색

113) 純(치) : 鄭玄의 注에 "純는 〈'검은색'이라는 의미의〉 緇가 되어야 한다.〔純 當爲緇〕" 하였다.(≪禮記正義≫)

의 끈으로 〈옥을 꿰는〉 끈을 삼으며, 士는 〈돌에 가까운 옥인〉 瓀과 玟을 차고 적황색의 끈으로 〈옥을 꿰는〉 끈을 삼는다.

≪集說≫

山玄水蒼은 如山之玄如水之蒼也라 瑜는 美玉也요 綦는 雜文也라 瓀玟은 石之次玉者요 縕은 赤黃色이라

山玄과 水蒼은 〈옥의 색이〉 산의 검은색과 같고 물의 푸른색과 같은 것이다. 瑜는 아름다운 옥이고, 綦는 여러 무늬가 섞인 색이다. 瓀과 玟은 돌에 가까운 옥이고, 縕은 적황색이다.

134208 孔子는 佩象環五寸하시고 而綦組綬하시니라

孔子는 너비가 5촌인 상아로 만든 環을 차시고 여러 무늬가 섞인 끈으로 〈옥을 꿰는〉 끈을 삼으셨다.

≪集說≫

象環은 象牙之環也니 其廣五寸이라 孔子는 謙不佩玉이라 故燕居佩之하시니 非謂禮服之正佩也라

'象環'은 상아로 만든 環이니, 너비가 5촌이다. 孔子는 겸손하여 옥을 차지 않았으므로 평상시에 〈상환을〉 차셨으니, 禮服의 정식 패옥을 말한 것이 아니다.

≪大全≫

慈湖楊氏曰 至矣哉라 象環之無聲乎여 佩無聲之象環을 後學이 莫之曉也하니 嗚呼至矣라 擧天下之所共視로되 而莫之見也하고 擧天下之所共聽이로되 而莫之聞也니라

慈湖陽氏 : 지극하다, 상아로 만든 環이 소리가 없음이여! 소리가 없는 상아로 만든 환을 차신 것에 대해 後學들이 그 의의를 깨닫지 못하니, 아! 지극하다. 온 천하가 함께 보는 것이지만 볼 수 없고, 온 천하가 함께 듣는 것이지만 들을 수 없다.

134301 童子之節也는 緇布衣錦緣하고 錦紳幷紐하고 錦束髮하나니 皆朱

錦也니라

童子의 예절은 검은 삼베옷에 비단으로 가선을 두르고 비단 紳에 모두 〈매듭 부분인〉 紐가 있고 비단으로 상투를 묶으니, 모두 붉은 비단이다.

≪集說≫

節은 禮節也라 錦緣은 以錦爲緇布衣之緣也라 紳紐는 見前하니라

節은 禮節이다. '錦緣'은 비단으로 검은 삼베옷의 가선을 두르는 것이다. 紳과 紐는 앞(133101)에 보인다.

≪大全≫

長樂陳氏曰 童子之帶는 非必全錦也요 錦紳而已니 錦紳은 非以其有備成之文也라 親在에 致飾而已니라

長樂陳氏 : 童子의 띠는 전부 비단을 사용할 필요는 없고 紳에 비단을 사용할 뿐이니, 紳에 비단을 사용함은 갖추어 완성한 文彩가 있어서가 아니다. 어버이가 계실 때에는 꾸밈을 지극히 할 뿐이다.

134302 童子는 不裘不帛하며 不屨絇하며 無緦服하고 聽事不麻니 無事則立主人之北하야 南面하며 見先生할새 從人而入이니라

동자는 갖옷을 입지 않으며 비단옷을 입지 않으며 신에 〈걸어 다닐 때의 경계로 삼는〉 신코 장식을 하지 않으며, 〈緦麻服을 입어야 할 친척의 상에〉 시마복을 입지 않고 그 喪家에 가서 〈주인이 시키는〉 일을 듣되 麻經을 하지 않나니, 일이 없으면 주인의 북쪽에 서서 南向하여 있으며 선생을 뵐 적에는 남을 따라 들어간다.

≪集說≫

不屨絇는 未習行戒也요 無緦(시)服은 謂父在時에 已雖有緦親之喪이나 不爲之著緦服하고 但往聽主人使令之事라 不麻는 謂免(문)而深衣에 不加絰也라 問喪云 童子不

緦하고 唯當室緦라하니 當室은 爲父後者也라 童子未能習禮하고 且緦輕이라 故父在不緦요 父沒則本服을 不可違矣라 從人而見先生은 不敢以卑小煩長者爲禮也라

'不屨絇'는 다닐 때의 경계를 익히지 않았기 때문이고, '無緦服'은 아버지가 생존해 계실 때 자기가 비록 시마복을 입어야 할 친척의 喪이 있더라도 시마복을 입지 않고 다만 喪家에 가서 주인이 시키는 일을 들을 뿐이다. '不麻'는 袒免을 하고 深衣를 입을 적에 麻絰을 가하지 않음을 이른다. 〈問喪〉에 "동자는 시마복을 입지 않고 오직 當室하면 시마복을 입는다." 하였으니, '當室'은 아버지의 후계자가 된 것이다. 동자는 아직 禮를 익히지 못하였고 또 시마복의 상은 가볍기 때문에 아버지가 살아 계시면 시마복을 입지 않는 것이다. 그러나 아버지가 별세하면 본래 입어야 할 服을 어길 수 없다. 남을 따라 선생을 뵙는 것은 감히 낮고 어린 사람이 어른을 번거롭게 하는 것을 예로 삼을 수 없어서이다.

≪大全≫

嚴陵方氏曰 不裘는 卽不衣裘裳이 是也요 不帛은 卽不帛襦袴(유고) 是也라 不屨絇는 未拘之以行戒也요 不服麻는 則以幼未能勝絰故也니라

嚴陵方氏 : '不裘'는 바로 ≪禮記≫ 〈曲禮 上〉의 "갖옷과 치마를 입지 않는다." 한 것이 이것이고, '不帛'은 바로 〈內則〉의 "비단 저고리와 바지를 입지 않는다." 한 것이 이것이다. '不屨絇'는 다닐 때의 경계를 가지고 〈동자를〉 拘束하지 않는 것이고, '不服麻'는 어려서 麻絰을 감당할 수 없기 때문이다.

134401 **侍食於先生異爵者**할새 **後祭先飯**이니 **客祭**어든 **主人辭曰 不足祭也**라하고 **客飧**이어든 **主人辭以疏**하고 **主人自置其醬**이어든 **則客自徹之**니라

〈자기보다 나이가 많은〉 선생이나 벼슬이 높은 자를 모시고 밥을 먹을 적에 뒤에 고수레를 하고 먼저 밥을 먹으니, 손님이 고수레를 하면 주인이 사양하기를 "고수레할 만하지 못합니다." 하고, 손님이 〈밥을 다 먹고〉 밥을 물에 말거든 주인이 음식이 거칠다고 사양하고, 주인이 직접 그 醬을 놓거든 손님이 직접 치운다.

≪集說≫

此는 言成人之禮라 先生은 齒尊於己者요 異爵은 爵貴於己者라 後祭는 示饌不爲己也요 先飯은 示爲尊貴者嘗之也라 盛主人之饌이라 故祭어늘 而主人辭之는 謙也요 旣食而飧은 以爲美也어늘 而主人辭以麤疏는 亦謙也라 醬者는 食味之主라 故主人自設이요 客亦自徹은 禮尙施報也니라

이는 成人의 禮를 말한 것이다. '先生'은 나이가 자기보다 많은 자이고, '異爵'은 벼슬이 자기보다 높은 자이다. '後祭'는 음식이 자기를 위함이 아님을 보이는 것이고, '先飯'은 존귀한 이를 위하여 맛봄을 보이는 것이다. 주인의 음식을 성찬으로 여기기 때문에 고수레하는데 주인이 사양함은 겸손한 것이고, 밥을 먹고 나서 밥을 물에 마는 것은 음식을 훌륭하게 여겨서인데 주인이 거칠다고 사양함은 또한 겸손함이다. 醬은 음식의 맛을 주재하므로 주인이 직접 놓는 것이고, 손님이 또한 직접 치우는 것은 禮가 베풂이 있으면 보답하는 것을 숭상하기 때문이다.

134501 一室之人은 非賓客이라 一人徹하고 壹食之人도 一人徹이니 凡燕食에 婦人은 不徹이니라

한 집에 함께 사는 사람은 손님이 아니므로 〈젊은 사람〉 한 명이 음식을 치우고, 함께 〈일을 하기 위해 모여서〉 먹는 사람도 〈젊은 사람〉 한 명이 음식을 치우니, 무릇 燕食에 婦人은 음식을 치우지 않는다.

≪集說≫

一室之人은 同居共事者也요 壹食之人은 爲同事而相聚以食者也니 二者는 皆爲無賓主之分이라 故但推少者一人하야 徹之而已라 婦人不徹은 弱不勝事也라

'一室之人'은 함께 살면서 일을 함께 하는 자이고, '壹食之人'은 일을 함께 하기 위하여 서로 모여 먹는 자이니, 두 가지는 모두 손님과 주인의 구분이 없기 때문에 다만 젊은 사람 한 명에게 미루어 음식을 치우도록 할 뿐이다. 婦人이 음식을 치우지 않는 것은 〈힘이〉 약해서 일을 감당할 수 없기 때문이다.

≪大全≫

嚴陵方氏曰 先生則生在己先이니 謂尊者也요 異爵則爵與己異니 謂貴者也라 婦人은 弱하야 不勝事故로 不徹이라

嚴陵方氏 : '先生'은 자기보다 먼저 태어난 자이니 尊者를 이르고, '異爵'은 벼슬이 자기와 다른 자이니 귀한 자를 이른다. 婦人은 힘이 약하여 일을 감당하지 못하기 때문에 〈음식을〉 치우지 않는 것이다.

134601 食棗桃李호되 弗致于核하며 瓜는 祭上環하고 食中하며 棄所操니라

대추와 복숭아와 자두를 먹되 씨를 버리지 않으며, 오이는 〈가로로 절단한〉 위의 둥근 부분을 고수레하고 중간을 먹으며 손으로 잡았던 부분을 버린다.

≪集說≫

致는 謂委棄之也니 曲禮曰 其有核者는 懷其核[114)]이라하니라 上環은 橫切之하야 圓如環也라

致는 버림을 이르니, 〈曲禮 上〉에 "씨가 있는 것은 그 씨를 품에 간직한다." 하였다. '上環'은 가로로 절단하여 〈꼭지의〉 둥글기가 고리와 같은 것이다.

134602 凡食果實者는 後君子하고 火孰者는 先君子니라

무릇 果實을 먹는 자는 군자보다 뒤에 먹고, 불로 익힌 음식은 군자보다 먼저 맛본다.

≪集說≫

古人嘗藥嘗食은 蓋恐其不善하야 或爲尊者害耳니 果實은 生成之味니 當使尊者先

114) 其有核者 懷其核 : ≪禮記≫ 〈曲禮 上〉에 "군주 앞에서 과실을 하사받으면 〈군주의 하사를 공경하여〉 씨가 있는 것은 그 씨를 품에 간직한다.〔賜果於君前 其有核者 懷其核〕" 하였다.

食이요 火孰者先君子는 嘗食之禮也라

옛사람들이 약을 맛보고 음식을 맛보는 것은 좋지 않아서 혹 尊者에게 해가 될까 두려워해서이다. 果實은 〈人事가 아니고 음양이〉 생성한 맛이니 마땅히 尊者로 하여금 먼저 드시게 하고, 불로 익힌 음식은 군자보다 먼저 맛봄은 음식을 맛보는 禮이다.

134701 有慶이라도 非君賜면 不賀니라

慶事가 있더라도 임금이 하사한 경우가 아니면 축하하지 않는다.

≪集說≫

君賜는 如爵命土田車服之類 皆是也라 言卿大夫士之家에 設有喜慶之事라도 若是君命所賜면 則當賀요 非君賜則不賀니 蓋以君賜爲榮也라 一說에 有慶而君亦慶之면 則餘人 亦致賀하고 君無所賜면 則餘人亦不必賀也라하니라

'君賜'는 爵命・土田・車服과 같은 종류가 모두 이것이다. 卿・大夫・士의 집안에 가령 기쁘고 경사스런 일이 있더라도 만약 임금의 명령으로 하사한 것이면 마땅히 축하해야 하고, 임금이 하사한 것이 아니면 축하하지 않음을 말하니, 임금의 하사를 榮華로 여기기 때문이다. 一說에 "경사가 있는데 임금 또한 축하하면 나머지 사람들도 致賀를 하고 임금이 하사함이 없으면 나머지 사람들도 치하할 필요가 없다." 하였다.

134801 有憂者라

근심할 것이 있다.

≪集說≫

此下는 缺文이라

이 아래는 글이 빠져 있다.

134901 孔子食於季氏하실새 不辭하시며 不食肉而飧이시다

孔子는 季氏에게서 음식을 먹을 적에 사양하지 않으셨으며 고기를 먹지 않고 밥을 물에 마셨다.

≪集說≫

爲客之禮는 將食에 必興辭하고 食則先胾(자)次殽(효)하야 至肩하야 乃飽而飧이어늘 孔子旣不辭하시고 又不食肉하시고 乃獨澆飯而爲飧之禮하시니 蓋以季氏之饋失禮故也라

손님이 된 자의 禮는 장차 음식을 먹을 적에 반드시 일어나 사례하고, 먹으면 먼저 살코기를 먹고 다음에는 뼈가 함께 붙어 있는 고기를 먹어서 어깨 부분의 뼈가 붙어 있는 고기를 먹음에 이르러서야 비로소 배불리 먹어서 밥을 물에 마는데, 孔子가 이미 사양하지 않으시고서 또 고기를 먹지 않고 마침내 다만 밥을 물에 말아 飧의 禮를 행하셨으니, 이는 季氏가 음식을 대접한 것이 禮를 잃었기 때문이었다.

≪大全≫

慶源輔氏曰 此所謂不屑教誨[115]니 是亦教誨之也니라

慶源輔氏 : 이것은 이른바 "탐탁하게 여기지 않는 가르침"이라는 것이니, 이 또한 가르치는 것이다.

135001 君賜車馬어든 乘以拜賜하고 衣服이어든 服以拜賜니라

임금이 車馬를 하사하시거든 타고서 〈임금이 계신 곳에 가서〉 하사하신 것에 대한 감사의 절을 올리고, 의복을 하사하시거든 입고서 〈임금이 계신 곳에 가서〉 하사하신 것에 대한 감사의 절을 올린다.

≪集說≫

君賜及門에 旣拜受矣요 明日에 又乘服하고 詣君所而拜謝其賜하니 所謂再拜[116]는

115) 不屑教誨 : 상대방을 탐탁하게 여기지 않아 멀리함으로써 그 마음을 경각시키는 가르침을 뜻하는바, ≪孟子≫ 〈告子 下〉에 "가르침이 또한 방법이 많으니, 나의 탐탁하게 여기지 않는 가르침은 이 또한 그를 가르치는 것일 뿐이다.〔教亦多術矣 予不屑之教誨也者 是亦教誨之而已矣〕"라고 보인다. 이와 관련한 고사로 ≪論語集註≫ 〈陽貨〉 제20장에 "孺悲가 공자를 뵙고자 하였는데, 공자가 병이 있다고 거절하고 명을 전하는 자가 문밖으로 나가자 瑟을 가져다 노래를 불러 그로 하여금 듣게 하였다.〔孺悲欲見孔子 孔子辭以疾 將命者出戶 取瑟而歌之 使之聞之〕"라는 내용이 보이는데, 朱子의 註에 따르면 이것은 공자가 유비에게 탐탁하게 여기지 않는 가르침을 준 것이다.

敬之至也라 二賜字句絶은 本朱子說이라

임금의 하사품이 문에 이르렀을 때 이미 절하여 받고, 다음 날 또 타거나 입고서 임금이 계신 곳에 이르러 하사하신 것에 대해 절하여 감사의 예를 올리니, 이른바 '再拜'는 공경함이 지극한 것이다. 두 '賜'자에서 句를 뗌은 본래 朱子의 설이다.

135002 君未有命이어든 弗敢卽乘服也니라

임금이 명하지 않았으면 〈천자가 하사한 것을〉 감히 바로 타거나 입지 않는다.

≪集說≫

此는 謂諸侯之卿大夫爲使臣하야 而受天子之賜하야 歸而獻諸其君이어든 君命之乘服이라야 乃得乘服이라 故君未有命이어든 不敢卽乘服也라 左傳에 杜洩(설)將以路葬한대 南遺謂季孫曰 叔孫이 未乘路어늘 葬焉用之오 季孫이 使杜洩로 舍路한대 不可曰 夫子受命於朝而聘于王하니 王思舊勳而賜之路어늘 復命而致之君하니 君不敢逆王命而復(부)賜之[117]라하니라

이것은 제후국의 卿大夫가 使臣이 되어서 天子의 하사를 받고서 돌아와 자기의 임금에게 바치면 임금이 타거나 입으라고 명하여야 마침내 타고 입을 수 있으므로 임금이 명하지 않았으면 감히 즉시 타거나 입지 않음을 이른다. ≪春秋左氏傳≫에

116) 再拜 : 이에 대한 설명은 135004의 집설 참조.

117) 杜洩將以路葬……君不敢逆王命而復(부)賜之 : ≪春秋左氏傳≫ 昭公 4년에 보인다. 叔孫은 노나라 대부 叔孫豹(?~B.C. 537)로 시호는 '穆'이다. 숙손표에게는 孟丙, 仲壬, 豎牛, 叔孫昭子 네 아들이 있었는데, 맹병과 중임은 정실인 國姜의 아들이었다. 숙손표가 丘蕕(구유)에서 사냥하다가 병을 얻었는데, 수우는 숙손씨 집안 전체를 차지하고자 하여 적장자인 맹병에게 협조할 것을 강요하였으나 맹병이 동의하지 않자 숙손표에게 무함하여 죽임을 당하게 하였다. 또 중임에게 협조할 것을 강요하였는데 중임이 협조하지 않자, 중임이 昭公을 뵙고 玉環을 받았던 사실을 가지고 숙손표에게 무함하여 중임은 齊나라로 도망가게 되었다. 이후 숙손표는 자신의 병세가 위급해지자 중임을 후계자로 삼기 위해 불러들이도록 하였는데, 수우는 대답만 하고 부르지 않았고 사흘 동안 숙손표를 굶겨서 사망하도록 만들었다. 수우는 숙손표의 서자 叔孫婼(숙손착)을 후계자로 세웠는데 이가 바로 숙손소자이다. 당시 두설이 숙손씨의 宰였으므로 소공은 두설에게 숙손표의 장사를 주관하게 한 것이다.

"杜洩이 장차 〈임금의 수레인〉 路車를 사용해 숙손을 장사 지내려고 하였는데, 南遺가 季孫에게 '숙손은 생전에 노거를 탄 적이 없는데, 장사에 어찌 노거를 쓴단 말입니까?' 하자, 계손은 두설에게 노거를 버리고 쓰지 말도록 하였다. 그러자 두설은 이를 옳지 않다고 여기며 말하였다. '夫子가 조정의 명을 받고 천자의 조정에 聘問하자 천자께서 예전의 功을 생각하여 노거를 하사하셨는데, 숙손은 돌아와 복명하고서 그 노거를 임금께 바쳤으나 임금께서는 감히 천자의 명을 거역할 수 없다 하여 다시 숙손에게 주셨습니다.'" 하였다.

135003 **君賜**어든 **稽首據掌**호되 **致諸地**니라

임금이 하사하시거든 머리를 조아리고 왼손을 엎어서 오른손 위를 누르되 머리와 손이 모두 바닥에 닿게 한다.

≪集說≫

據는 按也니 覆左手하야 以按於右手之上이라 致는 至也니 頭及手俱至地也라

據는 누름이니, 왼손을 엎어서 오른손 위를 누르는 것이다. 致는 이름이니, 머리와 손이 모두 바닥에 이르는 것이다.

135004 **酒肉之賜**는 **弗再拜**니라

술과 고기를 하사하는 경우는 재차 가서 절하지는 않는다.

≪集說≫

已拜受於家하고 而明日又往拜를 謂之再拜니 酒肉之賜는 輕이라 故로 惟拜受於家而已니라

이미 집에서 절하고 받고 다음 날 또 가서 절하는 것을 '再拜'라 이르니, 술과 고기를 하사함은 가벼운 은혜이기 때문에 오직 집에서 절하고 받을 뿐이다.

≪大全≫

馬氏曰 衣服之賜는 庸賜也라 是故로 乘服而再拜하고 酒肉之賜는 斯須之賜也라 是

故로 有拜而不再니라

馬氏 : 의복을 하사함은 공로에 따라 하사하는 것이기 때문에 〈車馬를〉 타거나 〈의복을〉 입고서 재차 가서 절하고, 술과 고기를 하사함은 잠시 하사하는 것이기 때문에 절을 하되 재차 가서 절하지는 않는 것이다.

135005 凡賜君子與小人에 不同日이니라

무릇 군자에게 하사하고 小人에게 줄 때에는 같은 날에 하지 않는다.

≪集說≫

君子小人은 以位言이니 君子曰賜요 小人曰與니 貴賤殊故로 不可同日也라

군자와 小人은 지위를 가지고 말한 것이니, 군자의 경우는 '하사한다' 하고 소인의 경우는 '준다' 하는데, 貴賤이 다르기 때문에 같은 날에 할 수가 없는 것이다.

≪大全≫

延平周氏曰 賜君子는 以德이요 與小人은 以力이니 賜與均之者는 恩也요 不同日者는 義也니라

延平周氏 : 군자에게 하사함은 德을 따져서 하고 小人에게 줌은 힘을 따져서 하니, 하사함과 줌을 동일하게 베푸는 것은 은혜이고, 〈베푸는〉 날짜를 똑같지 않게 하는 것은 義이다.

135101 凡獻於君에 大夫는 使宰하고 士는 親이니 皆再拜稽首하야 送之니라 膳於君엔 有葷(훈)桃[118]茢(열)하고 於大夫엔 去茢이요 於士엔 去葷이니 皆造於膳宰니라

무릇 임금에게 물건을 올릴 적에 대부는 宰를 시키고 士는 직접 올리니, 모두 재차 절하고 머리를 조아려 보낸다. 임금에게 맛있는 음식을 올릴 적에는 〈辟邪에 쓰는〉 葷菜와 복숭아 나뭇가지와 갈대 빗자루가 있고,

118) 桃 : 孔穎達의 疏에 "桃는 복숭아 나뭇가지이다.〔桃 桃枝也〕" 하였다.(≪禮記正義≫)

대부에게는 갈대 빗자루를 빼고 士에게는 훈채를 빼니, 모두 〈직접 전달하지 않고〉 膳宰에게 나아가 전달한다.

≪集說≫

大夫不親往而使宰者는 恐勤君之降禮而受獻也요 士賤故로 得自往이라 皆再拜稽首送之者는 言大夫初遣宰時에 已拜送矣요 及至君門하야 以授小臣이면 則或宰或士 亦皆再拜而送之也라 膳은 美食也라 葷은 薑(강)及辛菜也요 茢은 苕帚(초추)也라 膳宰는 主飮食者라

대부가 직접 가지 않고 宰를 시키는 것은 임금에게 禮를 낮추어서 〈대부가〉 올리는 것을 받으시게 하는 수고를 끼칠까 두려워해서이고, 士는 천하기 때문에 직접 갈 수 있는 것이다. '皆再拜稽首送之'는 대부가 처음 宰를 보낼 때에 이미 절하여 보냈고, 임금의 문에 이르러 小臣에게 〈물건을〉 주어 〈임금에게 바칠〉 경우에는 宰나 士가 또한 모두 재차 절하여 보냄을 말한 것이다. 膳은 맛있는 음식이다. 葷은 생강과 매운 채소이고, 茢은 갈대 빗자루이다. '膳宰'는 음식을 주관하는 자이다.

○ 方氏曰 膳必用葷桃茢者는 防不祥之物이 或干之也라 桃는 以其性이요 葷은 以其氣요 茢은 以其形이니 形不如氣요 氣不如性이라 故貴賤多少之數에 去其一者는 茢이요 去其二者는 葷이요 惟桃는 不可去焉이라 皆造膳宰者는 以不敢專達하고 必待主膳之人達之也라

方氏 : 맛있는 음식을 올릴 때 반드시 葷菜와 복숭아 나뭇가지와 갈대 빗자루를 사용하는 것은 상서롭지 못한 물건이 혹 침범함을 막기 위해서이다. 복숭아 나뭇가지는 그 〈惡氣를 물리치는〉 성질을 사용하고 훈채는 그 〈매운〉 냄새를 사용하고 갈대 빗자루는 그 〈쓸어내는〉 형체를 사용하니, 형체는 냄새만 못하고 냄새는 성질만 못하다. 그러므로 貴賤에 따른 多少의 숫자에 하나를 제거하는 경우에는 갈대 빗자루를 제거하고, 둘을 제거하는 경우에는 葷菜를 제거하고, 오직 복숭아는 제거할 수 없다. '皆造膳宰'는 감히 직접 전달하지 못하고, 반드시 음식을 주관하는 사람을 기다려서 전달하는 것이다.

135102 大夫不親拜는 爲君之答己也니라

대부가 직접 절하지 않는 것은 임금이 자기에게 答拜할까 염려해서이다.

≪集說≫

釋所以不親獻之義라

직접 올리지 않는 뜻을 해석한 것이다.

135201 大夫는 拜賜而退하고 士는 待諾而退하니 又拜어든 弗答拜니라

대부는 하사한 것에 절하고서 물러가고, 士는 승낙하기를 기다려 물러가니, 또 절하면 임금은 答拜하지 않는다.

≪集說≫

大夫往君門하야 而拜君昨日所賜에 及門하야 卽告小臣이어든 小臣入白이면 大夫卽拜하고 拜竟卽退하야 不待小臣出報하나니 恐君召進之而答拜也라 君不答士之拜라 故士拜竟이면 則待小臣傳君之諾報而後退也라 又拜者는 小臣傳諾報而出이면 士又拜君之諾也요 弗答拜는 謂君終不答士之拜也라

대부가 임금의 문에 가서 임금이 어제 하사하신 것에 절할 적에, 문에 이르러 즉시 小臣에게 고하거든 小臣이 들어가 아뢰면 대부가 즉시 절하고 절을 마치면 바로 물러가 小臣이 나와 보고하기를 기다리지 않으니, 이는 임금이 자기를 불러서 오게 하여 答拜할까 염려해서이다. 임금은 士의 절에 답배하지 않기 때문에 士는 절이 끝나면 小臣이 전하는 임금의 승낙 보고를 기다린 뒤에 물러가는 것이다. '또 절한다'는 것은 小臣이 승낙 보고를 전해 받아 나오면 士가 또 임금의 승낙에 절하는 것이고, '답배하지 않는다'는 것은 임금이 끝내 士의 절에 답하지 않음을 이른다.

135202 大夫親賜士어든 士拜受하고 又拜於其室호되 衣服을 弗服以拜하고 敵者不在어든 拜於其室이니라

대부가 직접 士에게 물건을 하사하거든 士는 절하고 받고, 또 그 대부의 집에 가서 절하되 의복을 입지 않고서 절하며, 신분이 대등한 자가 찾아와서 물건을 줄 적에 〈주인이〉 집에 있지 않았으면 〈주인이〉 그의 집에 가서 절한다.

≪集說≫

其室은 大夫之家也라 衣服을 弗服以拜는 下於君賜也라 敵者는 尊卑相等也라 其室은 獻者之家也라 若當時에 主人在家而拜受면 則不復往彼家拜謝로되 今主人不在하야 不得拜受일새 還家라가 必往而拜之也라 若朋友면 則非祭肉이어든 不拜니라

'其室'은 대부의 집이다. '衣服弗服以拜'는 임금의 하사 때보다 낮춘 것이다. 敵은 신분의 尊卑가 서로 대등한 것이다. 〈마지막 부분의〉 '其室'은 올린 자의 집이다. 만약 당시에 주인이 집에 있어서 절하고 받으면 다시 그 집에 가서 절하고 사례하지 않지만 지금 주인이 없어서 절하고 받을 수 없었기 때문에 집에 돌아갔다가 반드시 〈물건을 준 자의 집에〉 가서 절하는 것이다. 만약 붕우 간이면 〈준 것이〉 제사 고기가 아니면 절하지 않는다.

135301 凡於尊者에 有獻이어든 而弗敢以聞이니라

무릇 尊者에게 물건을 올릴 일이 있으면 감히 직접 아뢰지 않는다.

≪集說≫

不敢以聞者는 不敢直言獻於尊者니 如云致馬資於有司와 及贈從者之類也[119)]라

'不敢以聞'은 올리는 것을 감히 尊者에게 직접 말하지 않는 것이니, 예컨대 "車馬의 비용을 有司에게 바칩니다."라는 것과 "從者에게 줍니다."라는 것과 같은 따위이다.

119) 如云致馬資於有司 及贈從者之類也 : ≪禮記≫ 〈少儀〉에 "군주가 장차 다른 나라로 가려 할 적에 신하가 만일 금옥과 화폐를 군주에게 바치는 경우에는 '車馬의 비용을 有司에게 바칩니다.' 하고, 신분이 대등한 경우에는 '從者에게 줍니다.' 한다.〔君將適他 臣如致金玉貨貝於君 則曰致馬資於有司 敵者曰贈從者〕"라고 보인다.

≪大全≫

慶源輔氏曰 有獻은 致其誠也요 弗聞은 恐其瀆也니라

慶源輔氏 : 물건을 올림은 정성을 다하는 것이고, 직접 아뢰지 않음은 번거롭게 할까 두려워해서이다.

135401 士於大夫엔 不承賀하고 下大夫於上大夫엔 承賀니라

士는 上大夫에게 賀禮를 받지 않고, 下大夫는 상대부에게 하례를 받는다.

≪集說≫

士는 於大夫에 尊卑遠하니 若有慶事라도 不敢受大夫之親賀요 下大夫는 於上大夫에 尊卑近이라 故可承受其親賀也니라

士는 대부와 그 尊卑의 차이가 현격하니 만약 慶事가 있더라도 감히 대부에게 직접 賀禮를 받지 못하고, 下大夫는 上大夫와 尊卑의 차이가 작기 때문에 〈상대부가〉 직접 행하는 하례를 받을 수 있다.

135501 親在어든 行禮於人에 稱父하고 人或賜之어든 則稱父拜之니라

어버이가 살아 계시면 남에게 禮를 행할 적에 아버지를 칭하며, 남이 혹 물건을 주면 아버지를 일컬어 절한다.

≪集說≫

方氏曰 不敢私交하고 不敢私受故也니라

方氏 : 감히 사사로이 사귀지 않고 감히 사사로이 받지 않기 때문이다.

135601 禮不盛이면 服不充[120]이라 故로 大裘는 不裼하며 乘路車에 不式이니라

120) 禮不盛 服不充 : 鄭玄의 注에 "예가 성대한 경우에는 充(襲衣)을 입는다.〔禮盛者服充〕" 하였고, 孔穎達의 疏에 "充은 襲과 같다. 습의를 입는 것은 안에서 裼衣의 아름다움을 덮어서 가리는 것이니, 오직 성대한 禮여야 비로소 그렇게 하는 것이다.〔充 猶襲也 服襲是

禮가 성하지 않으면 의복을 가리지 않는다. 그러므로 〈하늘에 제사 지낼 때〉 大裘는 裼衣를 드러내지 않고 〈군주의 수레인〉 路車를 탈 때에 다른 사람에게 공경을 표하지 않는다.

≪集說≫

前章言不充其服은 與此充字義殊하니 此는 謂禮之盛者는 則以充美爲敬이라 大裘路車는 皆祭天所用이니 不裼而襲은 是欲掩塞其華美也라 不式은 敬天之心을 不可他用也라

앞 장(132702)에서 '그 의복을 성대히 하지 않음'을 말한 것은 여기의 '充'자와 뜻이 다르니, 여기에서는 禮가 성한 경우는 아름다움을 가리는 것으로 공경을 삼음을 말한 것이다. 大裘와 路車는 모두 하늘에 제사 지낼 때에 쓰는 것이니, 裼衣를 드러내지 않고 襲衣를 입는 것은 화려하고 아름다움을 가리고자 하는 것이다. 공경을 표하지 않음은 하늘을 공경하는 마음을 다른 데에 쓸 수 없기 때문이다.

≪大全≫

延平周氏曰 以文爲敬이면 則不敢充其美요 以質爲敬이면 則不敢見其美니 大裘不裼은 以質爲敬也요 乘路車不式은 所敬不貳也니라

延平周氏 : 문채를 공경으로 삼으면 감히 그 아름다움을 가리지 않고 질박함을 공경으로 삼으면 감히 그 아름다움을 드러내지 않으니, 大裘에 裼衣를 드러내지 않음은 질박함을 공경으로 삼는 것이고 路車를 탈 때에 공경을 표하지 않음은 공경하는 대상을 둘로 나누지 않는 것이다.

135701 父命呼어시든 唯而不諾하며 手執業則投之하고 食在口則吐之하고 走而不趨니라

아버지가 일을 명하여 부르시면 빨리 대답하고 느릿느릿 대답하지 않으며, 손에 일을 잡고 있으면 하던 일을 내려놓고 음식이 입에 있으면 그 음식을 뱉어놓고, 달려가고 종종걸음으로 걸어가지 않는다.

充美於內 唯盛禮乃然也]" 하였다.(≪禮記正義≫)

≪集說≫

應辭에 唯는 速而恭하고 諾은 緩而慢이라

응하는 말에 唯는 빠르면서 공손하고, 諾은 느리면서 태만하다.

≪大全≫

嚴陵方氏曰 唯而不諾은 卽曲禮所謂父召無諾也라 旣曰命하고 又曰呼者는 命之以事而呼之使來也라 唯諾皆應也로되 而唯之應이 速於諾하고 走趨皆步也로되 而走之步가 速於趨라 國莫尊於君하고 家莫尊於父라 故로 君父之召也에 在官不俟屨하고 在外不俟車하며 手執業則投之하고 食在口則吐之니라

嚴陵方氏 : '唯而不諾'은 바로 〈曲禮 上〉에 이른바 "아버지가 부르시면 느릿느릿 대답하지 않는다."라는 것이다. 命이라 말한 뒤에 또 呼라고 말한 것은 일을 가지고 명령하며 불러서 오게 하는 것이다. 唯와 諾은 모두 응하는 것이나 唯의 응함이 諾보다 빠르고, 달려감과 종종걸음은 모두 걸어가는 것이지만 달리는 걸음걸이가 종종걸음보다 빠르다. 나라에는 임금보다 높은 사람이 없고 집에는 아버지보다 높은 사람이 없다. 그러므로 임금과 아버지가 부르실 적에 관청에 있으면 신발이 갖추어지기를 기다리지 않고 밖에 있으면 수레에 멍에 매기를 기다리지 않으며, 손에 일을 잡고 있으면 하던 일을 내려놓고 음식이 입에 있으면 그 음식을 뱉어놓는 것이다.

135702 親老어든 出不易方하고 復(복)不過時하며 親癠(제)어든 色容不盛이니 此孝子之疏節也니라

어버이가 늙으셨거든 〈자식은〉 외출했을 때에 〈정한〉 方所를 바꾸지 않고 돌아올 때에 〈정한〉 때를 넘기지 않으며, 어버이가 병드셨으면 얼굴빛과 용모를 성하게 하지 않으니, 이는 효자의 소략한 예절이다.

≪集說≫

易方이면 則恐召已而莫知所在요 過時면 則恐失期而貽親之憂라 癠는 病也라 疏節은 謂常行疏略之禮而已요 非大節也라

方所를 바꾸면 자기를 부를 때 있는 곳을 알지 못하실까 염려해서이고, 때를 넘기면 약속한 시간을 어겨서 어버이에게 근심을 끼칠까 염려해서이다. 㾀는 병이다. '疏節'은 평상시에 행하는 소략한 예절일 뿐이고 큰 예절이 아님을 말한 것이다.

≪大全≫

嚴陵方氏曰 出不易方은 有定所也요 復不過時는 無愆期也니 凡此는 所以慮貽親之憂疑而已라 然而孝子之事親에 豈必老而後如是耶아 蓋以親老者는 尤不可不知此故也니라

嚴陵方氏 : '出不易方'은 일정한 方所가 있는 것이고, '復不過時'는 약속한 때를 어기지 않는 것이니, 무릇 이것은 어버이에게 근심과 의심을 끼칠까 우려하기 때문일 뿐이다. 그러나 효자가 어버이를 섬김에 어찌 반드시 어버이가 늙으신 뒤에야 이와 같이 하겠는가. 연로한 어버이가 계신 자식은 더욱 이것을 몰라서는 안 되기 때문이다.

135703 父沒而不能讀父之書는 手澤存焉爾하며 母沒而杯圈을 不能飮焉은 口澤之氣存焉爾니라

아버지가 돌아가시면 아버지의 서책을 차마 읽지 못함은 수택이 남아 있기 때문이며, 어머니가 돌아가시면 잔과 그릇을 사용하여 차마 마시지 못함은 구택의 기운이 남아 있기 때문이다.

≪集說≫

不能은 猶不忍也라 手之所持에 猶存其潤澤之迹이라 杯圈은 盛酒漿之器니 屈木爲之하니 若巵匜(치이)之屬也라 口澤之氣는 亦謂常用以飮이라 故로 口所潤澤이 猶有餘氣하니 此所以不忍讀不忍飮也라

'不能'은 차마 하지 못함과 같다. 손으로 잡았던 부분에 아직도 윤택해진 자취가 남아 있다. '杯圈'은 술과 漿을 담는 용기인데 나무를 구부려서 만드니, 술잔과 종지의 등속이다. '口澤之氣'는 또한 평상시 그것을 사용하여 마셨기 때문에 반질반질한 口澤이 아직도 남은 기운이 있음을 말한다. 이것이 차마 읽지 못하고 마시지 못하는 까닭이다.

《大全》

嚴陵方氏曰 書는 謂書冊也니 君子所執以誦習이라 故於父言之하고 杯圈은 飮食器也니 婦人은 唯酒食是議라 故於母言之라 杯作桮(배)라 手澤은 汗之所漬也요 口澤은 津之所漬也니 口有氣焉이라 故로 又以氣言之라 凡以人旣亡而澤猶存焉이라 故로 有所不忍也니라

嚴陵方氏 : '書'는 書冊을 이르니 군자가 잡고서 외고 익히는 것이므로 아버지에 대해서 말하였고, '杯圈'은 마시고 먹는 그릇이니 부인은 오직 술과 밥을 의논하기 때문에 어머니에 대해서 말한 것이다. 杯는 桮로 쓴다. '手澤'은 땀이 스민 것이고 '口澤'은 침이 스민 것이니, 입에는 기운이 있으므로 또 기운을 가지고 말한 것이다. 무릇 사람은 이미 죽었다 하더라도 그의 수택과 구택은 아직 남아 있으므로 차마 하지 못하는 바가 있다.

135801 君入門이어든 介는 拂闑(얼)하고 大夫는 中棖(정)與闑之間하고 士介는 拂棖이니라

〈두 임금이 서로 만나볼 적에 손님으로 온〉 임금이 대문에 들어가거든 介는 〈임금의 뒤에서 雁行하여 문 가운데의 작은 말뚝인〉 闑을 스치고, 대부는 문설주와 闑의 중간에 있고, 士인 介는 문설주를 스친다.

《集說》

此는 言兩君相見之時라 入門은 入大門也라 介는 副也라 闑은 門中央所豎短木也라 棖者는 門之兩旁長木이니 所謂楔(설)也라 君入하야 當棖闑之中이면 主君은 在闑東하고 賓은 在闑西하니 主君上擯은 在君後[121]하야 稍近西而拂闑하고 賓之上介는 在賓後하야 稍近東而拂闑하고 大夫之爲擯爲介者는 各當君後而在棖闑二者之中하고 士之爲擯爲介者는 則各拂東西之棖也니라

---

121) 主君上擯 在君後 : 擯은 주인 나라의 임금이 손님을 접대하도록 시킨 자를 이르는바, 金在魯의 《禮記補註》에 "살펴보건대 《禮記》 〈聘義〉에 '卿은 上擯이 되고 대부는 承擯이 되고 士는 紹擯이 된다.' 하였으니, 여기에 근거하면 손님으로 온 임금의 上介 또한 반드시 卿인 것이다.〔按 聘義 卿爲上擯 大夫爲承擯 士爲紹擯 據此則賓之上介 亦必是卿也〕" 하였다.

이것은 두 임금이 서로 만나볼 때를 말한다. '入門'은 대문에 들어가는 것이다. 介는 副이다. 闑은 문 중앙에 세운 짧은 나무이다. 棖은 문의 양쪽에 세운 긴 나무이니, 이른바 '문설주'라는 것이다. 임금이 들어와서 문설주와 闑의 중앙에 당도하면 주인 임금은 闑의 동쪽에 있고 손님 임금은 闑의 서쪽에 있으니, 주인 임금의 上擯은 주인 임금의 뒤에 있어서 서쪽에 조금 가까이 하여 문지방을 스치고, 손님 임금의 上介는 손님 임금의 뒤에 있어서 동쪽에 조금 가까이 하여 문지방을 스치며, 대부로서 擯이 되고 介가 된 자는 각각 자기 임금의 뒤에 당하여 문설주와 闑 두 곳의 중간에 있고, 士로서 擯이 되고 介가 된 자는 각각 동쪽과 서쪽의 문설주를 스친다.

135802 **賓**은 **入不中門**하며 **不履閾**(역)이니 **公事**엔 **自闑**(얼)**西**하고 **私事**엔 **自闑東**이니라

〈聘問 온 경대부인〉 손님은 들어갈 때 문 한 가운데를 지나지 않으며 문지방을 밟지 않으니, 공적인 일일 때에는 闑의 서쪽을 통해 들어가고 사사로운 일일 때에는 闑의 동쪽을 통해 들어간다.

≪集說≫

此賓은 謂隣國來聘之卿大夫也라 入不中門은 謂入門稍東而近闑也라 閾은 門限也라 聘享은 是奉君命而行이니 謂之公事니 入自闑西는 用賓禮也라 若私覿(적)私面은 謂之私事니 以其非君命故也니 入自闑東은 從臣禮也라

여기서의 賓은 이웃 나라에서 빙문 온 卿大夫를 이른다. '入不中門'은 문에 들어갈 때 약간 동쪽으로 들어가서 闑에 가까움을 이른다. 閾은 문지방이다. 聘禮와 享禮는 임금의 명령을 받들어 가는 것인데 이것을 公事라 하니, 闑의 서쪽을 통해 들어감은 손님의 禮를 쓰는 것이다. 만약 사사로이 뵙고 사사로이 대면함은 '私事'라고 이르는데 임금의 명령으로 온 것이 아니기 때문이니, 闑의 동쪽을 통해 들어감은 신하의 禮를 따른 것이다.

≪大全≫

延平周氏曰 上言君入門은 言朝也요 此言賓入不中門은 言聘也라 中門은 棖闑之

中이니 不中門은 有所辟(피)也라 闑西之中則君所由니 闑西之東은 則臣由之可也라 故로 公事自闑西는 敬之也요 私事自闑東은 親之也니라

延平周氏 : 위에서 "〈손님으로 온〉 임금이 문에 들어간다." 한 것은 조회할 때를 말한 것이고, 여기에서 "손님은 들어갈 때 문 한 가운데를 지나지 않는다." 한 것은 빙문할 때를 말한 것이다. '中門'은 문설주와 闑의 가운데이니, '不中門'은 피하는 바가 있는 것이다. 闑의 서쪽의 가운데는 임금이 경유하는 곳이니, 闑의 서쪽의 동쪽은 신하가 경유하는 것이 옳다. 그러므로 공적인 일일 때에는 闑의 서쪽을 따라 들어감은 공경하는 것이고, 사사로운 일일 때에는 闑의 동쪽을 따라 들어감은 친근히 하는 것이다.

135901 君은 與尸行에 接武하고 大夫는 繼武하고 士는 中武하나니 徐趨에 皆用是니라

임금은 尸童과 걸어갈 때에 반걸음씩 겹쳐서 걷고 대부는 발걸음을 이어서 걷고 士는 한 발 만큼의 간격을 띄우고 걸으니, 느리게 걷거나 종종걸음으로 걸어갈 때 모두 이것을 따른다.

≪集說≫

君은 謂天子諸侯也라 接武는 謂二足相躡(섭)에 每蹈於半하야 不得各自成迹也라 若大夫與其尸行이면 則兩足迹이 相接續이어늘 漸卑라 故與尸行에 步稍廣而速이라 中은 猶間也니 士與其尸行에 每徙에 足間容一足地하야 乃躡之하니 士極卑故로 與尸行에 步極廣也라 徐趨에 皆用是는 謂君大夫士 或徐或趨에 皆用此與尸行步之節也라

君은 천자와 제후를 이른다. '接武'는 두 발이 서로 땅을 밟을 적에 매양 반 발 만큼을 밟아서 각각 별도의 발자국을 이루지 못함을 이른다. 만약 대부가 그 尸童과 가게 되면 두 발자국이 서로 접속되는데, 〈대부는 임금보다〉 조금 낮기 때문에 시동과 가게 될 때 보폭이 다소 넓어서 빠른 것이다. 中은 사이와 같으니, 士가 시동과 갈 때에 매 걸음마다 발 사이에 한 발 만큼의 간격을 띄워서 비로소 밟으니, 士는 지극히 낮기 때문에 시동과 갈 때에 보폭이 지극히 넓은 것이다. '徐趨皆用是'는 임금・대부・士가 혹 느리게 걷고 혹 종종걸음으로 걸을 때에 모두 이 글의 시동과 行步하는 節度를 씀을 이른다.

135902 疾趨則欲發이나 而手足은 毋移니라

빠른 종종걸음으로 걸어가면 신코를 일으켜 세울 듯이 하지만 손과 발은 일정한 법도를 바꾸어서는 안 된다.

≪集說≫

此는 言若以他事行禮하야 而當疾趨者는 其屨頭固欲發起하야 不以接武繼武爲拘나 然而手容必恭하고 足容必重하야 不可或低或斜而變其常度라 移는 猶變也라

이것은 만약 다른 일로 禮를 행하게 되어 빠른 종종걸음으로 가야 하는 경우에는 그 신코를 진실로 일으켜 세울 듯이 하여 接武와 繼武에 구애받지 않으나 손 모양을 반드시 공손하게 하고 발 모양을 반드시 무겁게 해서 혹 낮추거나 혹 기울게 하여 일정한 법도를 바꾸어서는 안 된다는 말이다. 移는 바꿈과 같다.

135903 圈豚行하야 不擧足하고 齊(사)如流하나니 席上에 亦然이니라

발을 끌어 옮겨 땅을 따라가서 발을 들지 않고 옷자락이 물 흐르는 것과 같이 하니, 자리 위로 갈 때에도 이와 같이 한다.

≪集說≫

舊說에 圈은 轉也요 豚之言은 循이니 讀爲上聲하니 謂徐趨之法이 當曳轉其足하야 循地而行이라 故云不擧足也라 方氏謂此言迴旋而行이라 羔性은 聚하고 豚性은 散하니 圈之則聚而回旋於其中矣라 故取況如此라하니 未知是否로다 齊는 裳下緝也니 足旣不擧하고 身又俯折이면 則裳下委於地하야 而曳足則齊如水之流라 席上亦然은 言未坐之時行於席上에 亦當如此也라

舊說에 圈은 돎이고 豚이라는 말은 따름인데 上聲으로 읽으니, 느릿느릿 가고 종종걸음으로 가는 法은 마땅히 그 발을 끌어 옮겨서 땅을 따라 이동하므로 "발을 들지 않는다." 하였다. 方氏는 "이것은 몸을 돌려 가는 것이다. 염소의 성질은 모이고 돼지의 성질은 흩어지니, 돼지를 우리에 넣어두면 모여 가운데에서 돌기 때문에 비

유를 취하기를 이와 같이 한 것이다." 하였는데 옳은지는 알지 못한다. 齊는 치마 아래 꿰맨 곳이니, 발을 이미 들지 않고 몸을 또 구부려 꺾으면 치마 아래가 땅에 닿아서 발을 끌게 되면 옷자락이 물 흐르는 것과 같게 되는 것이다. '席上亦然'은 앉기 전에 자리 위로 갈 때도 또한 마땅히 이와 같이 해야 함을 말한 것이다.

135904 端行엔 頤霤(이류)如矢하며 弁行엔 剡(염)剡起屨니라

곧게 갈 때에는 턱을 지붕의 처마처럼 아래로 드리우고 화살처럼 곧게 가며, 급하게 갈 때에는 몸을 일으켜 신코를 일으킨다.

≪集說≫

端은 直也니 直身而行에 身亦小折이라 故頭直臨前하고 而頤如屋霤之垂하야 其步之進則如矢之直也라 弁은 急也요 剡剡은 身起之貌니 急行則欲速而身屨恒起也라 一說에 端은 謂玄端素端이요 弁은 謂爵弁皮弁이니 行容을 各欲稱其服也라

端은 곧음이니, 몸을 곧게 하여 갈 때에 몸 또한 조금 굽히기 때문에 머리는 곧게 앞으로 향하고 턱은 지붕의 처마처럼 아래로 드리운 것과 같아서 그 걸어 나아감이 화살처럼 똑바른 것이다. 弁은 급함이고 '剡剡'은 몸이 일어나는 모양이니, 급하게 걸어가면 속히 가고자 하여 몸과 신이 항상 일으켜 세워지는 것이다. 一說에 "端은 〈검은색의 祭服인〉 玄端과 〈흰색의 祭服인〉 素端을 이르고 弁은 〈冕冠 다음의 禮冠인〉 爵弁과 〈천자가 조회 때 쓰는 관인〉 皮弁을 이르니, 걸어가는 모습을 각각 그 의복에 걸맞게 하고자 하는 것이다." 하였다.

135905 執龜玉엔 擧前曳踵하야 蹜蹜(축축)如也니라

거북껍질과 옥을 잡았을 때에는 발의 앞쪽을 들되 뒤꿈치를 끌어서 보폭을 좁게 한다.

≪集說≫

踵은 足後跟(근)也니 擧足之前而曳其後跟이면 則行不離地하야 如有所循也라 蹜蹜은 促狹之貌라 龜玉皆重器라 故敬謹如此니라

踵은 발뒤꿈치이니, 발의 앞을 들되 그 뒤꿈치를 끌면 발걸음이 땅에서 떨어지지 아니하여 따라가는 바가 있는 듯한 것이다. 蹜蹜은 발걸음이 좁은 모양이다. 거북껍질과 옥은 모두 寶器이므로 공경하고 삼가기를 이와 같이 하는 것이다.

《大全》

慶源輔氏曰 必言與尸行者는 著(착)行之徐 非止逸也요 敬而已矣니 愈尊愈敬이라 趨는 謂行有所向也니 疾趨는 趨雖疾이나 而布武[122]未改也라 故曰足毋移라 併言手者는 亦不改其拱也라 故曰張拱而趨라하니라 至於走면 則手不能拱而步闊遠矣라 行不擧足이니 足旣(擧)〔不擧〕[123]則衣無撥矣라 故로 其裳下緝이 如水之自動焉이라 席上亦然은 曲禮에 將卽席할새 衣毋撥하며 足毋蹶이 是也라 剡(염)剡은 銳利也니 屨頭發起之貌라 擧前曳踵은 若所謂不擧足則前亦不擧矣라 蹜蹜如也는 則有緩而已니라

慶源輔氏 : 반드시 "시동과 걸어간다." 말한 것은 발걸음을 느리게 함이 편안할 뿐만 아니고 공경함일 뿐임을 드러낸 것이니, 더욱 높을수록 더욱 공경한다. 종종걸음은 발걸음이 향하는 곳이 있음을 이르니, 빠른 종종걸음으로 감은 종종걸음이 비록 빠르더라도 빨리 걷는 발걸음으로 바꾸지 않으므로 "발은 일정한 법도를 바꾸어서는 안 된다." 하였다. 〈발을 말할 때 '手足毋移'라 하여〉 손을 함께 말한 것은 또한 그 拱手를 바꾸지 않으므로 "〈새가 날개를 펼치듯 팔을 벌려 활기차게 걷는〉 張拱을 하더라도 종종걸음으로 걷는다." 하였다. 달리게 되면 손을 拱手하지 못하여 보폭이 넓고 멀다. 걸을 때에 발을 들지 않으니, 발을 이미 들지 않았다면 옷을 펄럭거리지 않게 하므로 치마의 아랫단의 꿰맨 곳의 옷자락이 물이 자연스럽게 흘러가는 것처럼 되는 것이다. '席上亦然'은 〈曲禮 上〉에 "〈제자가 처음 물어보러 와서〉 돗자리에 나아가려고 할 때에 옷을 펄럭이지 않으며 발을 움직이지 않게 한다." 한 것이 이것이다. '剡剡'은 예리함이니, 신코가 일어난 모양이다. '擧前曳踵'은 이른바 "발을 들지 않으면 신코 또한 들리지 않는다."라는 것과 같은 것이다. '蹜蹜如也'는 〈보폭을 좁

122) 布武 : 《禮記》 〈曲禮 上〉에 보이는데, 그 注疏에 따르면 반걸음씩 겹쳐 걷는 것이 아니라 걸음마다 각각 완전한 발자국을 이루는 것이다. 일설에는 걸음과 걸음 사이에 한 걸음만큼의 간격을 띄우고 걷는 것이라고 하였다.(《禮記正義》)

123) (擧)〔不擧〕 : 저본에는 '擧'로 되어 있으나, 金在魯의 《禮記補註》에 "살펴보건대 '旣'자 아래에 아마도 '不'자가 빠진 듯하다.〔按 旣下 恐落不字〕" 한 것에 의거하여 '不擧'로 바로잡았다.

혀서〉 느릿느릿함이 있을 뿐이다.

135906 凡行容은 愓愓이니라

무릇 가는 모습은 곧고 빠르게 한다.

≪集說≫

愓愓은 直而且疾也니 謂行於道路則然이라 蓋回枉則失容하고 舒緩則近惰也라

'愓愓'은 곧고 빠름이니, 道路에서 걸을 적에 그렇게 함을 이른다. 〈걸어갈 때 몸을〉 굽히면 용모를 잃게 되고 느리면 태만함에 가깝다.

135907 廟中에 齊齊하고 朝廷에 濟濟翔翔이니라

사당 안에서는 몸가짐을 엄정하게 하고, 조정에서는 위의를 엄정하게 하고 팔을 펴서 편안하게 한다.

≪集說≫

齊齊는 收持嚴正之貌요 濟濟는 威儀詳整也요 翔翔은 張拱安舒也라

'齊齊'는 몸가짐을 嚴正하게 하는 모양이고, '濟濟'는 위의를 엄정하게 하는 것이고, '翔翔'은 拱手한 팔을 펴서 편안하게 하는 것이다.

136001 君子之容은 舒遲니 見所尊者하고 齊遬(재속)이니라

군자의 용모는 여유롭고 우아하니, 높일 대상을 보고서는 더욱 공경하고 삼간다.

≪集說≫

舒遲는 閑雅之貌라 齊는 如夔夔齊慄[124]之齊요 遬者는 謹而不放之謂니 見所尊者故로

124) 夔夔齊慄 : ≪書經≫ 〈大禹謨〉의 "帝舜이 처음 역산에서 밭에 가시어 날마다 하늘과 부모에게 울부짖으시어 죄를 떠맡고 악을 자신에게 돌리시어 공경히 일하여 고수를 뵙되 기기하여 공경하고 두려워하시니, 고수 또한 믿고 따랐다.〔帝初于歷山 往于田 日號泣于

加敬이라

'舒遲'는 여유롭고 우아한 모습이다. 齊는 "엄숙히 공경하고 두려워한다."의 '齊'자와 같고, 遬은 삼가고 방종하지 않음을 이르니, 높일 대상을 뵙기 때문에 더욱 공경하는 것이다.

≪大全≫

嚴陵方氏曰 禮器曰 七介以相見이니 不然則已慤(각)이요 三辭三讓而至니 不然則已蹙이라하니 蓋舒遲之謂也라 且舒遲는 所以修容也니 若夫父黨無容[125]이면 則無事舒遲矣라 故曰見所尊者에 齊遬(재속)이라하니 齊則不舒요 遬則不遲니라

嚴陵方氏 : ≪禮記≫ 〈禮器〉(102301)에 이르기를 "〈제후가〉 일곱 명의 介로써 서로 만나보는 것이니 이렇게 하지 않으면 너무 질박한 것이고, 세 번 〈손님의 辭讓인〉 辭를 하고 세 번 〈주인의 사양인〉 讓을 하고 〈사당 안에〉 이르니 이렇게 하지 않으면 너무 촉박한 것이다." 하였으니, 이는 여유롭고 우아함을 이른다. 또 여유롭고 우아함은 용모를 닦는 것이니, 만약 "아버지의 친족에게는 용모를 꾸밈이 없다."는 것으로 말하면 여유롭고 우아함을 일삼음이 없는 것이다. 그러므로 "높일 대상을 보고는 더욱 공경하고 삼간다." 하였으니, 공경하면 여유롭지 않게 되고 삼가면 우아하지 않게 된다.

136002 足容重하며 手容恭하며

발걸음은 무겁게 하며, 손 자세는 공손히 하며,

≪集說≫

重은 不輕擧移也요 恭은 無慢弛也라

重은 들어 옮기기를 가벼이 하지 않는 것이고, 恭은 태만하고 해이함이 없는 것이다.

旻天于父母 負罪引慝 祇載見瞽瞍 夔夔齊慄 瞽亦允若]" 한 益의 말에 보인다. 이에 대한 蔡沈의 주에 "齊는 엄숙히 공경함이고 慄은 두려워함이고 夔夔는 엄숙히 공경하고 두려워하는 모양이다.[齊 莊敬也 慄 戰慄也 夔夔 莊敬戰慄之容也]" 하였다.(≪書經集傳≫)

125) 父黨無容 : ≪禮記≫ 〈禮器〉 '101201'에 보인다.

136003 **目容端**하며 **口容止**하며

눈은 〈시선을〉 단정히 하며, 입은 다물며,

≪集說≫

無睇(제)視하며 不妄動이라

〈눈은〉 흘겨보지 않으며 〈입은〉 망령되이 동하지 않음이다.

136004 **聲容靜**하며 **頭容直**하며

소리는 조용히 하여 내지 않으며, 머리는 곧게 들며,

≪集說≫

無或噦咳(얼해)는 欲其靜也요 無或傾顧는 欲其直也라

혹 재채기하거나 기침하는 일이 없게 함은 조용히 하고자 해서이고, 혹 〈머리를〉 기울이거나 돌리는 일이 없게 함은 곧게 하고자 해서이다.

136005 **氣容肅**하며

숨 쉬는 모양은 엄숙하며,

≪集說≫

似不息者라

〈숨 쉬는 모양을〉 숨 쉬지 않는 것처럼 하는 것이다.

136006 **立容德**하며

서 있는 모양은 德이 있게 하며,

≪集說≫

舊說에 以爲如有所予於人이라하니 其義難通이라 應氏謂中立不倚하야 儼然有德之氣

象이라하니 此說近之로다

舊說에는 "남에게 주는 것이 있는 듯이 한다." 하였으니, 그 뜻이 통하기 어렵다. 應氏가 이르기를 "中立하여 기대지 않아서 엄연히 德이 있는 氣象이다." 하였으니, 이 말이 뜻에 가깝다.

136007 色容莊하며 坐如尸하며

얼굴 모습은 莊重히 하며, 앉아 있는 자세는 尸童처럼 장엄하게 하며,

≪集說≫

莊은 矜持之貌也라 坐如尸는 見曲禮하니라

莊은 矜持하는 모양이다. '坐如尸'는 〈曲禮 上〉에 보인다.

136008 燕居告엔 溫溫이니라

사사로이 거처할 때와 말을 고할 때에는 온화하고 유순하게 한다.

≪集說≫

詩言溫溫恭人이라하니라 燕居之時와 與告語於人之(祭)〔際〕[126)]엔 則皆欲其溫和하니 所謂居不容하고 寬柔以教[127)]也라

≪詩經≫ 〈大雅 抑〉에 "온화하고 유순한 공손한 사람"이라 하였다. 편안히 거처할 때와 남에게 말을 고할 때에는 모두 온화하고자 하니, 이른바 "집에 계실 때는 모양을 꾸미지 않았다."라는 것과 "너그럽고 유순히 하여 가르쳐준다."라는 것이다.

---

126) (祭)〔際〕: 저본에는 '祭'로 되어 있으나, 앞뒤 문맥을 따져 '際'로 수정하였다.

127) 居不容 寬柔以教 : ≪論語≫ 〈鄕黨〉에 "잠잘 때에는 사지를 벌리고 죽은 몸같이 하지 않으며, 집에 계실 때는 모양을 꾸미지 않았다.〔寢不尸 居不容〕" 한 것과, ≪中庸≫ 제10장에 子路가 强함을 묻자, 공자가 "남방의 강함인가, 북방의 강함인가? 아니면 너의 강함인가? 너그럽고 유순히 하여 가르쳐주고, 무도함에 보복하지 않는 것은 남방의 강함이니, 군자가 이에 처한다. 병기와 갑옷을 깔고 자서 죽어도 싫어하지 않음은 북방의 강함이니, 강한 자가 이에 처한다.〔子曰 南方之强與 北方之强與 抑而强與 寬柔以教 不報無道 南方之强也 君子居之 衽金革 死而不厭 北方之强也 而强者居之〕" 한 것에 보인다.

≪大全≫

嚴陵方氏曰 目容端則無淫視하고 口容止則無儳(참)言矣라 聲容則不欲其譁니 周官置銜枚者 以此라 頭容直은 恐其顚故也니 周禮制側弁[128]者 以此라 告溫溫은 則所謂載色載笑 匪怒伊教[129] 是也라 孔子在宗廟朝廷에 便便言하사대 唯謹爾[130]하사되 則燕居之告溫溫이 亦各有所施而已라 語不云乎아 子之燕居에 申申如也하며 夭夭如也[131] 正謂是也라

嚴陵方氏 : 눈의 시선을 단정히 하면 흘겨봄이 없고, 입을 다물면 이치에 어긋난 말을 함이 없다. 말소리는 떠들고자 하지 않으니, ≪周禮≫ 〈秋官〉에 〈말하거나 떠드는 것을 금지시키는〉 銜枚氏라는 관직을 설치한 것이 이 때문이다. 머리는 곧게 함은 기울까 두려워하기 때문이니, ≪周禮≫에 기울어진 弁을 제재한 것이 이 때문이다. 고할 때에는 온화하고 유순하게 한다는 것은 이른바 "얼굴빛을 화락하게 하고 웃으시니, 노한 것이 아니라 가르치시는 것이로다."라는 것이 이것이다. 孔子께서 宗廟와 朝廷에 계실 적에 말씀을 잘하면서도 다만 삼가셨으니, 그렇다면 사사로이 거처할 때에 고하기를 온화하고 유순하게 함도 각각 베푸는 곳이 있을 뿐이다. ≪論語≫에 말하지 않았는가? "공자는 한가로이 거처할 때, 모습은 활짝 편 듯하였고 얼굴빛은 온화하였다." 한 것이 바로 이것을 이른다.

136009 凡祭엔 容貌顔色을 如見所祭者니라

무릇 제사 지낼 적에는 용모와 안색을 제사 지내는 대상을 뵈듯이 한다.

≪集說≫

論語曰 祭如在하며 祭神如神在라하니라

≪論語≫ 〈八佾〉에 "제사할 때는 제사하는 대상이 계신 듯이 하며, 神에게 제사할 때는 신이 계신 듯이 한다." 하였다.

---

128) 周禮制側弁 : 출처가 자세하지 않다.

129) 載色載笑 匪怒伊教 : ≪詩經≫ 〈魯頌 泮水〉에 보인다.

130) 孔子在宗廟朝廷……唯謹爾 : ≪論語≫ 〈鄕黨〉에 보인다.

131) 子之燕居……夭夭如也 : ≪論語≫ 〈述而〉에 보인다.

≪大全≫

嚴陵方氏曰 孝子之祭也할새 退而立에 如將受命하니 蓋容貌如見所祭者也요 已徹而退에는 敬齊之色이 不絶於面하니 蓋顔色如見所祭者也니라

嚴陵方氏 : 효자가 제사할 적에 물러가 서 있을 때에 장차 명령을 받을 듯이 하니, 용모를 마치 제사하는 대상을 보는 것과 같이 하는 것이고, 이미 상을 거두고 물러갈 때에는 공경하는 기색이 얼굴에서 끊어지지 않으니, 얼굴빛을 제사하는 대상을 뵈듯이 하는 것이다.

136010 喪容은 纍纍하야 色容은 顚顚하며 視容은 瞿瞿梅梅하며 言容은 繭繭이니라

거상할 적의 모습은 파리하고 실의해서, 낯빛의 모양은 근심스러우며, 보는 모양은 놀라고 급하고 〈보는 것이〉 분명치 못하며, 말하는 소리는 낮고 미미하게 한다.

≪集說≫

此는 皆居喪之容이라 纍(累)〔纍〕[132]는 羸(리)憊失意之貌요 顚顚은 憂思不舒之貌라 瞿瞿는 驚遽之貌요 梅梅는 猶昧昧니 瞻視不審故로 瞿瞿梅梅然也라 繭繭은 猶綿綿이니 聲氣低微之貌也라

이것은 모두 거상할 때의 용모이다. '纍纍'는 파리하고 실의한 모양이고, '顚顚'은 근심하여 펴지 못하는 모양이다. '瞿瞿'는 놀라고 급한 모양이고 '梅梅'는 昧昧와 같으니, 보는 것이 자세하지 못하기 때문에 瞿瞿하고 梅梅한 듯이 하는 것이다. 繭繭은 綿綿과 같으니, 말소리가 낮고 미미한 모양이다.

136011 戎容은 暨暨하야 言容은 詻(액)詻하며 色容은 厲肅하며 視容은 淸明이니라

---

132) (累)〔纍〕 : 저본에는 '累'로 되어 있으나, 藏書閣 소장본(K1-73)과 四庫全書本에 의거하여 '纍'로 바로잡았다.

군대에서의 용모는 과감하고 굳세어서 말하는 모습은 엄정하며, 얼굴빛은 엄숙하며, 보는 눈빛은 깨끗하고 분명하게 한다.

≪集說≫

此는 皆軍旅之容이라 暨暨는 果毅之貌요 詻詻은 教令嚴飭之貌라 顏色은 欲其嚴厲而莊肅이요 視瞻은 欲其瑩澈而明審이라

이는 모두 군대에서의 모습이다. '暨暨'는 과단성 있고 굳센 모양이고, '詻詻'은 가르침과 명령이 엄하고 정돈된 모양이다. 얼굴빛은 엄숙하면서 장중하고자 하고, 보는 것은 깨끗하고 분명하게 하고자 한다.

136012 立容을 辨(폄)卑하되 毋讇(첨)하며

서 있는 모습은 자기 몸을 낮추되 아첨하지 말며,

≪集說≫

立之容을 貶卑者는 不爲矜高之態也라 雖貴貶損卑降호되 而必貴於正이니 若傾側其容하고 柔媚其色이면 則流於諂矣라 故戒以毋諂焉하니라

서 있는 모습을 낮추는 것은 자랑하고 높은 체하는 태도를 하지 않는 것이다. 비록 자신을 겸손히 하고 낮춤을 귀하게 여기지만 반드시 바름을 귀하게 여기니, 만약 용모를 기울이고 얼굴빛을 유순히 하면 아첨이 될 수 있기 때문에 아첨하지 말라고 경계한 것이다.

136013 頭頸은 必中하며

머리와 목은 반드시 곧게 하며,

≪集說≫

頭容欲直이라

머리 모양은 곧게 하고자 하는 것이다.

136014 **山立**하며

산처럼 의연하게 서 있으며,

≪集說≫

如山之嶷(억)然不搖動也라

산이 의연하여 흔들리거나 동하지 않는 것과 같이 하는 것이다.

136015 **時行**하며

가야 할 때에 가며,

≪集說≫

當行則行이라

가야 할 때에 가는 것이다.

136016 **盛氣顚**(전)**實**하야 (楊)〔**揚**〕[133]**休**(후)하며

盛한 氣를 몸 안에 가득 채워서 陽氣가 물건을 따뜻하게 길러주듯 하며,

≪集說≫

顚은 讀爲塡塞之塡하고 實은 滿也라 揚은 讀爲陽하고 休는 與煦(후)同하니 氣體之充也라 言人當養氣하야 使充盛塡實於內라 故息之出也 若陽氣之煦物하야 其來無窮也라

顚은 '塡塞'의 '塡'으로 읽고 實은 채움이다. 揚은 陽으로 읽고 休는 煦와 같으니, 氣의 실체가 충만한 것이다. 이는 사람이 마땅히 氣를 길러서 내면에 가득 차게 해야 하므로 숨을 내쉬는 것이 마치 陽氣가 물건을 따뜻하게 길러주는 것과 같아서 그 〈氣를〉 만들어냄이 무궁함을 말한 것이다.

---

133) (楊)〔揚〕: 저본에는 '楊'으로 되어 있으나, 藏書閣 소장본(K1-73)과 四庫全書本에 의거하여 '揚'으로 바로잡았다.

136017 玉色이니라

얼굴에 옥빛이 나게 한다.

≪集說≫

玉無變色이라 故以爲顔色無變動之喩니라

옥은 색이 변하지 않기 때문에 안색을 변동하지 않는 비유로 삼은 것이다.

○ 石梁王氏曰 立容以下는 不屬戎容이라

石梁王氏 : 〈136012의〉 '立容' 이하는 군대에서의 용모에 속하지 않는다.

≪大全≫

嚴陵方氏曰 旣曰立容이라하고 又曰山立이라하며 旣曰色容이라하고 又曰玉色者하니 蓋山立玉色은 則言其形狀之如山玉이요 非止於容而已니라

嚴陵方氏 : 이미 〈136012에서〉 '서 있는 모습'이라 하고 또 〈136014에서〉 '산처럼 의연하게 서 있다.'라고 하였으며, 이미 〈136010에서〉 '낯빛의 모양'이라 하고 또 〈136017에서〉 '얼굴에 옥빛이 나다.'라고 하였으니, 산처럼 서 있고 얼굴에 옥빛이 나게 함은 그 〈몸 전체의〉 형상을 산과 옥처럼 함을 말한 것이고, 모양에만 그칠 뿐만이 아니다.

136101 凡自稱에 天子曰予一人이요

무릇 자칭할 때 천자는 '나 한 사람'이라 하고,

≪集說≫

一者는 無對之稱이라

'一'은 〈사람 중에는 제일 높아서〉 상대할 자가 없는 칭호이다.

136102 伯曰天子之力臣이요

伯은 '천자의 力臣'이라 하고,

≪集說≫

天子三公에 一相은 處內하고 二伯은 分主畿外諸侯하니 蓋股肱之臣으로 宣力四方者也라 故曰力臣이라

천자의 3公 가운데 한 명의 정승은 안에 있고 두 명의 伯은 京畿 밖의 제후를 나누어 주관하니, 〈사람 몸의〉 팔다리와 같은 신하로서 힘을 다하여 사방을 다스리는 자이기 때문에 力臣이라 한 것이다.

136103 諸侯之於天子曰 某土之守臣某요

제후가 천자에게 〈자신을〉 칭할 때에는 '아무 땅을 지키는 신하 아무개'라 하고,

≪集說≫

某土는 猶云東土西土之類라

'某土'는 '동쪽 땅'이라 하거나 '서쪽 땅'이라 하는 것과 같은 따위이다.

136104 其在邊邑[134)]하야는 曰某屛之臣某요

〈九州 밖의〉 변방 고을에 있을 때에는 '아무 변경의 신하 아무개'라 하고,

≪集說≫

邊邑은 遠하니 謂之屛者는 藩屛之義니 所以蔽內而捍外也라

'邊邑'은 먼 곳인데 '屛'이라고 이른 것은 '울타리와 병풍'의 뜻이니, 내부를 가리고 외부의 침입을 막아주는 것이다.

136105 其於敵以下엔 曰寡人[135)]이요 小國之君은 曰孤요 擯者亦曰孤니라

134) 邊邑 : 鄭玄의 注에 "邊邑은 九州의 밖을 이른다.〔邊邑 謂九州之外〕" 하였다.(≪禮記正義≫)

135) 其於敵以下 曰寡人 : 鄭玄의 注에 "〈임금의〉 擯이 된 자는 자기의 임금을 '寡君'이라 칭한다.〔擯者 曰寡君〕" 하였다.(≪禮記正義≫)

〈제후는〉 대등한 신분 이하의 사람에게는 〈자신을〉 '寡人'이라 칭하고, 작은 제후국의 임금은 〈자신을〉 '孤'라 칭하며, 擯者도 〈본국의 임금을〉 '孤'라 칭한다.

≪集說≫

此章이 與曲禮小異者는 此는 據自稱爲辭요 彼則擯者之辭也[136)]라

이 章이 〈曲禮 下〉와 조금 다른 것은, 여기서는 自稱에 근거하여 말하였고, 저 〈曲禮〉에서는 擯者의 말이다.

≪大全≫

慶源輔氏曰 稱予一人이 雖曰謙이나 然以予一人而臨天下면 則其職重矣라 伯謙於力臣하니 則所當勉者在德矣라 諸侯曰某土之守臣은 言王土也니 已爲王守之而已요 且知其職矣라 故로 曰巡守者는 巡所守也[137)]라하니라 某屛之臣은 言所以屛衛中國也라 寡人은 則謙而已矣라 小國爵卑라 故로 擯告於天子에 無異辭니라

慶源輔氏 : '予一人'이라고 칭함이 비록 謙辭라고 하더라도 나 한 사람으로서 천하에 군림하면 그 직책이 중하다. 伯이 力臣이라고 겸양하였으니, 마땅히 힘써야 할 바가 德에 있는 것이다. 제후가 〈자신을〉 '아무 땅을 지키는 신하'라고 함은 〈맡고 있는 땅이〉 천자의 땅이니 자기는 천자를 위해서 그 땅을 지킬 뿐임을 말한 것이고, 또 그 직책을 아는 것이다. 그러므로 "巡守(狩)는 제후들이 지키는 땅을 순행하는 것이다." 한 것이다. '아무 변경의 신하'는 중앙의 천자 나라를 병풍처럼 호위함을 말한 것이다. '寡人'은 겸사일 뿐이다. 작은 나라는 〈제후의〉 爵位가 낮기 때문에 擯이

136) 此據自稱爲辭 彼則擯者之辭也 : ≪禮記≫ 〈曲禮 下〉에 "제후가 천자를 알현하면 〈擯者가 천자에게 고하기를〉 '臣某侯某'라 하고, 자기 백성과 더불어 말할 때는 자신을 칭하여 '寡人'이라 하고, 거상 중일 때는 〈빈자가 손님에게 제후를 칭하여〉 '適子孤'라 한다.〔諸侯 見天子曰 臣某侯某 其與民言 自稱曰寡人 其在凶服 曰適子孤〕" 한 것과 비교해서 한 말이다.

137) 巡守者 巡所守也 : ≪孟子≫ 〈梁惠王 下〉에 춘추시대 齊나라 관료인 晏嬰이 한 말로 인용되어 있다. '巡守'의 '守'자가 ≪맹자≫에는 '狩'자로 되어 있는데, 옛날에 '守'자의 의미로 통용하였는바, ≪書經≫ 〈虞書 舜典〉에 "〈巡守하는〉 해의 2월에 동쪽 지역을 순수하여 대종에 이르러 땔나무를 태워 하늘에 제사하였다.〔歲二月 東巡守 至于岱宗 柴〕"라고 보인다.

〈그 제후를〉 천자에게 고할 때에 말을 달리함이 없는 것이다.

136201 上大夫曰下臣이라하고 擯者曰寡君之老라하며 下大夫自名하고 擯者曰寡大夫라하며 世子自名하고 擯者曰寡君之適이라하며

〈다른 제후국에 사신으로 간〉 上大夫는 〈자칭하기를〉 '下臣'이라 하고, 擯者는 〈자기 나라의 임금 앞에서 사신 온〉 상대부를 '寡君之老(寡君의 늙은이)'라 하며, 〈사신으로 간〉 下大夫는 스스로 〈자기의〉 이름을 말하고, 擯者는 〈자기 나라의 임금 앞에서 사신 온〉 하대부를 '寡大夫'라 하며, 〈사신으로 간〉 世子는 스스로 〈자기의〉 이름을 말하고, 擯者는 〈자기 나라의 임금 앞에서〉 世子를 '寡君之適(寡君의 適子)'라 칭하며,

≪集說≫

此는 明自稱與擯者之辭不同也라

이것은 〈다른 제후국에 사신 간 자가〉 스스로 자기를 칭하는 말과 〈수인 나라의〉 擯者가 〈자기 나라의 임금에게 사신 온 자를〉 칭하는 말이 같지 않음을 밝힌 것이다.

≪大全≫

慶源輔氏曰 上大夫旣曰下臣矣니 下大夫非名이면 則無稱矣니라

慶源輔氏 : 上大夫가 이미 〈자신을〉 '下臣'이라 말하였으니, 下大夫는 〈자기의〉 이름이 아니면 칭할 수 있는 것이 없다.

136202 公子曰臣孽[138]이라하고

公子는 臣孽이라 칭하고,

---

138) 公子曰臣孼 : 孔穎達의 疏에 "이는 자기의 임금을 대면할 경우를 이른 것이다. 만약 다른 나라의 임금을 대면하면 마땅히 '外臣'이라 칭해야 한다.〔謂對己君 若對他國 當云外臣〕" 하였다.(≪禮記正義≫)

≪集說≫

適而傳世者를 謂之世子요 餘則但稱公子而已라 讀孽爲枿(얼)者는 蓋比之木生之餘也라 故以臣孽自稱이라

適子가 되어서 代를 전하는 자를 '世子'라 이르고, 그 나머지는 다만 '公子'라고 칭할 뿐이다. 孽을 〈'움'의 뜻인〉 '櫱'로 읽는 것은 처음 생겨난 가지 이외의 나머지 나뭇가지에 비유하였기 때문에 '臣孽'이라 자칭하는 것이다.

136203 士曰傳遽之臣[139)]이요 於大夫엔 曰外私라하나니라

士는 '傳遽(傳車와 驛馬)의 신하'라 칭하고, 대부에게는 〈자신을〉 '外私'라 칭한다.

≪集說≫

驛傳之車馬는 所以供急遽之令이니 士賤而給車馬之役使라 故自稱傳遽之臣也라 家臣을 稱私하니 此大夫는 非己所臣事者라 故對之言이면 則自稱外私也라

驛站의 수레와 말은 급한 명령을 전하는 데에 이바지하는 것이니, 士는 신분이 천하여 수레와 말로 명령을 전하는 使役에 이바지하기 때문에 스스로 '傳遽의 신하'라 칭하는 것이다. 家臣을 '私'라 칭하니, 이 대부는 자기가 신하가 되어 섬기는 바가 아니기 때문에 그를 대하여 말하면 '外私'라 자칭하는 것이다.

136204 大夫私事로 使(시)[140)]하야 私人擯인댄 則稱名하고

---

139) 士曰傳遽之臣 : 孔穎達의 疏에 "이 또한 자기의 임금을 대할 경우를 이른다. 皇氏(皇侃)가 '다른 나라의 임금을 대할 경우이다.' 하였는데, 또한 그 뜻이 통한다.〔亦謂對己君 皇氏云 對他國君 亦通〕" 하였다.(≪禮記正義≫)

140) 大夫私事 使(시) : 鄭玄의 注에 "'사적인 일로 다른 나라에 사신 가는 것'은 魯 成公 2년에 晉侯(景公)가 韓穿을 보내 와서 汶陽의 땅을 齊나라에 돌려주라고 말한 것과 같은 따위이다.〔私事使 若魯成公二年 晉侯使韓穿來言汶(문)陽之田歸之于齊之類〕" 하였다.(≪禮記正義≫) 정현이 인용한 글은 成公 8년 봄의 經과 傳에 보인다. '汶陽'은 노나라의 屬地로 현재 山東省 泰安市 서남쪽 일대이다. 汶水의 북쪽에 위치하기 때문에 이렇게 명명하였는바, 제나라와 가까워 제나라의 침략을 많이 받았던 곳이다. 성공 2년의 傳에 "가을 7월에 晉나라 군대가 제나라 國佐와 원루에서 회맹하고서 齊人으로 하여금 문양의 땅

대부가 〈정식 聘禮 외에 임금의〉 사사로운 일로 사신을 가서 〈그 대부의〉 私人이 擯이 되었을 경우에는 〈擯은 자기 대부를 칭할 때 대부의〉 이름을 칭하고,

≪集說≫

私事는 謂非行聘禮요 而以他事로 奉君命하야 往使(시)隣國也라 隨行之人을 當謂之介어늘 曰擯者는 擯是主人之副니 今以在賓館而主國致禮면 則己爲主人이라 故稱擯也라 私人은 己之屬臣也라 私事使而私人擯이면 則無問上大夫下大夫하고 皆降而稱名하니 以非正聘故也라

'私事'는 聘禮를 행하는 것이 아니고 다른 일로 임금의 명령을 받들어 이웃 나라에 사신 가는 것을 이른다. 대부를 隨行하는 사람을 마땅히 '介'라고 해야 하는데 '擯'이라고 한 것은 擯은 주인의 副이니, 지금 賓館에 있을 때 주인 나라에서 禮를 바치면 자기가 주인이 되기 때문에 '擯'이라고 칭한 것이다. '私人'은 자기에게 속한 신하이다. 사사로운 일로 사신 가서 私人이 擯이 되있으면 〈주인이〉 上大夫인지 下大夫인지를 불문하고 모두 낮추어서 〈대부의〉 이름을 칭하니, 이는 정식 빙례가 아니기 때문이다.

136205 公士擯인댄 則曰寡大夫라하고 寡君之老라하나니라

〈賓館에 있을 때 손님 나라의〉 公士가 擯이 되었을 경우에는 〈小聘을 하러 온 자기 나라의 下大夫를〉 '寡大夫'라 하고, 〈大聘을 하러 온 자기 나라의 上大夫를〉 '寡君之老'라 한다.

≪集說≫

公士는 公家之士也니 若正行聘禮하야 以公士爲擯에 其下大夫往行小聘之禮면 則擯辭에 稱寡大夫라하고 其上大夫往行大聘之禮[141]면 則擯辭에 稱寡君之老니라

을 우리 노나라에 돌려주게 하였다.〔秋七月 晉師及齊國佐盟于爰婁 使齊人歸我汶陽之田〕" 라고 보이는데, 이후 제나라가 진나라에 복종하였기 때문에 진나라의 사자 한천이 노나라에 와서 성공 2년에 취했던 문양의 땅을 다시 제나라에 돌려주라고 말한 것이다. (≪春秋左氏傳≫ 成公 2년, 8년)

'公士'는 公家(제후국)의 士이니, 만약 정식으로 聘禮를 행하여서 〈주인 나라의 賓館에서〉 公士를 擯으로 삼았을 때, 〈손님 나라의〉 下大夫가 가서 小聘의 예를 행할 경우에는 擯의 말에 〈소빙을 하러 온 하대부를〉 '寡大夫'라 칭하고, 그 〈손님 나라의〉 上大夫가 가서 大聘의 예를 행할 경우에는 擯의 말에 〈대빙을 하러 온 상대부를〉 '寡君之老'라 칭한다.

136206 大夫有所往이면 必與公士爲賓也니라

대부가 〈사신이 되어〉 빙례를 가면 반드시 公士를 〈그 대부의〉 介가 되게 한다.

≪集說≫

賓은 讀爲擯하니 介也라 謂大夫有正聘之往이면 必使公士作介也라

賓은 擯으로 읽으니, 介이다. 대부가 정식 聘禮로 가게 되면 반드시 公士를 〈빙례를 가는 대부의〉 介로 삼게 함을 이른다.

○ 方氏는 讀賓如字하니 謂擯雖爲賓執事나 其實은 亦與之同爲賓而已라 故曰與公士爲賓也라

方氏는 '賓'을 본 글자로 읽었으니, 〈방씨의 말은〉 擯이 비록 賓을 위해서 일을 집행하나 실제로는 또한 賓과 함께 똑같이 賓이 될 뿐이므로 "公士와 더불어 손님이 된다." 하였다고 이른 것이다.

≪大全≫

金華范氏曰 孔子爲政에 必先正名[142]하시니 蓋以禮莫大於分이요 分莫大於名也일새라

---

141) 其上大夫往行大聘之禮 : 여기서는 제후국 사이에 행하는 聘禮이기 때문에 상대부가 대빙의 예를 행한 것으로, 제후국에서 천자국에 대빙의 예를 행할 때 卿을 사신으로 보내는 것과 차이가 있다. 참고로, ≪禮記≫ 〈王制〉에 "제후는 천자에게 매년 한 번 小聘을 하고, 3년에 한 번 大聘을 하고, 5년에 한 번 조회를 한다.〔諸侯之於天子也 比年 一小聘 三年 一大聘 五年 一朝〕" 한 데 대해 陳澔의 集說에 "小聘에는 대부를 시키고, 大聘에는 卿을 시키고, 조회에는 임금이 직접 간다.〔小聘 使大夫 大聘 使卿 朝則君親行〕" 하였다.

142) 孔子爲政 必先正名 : ≪論語≫ 〈子路〉에 "자로가 말하였다. '위나라 군주가 선생님을 기다려 정사를 하려고 하십니다. 선생님은 장차 무엇을 먼저 하시렵니까?' 공자가 대답

有自稱之辭하고 有稱人之辭하고 有擯贊之辭하니 若孤寡不穀[143]은 純乎謙也요 稱人與擯贊엔 雖謙而有體하니 如寡君之老之適에 曰寡는 謙也로되 曰老와 曰適엔 未嘗不明德與序矣라 有對尊者之辭하고 有對敵者之辭하고 有對卑者之辭하니 對尊者之辭는 極其謙하니 如某守臣屛臣과 曰孽曰傳遽 是也요 對敵之辭는 謙不失己하야 有於外之辭하고 有於其國之辭하야 稱謂各有深意하니 此制名之不苟者也니라

金華范氏 : 孔子가 政事를 다스릴 적에 반드시 먼저 명칭을 바로잡으셨으니, 禮는 분수보다 더 큰 것이 없고 분수는 명칭보다 더 큰 것이 없기 때문이다. 자칭하는 말이 있고 남을 칭하는 말이 있고 〈禮를 돕는 자인〉 擯贊의 말이 있는데, 예컨대 '홀로 서서 덕이 없는 자〔孤〕', '덕이 적은 자〔寡〕', '선하지 못한 자〔不穀〕' 같은 것은 순전히 〈자칭하는〉 謙辭이고, 남을 칭하는 말과 擯贊의 말에는 비록 겸양하더라도 體制가 있으니, '寡君의 늙은이'와 '寡君의 適子'와 같은 것의 '寡'는 겸사이지만 '늙은이'라고 하고 '적자'라고 말함은 일찍이 德과 차례를 밝히지 않음이 없었다. 尊者에게 대답하는 말이 있고 대등한 자에게 대답하는 말이 있고 낮은 자에게 대답하는 말이 있는데, 尊者에게 대답하는 말은 겸양을 지극히 하니, 〈136103의〉 '아무 땅을 지키는 신하'와 〈136104의〉 '아무 변경의 신하'와 〈136102의〉 '孽'이라 한 것과 〈136103의〉 '傳遽'라 한 것과 같은 것이 이것이다. 그리고 대등한 자에게 대답하는 말은 겸손하되 자기의 신분을 잃지 않아서 국외에서 하는 말이 있고 국내에서 하는 말이 있어서 명칭이 각각 깊은 뜻이 있으니, 이는 명칭을 제정하기를 구차히 하지 않은 것이다.

하셨다. '반드시 명분을 바로잡겠다.'〔子路曰 衛君待子而爲政 子將奚先 子曰 必也正名乎〕"라고 보인다.

143) 孤寡不穀 : '孤'는 ≪禮記≫ 〈曲禮 下〉에 "〈구주 밖〉 여러 방소의 소후가 천자국에 들어가서는 〈자신을 칭하기를〉 '某人'이라 하니, 〈四夷 안의〉 다른 나라에서는 〈자신을 칭하여〉 '子'라 하고, 자신의 신민들에게는 〈홀로 서서 덕이 없다는 의미로〉 '孤'라 한다.〔庶方小侯 入天子之國曰某人 於外曰子 自稱曰孤〕"라고 보이고, '寡'는 〈곡례 하〉에 "제후가 천자를 알현하면 〈擯者가 천자에게 고하기를〉 '臣某侯某'라고 하고, 자기 백성과 더불어 말할 때는 자신을 칭하여 〈덕이 적은 자라는 의미로〉 '寡人'이라 한다.〔諸侯 見(현)天子曰臣某侯某 其與民言 自稱曰寡人〕"라고 보이고, '不穀'은 〈곡례 하〉에 "구주의 長이……〈구주 밖〉 동이·북적·서융·남만의 長에 대해서는 비록 나라가 크더라도 〈지위가 낮고 거리가 멀기 때문에 '牧'이라 칭하지 않고〉 '子'라고 칭하니, 이들은 자신을 칭하기를 국내에서는 〈선하지 못한 자라는 의미로〉 '不穀'이라 한다.〔九州之長……其在東夷北狄西戎南蠻 雖大 曰子 於內 自稱曰不穀〕"라고 보인다.

禮記集說大全 卷之十四

明堂位 第14

≪大全≫

140000 嚴陵方氏曰 孔子言宗祀文王於明堂[1]은 則祀事以之明故也요 孟子言行王政於明堂[2]은 則政事以之明故也요 此言朝諸侯於明堂은 則朝事以之明故也라 謂之明則一이나 所以謂之明은 則有三焉하니 此는 主朝事之明이라 故로 以位言之라 君臣上下尊卑前後 各有所位焉이라 故로 曰明堂位也라하니라

嚴陵方氏 : 孔子께서 "文王을 明堂에서 宗祀(祖宗에 대한 제사)하였다."라고 말씀한 것은 제사하는 일이 이로써 밝혀졌기 때문이고, 孟子께서 "王政을 명당에서 행한다."라고 말씀한 것은 政事가 이로써 밝혀졌기 때문이고, 여기에서 "명당에서 제후들에게 조회 받았다."라고 말한 것은 조회 받는 일이 이로써 밝혀졌기 때문이다. 밝혀짐을 이른 것은 똑같으나 밝혀짐을 이른 대상은 세 가지가 있으니, 여기서는 조회 받는 일이 밝혀짐을 위주로 삼았으므로 〈명당의〉 자리를 가지고 말한 것이다. 君臣·上下·尊卑·前後가 각각 자리한 바가 있기 때문에 '明堂位'라고 한 것이다.

140101 **昔者**에 **周公**이 **朝諸侯于明堂之位**하시니 **天子負斧依**하야 **南鄉而立**하시다

---

1) 宗祀文王於明堂 : ≪孝經≫ 傳5장에 "효는 아버지를 높임보다 큰 것이 없고 아버지를 높임은 아버지를 하늘에 배향함보다 큰 것이 없으니, 주공이 그런 분이다. 옛날에 주공이 郊祀에 后稷을 하늘에 배향하고, 문왕을 명당에서 宗祀하여 상제에게 배향하였다.〔孝莫大於嚴父 嚴父莫大於配天 則周公其人也 昔者周公郊祀后稷以配天 宗祀文王於明堂以配上帝〕" 하였다.

2) 行王政於明堂 : ≪孟子≫ 〈梁惠王 下〉에, 齊 宣王이 명당을 헐어야 할지 그만두어야 할지 문의하자, 맹자가 "명당이라는 곳은 왕자의 당이니, 왕께서 王政을 하고자 한다면 헐지 마십시오.〔夫明堂者 王者之堂也 王欲行王政 則勿毁之矣〕"라고 한 것을 이른다.

옛날에 周公이 明堂의 자리에서 제후들에게 조회 받으시니, 天子는 斧依를 등지고서 남향하여 서 계셨다.

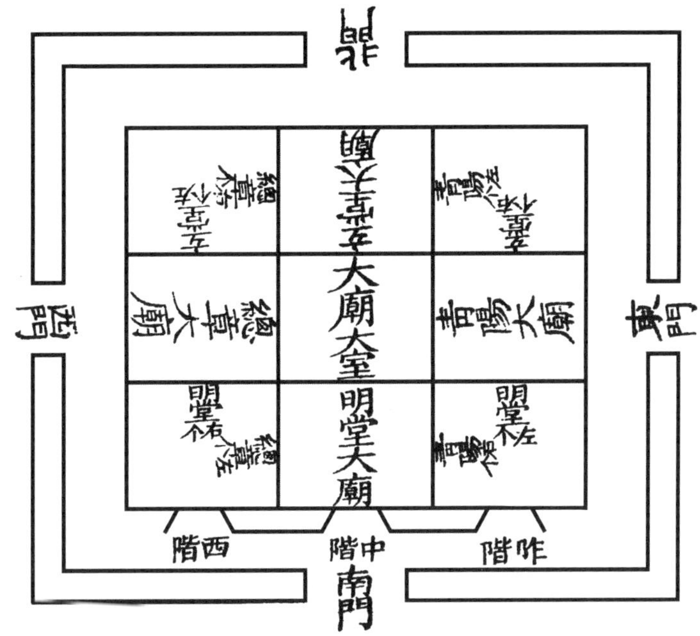

明堂圖

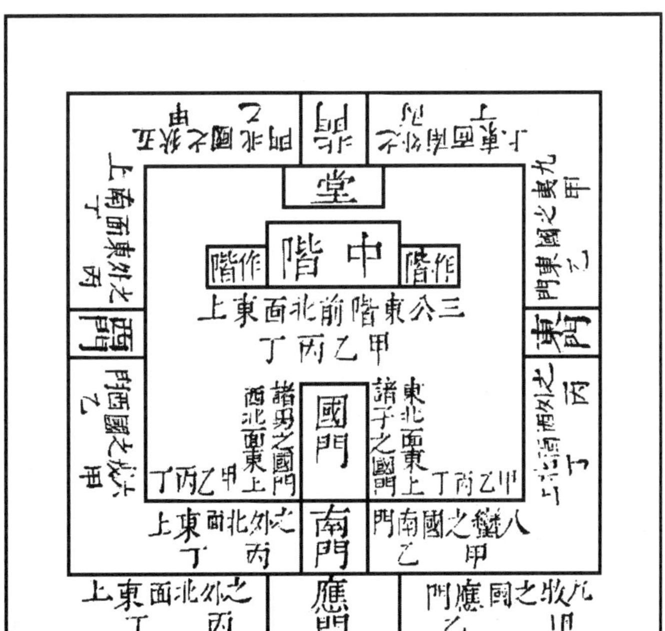

周公明堂圖

≪集說≫

斧依는 說見曲禮[3)]하니라

'斧依'는 〈曲禮〉에 보인다.

○ 石梁王氏曰 註云 周公攝王位라하고 又云 天子卽周公이라한대 周公爲冢宰時에 成王年已十四라 非攝位요 但攝政이라 周公未嘗爲天子니 豈可以天子로 爲周公이리오 此記者之妄이어늘 註亦曲徇之하니라

石梁王氏 : 〈鄭玄의〉 註에 "周公이 王位를 대신했다." 하고, 또 "천자는 바로 주공이다." 하였는데, 주공이 冢宰가 되었을 때에 成王의 나이가 이미 14세였다. 攝位한 것이 아니고 다만 攝政한 것이어서 주공이 일찍이 천자가 되지 않았으니, 어찌 천자를 주공이라고 할 수 있겠는가? 이는 기록한 자가 멋대로 기록한 것인데 註에서 또한 잘못 이 설을 따른 것이다.

≪大全≫

新安王氏曰 武王(未)〔末〕[4)]受命하고 克商二年에 有疾이어시늘 周公告于三王하니 於是에 有金縢之書[5)]라 武王崩하고 成王幼하야 周公東征後에 諸侯來朝하고 成王卽政하니 於是에 受朝於明堂이라 周公이 相成王하야 朝諸侯는 禮也요 謂攝王位는 非禮也니라

新安王氏 : 武王이 말년에 天命을 받았다. 商나라를 이긴 지 2년에 병이 있으시니, 周公이 세 王에게 고하였는바 이에 〈金縢〉의 책이 있게 되었다. 무왕이 崩御하

3) 斧依 說見曲禮 : '依'는 '扆'라고도 하는 것으로, ≪禮記≫ 〈曲禮 下〉에 "천자가 〈가을에 袞冕服 차림으로 廟堂의 戶와 牖 사이에서〉 扆를 등지고 〈남면하여〉 서 있으면 제후가 북면하여 천자를 알현하는 것을 '覲'이라 한다.〔天子當依而立 諸侯北面而見天子 曰覲〕" 한 데 대한 陳澔의 集說에 실린 孔穎達의 疏를 이르는바, "依는 모양이 屛風과 같은데 眞紅色 바탕에 높이가 8척이며, 가로로 戶와 牖의 사이에 세우는데, 도끼 문양의 수를 놓았으니, 또한 斧依라 한다. 천자가 제후를 만나볼 적에 斧依가 설치되어 있어서 그것을 등지고 남면하여 제후를 만난다.〔依 狀如屛風 以絳爲質 高 八尺 東西當戶牖之間 繡爲斧文 亦曰斧依 天子見諸侯 則依而立 負之而南面以對諸侯也〕"라고 보인다.

4) (未)〔末〕 : 저본에는 '未'로 되어 있으나, 앞뒤 문맥을 따져 '末'로 수정하였다.

5) 金縢之書 : 〈金縢〉은 ≪書經≫의 편명으로, 周나라 武王이 병이 나자 周公이 王室이 편안치 못하고 殷民이 굴복하지 아니하여 근본이 흔들리기 쉽다는 이유로 자기가 대신 죽고 무왕은 살려달라고 세 왕(太王 · 王季 · 文王)에게 축원한 것을 史官이 기록하여 금궤 속에 감추어두었던 것을 이른다.

고 成王이 어려서 주공이 동쪽을 정벌한 뒤에 제후들이 와서 조회하고 성왕이 政事에 나아갔으니, 이때 明堂에서 조회를 받은 것이다. 주공이 성왕을 도와 제후들에게 조회 받은 것은 禮이고, '王位를 대신했다.'라고 이른 것은 禮가 아니다.

140102 三公은 中階之前에 北面東上하고 諸侯之位는 阼階之東에 西面北上하고 諸伯之國은 西階之西에 東面北上하고 諸子之國은 門東에 北面東上하고 諸男之國은 門西에 北面東上하니라

三公은 가운데 계단의 앞에서 北向하되 동쪽을 上位로 삼고, 여러 侯의 자리는 동쪽 계단의 동쪽에서 西向하되 북쪽을 上位로 삼고, 여러 伯의 나라는 서쪽 계단의 서쪽에서 東向을 하되 북쪽을 上位로 삼고, 여러 子의 나라는 문의 동쪽에서 北向을 하되 동쪽을 上位로 삼고, 여러 男의 나라는 문의 서쪽에서 北向을 하되 동쪽을 上位로 삼는다.

≪集說≫

疏曰 中階者는 南面三階故로 稱中이라 諸伯以下皆云國이어늘 此云位者는 以三公에 不云位하고 諸侯在諸國之上하니 特擧位言之하야 明以下皆朝位也라

〈孔穎達의〉 疏 : '中階'는 南向하는 계단이 세 개이므로 '中'이라고 칭한 것이다. 여러 伯 이하에 대해 모두 '國'이라고 말했는데 여기서(여러 侯) '자리'라고 말한 것은, 三公에서는 자리를 말하지 않고 여러 侯는 여러 나라의 위에 있으니, 특별히 자리를 들어 말하여 이하가 모두 조회하는 자리임을 밝힌 것이다.

140103 九夷之國은 東門之外에 西面北上하고 八蠻之國은 南門之外에 北面東上하고 六戎之國은 西門之外에 東面南上하고 五狄之國은 北門之外에 南面東上하니라

〈동쪽의〉 九夷의 나라는 동문 밖에서 서향을 하되 북쪽을 上位로 삼고, 〈남쪽의〉 八蠻의 나라는 남문의 밖에서 북향을 하되 동쪽을 上位로 삼고,

〈서쪽의〉 六戎의 나라는 서문의 밖에서 동향을 하되 남쪽을 上位로 삼고, 〈북쪽의〉 五狄의 나라는 북문의 밖에서 남향을 하되 동쪽을 上位로 삼는다.

≪集說≫

夷蠻戎狄이 各從其方之門하고 而以右爲尊이로되 獨南面東上者는 不然이라 方氏以爲南面은 疑於君이라 故與北面者로 同其上也라

東夷·南蠻·西戎·北狄이 각각 그 방위의 문을 따르고 오른쪽을 높은 곳으로 삼았으나 〈五狄의 나라가〉 유독 남향을 하되 동쪽을 上位로 삼은 것은 그렇지 않다. 方氏는 "남향은 임금으로 의심되기 때문에 북향한 자와 그 상위로 삼은 것을 똑같이 한 것이다." 하였다.

140104 九采之國은 應門之外[6]에 北面東上하니라

九州의 나라는 應門의 밖에서 북향을 하되 동쪽을 上位로 삼는다.

≪集說≫

疏曰 此是九州之牧이니 謂之采者는 以采取當州美物而貢天子라 故王制云 千里之外曰采라 明堂엔 無重門하고 但有應門耳라

〈孔穎達의〉 疏 : 이는 九州의 牧이니, '采'라고 이른 것은 해당 州의 아름다운 물건을 채취하여 천자에게 바치기 때문이다. 그러므로 ≪禮記≫ 〈王制〉에 "천 리 밖을 采라 한다." 하였다. 明堂에는 重門이 없고 다만 應門이 있을 뿐이다.

---

6) 應門之外 : 鄭玄의 注에 "正門을 應門이라고 한다.〔正門 謂之應門〕" 하였는데, 정현이 말한 내용은 ≪爾雅≫ 〈釋宮〉에 보이는 말인바, 孔穎達의 疏에 "明堂에는 다시 重門이 없다.〔明堂更無重門〕" 하였고, 또 "〈정현이 '正門을 應門이라고 한다.' 한 것은〉 ≪이아≫ 〈석궁〉에 '정문을 일러 응문이라고 한다.' 하였기 때문이다. 李巡이 '궁중에서 대문에 남향하고 있는 문이 응문이다.' 하였다. '應'은 당함이니, 조회를 보는 정문에 해당하기 때문에 이를 일러 응문이라고 한 것이다. 다만 천자의 궁 안에는 노침이 있기 때문에 응문의 안에 노문이 있는 것이니, 명당에는 이미 노침이 없기 때문에 노문 및 이외의 문들이 없고, 다만 응문만 있을 뿐이다.〔以爾雅釋宮云 正門謂之應門 李巡云 宮中南嚮大門 應門也 應 是當也 以當朝正門 故謂之應門 但天子宮內有路寢 故應門之內有路門 明堂旣無路寢 故無路門及以外諸門 但有應門耳〕" 하였다.(≪禮記正義≫) 〈석궁〉의 邢昺(형병)의 疏에 인용된 李巡의 말에 "노문의 밖에 조회를 받는 정문을 일명 '응문'이라고 한다.〔其路門之外 受朝正門 一名應門〕" 하였다.(≪爾雅注疏≫)

140105 四塞(새)는 世告至하니라 此周公明堂之位也니 明堂也者는 明諸侯之尊卑也라

사방 변방의 夷狄들은 한 代에 한 번 〈來朝하여〉 이르렀음을 고한다. 이는 周公의 명당의 자리이니, 명당은 제후의 尊卑를 밝히는 것이다.

≪集說≫

四塞는 九州之外夷狄也니 若天子新卽位어나 或其國君易世면 皆一來朝告至라 故云世告至也라

'四塞'는 九州 밖의 夷狄이니, 만약 천자가 새로 즉위했거나 혹 그 나라 임금이 代를 바꾸게 되면 모두 한 번 來朝하여 이르렀음을 고하므로 '世告至'라고 한 것이다.

≪大全≫

山陰陸氏曰 諸侯는 阼階之東에 西面北上하고 諸伯은 西階之西에 東面北上하니 是謂明諸侯之尊卑라

山陰陸氏 : 여러 侯는 동쪽 계단의 동쪽에서 서향을 하되 북쪽을 上位로 삼고 여러 伯은 서쪽 계단의 서쪽에서 동향을 하되 북쪽을 上位로 삼으니, 이는 제후의 尊卑를 밝힘을 말한 것이다.

140201 昔에 殷紂亂天下하야 脯鬼侯하야 以饗諸侯라 是以로 周公相武王하사 以伐紂하시니라 武王崩커시늘 成王幼弱하사 周公踐天子之位하야 以治天下하더시니라 六年에 朝諸侯於明堂하고 制禮作樂하며 頒度量하신대 而天下大服이러니 七年에 致政於成王하시니라

옛날 殷나라 紂王이 천하를 어지럽혀서 鬼나라 侯를 脯를 떠서 제후들에게 연향을 베풀었다. 이 때문에 周公이 武王을 도와서 紂王을 친 것이다. 무왕이 崩御하자 成王이 어려서 주공이 천자의 자리를 밟아 천하를

다스리셨다. 다스리신 지 6년 되던 해에 明堂에서 제후들에게 조회를 받고 禮와 樂을 제정하며 도량형을 반포하시자 천하가 크게 복종하였는데 7년이 되었을 때 成王에게 정권을 돌려주셨다.

≪集說≫

鬼는 國名이니 易曰 高宗伐鬼方[7]이라하니라 殺人以爲薦羞는 惡之極也라 故伐之라 六年에 五服[8]一朝는 蓋始於此라

鬼는 나라 이름이니, ≪周易≫에 "高宗이 鬼方을 정벌하였다." 하였다. 사람을 죽여서 올리는 음식으로 삼음은 악함이 지극한 것이므로 武王이 정벌한 것이다. 6년 만에 五服의 제후들이 한 번 조회 오는 것은 이때부터 시작되었다.

○ 石梁王氏曰 只以詩書證之하면 卽知周公但居冢宰攝政이요 未嘗在天子位라 周公相하야 踐阼而治라하니 文王世子의 此語爲是라 詩小序之言[9]은 亦不可據니 註引魯頌하니 豈盡伯禽時事哉[10]아

---

7) 易曰 高宗伐鬼方 : ≪周易≫ 旣濟卦 九三에 "은나라 고종이 귀방을 정벌하여 3년 만에 승리하였다.〔高宗伐鬼方 三年克之〕"라고 보인다.

8) 五服 : ≪書經≫ 〈夏書 禹貢〉에 王城을 중심으로 사방 500리씩 명칭을 달리하여 다섯 지역으로 구분한 것인바, 왕성이 포함된 맨 안쪽이 甸服이고, 그다음이 侯服이고, 그다음이 綏服(수복)이고, 그다음이 要服이고, 맨 끝이 荒服이다.

9) 詩小序之言 : ≪詩經≫의 小序는 ≪毛詩序≫로, 金在魯의 ≪禮記補註≫에 "≪毛詩序≫에 '주공이 東征하여 3년 만에 돌아왔다.' 하였으니, 7년 동안 攝政을 하시며 洛邑을 경영하고 康叔을 봉하고서 정사를 돌려주셨다.〔詩序曰 周公東征 三年而歸 攝政七年 營洛邑 封康叔而致政〕" 하였다.

10) 註引魯頌 豈盡伯禽時事哉 : 아랫장(140202)에 "영토가 사방 700리이고, 革車가 1,000乘이었다.〔地方七百里 革車千乘〕" 하였는데, 그에 대한 鄭玄의 注에 "≪詩經≫ 〈魯頌 閟宮〉에 '王(成王)께서 叔父(周公)에게 말씀하기를 「그대의 元子를 세워 노나라의 군주가 되게 하노니, 그대의 땅을 크게 열어서 주나라 왕실의 보필이 될지어다.」 하고, 이에 노공을 명하여 동쪽의 군주가 되게 하고, 산천과 土田과 附庸國을 하사하셨도다.' 하였으며, 또 말하였다. '公의 兵車가 1,000乘이니, 창은 붉은 꾸밈이고 활집은 푸른 끈이다.'〔詩魯頌曰 王謂叔父 建爾元子 俾侯于魯 大啓爾宇 爲周室輔 乃命魯公 俾侯于東 錫之山川土田附庸 又曰 公車千乘 朱英綠縢〕" 하였다.

金在魯의 ≪禮記補註≫에 따르면 석량왕씨의 이 말은 이에 대한 설명이어서 이 열한 자는 마땅히 아랫장에 있어야 하는데, 윗글과 이어서 말하였기 때문에 陳澔가 살피지 못하고 여기에 이어서 적은 것이다.

石梁王氏：다만 ≪詩經≫과 ≪書經≫을 가지고 증명해보면 周公이 단지 冢宰의 자리에 있으면서 섭정을 한 것이고, 일찍이 천자의 자리에 있지 않았음을 알 수 있다. "周公이 〈成王을〉 도와서 동쪽 계단을 밟고 올라가 다스리셨다." 하였으니, 〈文王世子〉의 이 말이 옳다. ≪詩經≫의 小序의 말은 또한 근거할 수가 없다. 〈鄭玄의〉 註에 ≪詩經≫ 〈魯頌〉을 인용하였으니, 아마도 모두 伯禽 때의 일인가 보다.

○ 劉氏曰 此蓋因洛誥篇首에 有周公曰朕復子明辟(벽)之辭하고 篇終에 有周公誕保文武受命 惟七年之語하야 遂生此論하야 謂周公踐天子位七年에 而致政於成王也하니 殊不知復子明辟者는 周公營洛에 遣使告卜之辭요 受命惟七年者는 史臣敍周公留後治洛凡七年而薨也라 書傳中에 九峯蔡氏之辨이 可謂深切著明[11]이로다

---

11) 書傳中九峯蔡氏之辨 可謂深切著明：九峯은 ≪書經集傳≫을 편찬한 蔡沈으로, ≪書經≫ 〈周書 洛誥〉의 첫 장과 마지막 장에 대한 채침의 주를 두고 한 말로 각각 다음과 같다.
"이 이하는 周公이 使者에게 주어서 점괘를 고한 말이다. '拜手稽首'는 史官이 주공이 使者를 보내는 禮를 기록한 것이다. 復은 '逆復'의 復과 같다. 成王이 주공에게 命하여 가서 成周를 경영하게 하니, 주공이 점괘를 얻고는 王에게 復命한 것이다. 성왕을 '子'라고 칭한 것은 친하게 여긴 것이고, 成王을 '明辟'이라고 칭한 것은 높인 것이다. 주공이 成王을 도왔으니, 尊貴함으로 말하면 군주이고, 친함으로 말하면 兄의 아들이다. '明辟'은 밝은 군주를 이른다. 先儒들이 이르기를 '성왕이 어려서 주공이 왕을 대신하여 군주가 되었는데, 이때에 이르러 政權을 성왕에게 돌려주었으므로 「그대에게 군주의 자리를 회복해줌」이라 했다.' 하였다. 잃음이 있은 뒤에 회복함이 있는 것인데, 무왕이 죽고 성왕이 즉위함에 일찍이 하루도 임금의 지위에 거하지 않은 적이 없었으니, 어찌 회복함이 있겠는가. 〈蔡仲之命〉에 '주공이 冢宰의 지위에 올라 百工을 바로잡았다.' 하였으니, 주공이 총재로서 백공을 총괄하였을 뿐임이 어찌 드러나고 드러나서 심히 분명하지 않겠는가. 王莽이 居攝하여 거의 漢나라의 솥(國統)을 기울일 뻔한 것은 모두 儒者들이 啓導함이 있었던 것이니, 이것을 분변하지 않을 수 없다.〔此下 周公 授使者告卜之辭也 拜手稽首者 史記周公遣使之禮也 復 如逆復之復 成王命周公 往營成周 周公得卜 復命于王也 謂成王爲子者 親之也 謂成王爲明辟者 尊之也 周公 相成王 尊則君 親則兄之子也 明辟者 明君之謂 先儒謂 成王幼 周公代王爲辟 至是 反政成王 故曰復子明辟 夫有失然後有復 武王崩 成王立 未嘗一日不居君位 何復之有哉 蔡仲之命 言周公位冢宰 正百工 則周公以冢宰 總百工而已 豈不彰彰明甚矣乎 王莽居攝 幾傾漢鼎 皆儒者有以啓之 是不可以不辨〕"
"吳氏가 말하였다. '주공이 洛邑에 머문 뒤로부터 무릇 7년 만에 별세한 것이다. 成王이 公을 만류할 때에 「文王·武王이 하늘로부터 받은 백성을 크게 보호하라.」 하였고, 公이 成王에게 답할 때에 또한 「그대의 文祖께서 命을 받은 백성과 그대의 光烈考인 武王을 계승하여 보존하라.」 하였다. 그러므로 史臣이 맨 마지막에 그 年數를 계산하여 말하기를 「周公이 文王·武王이 하늘로부터 받은 命을 크게 보존하기를 7년 동안 했다.」 하였다.'〔吳氏曰 周公自留洛之後 凡七年而薨也 成王之留公也 言誕保文武受民 公之復成王也 亦言承保乃文祖受命民 越乃光烈考武王 故史臣於其終 計其年 曰 惟周公 誕保文武受命 惟七年〕"

劉氏 : 이것은 아마도 ≪書經≫ 〈周書 洛誥〉편 첫머리에 "주공이 말하였다. '나는 그대 밝은 군주에게 복명합니다.'"라는 말이 있고, 편 끝에 "주공이 文王·武王께서 하늘로부터 받으신 명을 크게 보호하기를 7년 동안 했다."라는 말이 있음을 인하여 이런 의논을 만들어 내어서 주공이 천자의 지위를 밟은 지 7년 만에 成王에게 정사를 돌려주었음을 말한 듯하다. 이는 '復子明辟'은 주공이 洛邑을 경영할 적에 使者를 보내어 점괘를 구한 말이고, '受命惟七年'은 주공이 뒤에 남아 洛邑을 다스린 지 모두 7년 만에 별세함을 史臣이 서술한 것임을 전혀 알지 못한 것이다. ≪書經集傳≫ 가운데에서 九峯 蔡氏(蔡沈)의 변론이 매우 철저하고 분명하다고 이를 만하다.

≪大全≫

新安王氏曰 書傳에 稱五年營成周하고 六年에 制禮作樂하고 七年에 致政於成王하니 明年에 王乃卽政[12]이라하니 以周書洛誥等篇攷之하면 不合하고 此稱六年朝諸侯於明堂하고 七年致政於成王도 亦未可盡信이라 洛誥에 稱在十有二月에 周公誕保文武受命惟七年이라하니 則七年致政이 明矣라 然七年春에 召公營洛한대 周公乃命殷民丕作[13]하니 則大誥東征하야 殺武庚하고 命微子[14]하며 於是에 唐叔得禾어늘 王命唐叔하야 歸於周公[15]한대 其事皆在六年이러라 至七年春하야 方營洛邑하니 則朝諸侯於

12) 書傳稱五年營成周……王乃卽政 : 成周는 주공이 成王을 보필하였던 성대한 시대를 가리키는바, 이 내용은 西漢 때 伏生이 지은 것으로 알려진 ≪尙書大傳≫ 권3 〈洛誥傳〉에 보이는데, 四庫全書本에는 '明年王乃卽政'이라는 말이 보이지 않는다.

13) 召公營洛 周公乃命殷民丕作 : ≪書經≫ 〈周書 召誥〉에 "이미 여러 殷나라 백성에게 명하시니, 여러 은나라 백성이 크게 일하였다.〔厥既命殷庶 庶殷丕作〕" 하였는데, 蔡沈의 註에 "'丕作'은 모두 事功에 달려감을 말한다. 殷나라의 완악한 백성들이 使役시키기 쉽지 않을 듯하나 召公이 거느리고 위치를 다스리게 하자 위치가 이루어졌고, 周公이 글로 명령하자 크게 일하였다. 敎化하기 어려운 殷나라 백성들도 오히려 이와 같았으니, 기뻐함으로 백성을 부렸음을 알 수 있다.〔丕作者 言皆趨事赴功也 殷之頑民 若未易役使者 然召公率以攻位而位成 周公用以書命而丕作 殷民之難化者 猶且如此 則其悅以使民 可知也〕" 하였다.(≪書經集傳≫)

14) 大誥東征……命微子 : 武庚의 封地인 殷과 成王의 세 숙부인 管叔·蔡叔·霍叔의 봉지인 管·蔡·霍 네 나라가 반란을 일으키자 성왕이 周公에게 명하여 東征하여 토벌할 적에 천하에 크게 고하였는데, ≪書經≫ 〈周書 大誥〉에 성왕이 "아, 진실로 蠢動하면 鰥寡가 가엾지만 내가 하는 일은 하늘이 시키신 것이다.〔嗚呼 允蠢 鰥寡哀哉 予造天役〕"라고 한 것이다. 마침내 무경을 죽이고는 微子 啓를 명하여 殷나라 뒤를 대신하게 하면서 〈微子之命〉을 지었다.(≪書經集傳≫)

明堂이 決不在六年也니라

新安王氏 : ≪尙書大傳≫에 “〈周公이 섭정한 지〉 5년에 成周를 경영하고, 6년에 禮와 樂을 제정하고, 7년에 成王에게 정사를 되돌려주니, 다음 해에 왕이 비로소 정사에 나아갔다.” 칭하였으니, ≪書經≫ 〈周書 洛誥〉 등의 편을 가지고 상고해 보면 맞지 않고, 여기에 “6년에 明堂에서 제후들에게 조회 받고 7년에 성왕에게 정사를 돌려주었다.” 칭한 것도 다 믿을 수 없다. 〈주서 낙고〉에 “12월에 周公이 文王과 武王이 받으신 명을 크게 보전하기를 7년 동안 했다.” 하였으니, 그렇다면 7년 만에 정사를 돌려준 것이 분명하다. 그러나 7년 봄에 召公이 洛邑을 경영할 적에 주공이 이에 殷나라 백성들에게 명하여 크게 일하게 하였으니, 〈成王이〉 東征을 크게 고하여 武庚을 죽이고 微子를 명하였으며 이에 唐叔이 아름다운 벼를 얻자 王이 당숙에게 명하여 〈그 공덕을〉 주공에게 돌리게 하였는데, 이 일은 모두 6년에 있었다. 〈주공은〉 7년 봄에 이르러서야 洛邑을 경영하였으니, 明堂에서 제후들에게 조회 받은 것이 결코 6년에 있지 않았던 것이다.

140202 成王以周公爲有勳勞於天下라하시니라 是以로 封周公於曲阜하시되 地方七百里요 革車千乘이며 命魯公하야 世世祀周公以天子之禮樂이라 是以로 魯君이 孟春에 乘大路하고 載弧韣(독)하며 旂(기)十有二旒에 日月之章하고 祀帝于郊호되 配以后稷하니 天子之禮也라

成王이 周公이 천하에 큰 功勳이 있다고 여기셨다. 이 때문에 주공을 曲阜에 봉하시되 영토가 사방 700리이고 革車가 1,000승이었으며, 魯公에게 명하여 대대로 주공을 천자의 禮樂으로 제사하게 하였다. 이 때문에 魯나라 임금이 孟春에 大路를 타고 弧와 韣을 실으며, 열두 개의 술이 달린 旂에 해와 달의 문장을 그리고 郊에서 上帝에게 제사하되 后稷을 配享하였으니, 이는 천자의 禮이다.

---

15) 唐叔得禾……歸於周公 : 成王의 母弟인 唐叔이 각기 다른 이랑에서 하나의 이삭을 이룬〔異畝同穎〕 벼를 얻어 조정에 바치자, 왕이 周公의 은덕이라면서 상서롭게 여겨 주공에게 嘉禾의 글을 짓게 한 고사를 이른다. 이 내용이 ≪書經≫ 〈周書 微子之命〉 말미에 있었는데, 현재 전하는 蔡沈의 ≪書經集傳≫에는 이 부분이 빠져 있다.(≪尙書正義≫)

≪集說≫

論語稱伯禽하야 爲魯公[16]이로되 閟宮에 稱僖公하야 爲魯侯[17]하고 又曰 俾侯于魯라하니 則魯本侯爵이어늘 過稱公也라 孟子言公侯皆方百里라하고 又言周公封於魯에 地方百里[18]어늘 而此云七百里者는 蓋以百里之田으로 爲魯本國을 如後世食實封也하되 幷附庸하야 爲七百里니 所謂錫之山川土田附庸[19]也라 周禮封疆方五百里[20]之制는 當

---

16) 論語稱伯禽 爲魯公 : 周公의 아들 伯禽이 魯나라의 임금에 봉해져 노나라로 떠날 적에 주공이 이렇게 칭하였는바, ≪論語≫ 〈微子〉에 "주공이 노공에게 이르기를 '군자는 그 친척을 버리지 않으며, 大臣으로 하여금 써주지 않는 것을 원망하지 않게 하며, 故舊(옛 친구나 선임자)가 큰 연고가 없으면 버리지 않으며, 한 사람에게 완비하기를 요구하지 않는다.'〔周公謂魯公曰 君子不施其親 不使大臣 怨乎不以 故舊無大故 則不棄也 無求備於一人〕"라고 보인다.

17) 閟宮稱僖公 爲魯侯 : ≪詩經≫ 〈魯頌 閟宮〉에 "魯侯가 잔치를 베풀어 기뻐하시니 훌륭한 아내와 장수하는 어머니가 계시도다. 大夫와 庶士들을 잘 대우하여 나라를 소유하시니 이미 복을 받아 누런 머리털과 어린아이 같은 치아가 나셨도다.〔魯侯燕喜 令妻壽母 宜大夫庶士 邦國是有 旣多受祉 黃髮兒齒〕" 하였는데, 朱子의 주에 "閔公은 8세에 시해를 당했으니 반드시 장가들지 않았을 것이고, 그 어머니인 叔姜도 응당 늙지 않았을 것이다. 그런데도 여기에 '令妻', '壽母'라고 말했으니, 여기에서 말한 公은 분명히 僖公이라는 것을 알 수 있다.〔閔公八歲被弑 必是未娶 其母叔姜 亦應未老 此言令妻壽母 又可見公爲僖公無疑也〕" 하였다.(≪詩經集傳≫)

18) 孟子言公侯皆方百里……地方百里 : ≪孟子≫ 〈萬章 下〉에 "천자가 소유하는 땅은 사방 1,000리이고, 公과 侯는 모두 사방 100리이고, 伯은 사방 70리이고, 子와 男은 사방 50리이니, 모두 4등급이었다.〔天子之制 地方千里 公侯皆方百里 伯七十里 子男五十里 凡四等〕"라고 한 맹자의 말과 〈告子 下〉에 "천자의 땅은 사방 1,000리이니 1,000리가 못 되면 제후를 대접할 수가 없고, 제후의 땅은 사방 100리이니 100리가 못 되면 종묘의 전적을 지킬 수가 없다. 주공을 노나라에 봉할 적에 땅이 부족한 것이 아니었으나 사방 100리로 제한하였고, 태공을 제나라에 봉할 적에도 땅이 부족한 것이 아니었으나 사방 100리로 제한하였다.〔天子之地方千里 不千里 不足以待諸侯 諸侯之地方百里 不百里 不足以守宗廟之典籍 周公之封於魯 爲方百里也 地非不足 而儉於百里 太公之封於齊也 亦爲方百里也 地非不足也 而儉於百里〕"라고 한 맹자의 말을 가리킨다.

19) 錫之山川土田附庸 : ≪詩經≫ 〈魯頌 閟宮〉에 보인다.

20) 封疆方五百里 : ≪周禮≫ 〈地官 大司徒〉에 "무릇 제후국을 건립하는 데 토규로 그 토지를 측량하여 그 강역을 제정한다. 여러 公國의 땅은 사방 500리의 강역을 봉하는데 여기에서 조세를 받아먹는 것이 반이며, 여러 侯國의 땅은 사방 400리의 강역을 봉하는데 여기에서 조세를 받아먹는 것이 3분의 1이며, 여러 伯國의 땅은 사방 300리의 강역을 봉하는데 여기에서 조세를 받아먹는 것이 3분의 1이며, 여러 子國의 땅은 사방 200리의 강역을 봉하는데 여기에서 조세를 받아먹는 것이 4분의 1이며, 여러 男國의 땅은 사방 100리의 강역을 봉하는데 여기에서 조세를 받아먹는 것이 4분의 1이다.〔凡建邦國 以土

時에 設法未行하니 不可以據라 革車는 兵車也라 千乘은 田賦所出之數也라 孟春은 周正子月也라 大路는 殷祭天所乘之木路라 弧는 所以開張旌旗之幅이니 其形如弓하니 以竹爲之요 韣則弧之衣也라 旒는 屬(촉)於旂之正幅而畫日月하야 以爲章也라

≪論語≫에 伯禽을 칭하여 '魯公'이라 하였는데 〈閟宮〉에서는 僖公을 칭하여 '魯侯'라 하였고, 또 "魯나라의 侯가 되게 했다." 하였으니, 그렇다면 魯나라는 본래 侯爵인데 잘못하여 '公'이라고 칭한 것이다. ≪孟子≫에 公과 侯는 모두 〈땅의 넓이가〉 사방 100리라 하였고 또 周公을 魯나라에 봉할 적에 땅이 사방 100리라고 하였는데, 여기에서 700리라고 말한 것은 100리의 토지를 魯나라의 본국으로 삼기를 후세의 〈실제로 租稅를 거둘 수 있는 封地인〉 食實封과 같이 하되 附庸國을 아울러서 700리가 된 것이니, 이른바 "山川과 土田과 附庸을 하사하였다."라는 것이다. ≪周禮≫에서 사방 500리의 疆域을 봉한 제도는 당시에 법을 만들었으나 실행하지 않았으니, 근거할 수가 없다.

'革車'는 兵車이다. '千乘'은 토지의 세금으로 내는 수이다. '孟春'은 周나라의 正月인 子月(음력 11월)이다. '大路'는 殷나라가 하늘에 제사할 때 타는 木路이다. 弧는 깃발의 폭을 펴지게 하는 도구이니, 그 모양이 활과 같은데 대나무로 만들고, 韣은 弧를 싸는 집이다. 旒는 깃발의 正幅에 달고 〈정폭에〉 해와 달을 그려서 문장으로 삼는다.

圭土其地而制其域 諸公之地 封疆方五百里 其食者半 諸侯之地 封疆方四百里 其食者參之一 諸伯之地 封疆方三百里 其食者參之一 諸子之地 封疆方二百里 其食者四之一 諸男之地 封疆方百里 其食者四之一〕"라고 보인다. 鄭玄의 注에 "鄭司農(鄭衆)이 '그 토지를 측량하는 것은 다만 사방을 바로잡을 뿐이다. 公이 먹는 것은 그중에 절반이다.' 한 것은, 공이 먹는 조세는 그중에 절반을 얻을 뿐이니, 그 나머지 절반은 모두 부용인 소국으로 천자에게 속한다. '삼분의 일'이라고 한 것 또한 이와 같다.〔鄭司農云 土其地 但爲正四方耳 其食者半 公所食租稅得其半耳 其半皆附庸小國也 屬天子 參之一者亦然〕"라고 한 정사농의 설을 인용하였는데, 이는 公은 조세의 절반을 자기가 먹고 절반을 천자에게 바치며, 侯와 伯은 조세의 3분의 1을 자기가 먹고 3분의 2를 천자에게 바치며, 子와 男은 조세의 4분의 1을 자기가 먹고 4분의 3을 천자에게 바친다는 말이다. 그러나 이렇게 되면 상대적으로 큰 나라에서는 조세를 바치는 것이 가벼워지고 작은 나라에서는 조세를 바치는 것이 무겁게 되는 문제가 발생하기 때문에 정현은 이러한 정중의 설을 따르지 않고, 공은 조세의 절반을 자기가 먹고 절반을 천자에게 바치며, 후와 백은 조세의 3분의 2를 자기가 먹고 3분의 1을 천자에게 바치며, 자와 남은 조세의 4분의 3을 자기가 먹고 4분의 1을 천자에게 바친다고 하였다.(≪禮記正義≫)

○ 王荊公이 謂周公能爲人臣所不能爲之功이라 故可用人臣所不得用之禮樂이라한대 程子曰 是不知人臣之道也라 夫居周公之位면 則爲周公之事니 由其位而能爲者는 皆所當爲也라 周公은 乃盡其爲臣之職耳니 豈得獨用天子之禮樂哉아 成王之賜와 伯禽之受 皆非也라

王荊公(王安石)이 이르기를 "周公은 능히 신하로서 해낼 수 없는 큰 공을 세웠으므로 신하로서 사용할 수 없는 〈天子의〉 禮樂을 쓸 수 있었다." 하였는데, 程子가 말하기를 "이는 신하의 도리를 알지 못한 것이다. 주공의 위치에 처했으면 주공의 일을 하는 것이니, 그 지위를 말미암아 할 수 있는 것은 모두 마땅히 해야 하는 것이다. 주공은 마침내 신하 된 직분을 다했을 뿐이니, 어찌 홀로 천자의 禮樂을 쓸 수 있겠는가? 성왕이 〈천자의 예악을〉 하사한 것과 〈주공의 아들인〉 백금이 〈천자의 예악을〉 받은 것은 모두 잘못이다." 하였다.

○ 問孟子說齊魯皆封百里[21)]어늘 而先生向說齊魯始封七百里者는 何耶아 朱子曰 此等處는 皆難考云云하니 見告子下篇하니라

〈혹자가〉 묻기를 "맹자가 齊나라와 魯나라에 모두 100리를 봉했다고 말씀하였는데, 선생이 지난번에 齊나라와 魯나라에 처음에 700리를 봉했다고 말씀한 것은 어째서입니까?" 하니, 주자가 말씀하기를 "이런 부분은 모두 상고하기 어렵다." 하였는데, 〈혹자가 물은 '齊나라와 魯나라에 모두 100리를 봉했다.'라는 내용은〉 모두 ≪孟子≫ 〈告子 下〉에 보인다.

≪大全≫

新安王氏曰 此漢儒誇辭니 不可信也[22)]라 周禮雖曰諸公之地五百里나 蓋兼附庸言之라 然其制實未嘗行이라 故로 孟子曰 周公封於魯하고 太公封於齊에 爲方百里라하시니

---

21) 孟子說齊魯皆封百里 : 앞의 集說의 역주 18) 참조.

22) 此漢儒誇辭 不可信也 : 참고로 ≪黃氏日抄≫ 권20 〈讀禮記 明堂位〉에 "〈명당위〉는 한나라 유자들에 의해 만들어졌는데, 한나라 유자들은 대부분 노나라에서 나왔다. 노나라의 참람함이 춘추시대에 시작되어 마침내 거짓으로 꾸미는 말이 생겼는데 이것이 한나라까지 유전되었고, 한나라 학자들은 이것을 그대로 따라 기술하고 고찰하지 않은 것이다.〔明堂位作於漢儒 漢儒多出於魯 魯之僭大始於春秋 遂有矯飾之說 流傳至漢 漢儒因而述之 不考爾〕" 하였다.

安得有七百里之地而封之리오 天子之畿方千里니 其地百同이라 魯之地若方七百里면 凡四十九同이니 蓋半天子之國矣[23)]리라 且周公이 身爲三公하고 又爲東伯하니 是謂上公이어니와 周公旣沒이면 伯禽은 乃是魯侯니 列侯之國方七百里는 非特成王不以封이요 魯伯禽亦不敢受也라 魯頌所謂公車千乘公徒三萬은 其辭不無溢美라 天子地方千里를 謂之萬乘이니 若魯地方七百里하야 半天子之畿면 何止有車千乘耶아 伊川程氏曰 成王之賜와 伯禽之受 俱非也라한대 以愚觀之컨대 成王未必賜요 伯禽未必受니 蓋魯人僭用天子禮樂爾니라

新安王氏 : 〈明堂位〉의 이러한 내용은 漢나라 儒者들이 과장한 말이니, 믿을 수 없다. ≪周禮≫ 〈地官 大司徒〉에 비록 "여러 公의 땅은 500리이다." 하였으나 附庸國을 겸하여 말한 것이다. 그러나 그 제도를 실제로 일찍이 행하지 않았으므로 ≪孟子≫ 〈告子 下〉에 "周公을 魯나라에 봉하고 太公을 齊나라에 봉할 때에 〈땅이〉 사방 100리였다." 하였으니, 어찌 700리의 땅을 봉할 수 있었겠는가? 천자의 畿內는 사방 1,000리이니, 그 땅이 100同이다. 魯나라 땅이 만약 사방 700리라면 모두 49同이니, 천자 나라의 절반이다. 또 주공은 몸소 三公이 되고 또 東伯이 되었으니, 이를 '上公'이라 이른다. 그러나 주공이 별세했으면 伯禽은 바로 魯侯이니, 列侯의 나라가 사방 700리임은 단지 成王이 봉하지 않았을 뿐만이 아니고, 노나라 伯禽 또한 감히 받을 수가 없는 것이다. ≪詩經≫ 〈魯頌 閟宮〉에 이른바 "公의 兵車가 1,000승이다", "公의 보병이 3만이다."라는 것은 그 말이 지나치게 찬미함이 없지 않다. 천자의 땅 사방 1,000리를 '萬乘'이라 이르니, 만약 노나라 땅이 사방 700리여서 천자의 畿內의 절반이라면 어찌 병거 1,000승을 소유할 뿐이겠는가.

伊川 程氏가 말하기를 "성왕이 〈천자의 예악을〉 하사한 것과 〈주공의 아들인〉 백금이 〈천자의 예악을〉 받은 것은 모두 잘못이다." 하였는데, 어리석은 내가 살펴보건대 성왕이 반드시 하사하지는 않았을 것이고 백금이 반드시 받지는 않았을 것이니, 이는 노나라 사람들이 천자의 禮樂을 참람하게 쓴 것일 뿐이다.

---

23) 天子之畿方千里……蓋半天子之國矣 : '同'에 대해서는 ≪春秋左氏傳≫ 昭公 23년 조에 대한 杜預의 주에 "사방 100리가 1同이다.〔方百里爲一同〕"라는 설명이 있는데, 두예의 설명에 근거하여 新安王氏의 이 설을 이해하기는 쉽지 않다. 그리고 신안왕씨가 무엇을 근거로 이렇게 말한 것인지도 자세하지 않다.

140301 季夏六月에 以禘(체)禮로 祀周公於大(태)廟호되 牲用白牡하며

季夏 6월에 禘祭를 지내는 禮로써 周公을 태묘에 제사하되 犧牲은 흰색의 수컷 소를 사용하였으며,

≪集說≫

殷尙白하니 白牡는 殷牲也라

殷나라는 흰색을 숭상하니, '白牡'는 은나라의 犧牲이다.

○ 方氏曰 止用時王之禮者는 諸侯之事요 通用先王之禮者는 天子之事라 故郊特牲云 諸侯祭以白牡하고 乘大路를 謂之僭禮也

方氏 : 단지 당대 왕의 禮만 쓰는 것은 제후의 일이고, 先王의 예를 두루 쓰는 것은 천자의 일이다. 그러므로 〈郊特牲〉에 이르기를 "제후가 〈殷나라 제사의 정식 犧牲인〉 흰색의 수컷 소로 제사하고 〈은나라에서 하늘에 제사할 때 탔던 수레인〉 大路를 타는 것을 禮를 참람히 쓴 것이라 한다." 하였다.

140302 尊(준)을 用犧(사)象山罍하며 鬱尊을 用黃目하며

술동이는 犧尊(사준)·象尊(상준)·山罍를 쓰며 울창주 술동이는 黃目을 쓰며,

犧尊(사준)

象尊(상준)

山罍

≪集說≫

尊은 酒器也요 犧는 犧尊也니 音莎者는 釋云刻畫鳳形娑娑然也요 讀如字者는 釋云畫爲牛形하고 又云尊爲牛之形이라 象은 象尊也니 以象骨飾尊이라 一說에 尊爲象之形也라 山罍는 刻畫山雲之狀於罍也라 鬱尊은 盛鬱鬯酒之尊也라 黃目은 黃彝(이)也니 卣(유)罍之類니 以黃金으로 鏤其外爲目하야 因名也라

尊은 술을 담는 기물이고 犧는 犧樽이니, 音을 '莎'라고 한 경우에는 해석에 "봉황새가 사뿐사뿐 날갯짓하는 것을 조각하여 그렸기 때문이다." 하였고, 본 글자대로 〈犧(희)로〉 읽은 경우에는 해석에 "소의 모습을 그려서이다." 하였고, 또 "술동이가 소의 모양이기 때문이다." 하였다. 象은 象樽이니, 코끼리 뼈로 술동이를 꾸몄다. 一說에 "술동이가 코끼리의 모습이다." 하였다. '山罍'는 산과 구름의 형상을 술동이에 조각하여 그린 것이다. '鬱尊'은 울창주를 담는 술동이이다. '黃目'은 〈황동 술동이인〉 黃彝이다. 〈중간 크기의 술동이인〉 卣와 〈구름의 형상을 조각하여 황금으로 꾸민 술동이인〉 罍와 같은 따위이니, 황금을 그 표면에 박아 꾸며서 눈 모양을 만들었기 때문에 이렇게 이름한 것이다.

黃彝

140303 灌을 用玉瓚大圭하며 薦을 用玉豆雕篹(산)하며 爵用玉琖(잔)仍雕하며 加以璧散璧角하며 俎用梡嶡(완궐)하며

울창주를 떠서 〈시동에게〉 올리는 것을 옥으로 꾸미고 大圭로 자루를 만든 瓚으로써 하며, 김치와 젓갈을 올리는 것을 옥으로 장식한 豆와 자루를 조각한 篹으로써 하며, 술잔은 옥으로 꾸미고 참새 모양을 따라 조각한 琖을 쓰며, 〈夫人이 尸童에게 亞獻하는〉 加爵의 때에는 賓은 璧散을 쓰고 부인은 璧角을 쓰며, 俎는 梡과 嶡을 쓰며,

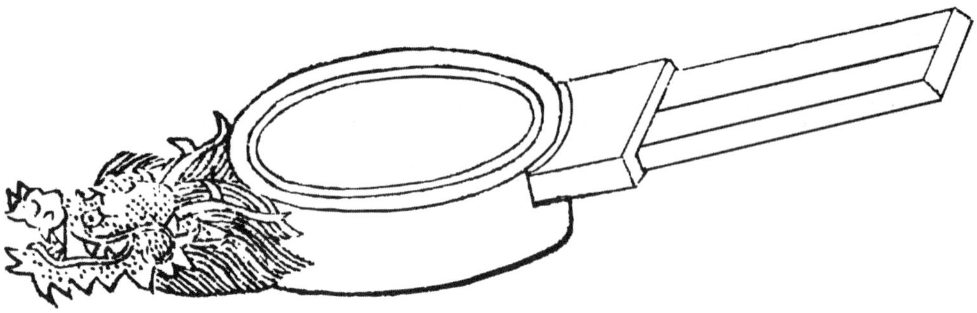

玉瓚

≪集說≫

灌은 酌鬱鬯以獻尸也니 以玉飾瓚故로 曰玉瓚이요 以大圭爲瓚柄故로 言玉瓚大圭也라 薦은 祭時所薦葅醢(저해)之屬也라 玉豆는 以玉飾豆也요 篹은 籩也니 雕飾其柄이라 故曰雕篹(산)이라 爵은 行酒之器이니 夏世에 爵名琖(잔)하니 以玉飾之라 仍은 因也이니 因爵形而雕飾之라 故曰仍雕也라 加者는 夫人이 亞獻於尸也라 用璧角은 卽周禮內宰에 所謂瑤(요)爵也니 夫人이 獻後에 則賓用璧散하야 獻尸라 散角은 皆以璧飾其口로되 此先言散하고 後言角은 便文也라 虞俎는 名梡(완)이요 夏俎는 名嶡(궐)이니 梡形은 四足如(按)〔桉〕[24)]하고 嶡則加橫木於足中央하야 爲橫距之形也라

灌은 울창주를 떠서 尸童에게 올리는 것이니, 玉으로 瓚을 꾸몄기 때문에 '玉瓚'이라 하고, 大圭로써 瓚의 자루를 만들었기 때문에 '玉瓚大圭'라고 한 것이다. 薦은 제사 지낼 때 올리는 김치와 젓갈 따위이다. '玉豆'는 옥으로 豆를 꾸민 것이고, 篹은 籩이니 그 자루를 조각하여 꾸몄기 때문에 '雕篹'이라 한 것이다. 爵은 술을 돌리는 그릇인데, 夏나라 때에 爵을 琖이라 이름하였으니, 옥으로써 꾸몄다. 仍은 인함이니, 참새 모양을 따라 조각하여 꾸몄기 때문에 '仍雕'라 한 것이다. 加는 夫人이 尸童에게 亞獻하는 것이다. '璧角을 씀'은 바로 ≪周禮≫ 〈天官 內宰〉에 이른바 〈后가 亞獻할 때 사용하는 술잔인〉 '瑤爵'이라는 것이니, 부인이 술잔을 올린 뒤에는 賓이 璧散을 사용하여 시동에게 술잔을 올린다. 散과 角은 모두 璧으로 술잔의 입구를 장식한 것인데 여기에서 散을 먼저 말하고 角을 뒤에 말한 것은 글을 편리하게 쓴 것이다. 虞나라 때의 俎는 이름이 梡이고 夏나라 때의 俎는 이름이 嶡이니, 梡의 모습

24) (按)〔桉〕 : 저본에는 '按'으로 되어 있으나, 藏書閣 소장본(K1-73)에 의거하여 '桉'으로 바로잡았다.

은 네 발이 있어 桉(책상)과 같고 嶡은 橫木을 발 중앙에 가하여 횡으로 버티는 모습을 만든 것이다.

角

散

梡俎

嶡俎

140304 升歌淸廟하고 下管象하며 朱干玉戚으로 冕而舞大武하며 皮弁素積으로 裼(석)而舞大夏하며 昧는 東夷之樂(악)也요 任은 南蠻之樂也니 納夷蠻之樂於太廟는 言廣魯於天下也라

〈악공이〉 당상에 올라가서 〈淸廟〉의 시를 노래하고 당하에서는 관악기로 〈象武〉의 시를 연주하며, 붉은 방패와 옥도끼를 잡고 袞冕服을 입고서 〈大武〉에 맞추어 춤을 추며, 皮弁服을 입고 주름 잡은 흰색 비단 치마를

입고서 〈옷깃을 여미지 않고 열어 헤쳐서〉 裼衣를 드러내어 〈大夏〉에 맞추어 춤을 춘다. 〈昧〉는 東夷의 樂이고 〈任〉은 南蠻의 樂이니, 동이와 남만의 樂을 태묘에 들인 것은 魯나라의 禮樂을 천하에 널리 보임을 말한 것이다.

≪集說≫

淸廟는 周頌이니 升樂工於廟之堂上而歌此詩也라 下는 堂下也요 管은 匏(포)竹也요 象은 象武詩也니 堂下에 以管吹象武之詩라 故云下管象也라 朱干은 赤盾也요 玉戚은 玉飾斧柄也니 著(착)袞冕而執此干戚하야 以舞武王伐紂之樂하고 又服皮弁호되 見(현)裼衣하야 而舞夏后氏大夏之樂이라 五冕[25]은 皆周制故로 用以舞周樂하고 皮弁은 三王之服故로 用以舞夏樂也라 昧任은 皆樂名이라 廣魯於天下는 言周公勳業之盛이 廣及四夷라 故廣大其國禮樂之事하야 以示天下也라

'淸廟'는 ≪詩經≫ 〈周頌〉의 편명이니 樂工을 태묘의 당상에 올려보내어 이 시를 노래하게 한 것이다. 下는 당하이고 管은 박과 대나무로 만든 악기이고 象은 〈象武〉의 시이니, 당하에서 〈象武〉의 시를 관악기로 불어 연주하므로 '下管象'이라고 한 것이다. '朱干'은 붉은 방패이고 '玉戚'은 옥으로 도낏자루를 꾸민 것이니, 袞冕服을 입고 이 방패와 도끼를 잡고서 武王이 紂를 정벌한 것을 표현한 樂에 맞추어 춤을 추고, 또 皮弁服을 입되 裼衣를 드러내어 夏后氏 때에 지은 〈大夏〉의 樂에 맞추어 춤을 춘다. 五冕은 모두 周나라 제도이기 때문에 이것을 사용하여 주나라 樂에 맞추어 춤을 추었고, 皮弁은 〈夏·殷·周〉 三王의 의복이기 때문에 이것을 사용하여 夏나라 樂에 맞추어 춤을 춘 것이다. 昧와 任은 모두 樂의 이름이다. '廣魯於天下'는 성대한 周公의 勳業이 널리 四夷에 미쳤기 때문에 魯나라의 禮樂의 일을 광대히 표현해서 천하에 보임을 말한 것이다.

≪大全≫

馬氏曰 歌者는 人聲也요 匏管者는 竹聲也라 堂上에 以人聲歌淸廟者는 所以貴文

---

25) 五冕 : 제왕이 제사 지낼 적에 쓰는 다섯 가지의 禮冠으로 袞冕, 袞冕, 鷩冕(별면), 毳冕(취면), 絺冕(치면)이다.(≪周禮≫ 〈夏官 弁師〉, 〈春官 司服〉)

也요 堂下에 以匏竹奏象武者는 所以賤武也라 周公之德이 妙而不可知하니 所可知者는 見(현)於文德武功而已라 文德은 成於制作之間하고 武功은 存於征伐之際라 故로 彰其武功則錫之以武樂하고 彰其文德則錫之以夏樂이라 蓋武之盛이 莫盛於大武요 而文之盛이 莫盛於大夏라 冕者는 文服也니 服冕服而舞大武者는 以文止武之意也라 皮弁素積者는 服之質也니 舞大夏則服之는 所以守其文也라 裼者는 服之見美也니 皮弁素積은 掩蔽其文而不顯이라 故로 裼衣는 所以顯之也니라

馬氏 : 노래는 사람의 소리이고, 박으로 만든 관악기는 대나무로 만든 악기의 소리이다. 당상에서 사람의 소리로 〈淸廟〉를 노래하는 것은 文을 귀하게 여기는 것이고, 당하에서 박과 대나무로 만든 악기로 〈象武〉를 연주하는 것은 武를 천하게 여긴 것이다. 周公의 德이 묘하여 알 수 없으니, 알 수 있는 것은 文德과 武功에 드러난 것일 뿐이다. 文德은 禮樂을 제작하는 사이에서 이루어졌고 武功은 정벌하는 때에 보존되어 있다. 그러므로 武功을 드날리면 〈大武〉의 樂을 하사하고 文德을 드러내면 〈大夏〉의 樂을 하사하는 것이다. 武의 성함이 〈대무〉보다 더 성한 것이 없고 文의 성함이 〈대하〉보다 더 성한 것이 없다. 冕은 文服이니 冕服을 입고 〈대무〉에 맞추어 춤추는 것은 文으로써 武를 그치게 하는 뜻이다. '皮弁素積'은 의복이 질박한 것이니, 〈대하〉를 춤출 때에 이것을 입는 것은 文을 지키는 것이다. 裼은 裼衣의 아름다움을 드러내는 것이니, 皮弁을 쓰고 주름을 잡은 흰색 비단 치마를 입음은 그 文을 가려서 드러내지 않으므로 裼衣는 文을 드러내는 것이다.

○ 慶源輔氏曰 言廣大周公之德於天下也라

慶源輔氏 : 周公의 德을 천하에 광대히 확충함을 말한 것이다.

140401 **君**은 **卷**(곤)**冕**으로 **立于阼**하고 **夫人**은 **副褘**(휘)로 **立于房中**[26)]하며 **君**은 **肉袒迎牲于門**하고 **夫人**은 **薦豆籩**하며 **卿大夫**는 **贊君**하고 **命婦**는 **贊夫人**하나니라 **各揚其職**호되 **百官廢職**이어든 **服大刑**하니 **而天下大服**하니라

26) 君卷冕……立於房中 : 孔穎達의 疏에 "시동이 처음으로 들어 올 때에 임금은 동쪽 계단에서 기다리고, 부인은 동쪽 방 안에 선다.〔尸初入之時 君待之阼階 夫人立於東房中〕" 하였다.(≪禮記正義≫)

〈尸童이 처음 들어올 때〉 임금은 袞冕 차림으로 동쪽 계단에 서고 夫人은 머리에는 副를 장식하고 褘衣 차림으로 방 안에 서 있으며, 임금은 肉袒을 하고 문에서 犧牲을 맞이하고 부인은 豆와 籩을 올리며, 卿大夫는 임금을 돕고 命婦는 부인을 돕는다. 각자 자기 직책을 거행하되 百官이 직책을 거행하지 못하면 큰 刑을 받게 하니, 천하가 크게 복종하였다.

≪集說≫

副는 首飾也니 副之言은 覆이니 以其覆被乎首而爲名이니 詳見周禮追(퇴)師[27]와 及詩副笄六珈註疏[28]라 褘는 褘衣也[29]니 本王后之服이니 亦以尊周公而用天子禮樂이라 故得服之也라 房은 太廟之東南室也라 贊은 助也라 命婦는 內則世婦요 外則卿大夫之妻也라 揚은 擧也요 廢는 不擧也라 天下大服은 謂敬服周公之德也라

副는 머리 장식이다. '副'라는 말은 '덮는다'는 뜻이니, 머리를 뒤덮음을 가지고 이름을 삼은 것이다. ≪周禮≫ 〈天官 追師〉와 ≪詩經≫의 '副笄六珈'의 註와 疏에 자세

27) 周禮追(퇴)師 : ≪周禮≫ 〈天官 追師〉에 "〈퇴사는〉 왕후의 머리 복식을 관장하여 副와 編과 次를 만들고 衡과 笄를 조탁한다.〔掌王后之首服 爲副編次 追衡笄〕" 하였는데, 鄭玄의 注에 "鄭司農(鄭衆)은 '追는 冠의 명칭이니, ≪儀禮≫ 〈士冠禮〉 記文에 「牟追는 夏后氏의 道이다.」 하였다. 퇴사는 冠冕을 관장하는 관원이기 때문에 왕후의 머리 복식까지 아울러 주관한다.' 하였다. 내(정현)가 생각하건대 副는 덮는다는 뜻이니, 머리를 덮어 장식으로 삼는 것인바, 오늘날의 步繇와 같은 것으로 이것을 착용하고서 왕을 따라 제사 지낸다. 編은 다른 머리카락을 한 올씩 펴서 고른 다음 엮어 만든 것인바, 오늘날의 假紒와 같은 것으로 이것을 착용하고서 養蠶을 한다. 次는 머리카락의 길고 짧음을 차례 지어 만든 것으로 이른바 髲髢(다리, 가발)이니, 이것을 착용하고서 왕을 뵙는다. 追는 다스림과 같다. 왕후의 衡과 笄는 모두 옥으로 만드니, 衡은 冠을 유지하는 것으로, 오직 祭服에만 衡이 있어서 副의 양쪽 곁에 드리워져 귀에 닿게 하고, 그 아래는 紞(귀막이 옥 끈)을 가지고 瑱(귀막이 옥)을 매단다. 笄는 머리카락을 말아 올리는 것이다.〔鄭司農云 追 冠名 記曰 牟追 夏后氏之道也 追師 掌冠冕之官 故幷主王后之首服 玄謂副之言覆 所以覆首爲飾 若今步繇(요) 服之以從王祭祀 編 編列髮爲之 若今假紒(계) 服之以桑 次 次第髮長短爲之 所謂髲髢 服之以見王 追 猶治也 王后之衡笄皆以玉爲之 衡 維持冠者 唯祭服有衡 垂于副之兩旁 當耳 其下以紞(담)懸瑱(전) 笄 卷髮者〕" 하였다.(≪周禮注疏≫)

28) 詩副笄六珈註疏 : ≪詩經≫ 〈鄘風 君子偕老〉에 "군자와 백년해로를 하는지라, 副를 하고 비녀 꽂고 옥으로 비녀의 여섯 군데를 꾸미네.〔君子偕老 副笄六珈〕"라고 한 데 대한 정현의 주와 공영달의 소를 이르는바, 설명이 ≪주례≫의 注疏와 대동소이하다.(≪毛詩正義≫)

29) 褘 褘衣也 : 참고로, ≪禮記≫ 〈玉藻〉(133601)의 '褘衣'에 대해서는 注疏에 모두 '翬衣'라고 하였고, 陳澔의 集說도 그대로 따랐다.(≪禮記正義≫)

히 보인다. 褘는 褘衣이니, 본래 王后가 입는 옷인데 또한 周公을 높여 천자의 禮樂을 사용하였기 때문에 이것을 입을 수 있는 것이다. 房은 太廟의 동남쪽에 있는 室이다. 贊은 도움이다. '命婦'는 〈궁궐의〉 안에서는 〈천자의 后와 夫人과 嬪의 다음에 해당하는 27명의〉 世婦이고, 밖으로는 卿大夫의 妻이다. 揚은 거행함이고, 廢는 거행하지 못함이다. '天下大服'은 周公의 덕에 공경히 복종함을 이른다.

≪大全≫

嚴陵方氏曰 君與夫人은 祭主也니 心專其事焉이요 卿大夫命婦는 臣妾也니 則贊其事而已라 各揚其職은 若司徒奉牛司馬奉羊[30]之類 是矣라 其職雖揚이나 又不可侵官이라 故로 言各하니 若尸祝不越樽俎而代之[31] 是矣라 廢職이면 則職不揚矣라 服大刑은 肆師於祭日에 誅其大慢者 是矣라

嚴陵方氏 : 임금과 夫人은 제사의 주인이니 마음에 그 일을 오로지하고, 卿大夫와 命婦는 신하와 妾이니 그 일을 도울 뿐이다. '各揚其職'은 司徒가 소를 받들고 司馬가 양을 받드는 것과 같은 따위가 이것이다. 그 직책을 비록 거행한다 하더라도 또 다른 관원의 직책을 침탈해서는 안 되므로 '各'이라고 말하였으니, 尸童과 祝官이 술동이와 제기를 뛰어넘어 가서 대신하지 않는 것과 같은 것이 이것이다. 직책을 폐하면 직책이 거행되지 못한다. '服大刑'은 〈≪周禮≫ 〈春官 肆師〉에〉 肆師가 제사 지내는 날에 너무 태만히 하는 자를 주벌하는 것이 여기에 해당한다.

140501 是故로 夏礿(약)하며 秋嘗하며 冬烝하며 春社하며 秋省(성)하고 而遂大蜡는 天子之祭也라

---

30) 司徒奉牛司馬奉羊 : ≪周禮≫ 〈春官 小宗伯〉에 "여섯 희생의 털을 구별하고 명칭과 특징을 분별하여 五官에 나누어주어서 공경히 받들게 한다.〔毛六牲 辨其名物 而頒之于五官 使共奉之〕" 한 데 대한 鄭玄의 注에 "毛는 털을 가림이다. 鄭司農이 말하였다. '司徒는 소를 주관하고, 宗伯은 닭을 주관하고, 司馬는 말과 양을 주관하고, 司寇는 개를 주관하고, 司空은 돼지를 주관한다.'〔毛 擇毛也 鄭司農云 司徒主牛 宗伯主鷄 司馬主馬及羊 司寇主犬 司空主豕〕" 한 것을 가리킨다.(≪周禮注疏≫)

31) 尸祝不越樽俎而代之 : 堯임금이 許由에게 천하를 禪讓하려 하자, 허유가 "庖人이 부엌에서 제사 음식을 제대로 준비하지 못한다고 해서 尸童이나 祝官이 술동이와 제기를 뛰어넘어 푸줏간으로 가서 그 자리를 대신하지 않는다.〔庖人雖不治庖 尸祝 不越樽俎而代之矣〕" 한 데에 보인다.(≪莊子≫ 〈逍遙遊〉)

이 때문에 여름에는 礿 제사를 지내며, 가을에는 嘗 제사를 지내며, 겨울에는 烝 제사를 지낸다. 봄에는 社에 제사 지내며 가을에 수확하는 것을 살펴보고 마침내 大蜡를 지내는 것은 천자의 제사이다.

≪集說≫

魯在東方하니 或有朝于方岳之歲[32]면 則廢春祠라 故此略之라 秋省은 省斂也니 年不順成이면 則八蜡[33]不通하나니 必視年之上下하야 以爲蜡之豐嗇이라 舊讀省爲獮(선)者非라

魯나라는 東方에 있으니 혹 方岳에 조회가 있는 해이면 봄의 제사를 폐하므로 여기에서 생략한 것이다. '秋省'은 가을에 수확하는 것을 살펴보는 것이다. 농사가 순조롭게 이루어지지 않으면 八蜡의 神을 여러 지방과 함께 통하여 제사 지낼 수 없으니, 반드시 그 농사가 풍작인지 흉작인지를 살펴보아서 蜡 제사를 후하게 지내거나 박하게 지낸다. 옛 주(鄭玄의 注)에서 '省'을 〈가을 사냥의 뜻인〉 '獮'으로 읽은 것은 잘못이다.

≪大全≫

嚴陵方氏曰 言夏礿秋嘗冬烝하고 而不及春祠는 與王制言烝則不礿[34]으로 同義하니 其所異者는 特彼以礿爲春祭爾라 春祭闕祠[35]나 而不闕社者는 祠則君之所獨이요

---

32) 或有朝于方岳之歲 : 方岳은 중국의 四岳인 東岳 泰山, 西岳 華山, 南岳 衡山, 北岳 恒山을 이른다. 이 내용은 ≪書經≫ 〈周書 周官〉에 보이는데, 천자가 제후들을 만나볼 적에 각 방면의 산 아래에서 조회를 하는바, 동쪽 제후들을 巡狩하는 봄에는 魯나라의 태산에서 조회를 하기 때문에 이렇게 말한 것이다. 孔安國의 注에 따르면 周나라 제도상에서는 천자가 12년에 한 번 巡狩를 하되 봄에는 동쪽, 여름에는 남쪽, 가을에는 서쪽, 겨울에는 북쪽을 순수한다.(≪尙書正義≫)

33) 八蜡 : 농사를 잘되게 한 여덟 神의 功에 보답하기 위해 12월에 지내는 제사로, ≪禮記≫ 〈郊特牲〉의 陳澔의 集說에 따르면 여덟 신은 先嗇(先農), 司嗇(后稷), 農(農神), 郵表畷(農路), 貓虎(고양이와 범), 防(堤防), 水庸(도랑), 곤충의 신이다.

34) 烝則不礿 : ≪禮記≫ 〈王制〉에 "제후는 〈봄의〉 礿祭를 지내면 〈여름의〉 禘祭를 지내지 않으며, 체제를 지내면 〈가을의〉 嘗祭를 지내지 않으며, 상제를 지내면 〈겨울의〉 烝祭를 지내지 않으며, 증제를 지내면 약제를 지내지 않는다.〔諸侯 礿則不禘 禘則不嘗 嘗則不烝 烝則不礿〕" 한 것을 이른다.

35) 祠 : ≪詩經≫ 〈小雅 天保〉에 "길일을 택해 정결히 술밥을 지어, 이것을 효도로 제향하여,

社則民之所同故也라 社與省은 春與秋皆有之로되 其所異者는 春社는 以祈爲主하고 秋社는 以報爲主하며 春省은 以耕爲主하고 秋省은 以斂爲主爾라 於社에 言春하야 以該秋하고 於省에 言秋하야 以該春하니 其實은 一也라 大蜡에 必言遂者는 與大司馬言遂以蒐(수)田[36]之遂로 同이라 蓋秋省則百物成矣니 蜡는 所以報百物於其成이니 而後百物可報故也라 省은 非祭名이로되 而與祭併言之者는 以此라 凡此亦諸侯之所同이나 然特魯行之하니 蓋禮有所隆爾니라

嚴陵方氏 : '夏礿' · '秋嘗' · '冬烝'을 말하고 春祠를 언급하지 않은 것은, 〈王制〉에 "〈겨울의〉 烝祭를 지내면 〈봄의〉 礿祭을 지내지 않는다."라고 말한 것과 뜻이 같으니, 차이점은 다만 저 〈왕제〉에서는 礿을 봄에 지내는 제사로 삼은 것 뿐이다. 봄 제사에 祠를 빼놓더라도 社를 빼놓지 않은 것은, 祠는 임금이 홀로 지내는 것이고 社는 백성들과 함께 지내는 것이기 때문이다. 社와 省은 봄과 가을에 모두 있으나, 그 차이점은, 봄의 社는 풍년을 기원하는 것을 위주로 삼고 가을의 社는 〈수확물에 대해〉 보답하는 것을 위주로 삼으며, 봄의 省은 밭 가는 것을 위주로 삼고 가을의 省은 수확하는 것을 위주로 삼는다는 것이다. 〈이 글에서〉 社에 대해 봄에 지냄을 말하여 가을에도 지냄을 포함하고, 省에 대해 가을에 살핌을 말하여 봄에도 살핌을 포함하였으니, 그 실제는 똑같다.

大蜡를 지내는 것에 대해 반드시 '마침내'라고 말한 것은, ≪周禮≫ 〈天官 大司馬〉에 "마침내 봄 사냥을 한다."라고 할 때의 '遂'자와 같다. 가을에 살펴보면 온갖 물건이 이루어지는데 蜡는 온갖 물건의 이루어짐에 대해 보답하는 것이니, 〈온갖 물건이 이루어진〉 뒤에야 온갖 물건에게 보답할 수 있기 때문이다. 省은 제사의 이름이 아니나 제사와 함께 말한 것은 이 때문이다. 무릇 이는 또한 제후들이 똑같이 행하는 것이지만 특별히 魯나라가 행하였으니, 이는 禮에 높이는 바가 있기 때문이다.

禴 · 祠 · 烝 · 嘗의 제사를, 선공과 선왕에게 올리도다.〔吉蠲爲饎 是用孝享 禴祠烝嘗 于公先王〕"라고 보이는데, 朱子의 주에 "종묘의 제사는 봄에는 祠라 하고, 여름에는 禴이라 하고, 가을에는 嘗이라 하고, 겨울에는 烝이라 한다.〔春曰祠 夏曰禴 秋曰嘗 冬曰烝〕" 하였다.(≪詩經集傳≫)

36) 遂以蒐田 : ≪周禮≫ 〈夏官 大司馬〉에 "앉음과 일어남, 나아감과 물러남, 빠름과 느림, 드묾과 잦음의 〈사냥의〉 절도를 가르쳐서 마침내 봄 사냥을 한다.〔以教坐作進退疾徐疏數之節 遂以蒐田〕" 하였다.

140601 大(태)廟는 天子明堂이요 庫門은 天子皐門이요 雉門은 天子應門이라

〈魯나라의〉 태묘는 천자의 明堂이고, 庫門은 천자의 皐門이고, 雉門은 천자의 應門이다.

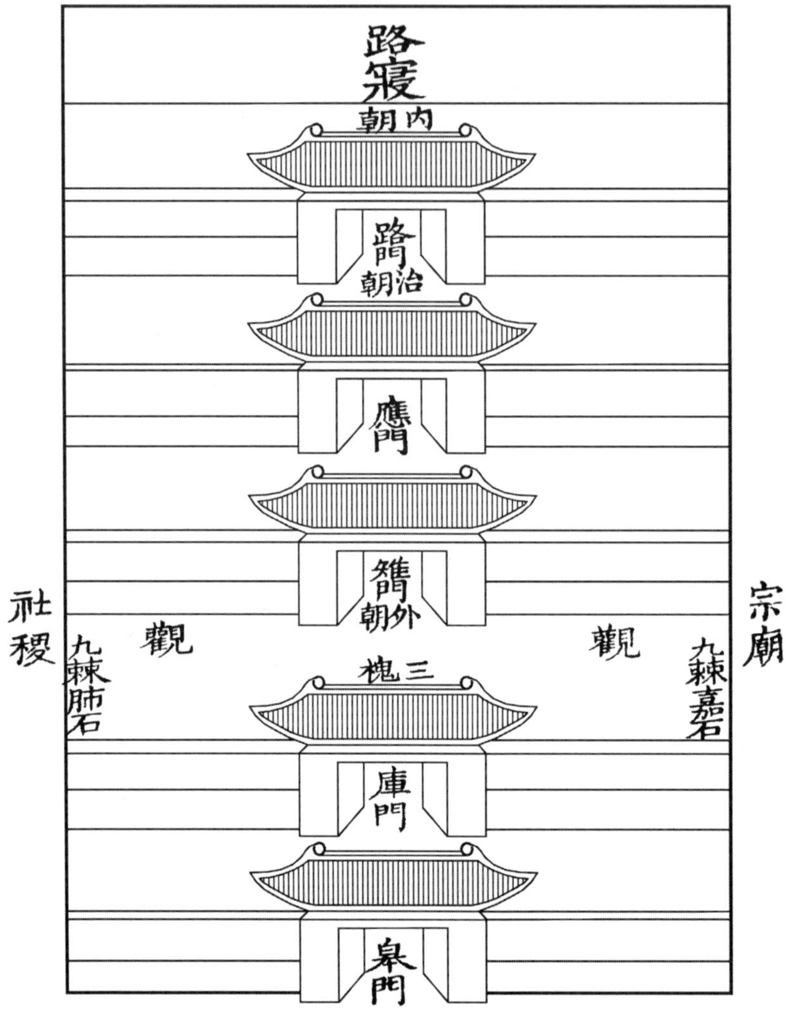

天子五門三朝

≪集說≫

魯無明堂이요 而大廟를 如明堂之制라 天子는 五門이니 路應雉庫皐니 由內而外라 路門을 亦曰畢門이라 今魯庫門之制는 如天子皐門하고 雉門之制는 如天子應門也라

魯나라에는 明堂이 없고 태묘를 명당의 제도와 같이 하였다. 천자는 다섯 개의 문이 있는데 路門·應門·雉門·庫門·皐門이니, 안에서 밖으로 나갈 때 경유하는 것이다. 路門을 또한 畢門이라고도 한다. 지금 노나라의 庫門의 제도는 천자의 皐門과 같고 雉門의 제도는 천자의 應門과 같다.

140701 振木鐸於朝는 天子之政也라

조정에서 木鐸을 흔듦은 천자가 敎令을 내리려는 것이다.

≪集說≫

木鐸은 金口木舌이니 發敎令則振之는 所以警動衆聽이라

木鐸은 쇠로 만든 입에 나무로 만든 혀로 되어 있으니, 敎令을 발하게 되면 이것을 흔듦은 백성들을 주의시켜 감응하게 하려는 것이다.

140801 山節藻梲(절)하며

斗栱에 山을 조각하고 동자기둥에 마름을 그리며,

≪集說≫

說見前篇[37)]하니라

해설이 전편에 보인다.

140802 復(복)廟重檐(첨)하며

사당 지붕을 이중으로 하고 처마를 이중으로 하며,

≪集說≫

復廟는 上下重屋也요 重檐者는 簷下復有板簷하야 免風雨之壞壁이라

---

37) 說見前篇 : ≪禮記≫ 〈禮器〉(101603)에 "管仲이 簋에 조각을 하고 면류관 끈을 붉은색으로 하며 斗栱에 山을 조각하고 동자기둥에 마름을 그리자 군자가 그를 참람하다고 하였다.〔管仲鏤簋朱紘 山節藻梲 君子以爲濫矣〕" 한 데 대한 陳澔의 集說에 설명이 보인다.(≪禮記集說大全≫)

'復廟'는 위아래로 지붕을 이중으로 하는 것이고, '重檐'은 처마 아래에 다시 판자로 만든 처마가 있어서 비바람이 벽을 무너트림을 면하게 하는 것이다.

140803 刮楹達鄉하며

기둥을 〈광택이 나도록〉 잘 연마하고 창문을 〈방문과〉 서로 통하게 하며,

≪集說≫

以密石摩柱하야 使之精澤이라 故云刮楹이라 達은 通也요 鄉은 窓牖也니 每室四戶八窓하야 窓戶相對라 故云達鄉이라

결이 치밀한 돌을 가지고 기둥을 갈아서 곱고 광택 나게 만들기 때문에 '刮楹'이라 한 것이다. 達은 통함이고 鄉은 창문이니, 방마다 네 개의 문과 여덟 개의 창을 내어 창문과 방문이 서로 마주 보게 하기 때문에 '達鄉'이라 한 것이다.

140804 反坫出尊(준)하며

술잔을 되돌려놓는 臺가 술동이의 밖에 있으며,

≪集說≫

兩君好會에 反爵之坫은 築土爲之하야 在兩楹間而近南하니 蓋獻酬畢이면 則反爵于其上也라 凡物在內爲入이요 在外爲出이니 以坫在尊之外라 故云反坫出尊이니 言坫出在尊之外也라

두 나라 임금이 우호로 만날 때에 술잔을 되돌려놓는 臺는 흙을 다져 만들어서 두 기둥 사이에 두되 남쪽에 가깝게 두니, 獻酬의 禮가 끝나면 술잔을 그 위에 되돌려 놓는다. 무릇 물건이 안에 있는 것을 '入'이라 하고 밖에 있는 것을 '出'이라 하는데, 臺가 술동이의 밖에 있기 때문에 '反坫出尊'이라 하였으니, 臺가 술동이의 밖에 있음을 말한다.

140805 崇坫康圭하고 疏屛[38)]하니 天子之廟飾也라

臺를 높게 만들어 圭를 안전하게 놓고, 門屛에 조각을 하여 文理를 소통하게 하니, 이는 천자의 사당의 장식이다.

≪集說≫

崇은 高也요 康은 安也니 凡物이 措之得所면 則無危墜之失이라 圭는 禮器之重者니 不可不謹이라 故爲此高坫하야 以康圭也라 疏屛者는 刻鏤於屛하야 使之文理疏通也라

崇은 높음이고 康은 안정함이니, 무릇 물건이 자리에 놓일 때 마땅한 자리를 얻으면 위태롭게 떨어지는 잘못이 없게 된다. 圭는 禮器 가운데 중한 것이니, 삼가지 않을 수가 없으므로 이 높은 臺를 만들어서 圭를 안전하게 하는 것이다. '疏屛'은 門屛에 조각을 하여 文理를 소통하게 하는 것이다.

≪大全≫

馬氏曰 天子之廟飾이 不止於此라 此擧其略爾니 天子用其詳하고 而魯用其略也니라

馬氏 : 천자의 사당의 장식은 이에 그치지 않는다. 이는 그 대략을 들어 기록하였

---

38) 疏屛 : 번역은 陳澔의 集說에 따랐으나 뜻이 분명하지 않다. 참고로, 鄭玄의 注에 "屛을 樹라고 하니, 지금의 桴思이다. 여기에 조각하여 雲氣와 곤충과 짐승의 문양을 만들기를 지금 闕 위에 하는 것과 같이 한 것이다.〔屛謂之樹 今桴思也 刻之爲雲氣蟲獸 如今闕上爲之矣〕" 하였고, 孔穎達의 疏에 "옛적에 屛에다 조각함이 지금 闕에다 雲氣와 곤충과 짐승을 그리는 것과 같음을 말한 것이다. 정현의 이 말과 같다면 屛은 闕과 다른 듯하다.〔言古之疏屛 似今闕上畫雲氣蟲獸 如鄭此言 似屛與闕異也〕" 하였다.(≪禮記正義≫)
정현이 말한 '桴思'는 본래 '罘罳(부사)'로, '浮思' 또는 '罘思'로도 적는다. 문의 밖이나 성 모퉁이의 위에 설치하는 그물 모양의 건물로, 망을 보거나 적의 침입을 방어하는 역할을 한다. 공영달의 소에 또 "정현의 주에 '屛을 樹라고 한다.' 한 것은 ≪爾雅≫ 〈釋宮〉의 글이다. 漢나라 때에는 屛을 桴思라고 하였기 때문에 '지금의 부사이다.'라고 말한 것이니, 부사에 대해 해설하는 자가 '천자는 外屛을 설치하니, 신하가 이 屛에 이르러 부복하여 〈자기의〉 일을 생각하는 것이다.' 하였다. 살펴보건대 ≪周禮≫ 〈考工記 匠人〉의 정현의 주에 '성의 모퉁이를 角桴思라고 한다.' 하였고, 한나라 때에 동궐의 부사에 불이 났다고 하였으니, 이 여러 글을 가지고 참고해보면 부사는 작은 樓이다. 그러므로 성 모퉁이와 궐의 위에 모두 있는 것이다. 그렇다면 屛의 위에도 지붕을 만들어서 屛의 담장을 덮기 때문에 屛을 칭하여 부사라고 한 것이다.〔屛謂之樹 釋宮文 漢時謂屛爲桴思 故云今浮思 解者以爲天子外屛 人臣至屛俯伏 思念其事 案匠人注云 城隅謂角桴思也 漢時東闕桴思災 以此諸文參之 則桴思小樓也 故城隅闕上皆有之 然則屛上亦爲屋 以覆屛牆 故稱屛曰桴思〕" 하였다. '屛'은 '樹'라고도 하는바, 바깥에서 집안이 들여다보이지 않게 대문이나 중문의 안쪽에 가로막아 세워놓은 담으로 '門屛', 또는 '照壁'이라고도 한다.

을 뿐이니, 천자는 자세한 장식을 쓰고 魯나라는 간략한 장식을 쓴다.

○ 長樂陳氏曰 廟는 所以事死요 復有歸根而靜之義[39)]라 刮其楹은 則有潔意하니 而潔也者는 齋戒以事鬼神之義也요 達其鄕은 則有明意하니 而明者는 神而明之之意也라 於屛言疏하니 疏者는 通之也니 屛은 所以蔽어늘 而通之者는 以神無方而無乎不在故로 通之也니라

長樂陳氏 : 사당은 죽은 이를 섬기는 곳이고, 또 뿌리로 돌아가 고요하게 되는 뜻이 있다. 그 기둥을 잘 연마하는 것은 깨끗함의 뜻이 있으니 깨끗함은 재계하여 귀신을 섬기는 의의이고, 그 창문을 서로 통하게 함은 밝음의 뜻이 있으니 밝음은 神으로 여겨 밝힌다는 뜻이다. 병풍에 대해서 '疏'를 말하였는데 疏는 통하게 함이니, 병풍은 가리는 것인데 통하게 하는 것은, 神은 일정하게 있는 방소가 없어서 있지 않은 곳이 없기 때문에 통하게 한 것이다.

140901 鸞車는 有虞氏之路也요 鉤車는 夏后氏之路也요 大路는 殷路也요 乘路는 周路也라

鸞車는 〈舜임금의〉 虞나라 때의 수레이고, 鉤車는 夏나라 때의 수레이고, 大路는 殷나라 때의 수레이고, 乘路는 周나라 때의 수레이다.

≪集說≫

鸞車는 有鸞和之車也라 路는 與輅(로)로 同이라 鉤는 曲也니 車床을 謂之輿니 輿之前闌이 曲이라 故名鉤車也라 大路는 殷之木輅也요 乘路는 周之玉輅也라

鸞車는 〈방울인〉 鸞과 和가 있는 수레이다. 路는 '輅(수레)'자와 같다. 鉤는 굽음인데 〈사람이 타거나 물건을 싣는〉 수레의 몸체를 輿라 이르니, 輿의 앞 난간이 굽어 있기 때문에 '鉤車'라고 이름한 것이다. '大路'는 殷나라의 木輅이고 '乘路'는 周나라의 玉輅이다.

---

39) 復有歸根而靜之義 : 老子의 ≪道德經≫에 "만물이 무성하다가도 각자 그 뿌리로 돌아가니, 뿌리로 돌아감을 일러 고요함이라 한다.〔夫物芸芸 各復歸其根 歸根曰靜〕"라는 구절을 원용한 말이다.

木輅

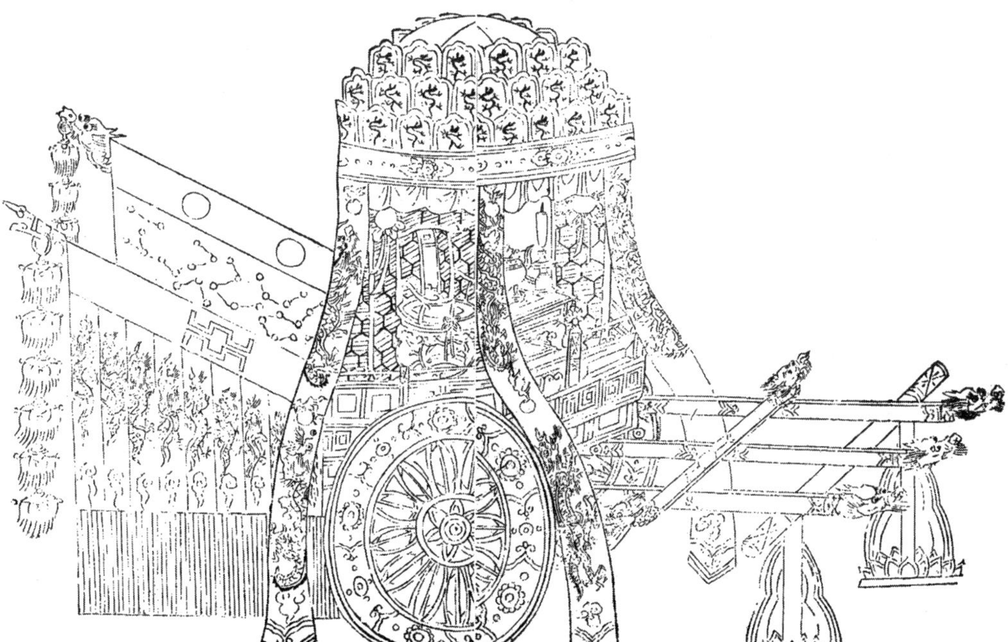

玉輅

≪大全≫

慶源輔氏曰 虞夏言車하고 殷周言輅는 各據時代所稱言之라 意者컨대 殷周始稱車爲輅耳라 自魯言之故로 下皆曰路也라

慶源輔氏 : 虞나라와 夏나라에서는 '車'라고 말하고 殷나라와 周나라에서는 '輅'라고 말한 것은 각각 시대에 칭한 바를 근거하여 말한 것이다. 아마도 殷나라와 周나라 때에 처음으로 車를 칭하여 '輅'라 한 것이다. 魯나라 입장에서 말하였기 때문에 아래에는 모두 '路'라 하였다.

141001 有虞氏之旂(기)와 夏后氏之綏(유)와 殷之大白과 周之大赤이니라

〈舜임금의〉 虞나라 때의 旂와 夏나라 때의 緌와 殷나라 때의 大白과 周나라 때의 大赤이다.

≪集說≫

四者는 旌旗之屬이니 周禮에 交龍爲旂라 綏는 讀爲緌(유)니 以旄牛[40]尾로 注於杠(강)首而垂之者也요 大白은 白色旗也요 大赤은 赤色旗也라 鄭云 當言有虞氏之緌와 夏后氏之旂[41]니 謂虞質於夏하야 惟緌而已요 至夏世하야 乃有旂之制也라

네 가지는 깃발의 등속이니, ≪周禮≫ 〈春官 司常〉에 "交龍을 그린 깃발이 旂이다." 하였다. 綏는 '緌'자로 읽으니 旄牛 꼬리를 깃대 끝에 달아서 늘어뜨린 것이고, 大白은 흰색 기이고 大赤은 적색 기이다. 鄭玄이 말하기를 "마땅히 '有虞氏의 緌와 夏后氏의 旂'라고 말해야 한다." 하였으니, 虞나라는 夏나라보다 질박하여 오직 緌가 있을 뿐이고, 夏나라 때에 이르러 비로소 旂의 제도가 있음을 이른다.

---

40) 旄牛 : 犛牛 또는 氂牛로도 쓰는바, 중국의 서남 지역에서 생산되는 종으로 오늘날에 '야크'라고 불리는 동물이다. 온몸이 긴 털로 덮여 있는데, 특히 꼬리의 털이 덥수룩하여 이것을 가지고 깃대의 장식으로 사용한다.

41) 鄭云當言有虞氏之緌 夏后氏之旂 : 鄭玄의 注에 "〈旂・緌・大白・大赤〉 네 가지는 깃발의 등속이다. '綏'는 마땅히 '緌'가 되어야 하니, '冠蕤'의 '蕤'로 읽는다. 유우씨에 대해서는 마땅히 緌를 말해야 하고 하후씨에 대해서는 마땅히 旂를 말해야 하니, 이 경문은 아마도 착오인 듯하다. 緌는 旄牛의 꼬리를 가지고 깃대의 윗부분에 단 것을 이른다.〔四者 旌旗之屬也 綏 當爲緌 讀如冠蕤(유)之蕤 有虞氏當言緌 夏后氏當言旂 此蓋錯誤也 緌 謂注旄牛尾於杠首〕" 하였다.(≪禮記正義≫)

旂

綏

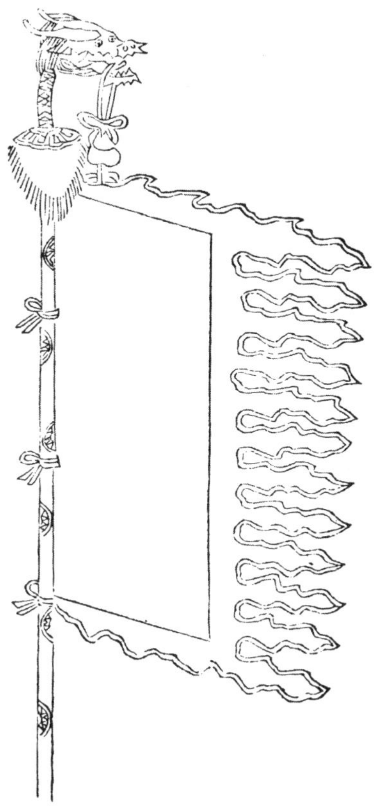

大赤

141101 **夏后氏**는 **駱**(락)**馬黑鬣**(렵)이요 **殷人**은 **白馬黑首**요 **周人**은 **黃馬蕃鬣**[42)]이니라

夏나라 때는 검은색 갈기가 있는 흰색 駱馬를 썼고, 殷나라 사람은 검은색 머리의 白馬를 썼고, 周나라 사람은 붉은색 갈기가 있는 누런색 말을 썼다.

---

42) 夏后氏……黃馬蕃鬣 : 孔穎達의 疏에 "하나라는 검은색을 숭상하였기 때문에 검은색 갈기를 썼다. 은나라는 흰색을 숭상하였기 때문에 백마인 것인데, 순백색은 凶事와 유사하기 때문에 검은색 머리인 것이다. 머리가 검은색인데 갈기가 흰색인 것은 숭상한 바를 따른 것이다. 주나라는 적색을 숭상하였는데 황마를 쓴 것은 황색이 적색에 가까워서이고, 적색 갈기를 쓴 것은 숭상하는 바를 쓴 것이다. 三代가 모두 갈기의 색깔을 숭상하는 색깔로 썼다.〔夏尙黑 故用黑鬣 殷尙白 故白馬 純白似凶 故黑頭 頭黑而鬣白 從所尙也 周尙赤 用黃 近赤也 而用赤鬣 爲所尙也 三代俱以鬣爲所尙也〕" 하였다.(≪禮記正義≫)

≪集說≫

白黑相間을 謂之駱이니 此馬는 白身而黑鬣也라 蕃鬣은 赤鬣也라

흰색과 검은색이 서로 섞인 것을 '駱'이라 이르니, 이 말은 흰색의 몸에 검은색의 갈기가 있다. '蕃鬣'은 붉은색 갈기이다.

141201 夏后氏는 牲尙黑하고 殷은 白牡요 周는 騂(성)剛이니라

夏나라는 犧牲의 색으로 검은색을 숭상하였고, 殷나라는 〈희생으로〉 흰색의 수컷 소를 썼고, 周나라는 〈희생으로〉 붉고 건장한 것을 썼다.

≪集說≫

騂은 赤色이요 剛은 壯也라

騂는 적색이고, 剛은 건장함이다.

≪大全≫

慶源輔氏曰 殷周獨於此에 稱人者는 以言馬故也라 周言剛이면 夏殷亦剛也요 殷言牡면 則夏亦牡也요 夏言尙이면 則殷周亦尙也니라

慶源輔氏 : 殷나라와 周나라에만 여기(141101)에서 '人'이라고 칭한 것은 말을 말하였기 때문이다. 周나라에 剛을 말했으면 夏나라와 殷나라 또한 강한 것이고, 殷나라에 수컷 짐승을 말했으면 夏나라 또한 수컷 짐승이고, 夏나라에 〈검은색을〉 숭상함을 말했으면 殷나라와 周나라 또한 〈각각 흰색과 붉은색을〉 숭상한 것이다.

141301 泰는 有虞氏之尊(준)也요 山罍(뢰)는 夏后氏之尊也요 著(착)은 殷尊也요 犧(사)象은 周尊也라

泰는 虞나라 때의 술동이이고, 山罍는 夏나라 때의 술동이이고, 著은 殷나라 때의 술동이이고, 犧와 象은 周나라 때의 술동이이다.

≪集說≫

虞氏는 尙陶하니 泰는 瓦尊(준)也라 著(착)者는 無足而底著於地也라 餘見前章하니라

虞나라는 질그릇을 숭상했으니, 泰는 질그릇으로 만든 술동이이다. 著은 다리가 없어 밑이 땅에 붙은 것이다. 나머지는 앞 장(140302)에 보인다.

141401 爵을 夏后氏는 以琖(잔)이요 殷은 以斝(가)요 周는 以爵이니라

잔을 夏나라 때는 琖을 썼고, 殷나라 때는 斝를 썼고, 周나라 때는 爵을 썼다.

≪集說≫

夏爵은 名琖이니 以玉飾之故로 其字從玉이요 殷爵은 名斝니 稼也라 故畫爲禾稼요 周之爵은 則爵之形也라 其曰玉爵者는 則飾之以玉也라

夏나라의 잔은 이름이 琖이니 玉으로 꾸몄으므로 그 글자가 '玉' 변을 따른 것이고, 殷나라의 잔은 이름이 斝이니 〈斝라는 것은〉 농사이므로 여기에 곡식을 그린 것이고, 周나라의 잔은 참새의 모양이다. 이것을 '玉爵'이라고 말한 것은 옥으로써 꾸몄기 때문이다.

141501 灌尊(준)을

울창주를 붓는 술동이를

≪集說≫

灌鬯(창)酒之尊(준)也라

〈'灌尊'은〉 鬱鬯酒(울창주)를 붓는 술동이이다.

141502 夏后氏는 以鷄夷요 殷은 以斝(가)요 周는 以黃目이니라

夏나라 때는 鷄夷를 썼고, 殷나라 때는 斝를 썼고, 周나라 때는 黃目을 썼다.

≪集說≫

夷는 讀爲彝(이)니 法也라 與餘尊(준)爲法故로 稱彝요 刻畫鷄形於其上故로 名鷄彝라 餘見上章하니라

夷는 彝로 읽으니 法이라는 뜻이다. 다른 술동이와 더불어 법이 되기 때문에 '彝'라고 칭하였다. 닭의 모습을 그 위에 새기고 그렸기 때문에 '鷄彝'라고 이름한 것이다. 나머지는 위 장(140302와 141401)에 보인다.

141503 其勺(작)을 夏后氏는 以龍勺이요 殷은 以疏勺이요 周는 以蒲勺이니라

그 〈술을 뜨는〉 구기를 夏나라 때는 龍勺을 썼고, 殷나라 때는 疏勺을 썼고, 周나라 때는 蒲勺을 썼다.

龍勺　疏勺　蒲勺

≪集說≫

周禮에 梓人爲飮器에 勺은 一升이라 龍勺은 刻畫爲龍頭요 疏勺은 刻鏤疏通也요 蒲勺者는 合蒲爲鳧(부)頭之形하니 其口微開하야 如蒲草本合而末微開也[43]라 三者는 皆謂勺之柄頭耳라

---

43) 合蒲爲鳧(부)頭之形……如蒲草本合而末微開也 : 참고로, 金在魯의 ≪禮記補註≫에 "陳澔의 주는 대체로 옛 注疏에서 나왔는데, 그 설명한 말이 자못 명료하지 못하다.〔陳註蓋出古註疏 而語頗未瑩〕" 하였다. 김재로가 말한 '옛 주소'는 鄭玄의 註에 "蒲勺의 蒲는, 부들을 합한 것이 오리의 머리와 같은 것이다.〔蒲 合蒲如鳧頭也〕" 하고, 孔穎達의 疏에 "蒲는 부들을 합한 것을 이르니, 勺을 오리 머리의 모양으로 조각할 때 그 입이 약간 벌어져서 부들이 뿌리는 합하였으나 끝이 약간 열린 것과 같게 하는 것이다.〔蒲 謂合蒲 當刻勺爲鳧頭 其口微開 如蒲草本合而末微開也〕" 한 것을 이른다.

≪周禮≫ 〈冬官考工記〉에 "梓人이 마시는 그릇을 만드는데, 勺은 1승이 들어간다." 하였다. '龍勺'은 용의 머리를 새기고 그린 것이다. '疏勺'은 새겨서 소통하게 한 것이다. '蒲勺'은 여러 부들을 합하여 오리 머리의 모양을 만드는데 그 입이 약간 벌어져서 부들이 뿌리는 합하였으나 끝이 약간 열린 것과 같은 것이다. 이 세 가지는 모두 勺의 자루 상단 부분을 이른 것이다.

141601 **土鼓**와 **蕢桴**(괴부)와 **葦籥**(위약)은 **伊耆氏**[44] **之樂**(악)**也**라

흙으로 만든 북과 흙덩이로 만든 북채와 갈대로 만든 피리는 伊耆氏의 樂이다.

≪集說≫

方氏曰 以土爲鼓는 未有韗(운)革之聲故也요 以凷(괴)爲桴는 未有斲木之利故也요 以葦爲籥은 未有截竹之精故也라

方氏 : 흙으로 북을 만든 것은 아직 가죽을 다루어 만든 북소리가 있지 않았기 때문이고, 흙덩이로 북채를 만든 것은 아직 나무를 깎는 편리함이 있지 않았기 때문이고, 갈대로 피리를 만든 것은 아직 대나무를 자르는 정교함이 있지 않았기 때문이다.

141602 **拊搏**과 **玉磬**과 **揩**(갈)**擊**과 **大琴大瑟**과 **中琴小瑟**은 **四代之樂器也**라

拊搏과 玉磬과 揩과 擊과 大琴과 大瑟과 中琴과 小瑟은 〈虞·夏·殷·周〉 4대의 樂器이다.

---

44) 伊耆氏 : 김재로의 ≪예기보주≫에 다음과 같이 말하였다.
"살펴보건대 〈郊特牲〉(112601)의 진호의 주에 이미 '이기씨는 요임금이다.' 하였기 때문에 여기에서 다시 설명하지 않은 것이다. 또 살펴보건대, 〈교특생〉과 이 편의 疏에서는 모두 이기씨를 '神農'이라고 하였는데, 정현의 주에는 '이기씨는 옛적 천자가 천하를 소유한 호칭이다. 지금 성이 이기씨인 자가 있다.' 하였다. 이것을 가지고 보건대, 伊耆는 요임금의 성인 '伊祈'에 가까우니, 요임금을 이른다는 것이 아마도 옳은 듯하다.〔按郊特牲陳註已云堯也 故此不復訓 又按 郊特牲及此篇疏 皆以伊耆氏爲神農 而鄭註則曰 伊耆氏 古天子有天下之號 今有姓伊耆氏者 以此觀之 伊耆近於堯姓伊祈 謂堯者恐是〕"

≪集說≫

拊搏은 舊說에 以韋爲之하고 充之以穅하야 形如小鼓라 揩(갈)擊은 謂柷敔(축어)니 皆所以節樂者라 方氏以爲或拊或搏或揩或擊이 皆言作樂之事라 又按書傳云 戞(알)擊은 考擊也요 搏은 至요 拊는 循也라하니 皆與此文理有礙하니 當從鄭註라

'拊搏'은 舊說(鄭玄의 注)에 "다룸가죽으로 만들고 속을 겨로 채워서 모습이 작은 북과 같다." 하였다. '揩擊'은 柷과 敔를 이르니, 모두 樂을 절제하는 것이다. 方氏가 이르기를 "혹은 拊하고 혹은 搏하고 혹은 揩하고 혹은 擊함이 모두 樂을 일으키는 일을 말한 것이다." 하였다. 또 살펴보건대 ≪書經集傳≫에 〈蔡沈이〉 이르기를 "戞擊은 치는 것이고, 搏은 이름이고, 拊는 따름이다." 하였는데, 모두 이것과 文理가 방해가 되니, 마땅히 정현의 주를 따라야 할 것이다.

≪大全≫

嚴陵方氏曰 拊搏과 揩擊은 言所以作器也니 或言其器하고 或言作樂은 互相備也니 與益稷言戞擊鳴球하고 搏拊琴瑟하야 以詠으로 同義라 玉磬과 琴瑟은 又皆堂上之樂이라 故로 特擧其名器言之라 琴은 言中而不言小하고 瑟은 言小而不言中은 亦互相備也라

嚴陵方氏 : '拊搏'과 '揩擊'은 악기를 일으킴을 말한 것인데, 혹은 그 악기를 말하고 혹은 樂을 일으킴을 말한 것은 서로 구비한 것이니, ≪書經≫ 〈虞書 益稷〉에 "鳴球(玉磬의 이름)를 치며 琴과 瑟을 어루만지며 노래를 읊다."라는 것과 같은 뜻이다. '玉磬'과 '琴瑟'은 또 모두 堂上의 악이기 때문에 특별히 그 이름이 있는 악기를 들어 말한 것이다. 琴에는 '中'을 말하고 '小'를 말하지 않았으며, 瑟에는 '小'를 말하고 '中'을 말하지 않은 것은 또한 서로 구비한 것이다.

141701 魯公之廟는 文世室也요 武公之廟는 武世室也라

魯公의 사당은 文王의 世室인 셈이고, 武公의 사당은 武王의 世室인 셈이다.

≪集說≫

魯公은 伯禽也요 武公은 伯禽之玄孫이니 其室을 世世不毁라 故言世室이라

魯公은 伯禽이고 武公은 伯禽의 玄孫이니, 그 室을 대대로 훼손하지 않았기 때문에 '世室'이라고 한 것이다.

○ 方氏曰 周以祖文王하야 爲不毁之廟어늘 而魯以伯禽之廟로 比之라 故曰文世室이요 宗武王하야 爲不毁之廟어늘 而魯以武公之廟로 比之라 故曰武世室이라

方氏 : 周나라는 文王을 祖로 삼아서 훼철하지 않는 사당으로 삼았는데 魯나라가 伯禽의 사당을 가지고 여기에 견주었기 때문에 '文世室'이라 말하였고, 주나라는 武王을 宗으로 삼아서 훼철하지 않는 사당으로 삼았는데 魯나라가 武公의 사당을 가지고 여기에 견주었기 때문에 '武世室'이라고 한 것이다.

≪大全≫

慶源輔氏曰 由是觀之하면 則成王之所以賜伯禽者 未必如是之備하니 如此篇所載는 亦有魯君因仍而僭用之者矣니라

慶源輔氏 : 이 글을 말미암아 살펴보면 成王이 伯禽에게 하사한 것이 반드시 이와 같이 구비하지는 않았을 것이니, 이 편에 기재한 바와 같은 것은 또한 魯나라 임금이 인습하여 참람하게 사용한 것이 있을 것이다.

141801 米廩(름)은 有虞氏之庠也요 序는 夏后氏之序也요 瞽宗은 殷學也요 頖(반)宮은 周學也라

米廩은 〈舜임금의〉 虞나라 때의 庠이고, 序는 夏나라 때의 序이고, 瞽宗은 殷나라 때의 學宮이고, 頖宮은 周나라 때의 學宮이다.

≪集說≫

此는 言魯立四代之學이라 魯所藏粢盛米之廩은 卽虞氏之庠이니 謂藏此米於學宮也니 亦教孝之義라 序者는 射也니 射以觀德하야 有先後之次焉이라 樂師는 瞽矇之所

宗이라 故謂之瞽宗이라 頖은 半也니 諸侯曰頖宮이니 以其半辟(벽)雍之制也라 孟子言夏曰校요 殷曰序[45]라

이것은 魯나라가 〈虞・夏・殷・周〉 4대의 학궁을 세웠음을 말한 것이다. 魯나라가 粢盛米를 보관하는 창고는 바로 虞나라 때의 庠인데, 이 쌀을 學宮에 보관함을 이른 것이니, 또한 효도를 가르치는 뜻이다. 序는 활을 쏜다는 뜻이니, 활쏘기로써 德을 관찰하여 선후의 차례가 있는 것이다. 樂師는 봉사들이 높이는 대상이기 때문에 '瞽宗'이라 이른 것이다. 頖은 半이니 제후들의 학궁을 '頖宮'이라 하는데, 〈천자의 학궁인〉 辟雍의 제도에 반이 되기 때문이다. 孟子가 말씀하기를 "夏나라에서는 校라 하고, 殷나라에서는 序라 하였다." 하였다.

≪大全≫

嚴陵方氏曰 米廩者는 藏養人之物이요 而庠은 以善養人期於充實也라 序也者는 射也니 射有偶然而以序進焉하니 必曰序는 則主以禮教故也라 瞽宗者는 瞽人之所宗而樂祖在焉이니 必曰瞽宗은 則主以樂教故也라 頖宮者는 天子曰辟雍[46]이요 諸侯曰頖宮이니 辟은 言辟以禮요 廱은 言廱以樂이라 頖宮은 雖半辟雍之制나 亦兼禮樂以教之故也라

嚴陵方氏 : 米廩은 사람을 기르는 음식물을 보관하는 곳이고, 庠은 사람을 잘 기르되 충실히 함을 기약하는 곳이다. 序는 활을 쏜다는 뜻이다. 활쏘기는 짝을 지어 차례로 나아감이 있으니, 굳이 '序'라고 말한 것은 예에 관한 가르침을 주장하기 때문이다. 瞽宗은 봉사들이 높이는 곳이고 樂의 祖가 여기에 계시니, 굳이 '瞽宗'이라고 말한 것은 樂에 대한 가르침을 주장하기 때문이다. 頖宮은 천자의 학궁을 '辟雍'이라 하고 제후의 학궁을 '頖宮'이라 하니, 辟은 禮로써 임금 노릇 함을 말하고 廱은

---

45) 夏曰校 殷曰序 : ≪孟子≫ 〈滕文公 上〉에 보인다.

46) 辟雍 : ≪詩經≫ 〈大雅 靈臺〉에 "종틀 설주에 業과 樅이 있고 큰 북과 큰 종이 있으니, 아, 질서정연하게 종을 침이여. 아, 즐거운 辟廱에서 하네.〔虡業維樅 賁鼓維鏞 於論鼓鍾 於樂辟廱〕"라고 보이는데, 朱子의 주에 "辟은 璧과 통하고, 廱은 못이다. 辟廱은 天子의 學宮이니, 大射禮를 행하는 곳인데, 물이 언덕을 빙 돌아 흐르는 것이 〈둥근 고리 모양의 옥인〉 璧과 같아서 구경하는 것을 제한한다. 그러므로 辟廱이라 한 것이다.〔辟 璧通 廱 澤也 辟廱 天子之學 大射行禮之處也 水旋丘如璧 以節觀者 故曰辟廱〕" 하였다.(≪詩經集傳≫) '辟雍'은 '辟廱', '璧雍'과 같은 뜻으로 쓰였다.

樂으로써 화락하게 함을 말한 것이다. 頖宮은 비록 辟雍의 제도보다 절반을 줄인 것이라 하더라도 〈周나라 때의 學宮이라고 한 이유는〉 또한 禮樂을 겸하여 가르치는 곳이기 때문이다.

天子辟雍

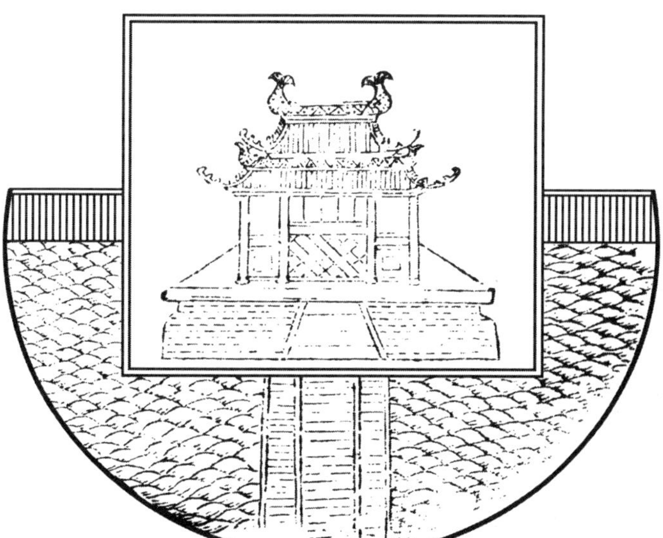

諸侯泮宮

141901 崇鼎과 貫鼎과 大璜과 封父(보)龜는 天子之器也요 越棘과 大弓은 天子之戎器也라

崇나라의 鼎과 貫나라의 鼎과 大璜과 封父나라의 거북은 천자의 기물이고, 越나라의 창과 大弓은 천자의 병기이다.

≪集說≫

崇・貫・封父・越은 皆國名이라 棘은 戟也라

崇・貫・封父・越은 모두 나라 이름이다. 棘은 창이다.

○ 方氏曰 凡此는 卽周官天府所藏大寶鎭寶[47]之類是也라

方氏 : 무릇 이것은 바로 ≪周禮≫ 〈春官〉의 '天府'에서 보관하는 큰 寶器와 鎭寶 따위이다.

142001 夏后氏之鼓는 足이요 殷은 楹鼓요 周는 縣鼓요 垂之和鍾과 叔之離磬과 女媧之笙簧이니라

---

47) 周官天府所藏大寶鎭寶 : ≪周禮≫ 〈春官 天府〉에 "무릇 나라의 玉鎭과 큰 寶器를 수장한다. 만약 큰 제사나 큰 상사가 있으면 이것들을 꺼내어 진열한다.〔凡國之玉鎭大寶器 藏焉 若有大祭大喪 則出而陳之〕" 한 것을 이른다. 鄭玄의 注에 "玉鎭과 큰 寶器는 玉瑞와 玉器 중에 아름다운 것으로 禘祫(체협)과 큰 상사에 이것들을 진열하여서 나라를 아름답게 하는 것이다.〔玉鎭大寶器 玉瑞玉器之美者 禘祫及大喪 陳之以華國也〕" 하였는데, 賈公彦의 疏에 "여기에서 말한 '옥진'은 바로 〈대종백〉에 '옥으로 六瑞를 만든다.' 한 것이니, 진규의 따위가 바로 여기의 보진인 것이다. 〈대종백〉에 또 '옥으로 六器를 만든다.' 하였는데, 창벽으로 하늘에 예를 행하는 따위가 바로 여기의 '보기'인 것이다.〔此云玉鎭 卽大宗伯云 以玉作六瑞 鎭圭之屬 卽此寶鎭也 彼又云 以玉作六器 蒼璧禮天之屬 卽此寶器也〕" 하였다. 여기에 근거하면 '옥진'은 鎭圭, 桓圭, 信圭, 躬圭, 穀璧, 蒲璧의 '六瑞'이고, '큰 보기'는 蒼璧, 黃琮, 青圭, 赤璋, 白琥, 玄璜의 '六器'이다.

또 정현의 주에 "≪書經≫ 〈周書 顧命〉에 '7일이 지난 癸酉日에 보물을 진열하니, 赤刀(붉은 削刀)와 大訓(三皇・五帝의 글)과 弘璧(큰 벽옥)과 琬琰(圭)은 西序에 있고, 大玉과 夷玉(보통 옥)과 天球(하늘색의 玉)와 河圖는 東序에 있고, 胤나라에서 만든 춤추는 옷과 大貝와 큰 북은 西房에 있고, 兌가 만든 창과 和가 만든 활과 垂가 만든 대나무 화살은 東房에 있었다.' 하였으니, 이는 그 行事가 經에 보인 경우이다.〔顧命云 越七日癸酉 陳寶 赤刀大訓弘璧琬琰 在西序 大玉夷玉天球河圖 在東序 胤之舞衣大貝鼖鼓 在西房 兌之戈和之弓垂之竹矢 在東房 此其行事見於經〕" 하였다.(≪周禮注疏≫)

夏나라 때의 북은 네 개의 발이 있고, 殷나라 때는 북을 기둥에 꿰어 달았고, 周나라 때는 북을 북틀에 매달았고, 〈舜임금 때의〉 垂가 만든 和鍾과 〈누구인지 자세하지 않은〉 叔이 만든 離磬과 〈禹임금의 부인인〉 女媧가 만든 笙簧이 있었다.

≪集說≫

足은 謂四足也요 楹은 貫之以柱也요 縣은 懸於簨簴(순거)也라 垂는 見舜典[48]하니라

足은 네 발을 이르고, 楹은 기둥에 꿰는 것이고, 縣은 북틀에 매다는 것이다. 垂는 ≪書經≫ 〈舜典〉에 보인다.

○ 方氏曰 郊特牲曰 以鍾次之는 以和居參之也라하니라 故謂之和鍾이라 樂記曰 石聲이 磬이니 磬以立辨이라하니 辨者는 離之音也라 故謂之離磬이라 笙은 以象物生之形이요 簧則美在其中이라 故謂之笙簧이라 世本[49]曰 無句作磬이라한대 皇氏云 無句는 叔之別名이라하니라

方氏 : 〈郊特牲〉에 "鍾이 그다음에 있는 것은 조화로운 물건을 庭實의 사이에 끼어 놓은 것이다." 하였으므로 '和鍾'이라 이른 것이다. 〈樂記〉에 "石磬의 소리는 磬磬(경경)하니, 경경함으로써 분변을 세운다." 하

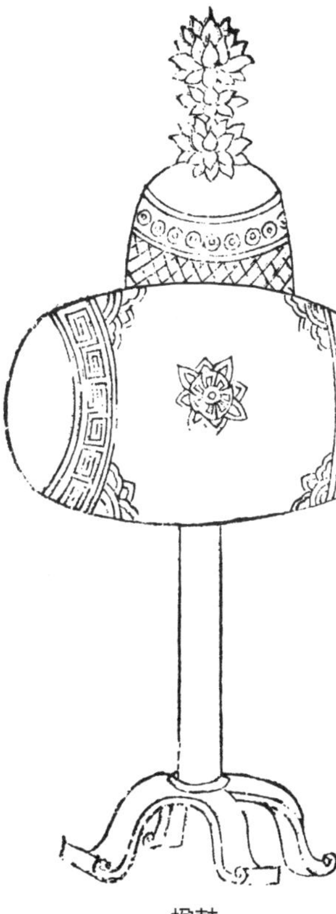

楹鼓

48) 垂 見舜典 : ≪書經≫ 〈虞書 舜典〉에 "帝舜이 말씀하기를 '누가 나의 百工의 일을 순히 다스리겠는가?' 하자, 여럿이 말하기를 '垂입니다.' 하였다. 제순이 말씀하기를 '아! 너의 말이 옳다. 垂야! 네가 共工이 될지어다.' 하니, 垂가 절하고 머리를 조아려 殳(수)와 斨(장) 및 伯與에게 사양하였는데, 제순이 말씀하기를 '아! 너의 말이 옳다. 가서 네 직책을 화하게 수행하라.' 하였다.〔帝曰 疇若予工 僉曰 垂哉 帝曰 兪 咨垂 汝共工 垂拜稽首 讓于殳斨 暨伯與 帝曰 兪 往哉汝諧〕" 하였다.

49) 世本 : 司馬遷의 ≪史記≫에 인용된 책의 이름이다. ≪漢書≫ 〈藝文志〉에 ≪세본≫ 15편이 있다 하였고, ≪隋書≫ 〈經籍志〉에 劉向이 찬한 ≪세본≫ 4권이 있다고 했으나 오늘날 전해지지 않고, 淸나라 때 편집된 책이 있다.

였으니, 분변이라는 것은 분리하는 음이므로 '離磬'이라고 이른 것이다. 笙은 물건이 나오는 모습을 형상한 것이고, 簧은 아름다움이 그 가운데 있는 것이므로 '笙簧'이라 이른 것이다. ≪世本≫에 "無句가 경쇠를 만들었다." 하였는데 皇氏가 "無句는 叔의 별명이다." 하였다.

142002 夏后氏之龍簨虡[50]와 殷之崇牙와 周之壁翣(삽)이니라

夏나라 때의 龍簨簴(용순거)와 殷나라 때의 崇牙와 周나라 때의 壁翣이 있다.

≪集說≫

周官梓人이 爲簨虡에 橫曰筍이요 植曰虡니 所以懸樂器也니 以龍形飾之라 故曰龍簨虡라 崇牙者는 刻木爲之하고 飾以采色하야 其狀隆然이라 殷人於簨之上에 施崇牙하야 以挂鍾磬也요 周人은 則又於簨上에 畫繒爲翣하야 載[51]之以璧하고 下懸五采之羽하야 而挂於簨之角焉이라

≪周禮≫ 〈冬官〉에 梓人이 簨簴를 만들었는데 〈틀의〉 가로 부분을 筍이라 하고, 세로 부분을 簴라 하니 악기를 매단 것이니, 용 모습으로 꾸몄기 때문에 '龍簨虡'라 한 것이다. '崇牙'는 나무를 조각하여 만들고 채색으로 꾸며서 그 모습이 높다랗다. 殷나라 사람은 簨의 위에 崇牙를 달아서 종과 경쇠를 매달았고, 周나라 사람은 또 簨의 위에 그림으로 장식된 비단으로 翣을 만들어서 璧을 그 위에 달고 아래에 五采의 깃을 매달아서 簨의 모서리에 매달았다.

壁翣

50) 虡 : '簴(틀)'와 같다.

51) 載 : 金在魯의 ≪禮記補註≫에 "살펴보건대 이는 정현의 주에 근본을 둔 것으로, 陸德明의 음의에 '載는 음이 戴(대)이다.' 하였는데, 疏에서는 곧바로 '戴'로 적었다.〔按 此本鄭註 而陸音載 音戴 疏則直作戴〕" 하였다.

≪大全≫

嚴陵方氏曰 其崇如牙하니 夏后氏는 有簨虡而未有崇牙하고 商은 有崇牙而未有璧翣이러니 至周然後에 三者兼備焉하니라 此皆漸致其文也라

嚴陵方氏 : 〈崇牙는〉 그 높음이 象牙와 같으니, 夏나라 때는 簨虡가 있으나, 숭아가 있지 않았고, 商나라 때는 숭아가 있으나, 璧翣이 있지 않았는데, 周나라 때에 이른 뒤에야 세 가지를 겸하여 구비하였다. 이는 모두 그 문식을 점차 지극히 한 것이다.

142101 有虞氏之兩敦(대)와 夏后氏之四璉(련)과 殷之六瑚와 周之八簋(궤)니라

虞나라 때의 두 敦와 夏后氏의 네 璉과 殷나라의 여섯 瑚와 周나라의 여덟 簋가 있다.

≪集說≫

少牢禮曰 執敦黍有蓋라하고 又曰 設四敦에 皆南首[52]라하니 敦之爲器는 有蓋有首也라 四者는 皆盛黍稷之器니 禮之有器를 時王各有制作이라 故歷代寶而用之라 但時代漸遠이면 則古器之存者漸寡하니 此는 魯所有之數耳라

≪儀禮≫ 〈少牢饋食禮〉에 "黍飯이 담긴 敦를 잡을 적에 뚜껑이 있다." 하였고, 또 "네 개의 敦를 진설함에 모두 머리가 남쪽으로 가도록 한다." 하였으니, 敦라는 그릇은 뚜껑이 있고 머리가 있는 그릇이다. 〈敦·璉·瑚·簋〉 네 가지는 모두 黍稷을 담

52) 執敦黍有蓋……皆南首 : ≪儀禮≫ 〈少牢饋食禮〉에 "주부가 東房에서 黍飯이 담긴 金敦(청동으로 장식한 대)를 하나 들고 室로 가서 뚜껑이 덮인 채로 앉아서 羊俎의 남쪽에 진설한다. 1명의 主婦 贊者가 동방에서 稷飯이 담긴 금대 하나를 들고 室로 가서 주부에게 건네준다. 주부가 일어나 받아 앉아서 魚俎의 남쪽에 진설한다. 또 일어나 주부 찬자에게서 서반이 담긴 금대 하나를 받아 앉아서 직반이 담긴 금대의 남쪽에 진설한다. 또 일어나 주부 찬자에게서 직반이 담긴 금대 하나를 받아 앉아서 서반이 담긴 금대의 남쪽에 진설한다. 4개의 대는 모두 머리가 남쪽으로 가도록 한다.〔主婦自東房執一金敦黍 有蓋 坐設于羊俎之南 婦贊者執敦稷以授主婦 主婦興受 坐設于魚俎南 又興受贊者敦黍 坐設于稷南 又興受贊者敦稷 坐設于黍南 敦皆南首〕" 한 것을 두고 한 말이다.

는 그릇이니, 禮에 필요한 기물을 당시의 王이 각각 제작함이 있었으므로 대대로 이것을 보물로 여겨 사용한 것이다. 다만 시대가 점점 멀어지면 옛 기물 중에 남아 있는 것이 점점 적어지니, 여기서 말한 것은 魯나라가 보유한 것의 숫자일 뿐이다.

142102 俎를 有虞氏는 以梡(완)이요 夏后氏는 以嶡(궐)이요 殷은 以椇(구)요 周는 以房俎니라

俎를 虞나라 때는 梡을 썼고, 夏나라 때는 嶡을 썼고, 殷나라 때는 椇를 썼고, 周나라 때는 房俎를 썼다.

椇俎

房俎

≪集說≫

梡嶡은 見前章하니라 椇者는 俎之足間에 橫木爲曲橈之形하야 如椇枳(지)之樹枝也요 房者는 俎足下之跗니 謂俎之上下兩間이 有似於堂房也라

梡과 嶡은 앞 장에(140303)에 보인다. 椇는 俎의 발 사이에 나무를 가로 대어 굽은 모습을 만들어서 호깨나무와 탱자나무의 가지와 같게 한 것이고, 房은 俎의 발아래의 받침대이니, 俎의 윗부분과 아랫부분 사이의 공간이 堂이나 房과 유사함이 있음을 말한 것이다.

○ 疏曰 古制를 不可委知라 今依註하야 略爲此意로되 未知是否로라

〈孔穎達의〉 疏 : 옛 제도를 자세히 알 수 없다. 이제 〈鄭玄의〉 註에 따라 이러한 뜻을 간략히 기술하였으나, 옳은지는 알 수 없다.

142103 **夏后氏**는 **以楬**(갈)**豆**요 **殷**은 **玉豆**요 **周**는 **獻**(사)**豆**니라

夏나라 때는 楬豆를 썼고, 殷나라 때는 玉豆를 썼고, 周나라 때는 獻豆를 썼다.

≪集說≫

楬은 不飾也니 木質而已라 獻는 讀爲娑하니 獻尊(사준)은 刻畫鳳羽하니 則此豆亦必刻畫鳳羽라 故名이라

楬은 꾸미지 않은 것이니, 바탕이 나무일 뿐이다. 獻는 娑로 읽으니 獻尊은 봉황의 깃털을 새기고 그린 것이다. 그렇다면 이 豆 또한 반드시 봉황의 깃털을 새기고 그렸기 때문에 〈'獻豆'라고〉 이름하였을 것이다.

142201 **有虞氏**는 **服韍**(불)[53]이요 **夏后氏**는 **山**이요 **殷**은 **火**요 **周**는 **龍章**이니라

虞나라 때는 가죽으로 된 폐슬을 찼고, 夏나라 때는 여기에 산을 그렸고, 殷나라 때는 불을 더 그렸고, 周나라는 龍을 더 그려서 문장으로 삼았다.

≪集說≫

韍者는 祭服之蔽膝이니 卽韠(필)也라 虞氏는 直以韋爲之하야 無文飾이러니 夏世則畫之以山하고 殷人은 增之以火하고 周人은 又加龍以爲文章이라

韍은 祭服의 蔽膝이니, 바로 韠이다. 〈舜임금의〉 虞나라 때는 다만 가죽으로 만들어서 文飾이 없었는데 夏나라 시대에는 여기에 산을 그렸고, 殷나라 사람은 불을 더 그렸고, 周나라 사람은 또 龍을 더하여 문장으로 삼았다.

≪大全≫

嚴陵方氏曰 有山有火而又加之以龍이면 則其文成矣라 於周에 特言章焉하니 章者는 文之成也니라

---

53) 服韍(불) : 鄭玄의 注에 "韍(蔽膝)은 순임금이 처음으로 만들어서 祭服을 높인 것이다.〔韍 舜始作之 以尊祭服〕" 하였다.(≪禮記正義≫)

嚴陵方氏 : 산이 있고 불이 있고 또 龍을 더했으면 그 문채가 이루어진 것이다. 周나라에 특별히 章을 말했으니, 章은 문채가 이루어진 것이다.

142301 有虞氏는 祭首하고 夏后氏는 祭心하고 殷은 祭肝하고 周는 祭肺하니라

虞나라 때는 〈희생의〉 머리를 가지고 고수레하였고, 夏나라 때는 심장을 가지고 고수레하였고, 殷나라 때는 간을 가지고 고수레하였고, 周나라 때는 肺를 가지고 고수레하였다.

≪集說≫

方氏曰 三代各祭其所勝하니라 蓋夏尙黑하니 爲勝赤이라 故로 祭心하고 殷尙白하니 爲勝靑이라 故祭肝하고 周尙赤하니 爲勝白이라 故祭肺라

方氏 : 〈夏 · 殷 · 周〉 三代가 각각 그 이기는 바를 가지고 고수레하였다. 夏나라는 〈水에 속하는〉 검은색을 숭상하니 검은색은 〈火에 속하는〉 붉은색을 이기기 때문에 〈火에 속하는〉 심장을 가지고 고수레하고, 殷나라는 〈金에 속하는〉 흰색을 숭상하니 흰색은 〈木에 속하는〉 청색을 이기기 때문에 〈木에 속하는〉 간을 가지고 고수레하고, 周나라는 붉은색을 숭상하니 붉은색은 〈金에 속하는〉 흰색을 이기기 때문에 〈金에 속하는〉 폐를 가지고 고수레한 것이다.

142302 夏后氏는 尙明水하고 殷은 尙醴하고 周는 尙酒하니라

夏나라 때는 明水를 높게 여겼고, 殷나라 때는 醴酒를 높게 여겼고, 周나라 때는 澄酒를 높게 여겼다.

≪集說≫

疏曰 儀禮設尊(준)에 尙玄酒[54]하니 是周亦尙明水也라 禮運云 澄酒在下라하니 則周

54) 儀禮設尊(준) 尙玄酒 : 玄酒는 재를 이용해 걸러낸 깨끗한 물인바, ≪儀禮≫에 玄酒를 진설하는 것이 여러 곳에 보이는데, 〈鄕飮酒禮〉의 "현주를 서쪽에 놓는다.〔玄酒在西〕"에 대한 鄭玄의 注에 "玄酒를 서쪽에 놓는 것은 〈현주를〉 높인 것이다.〔玄酒在西 上也〕" 하였다.(≪儀禮注疏≫)

不尙酒라 故로 註云 言尙이 非也[55]라하니라

〈孔穎達의〉 疏 : ≪儀禮≫에 술동이를 진설할 적에 玄酒를 높였으니, 이는 周나라 또한 明水를 높인 것이다. 〈禮運〉(090306)에 "〈맑은 술인〉 澄酒가 堂 아래에 있다." 하였으니, 주나라는 징주를 높이지 않았으므로 〈鄭玄의〉 註에 "〈경문에서〉 '尙'이라고 말한 것은 잘못이다." 하였다.

○ 方氏曰 明水者는 取於月之水라 故謂之明水니 則淡而無味요 醴則漸致其味요 酒則味之成者라

方氏 : 明水는 달에서 취한 물이므로 '明水'라 일렀으니 담담하여 맛이 없고, 醴酒는 점점 더 맛을 이룬 것이고, 술은 맛이 완전히 이루어진 것이다.

142303 有虞氏는 官이 五十이요 夏后氏는 官이 百이요 殷은 二百이요 周는 三百이니라

虞나라 때는 관직이 50개였고, 夏나라 때는 관직이 100개였고, 殷나라 때는 200개였고, 周나라 때는 300개였다.

≪集說≫

書言唐虞는 建官惟百이요 夏商은 官倍[56]라하니 先儒信此記而不信書[57]는 固爲不可라

---

55) 言尙非也 : 정현의 주에 "이는 모두 그때의 쓰임일 뿐이니, 경문에서 '尙'이라고 말한 것은 잘못이다.〔此皆其時之用耳 言尙非〕"라고 보인다.(≪禮記正義≫)

56) 唐虞建官惟百 夏商官倍 : ≪書經≫ 〈周書 周官〉에 "唐나라와 虞나라 때는 옛날 제도를 상고하여 관직을 세운 것이 100개였으니, 안에는 百揆와 四岳이 있고 밖에는 州牧과 侯伯이 있어 모든 정사가 조화로워 萬國이 다 편안하였다. 夏나라와 商나라 때는 관원이 배가되었으나 또한 다스려졌으니, 明王이 정사를 세움은 오직 관직을 많게 하려는 것이 아니고, 오직 훌륭한 인물을 얻을 뿐이었다.〔唐虞稽古 建官惟百 內有百揆四岳 外有州牧侯伯 庶政惟和 萬國咸寧 夏商官倍 亦克用乂 明王立政 不惟其官 惟其人〕"라고 보인다.

57) 先儒信此記而不信書 : 先儒는 孔穎達을 이르는바, 이 내용은 공영달의 소에 "살펴보건대 ≪尙書≫ 〈周官〉에 '唐나라와 虞나라 때는 옛날 제도를 상고하여 관직을 세운 것이 100개였고 夏나라와 商나라 때는 관원이 배가되었으나 또한 다스려졌다.' 하였는데, 여기에서 말한 수와 같지 않은 것은, ≪禮記≫는 사실을 기록한 책이므로 모름지기 자세히 설명해야 하고, ≪상서≫는 뜻을 통하게 하는 가르침이므로 大體를 들어 말하고 자잘한 것은 간략히 하였기 때문이다.〔按尙書周官云 唐虞稽古 建官惟百 夏商官倍 亦克用乂 與此數不同者 禮

且謂魯得用四代禮樂이라 **故惟通用其官之名號**요 **不必盡用其數**[58)]라하니 **皆臆說也**라

≪書經≫에 "唐나라와 虞나라 때는 관직을 세운 것이 100개이고, 夏나라와 商나라 때는 관직이 배가되었다." 하였으니, 先儒(孔穎達)가 ≪예기≫의 이 기록을 믿고 ≪서경≫을 믿지 않은 것은 진실로 옳지 못하다. 또 "魯나라가 四代의 禮樂을 쓸 수 있었기 때문에 오직 그 관직의 명호를 통용한 것이고 반드시 그 수를 다 쓴 것은 아니다." 하였으니, 이는 모두 〈공영달이〉 억측으로 한 말이다.

≪大全≫

慶源輔氏曰 魯는 **百里之國**이라 **決不能盡備四代之官**이니 **此皆誇辭也**라 **以此例上所言**하면 **可知也**니라

慶源輔氏 : 魯나라는 100리 크기의 諸侯國이어서 결코 4代의 관원을 다 갖추지 못하니, 이는 모두 과장한 말이다. 이로써 위에 말한 것에 견주어보면 과장임을 알 수 있다.

142401 **有虞氏之綏**(유)와 **夏后氏之綢**(도)**練**과 **殷之崇牙**와 **周之璧翣**[59)]이니라

是記事之典 須委曲備言 書是疏通之教 故擧大略小〕" 한 것을 이른다.(≪禮記正義≫)

58) 魯得用四代禮樂……不必盡用其數 : 이 내용은 孔穎達의 疏에 보이는 말로, 魯나라가 이 원문의 내용처럼 虞·夏·商·周 때의 관직을 합하여 650개의 관직을 다 쓴 것이 아니고 사실은 그때의 관직 이름만 가져와 사용한 것인데, 이 편을 쓴 사람이 노나라의 禮樂이 성대하였다는 것을 美化하다 보니 이렇게 표현했다는 말이다.

59) 有虞氏之綏……周之璧翣 : 참고로, 鄭玄의 注에 "綏는 또한 旌旗의 緌(유)이다. 하나라는 練(누인 명주)으로 깃대를 싸고 또 연으로 그 술을 만들었다. 은나라는 또 비단을 잘라서 崇牙를 만들어서 그 측면을 장식하였으니, 이는 장식이 더욱 많아진 것이다. 이 정기와 翣은 모두 초상과 장례의 꾸밈이다. ≪周禮≫에 따르면 천자는 8삽으로 모두 璧을 위에 달고 깃을 드리운다. 제후는 6삽으로 圭를 위에 단다. 대부는 4삽이고 士는 2삽으로 모두 緌를 위에 단다. 공자의 喪에 公西赤이 예를 갖추어 표지를 한 것 역시 이를 사용한 것이다.〔綏亦旌旗之緌也 夏綢其杠 以練爲之旒 殷又刻繒爲崇牙 以飾其側 飾彌多也 此旌旗及翣皆喪葬之飾 周禮天子八翣 皆戴璧垂羽 諸侯六翣戴圭 大夫四翣 士二翣 皆戴緌 孔子之喪 公西赤爲志 亦用此焉〕" 하였는데, 金在魯의 ≪禮記補註≫에 "살펴보건대 이것(정현의 주)을 가지고 보면 崇牙와 璧翣은 윗글의 악기를 만드는 것과 그 제도에 다른 점이 있는데, 陳澔의 주에 이미 '초상과 장례의 꾸밈이다.' 하고서 또 '윗장에 보인다.' 하였으니 아마도 온당하지 못한 듯하다.〔按 以此觀之 崇牙璧翣與上文之爲樂器者 制有不同 而陳註旣云喪葬之飾 又云見上章 恐未安〕" 하였다.

虞나라 때의 〈깃발 장식인〉 술과 夏나라 때의 綢練과 殷나라 때의 崇牙와 周나라 때의 璧翣이다.

≪集說≫

此는 皆喪葬之飾이라 綢練은 見檀弓[60)]하고 餘見上章하고 又翣制는 詳見喪大記하니라

이것은 모두 초상과 장례의 꾸밈이다. '綢練'은 〈檀弓〉에 보이고, 나머지는 윗장에 보이고, 또 翣의 제도는 〈喪大記〉에 자세히 보인다.

142501 凡四代之服과 器官을 魯兼用之라 是故로 魯는 王禮也라 天下傳之久矣니 君臣이 未嘗相弑也하며 禮樂刑法政俗이 未嘗相變也라 天下以爲有道之國이라하니라 是故로 天下資禮樂焉하니라

四代의 복식과 기물과 관직을 魯나라가 겸용하였다. 이 때문에 魯나라는 천자의 禮를 썼다. 천하가 이를 전해온 지 오래되었으니, 임금과 신하가 서로 시해한 적이 없으며 禮와 樂과 형벌과 법과 政事와 풍속이 일찍이 변한 적이 없어서 천하가 노나라를 道가 있는 나라라고 하였다. 이 때문에 천하가 노나라의 禮와 樂을 사용한 것이다.

≪集說≫

君臣未嘗相弑하고 禮樂刑法政俗未嘗相變은 先儒以爲近誣라하고 或以爲諱國惡이라하니 論之詳矣라 大抵此篇은 主於誇大魯國이라 故歷擧四代之服器官하야 以見(현)魯之禮樂이 其盛如此하고 不知魯之郊禘非禮也니 周公이 其衰矣[61)]인저 知此면 則此記所陳은 適足以彰其僭而已이니 而奚盛大之有哉아

60) 綢練見檀弓 : ≪禮記≫ 〈檀弓 上〉에 "〈깃대를〉 흰 비단으로 감싸고 旐旗를 설치하였으니, 夏나라의 예이다.〔綢練設旐(조) 夏也〕"라고 보인다.

61) 魯之郊禘非禮也 周公其衰矣 : ≪禮記≫ 〈禮運〉(090401)에 "공자께서 말씀하셨다. '아 슬프다. 내가 周나라의 道를 살펴보았는데 幽王과 厲王이 손상시켰으니, 내가 魯나라를 버리고 어디로 가겠는가. 그러나 魯나라의 郊祭祀와 禘祭祀는 禮가 아니니, 周公의 가르침이 쇠하였기 때문이다.〔孔子曰 嗚呼哀哉 我觀周道 幽厲傷之 吾舍魯何適矣 魯之郊禘 非禮也 周公其衰矣〕" 하였다.

임금과 신하가 일찍이 서로 시해한 적이 없고 禮와 樂과 형벌과 법과 政事와 풍속이 일찍이 변한 적이 없다는 것은 先儒들이 거짓말에 가깝다 하였고, 혹자는 국가의 나쁜 것을 諱한 것이라고 하니, 논한 것이 자세하다. 대저 이 편은 魯나라를 과대 포장함을 위주로 삼았기 때문에 四代의 복식과 기물과 관직을 차례로 들어서 노나라의 禮樂이 이와 같이 성대하였음을 나타낸 것이고, "노나라의 郊祭祀와 禘祭祀는 禮가 아니니 周公의 가르침이 쇠하였기 때문이다."라는 말씀은 알지 못한 것이다. 이것을 안다면 이 기록에 진열한 바는 다만 그 참람함을 드러낼 수 있을 뿐이니, 무슨 성대함이 있겠는가.

○ 朱氏曰 羽父(보)弑隱公[62)]하고 慶父(보)弑二君[63)]하니 則君臣相弑矣요 夏父(보)躋僖公[64)]하니 禮之變也요 僖公欲焚巫尫(왕)[65)]하니 刑之變也요 宣公初稅畝[66)]하니 法

62) 羽父(보)弑隱公 : ≪春秋左氏傳≫ 隱公 11년 조에 보인다. '羽父'는 魯나라의 종실인 姬翬(희휘)로, 우보는 그의 자이다. 惠公이 죽은 뒤에 그의 적자인 桓公이 연소하므로 서자인 隱公이 즉위하여 11년 동안 노나라를 통치하였는데, 환공이 점차 장성하자 우보는 은공에게 환공을 죽일 것을 청하며 자신이 太宰가 되기를 요구하였다. 그러나 은공은 환공에게 왕위를 물려주고 은퇴하고자 한다는 말을 하며 우보의 요구를 거절하였고, 이에 우보는 겁이 나서 도리어 환공에게 은공을 참소해 죽이기를 청하여, 결국 그해 11월에 鍾巫에게 제사 지내려고 寪氏(위씨)의 집에 머물러 있던 은공을 시해한 뒤에 환공을 세웠다.

63) 慶父(보)弑二君 : ≪춘추좌씨전≫ 莊公 32년과 閔公 2년 조에 보인다. 장공이 즉위한 지 32년인 B.C. 662년 8월 계해일에 훙서하자, 子般이 그 뒤를 이어 즉위하여 黨氏의 집에 머물러 있었다. 이해 겨울 10월 기미일에 共仲이 圉人 犖(낙)을 시켜 자반을 당씨의 집에서 죽이자 慶父(경보)가 민공을 세웠는데, 민공은 장공의 서자로 이때 나이가 여덟 살이었다. 이후 민공의 스승이 대부 卜齮(복기)의 田地를 빼앗았는데, 당시 민공은 어린 나이에 즉위하여 스승의 뜻을 이루어주기 위해 이를 묵인하였다. 복기는 민공의 스승에게 분노한 나머지 민공까지 미워하고 있었는데, 경보가 이 점을 이용하여 민공이 즉위한 지 2년인 B.C. 660년 가을 8월 신축일에 복기를 시켜 武闈에서 민공을 시해하였다.

64) 夏父(보)躋僖公 : ≪춘추좌씨전≫ 文公 2년 조의 經文에 "8월 정묘일에 태묘에 禘祭를 지내고서 희공의 신주를 민공의 신주 위로 올려 모셨다.〔八月丁卯 大事于大廟 躋僖公〕" 하였는데, 傳에 "가을 8월 丁卯日에 태묘에 체제를 지낼 적에 희공의 신주를 민공의 신주 위로 올렸으니, 이는 차례에 맞지 않게 거슬러 제사 지냄이다. 이때 夏父弗忌가 宗伯이었는데 그는 희공을 높여서 神을 분명히 보았다고 하며 말하였다. '내가 보기에 新鬼는 크고 故鬼는 작으니, 큰 분을 앞에 모시고 작은 분을 뒤에 모시는 것이 순리이고 성현을 위로 올리는 것이 밝음이니 밝음과 순리가 예이다.'〔秋八月丁卯 大事於大廟 躋僖公 逆祀也 於是夏父弗忌爲宗伯 尊僖公 且明見曰 吾見新鬼大 故鬼小 先大後小 順也 躋聖賢 明也 明順 禮也〕" 하였다.

65) 僖公欲焚巫尫 : ≪춘추좌씨전≫ 僖公 21년 조에 보인다. 이해 여름에 크게 가뭄이 들자

之變也요 政逮於大夫[67)]하니 政之變也요 婦人髽而弔[68)]하니 俗之變也라

朱氏：羽父가 隱公을 시해하고 慶父가 두 君主를 시해하였으니 그렇다면 임금과 신하가 서로 시해한 것이고, 夏父가 僖公의 신주를 閔公의 신주 위에 올렸으니 禮가 변한 것이고, 희공이 무녀를 불태워 죽이고자 하였으니 형벌이 변한 것이고, 宣公이 처음으로 畝에 따라 세금을 거두었으니 법이 변한 것이고, 정사가 대부에게 미쳤으니 정사가 변한 것이고, 부인이 북상투를 하고 조문하였으니 풍속이 변한 것이다.

○ 石梁王氏曰 此는 見春秋經而不見傳者라 故謂未嘗相弑하고 未嘗變法이라하니 大抵此篇에 多誣하니라

희공이 무녀를 태워 죽이려고 하였는데, 臧文仲이 "이는 가뭄에 대한 대책이 아닙니다. 성곽을 수축하고 먹는 것을 줄이고 비용을 절약하며 농사에 힘쓰고 나누어 먹기를 권하는 것이 급선무입니다. 무녀가 무슨 힘이 있어 가뭄을 불렀겠습니까. 하늘이 그를 죽이고자 하였다면 응당 내지 않았을 것이고, 저가 가뭄을 불렀다면 태워 죽이면 가뭄이 더욱 심해질 것입니다.〔非旱備也 脩城郭 貶食省用 務穡勸分 此其務也 巫尪何爲 天欲殺之 則如勿生 若能爲旱 焚之滋甚〕" 하였다. 희공이 장문중의 말을 따랐는데, 이해에 기근이 들었지만 백성이 해를 입지는 않았다.

66) 宣公初稅畝：≪춘추좌씨전≫ 宣公 15년 조의 경문에 "비로소 田畝를 실측해 세금을 징수하였다.〔初稅畝〕" 하였는데, 전에 "비로소 전무를 실측해 세금을 징수하였으니, 예가 아니다. 稅穀은 公田의 소출을 징수하는 데 지나지 않았으니, 이는 백성의 재산을 풍족하게 하기 위함이었다.〔初稅畝 非禮也 穀出不過藉 以豐財也〕" 하였다. 이는 노나라가 처음으로 田賦의 제도를 고쳐서 10분의 2를 징수한 것이다. 춘추시대에는 사방 1里의 전지를 '井'자로 구획하여 중앙의 100무를 공전으로 삼고, 나머지 800무를 私田으로 삼아, 여덟 집에 각각 100무씩 나누어주어 각자 그 100무를 경작해 생활하게 하고, 공전을 여덟 집이 함께 경작해 그 수입만을 田稅로 징수하고 사전에는 세금을 부과하지 않았는데, 선공이 처음으로 사전 100무의 수입 중 10분의 1을 추가해 전세로 징수하였는바, 이를 합산하면 10분의 2를 전세로 징수한 것이 된다.

67) 政逮於大夫：≪論語≫ 〈季氏〉에 "祿이 제후에서 떠난 지 5대가 되었고 政事가 대부에게 미친 지가 4대가 되었다. 그러므로 저 孟孫, 叔孫, 季孫의 자손이 미약해진 것이다.〔祿之去公室五世矣 政逮於大夫四世矣 故夫三桓之子孫微矣〕"라고 한 공자의 말씀에 보인다.

68) 婦人髽而弔：≪禮記≫ 〈檀弓 上〉에 "노나라 부인들이 북상투〔髽〕를 하고 조문하는 것은 臺鮐(대태) 땅에서 패전한 이후부터 시작되었다.〔魯婦人之髽而弔也 自敗於臺鮐始也〕" 하였는데, 이에 대한 陳澔의 集說에 "吉事일 때에는 머리싸개로 머리카락을 싸고, 凶事일 때에는 머리싸개를 버리고 그 상투를 드러내므로 '북상투'라고 이른 것이다. 狐鮐(호태)의 전투는 노나라 襄公 4년에 있었으니, 邾나라 사람에게 패전하였다. 북상투 차림으로는 조문하지 않으나, 이때 집집마다 喪이 있었기 때문에 북상투 차림으로 서로 조문한 것이다.〔吉時 以纚韜髮 凶則去纚而露其髻 故謂之髽 狐鮐之戰 在魯襄公四年 蓋爲邾人所敗也 髽不以弔 時家家有喪 故髽而相弔也〕" 하였다.

石梁王氏 : 이 글을 쓴 사람은 ≪春秋≫의 經만 보고 傳을 보지 못한 자이므로 "일찍이 서로 시해한 적이 없고 법을 바꾼 적이 없다." 하였으니, 대저 이 편에 거짓이 많다.

≪大全≫

慶源輔氏曰 傳은 謂傳說也라 蓋言久矣니 天下共傳說魯國之有禮法也라 云天下以爲有道之國이라하고 君臣未嘗相弑也라하니 雖曰隱惡이나 不若不言之愈也니라

慶源輔氏 : 傳은 전하는 말을 이른다. 이는 오래됨을 말한 것이니, 천하가 함께 魯나라에 禮法이 있다고 전한 것이다. "천하가 노나라를 道가 있는 나라라고 하였다." 하고, "임금과 신하가 일찍이 서로 시해한 적이 없다." 하였으니, 비록 "惡을 숨겼다."고 말하더라도 〈이러한 것을〉 말하지 않음이 더 나음만 못한 것이다.

附錄

1.≪禮記集說大全 6≫ 參考書目

◇ 底本

• ≪禮記集說大全≫, 陳澔(元) 集說, 胡廣(明) 等 編, 藏書閣 所藏本(K1-71).

◇ 底本 관련 자료

• ≪禮記集說大全≫, 陳澔(元) 集說, 胡廣(明) 等 編, 藏書閣 所藏本(K1-73).
• ≪禮記集說大全≫, 陳澔(元) 集說, 胡廣(明) 等 編, 奎章閣 所藏本(奎中2112).
• ≪禮記集說≫, 陳澔(元) 撰, 明正統十二年司禮監刊本, 內閣文庫 所藏本.
• ≪禮記大全≫, 陳澔(元) 集說, 胡廣(明) 等 編, 文淵閣四庫全書 122, 臺灣商務印書館, 1983~1986.
• ≪五經大全≫, 胡廣(明) 等 撰, 明 內府刊本, 影印本, 日本國立國會圖書館 所藏本.
• ≪禮記正義≫, 阮元(淸) 校刻, 十三經注疏(淸 嘉慶刊本), 中華書局, 2009.
• ≪禮記正義≫, 十三經注疏整理委員會 整理, 北京大學出版社, 2000.
• ≪禮記正義≫, 呂友仁 整理, 上海古籍出版社, 2008.
• ≪禮記≫, 陳澔(元) 集說, 胡廣(明) 等 編, 影印本, 保景文化社, 1984.
• ≪禮記集說≫, 衛湜(宋) 撰, 文淵閣四庫全書 117~120, 臺灣商務印書館, 1983~1986.
• ≪禮記集解≫, 孫希旦(淸), 中華書局, 1989.
• ≪禮記補註≫, 陳澔(元) 集說, 金在魯(朝鮮) 補註, 국립중앙도서관 소장, 1758.
• ≪禮記大文諺讀≫, 成三問(朝鮮) 等 撰, 朝鮮 內閣本, 국립중앙도서관 소장, 1707.
• ≪禮記類編≫, 陳澔(元) 集說, 崔錫鼎(朝鮮) 附註, 嶺南監營, 국립중앙도서관 소장, 1707.
• ≪經學資料集成 : 禮記≫, 대동문화연구원, 성균관대학교출판부, 1995~1997.

◇ 經部

• ≪周易注疏≫, 阮元(淸) 校刻, 十三經注疏(淸 嘉慶刊本), 中華書局, 1980.
• ≪毛詩正義≫, 阮元(淸) 校刻, 十三經注疏(淸 嘉慶刊本), 中華書局, 2009.

- ≪尙書正義≫, 阮元(淸) 校刻, 十三經注疏(淸 嘉慶刊本), 中華書局, 2009.
- ≪儀禮注疏≫, 阮元(淸) 校刻, 十三經注疏(淸 嘉慶刊本), 中華書局, 2009.
- ≪周禮注疏≫, 阮元(淸) 校刻, 十三經注疏(淸 嘉慶刊本), 中華書局, 2009.
- ≪春秋左傳正義≫, 阮元(淸) 校刻, 十三經注疏(淸 嘉慶刊本), 中華書局, 2009.
- ≪春秋穀梁傳注疏≫, 阮元(淸) 校刻, 十三經注疏(淸 嘉慶刊本), 中華書局, 2009.
- ≪春秋公羊傳注疏≫, 阮元(淸) 校刻, 十三經注疏(淸 嘉慶刊本), 中華書局, 2009.
- ≪論語注疏≫, 阮元(淸) 校刻, 十三經注疏(淸 嘉慶刊本), 中華書局, 2009.
- ≪孟子注疏≫, 阮元(淸) 校刻, 十三經注疏(淸 嘉慶刊本), 中華書局, 2009.
- ≪孝經注疏≫, 阮元(淸) 校刻, 十三經注疏(淸 嘉慶刊本), 中華書局, 2009.
- ≪爾雅注疏≫, 阮元(淸) 校刻, 十三經注疏(淸 嘉慶刊本), 中華書局, 2009.
- ≪論語集註大全≫, 朱熹(宋) 集註, 胡廣(明) 等 編, 朝鮮 內閣本, 影印本, 學民文化社.
- ≪孟子集註大全≫, 朱熹(宋) 集註, 胡廣(明) 等 編, 朝鮮 內閣本, 影印本, 學民文化社.
- ≪大學章句大全≫, 朱熹(宋) 章句, 胡廣(明) 等 編, 朝鮮 內閣本, 影印本, 學民文化社.
- ≪中庸章句大全≫, 朱熹(宋) 章句, 胡廣(明) 等 編, 朝鮮 內閣本, 影印本, 學民文化社.
- ≪周易傳義大全≫, 程頤(宋) 傳, 朱熹(宋) 本義, 胡廣(明) 等 編, 朝鮮 內閣本, 影印本, 學民文化社.
- ≪詩傳大全≫, 朱熹(宋) 集傳, 胡廣(明) 等 編, 朝鮮 內閣本, 影印本, 學民文化社.
- ≪書傳大全≫, 蔡沈(宋) 集傳, 胡廣(明) 等 編, 朝鮮 內閣本, 影印本, 學民文化社.
- ≪尙書大傳≫, 伏勝(漢) 撰, 鄭玄(漢) 註, 文淵閣四庫全書 68, 臺灣商務印書館, 1983~1986.
- ≪家禮≫, 朱熹(宋) 撰, 文淵閣四庫全書 142, 臺灣商務印書館, 1983~1986.
- ≪家禮輯覽≫, 金長生(朝鮮) 撰, 金集(朝鮮) 校, 國立中央圖書館 所藏本.
- ≪大戴禮記集註≫, 黃悔信, 三秦出版社, 2004.
- ≪四書或問≫, 朱熹(宋) 撰, 文淵閣四庫全書 197, 臺灣商務印書館, 1983~1986.
- ≪三經諺解≫, 朝鮮 校正廳 諺解, 影印本, 保景文化社.
- ≪禮記纂言≫, 吳澄(元) 撰, 文淵閣四庫全書 121, 臺灣商務印書館, 1983~1986.
- ≪禮記淺見錄≫, 權近(朝鮮) 撰, 韓國經學資料集成 124~125, 成均館大學校出版部, 1998.
- ≪禮記訓義擇言≫, 江永(淸) 撰, 文淵閣四庫全書 128, 臺灣商務印書館, 1983~1986.
- ≪禮書≫, 陳祥道(宋) 撰, 文淵閣四庫全書 130, 臺灣商務印書館, 1983~1986.
- ≪日講禮記解義≫, 陳邦彦(淸) 奉勅撰, 文淵閣四庫全書 123, 臺灣商務印書館, 1983~1986.
- ≪欽定禮記義疏≫, 聖祖仁皇帝御定, 文淵閣四庫全書 124~126, 臺灣商務印書館, 1983~1986.
- ≪儀禮經傳通解≫, 朱熹(宋) 撰, 文淵閣四庫全書 141, 臺灣商務印書館, 1983~1986.

• ≪儀禮旁通圖≫, 楊復(宋) 撰, 文淵閣四庫全書 104, 臺灣商務印書館, 1983~1986.
• ≪儀禮集說≫ 敖繼公(元) 撰, 文淵閣四庫全書 105, 臺灣商務印書館, 1983~1986.
• ≪儀禮集編≫, 盛世佐(淸) 撰, 文淵閣四庫全書 110~111, 臺灣商務印書館, 1983~1986.
• ≪周禮正義≫, 孫貽讓(淸) 撰, 續修四庫全書 82~84, 上海古籍出版社, 1995.
• ≪春秋考徵≫, 丁若鏞(朝鮮) 撰, 韓國文集叢刊 283, 民族文化推進會, 2002.
• ≪春秋毛氏傳≫, 毛奇齡(淸) 撰, 文淵閣四庫全書 176, 臺灣商務印書館, 1983~1986.
• ≪春秋繁露≫, 董仲舒(漢) 撰, 文淵閣四庫全書 181, 臺灣商務印書館, 1983~1986.
• ≪春秋傳服氏注≫, 服虔(漢) 撰, 續修四庫全書 117, 上海古籍出版社, 1995.
• ≪經書辨疑≫, 金長生(朝鮮) 撰, 韓國經學資料集成 126, 성균관대학교 출판부, 1998.
• ≪說文解字注≫, 許愼(漢) 撰, 段玉裁(淸) 注編, 上海古籍出版社, 2011.

◇ 史部

• ≪史記≫, 司馬遷(漢) 撰, 中華書局, 1974.
• ≪隋書≫, 魏徵(唐) 等 撰, 點校本二十四史修訂本, 中華書局, 2018.
• ≪新唐書≫, 歐陽脩(北宋)・宋祁(北宋) 等 撰, 中華書局, 1975.
• ≪梁書≫, 姚思廉(唐) 撰, 點校本二十四史修訂本, 中華書局, 2020.
• ≪歷代史選≫, 李時善(朝鮮) 撰, 奎章閣 所藏本.
• ≪晉書≫, 房玄齡(唐) 等 撰, 中華書局, 1974.
• ≪漢書≫, 班固(漢) 撰, 中華書局, 1962.
• ≪後漢書≫, 范曄(宋) 撰, 中華書局, 1965.

◇ 子部

• ≪孔子家語≫, 王肅(魏) 注, 文淵閣四庫全書 695 , 臺灣商務印書館, 1983~1986.
• ≪九章算術≫, 劉徽(魏) 注, 李淳風(唐) 等奉勅注釋, 文淵閣四庫全書 797 , 臺灣商務印書館, 1983~1986.
• ≪老子道德經≫, 王弼(魏) 注, 文淵閣四庫全書 1055, 臺灣商務印書館, 1983~1986.
• ≪大學衍義≫, 眞德秀(宋) 撰, 文淵閣四庫全書 704, 臺灣商務印書館, 1983~1986.
• ≪白虎通義≫, 揚雄(漢) 撰, 文淵閣四庫全書 850, 臺灣商務印書館, 1983~1986.
• ≪說苑≫, 劉向(漢) 撰, 文淵閣四庫全書, 제696책 子部2, 臺灣商務印書館, 1983~1986.
• ≪小學諸家集註≫, 李珥(朝鮮) 編, 學民文化社, 2000.

- ≪荀子≫, 荀況(戰國) 撰, 楊倞(唐) 注, 盧文弨(淸) 等校, 中華書局, 1985.
- ≪莊子集解≫, 王先謙(淸) 撰, 中華書局, 1987.
- ≪芝峯類說≫, 李睟光(朝鮮) 撰, 景仁文化社, 1970.
- ≪黃氏日抄≫, 黃震(宋) 撰, 文淵閣四庫全書 707~708, 臺灣商務印書館, 1983~1986.

◇ 集部

- ≪朱子大全≫, 朱熹(宋) 撰, 中華書局, 1970.
- ≪宋子大全≫, 宋時烈(朝鮮) 撰, 韓國文集叢刊 108~116, 民族文化推進會, 1993.
- ≪朱子語類≫, 黎靖德(宋) 編, 標點校勘本, 中文出版社, 1970.
- ≪朱子全書≫, 朱熹(宋) 撰, 上海古籍出版社・安徽教育出版社, 2002.
- ≪晦菴集≫, 朱熹(宋) 撰, 朱子全書, 上海古籍出版社・安徽教育出版社, 2001.

◇ 字典 및 目錄類

- ≪康熙字典≫, 張玉書(淸) 等 撰, 文淵閣四庫全書 229~231, 臺灣商務印書館, 1983~1986.
- ≪經籍籑詁≫, 阮元(淸) 撰, 阮氏琅嬛仙館原刻本, 影印本, 中華書局, 1982.
- ≪經典釋文≫, 陸德明(唐) 撰, 文淵閣四庫全書 182, 臺灣商務印書館, 1983~1986.
- ≪經傳釋詞≫, 王引之(淸) 撰, 江蘇古籍出版社, 2000.
- ≪經學歷史≫, 皮錫瑞 著, 河洛圖書出版社, 1974.
- ≪古代漢語≫, 王力 著, 中華書局, 2004.
- ≪郡經平議≫, 兪樾(淸) 撰, 春在堂全書, 世界書局, 1963.
- ≪論鄭玄詩譜的貢獻≫, 王洲明 著, 人民文學出版社, 1986.
- ≪大漢和辭典≫, 諸橋轍次, 大修觀書店.
- ≪文獻學大辭典≫, 趙國璋・潘樹廣 主編, 廣陵書社, 2005.
- ≪三禮文化辭典≫, 白玉林・遲鐸, 商務印書館, 2019.
- ≪三禮辭典≫, 錢玄, 江蘇古籍出版社, 1998.
- ≪四庫全書總目提要≫, 紀昀(淸) 總纂, 孟蓬生(中) 外 點校, 河北人民出版社, 2000.
- ≪四庫提要辨證≫, 余嘉錫(淸) 撰, 雲南人民出版社, 2004.
- ≪中國歷史紀年表≫, 方時銘 著, 上海人民出版社, 2007.
- ≪中國歷史大事典≫, 張海鵬 主編, 山東大學出版部, 2000.
- ≪中國歷史地圖集≫, 程光裕・徐聖謨 編, 中華文化出版事業委員會, 1957.

• ≪漢詩原流字典≫, 谷衍奎 著, 華夏出版社, 2003.
• ≪漢語大詞典≫, 羅竹風 著, 漢語大詞典出版社, 1995.
• ≪欽定四庫全書簡明目錄≫, 永瑢(淸) 等 編, 淸 乾隆刊本.

◇ 單行本 및 飜譯書

〔韓國〕

• ≪懸吐完譯 禮記 上・中・下≫, 成百曉, 李霜芽, 延錫煥 譯, 傳統文化硏究會, 2021.
• ≪國譯 禮記補註≫, 金在魯 補註, 成百曉 等 譯, 海東經史硏究所, 2017~2018.
• ≪譯註 禮記集說大全 1~5≫, 申承云 等 譯註, 傳統文化硏究會, 2004.
• ≪譯註 禮記集說大全≫, 鄭秉燮 譯, 學古房, 2009~2017.
• ≪譯註 禮記類編大全≫, 崔錫鼎 著, 鄭秉燮 譯, 學古房, 2020.

〔中國〕

• ≪經學硏究論文選≫, 彭林, 上海書店出版社, 2002.
• ≪北宋新學硏究≫, 張鈺翰, 北京師范大學出版社, 2022.
• ≪三禮硏究論集≫, 李曰剛, 孔孟學說叢書, 1981.
• ≪三禮硏究論著提要≫, 王鍔, 甘肅教育出版社, 2007.
• ≪新譯禮記讀本≫, 姜義華, 三民書局, 2007.
• ≪呂氏春秋集釋≫, 陳奇猷, 學林出版社, 1984.
• ≪禮記今註今譯≫, 王夢鷗 註譯, 臺灣商務印書館, 1974.
• ≪禮記譯註≫, 楊天宇, 上海古籍出版社, 2004.
• ≪禮記譯解≫, 王文錦, 中華書局, 2001.
• ≪禮記集說≫, 万久富 整理, 鳳凰出版社, 2010.
• ≪禮學概論≫, 周何 著, 三民書局, 1998.
• ≪中國經學史≫, 皮錫瑞 著, 李鴻鎭 譯, 同和出版社, 1984.
• ≪中國古代儀禮文明≫, 彭林, 中華書局, 2004.
• ≪陳氏禮記集說補正整理與硏究≫, 張琪, 北京圖書館出版社, 2022.
• ≪陳澔≪禮記集說≫硏究≫, 都昌縣陳澔硏究會 編, 江西人民出版社, 2017.
• ≪讖緯文獻與漢代文化構建≫, 徐興无, 中華書局, 2003.

〔日本〕

- ≪大戴禮記≫, 栗原圭介 著, ≪新釋漢文大系≫, 明治書院, 1987.
- ≪禮記≫, 下見隆雄 譯, 明德出版社, 1987.
- ≪禮記≫, 市原亨吉 著, ≪全釋漢文大系≫, 集英社, 1983.

〔英美〕

- ≪The Li Ki≫, James Legge, Kessinger Publishing, 2004.

◇ 電子文獻 및 Web DB

- 동양고전종합DB(http://db.cyberseodang.or.kr)
- 한국고전종합DB(http://db.itkc.or.kr)
- 상우천고(http://www.s-sangwoo.kr)
- 한국사데이터베이스(http://db.history.go.kr/)
- 電子版 文淵閣四庫全書, 上海古籍出版社.
- 中國基本古籍庫, 黃山書社.

2. ≪禮記集說大全 6≫ 參考圖版 目錄 및 出處

責任飜譯

成百曉

忠南 禮山 出生
家庭에서 父親 月山公으로부터 漢文 修學
月谷 黃璟淵, 瑞巖 金熙鎭 先生 師事
民族文化推進會 國譯研修院 修了
高麗大學校 教育大學院 漢文教育科 修了
韓國古典飜譯院 附設 古典飜譯教育院 名譽漢學教授(現)
傳統文化研究會 副會長(前)
海東經史研究所 所長(現)
古典國譯賞 受賞

논문 및 역저
論文 〈艮齋의 性理說小考〉〈燕岩의 學問思想研究〉
譯書 四書集註 《詩經集傳》《書經集傳》《周易傳義》《古文眞寶》《牛溪集》 등 다수
共譯 《宣祖實錄》《宋子大全》《茶山集》《退溪集》 등 다수

共同飜譯

李霜芽

民族文化推進會(現 韓國古典飜譯院) 附設 國譯研修院 常任研究部 卒業
成均館大學校 漢文古典飜譯 碩士課程 卒業(文學碩士)
成均館大學校 漢文古典飜譯 博士課程 卒業(文學博士)
成均館大學校 大東文化研究院 首席研究員(現)

논문 및 역저
論文 〈茶山 丁若鏞의 《家禮酌儀》 譯註〉〈茶山 丁若鏞의 《祭禮考定》 譯註〉
譯書 《無名子集7, 8,15,16》
共譯 《記言1》《日省錄》(영조,정조) 《校勘學概論》《注釋學概論 1, 2》《사고전서이해의 첫걸음》《譯註 禮記正義》《譯註 禮記集說大全》 등

延錫煥

慶北 奉化 出生
啓明大學校 漢文教育科 卒業
高麗大學校 一般大學院 古典飜譯協同課程學科 碩·博士課程 卒業
韓國古典飜譯院 研修課程Ⅰ 및 專門課程Ⅰ 卒業
海東經史研究所 研究員(現)

논문 및 역저
論文 〈晦隱 南鶴鳴의 〈雜說〉 研究〉〈南鶴鳴의 《晦隱集》 譯注〉
譯書 《無名子集7, 8,15,16》
共譯 《梅山集》《承政院日記》《槿域書彙》《譯註 禮記集說大全》 등

東洋古典譯註叢書 19-1

譯註 禮記集說大全 6 35,000원

2023년 12월 20일 초판 인쇄
2023년 12월 30일 초판 발행

集說 陳澔 大全 胡廣 等

企劃編輯 東洋古典飜譯編輯委員會
飜譯硏究管理 南賢熙
責任飜譯 成百曉
共同飜譯 李霜芽 延錫煥
潤 文 朴勝珠 李孝宰
校 訂 李孝宰
編輯出版 白俊哲
裝 幀 白俊哲

發 行 人 郭成文

發 行 處 社團法人 傳統文化硏究會
등록 : 1989. 7. 3. 제1-936호
서울시 종로구 삼일대로 428 낙원빌딩 411호
전화 : (02)762-8401 전송 : (02)747-0083
전자우편 : juntong@juntong.or.kr
누리집 : juntong.or.kr
사이버書堂 : cyberseodang.or.kr
온라인서점 : book.cyberseodang.or.kr

인쇄처 : 한국법령정보주식회사(02-462-3860)
총 판 : 한국출판협동조합(070-7119-1750)

ISBN 979-11-5794-570-2 94140
978-89-85395-71-7 (세트)

※ 이 책은 2023년도 교육부 고전문헌 국역지원사업 지원비에 의해 출판되었음.

전통문화연구회 도서목록

범례 : 周易正義 1~4 〔全15〕 - 전체 15책 계획, 현재 1~4책만 간행된 경우

新編 基礎漢文敎材

新編 四字小學·推句	고전교육연구실 編譯	11,000원
新編 啓蒙篇·童蒙先習	고전교육연구실 編譯	11,000원
新編 明心寶鑑	李祉坤·元周用 譯註	15,000원
新編 擊蒙要訣	咸賢贊 譯註	12,000원
新編 註解千字文	李忠九 譯註	13,000원
新編 原文으로 읽는 故事成語	元周用 編譯	15,000원
新編 唐音註解選	權卿相 譯註	22,000원

漢文讀解捷徑시리즈

漢文독해 기본패턴	고전교육연구실 著	15,000원
四書독해첩경	고전교육연구실 著	20,000원
한문독해첩경 - 文學篇	朴相水·李和春 외 著	15,000원
한문독해첩경 - 史學篇	朴相水·李和春 외 著	15,000원
한문독해첩경 - 哲學篇	朴相水·李和春 외 著	15,000원

五書五經讀本

論語集註 上·下	鄭太鉉 譯註	合 50,000원
孟子集註 上·下	田炳秀·金東柱 譯註	合 60,000원
大學·中庸集註	李光虎·田炳秀 譯註	15,000원
小學集註 上·下	李忠九 外 譯註	合 50,000원
詩經集傳 上·中·下	朴小東 譯註	合 90,000원
書經集傳 上·中·下	金東柱 譯註	合 90,000원
周易傳義 元·亨·利·貞	崔英辰 外 譯註	合 120,000원
詳說 古文眞寶大全後集 上·下	李相夏 外 譯註	合 64,000원
春秋左氏傳 上·中·下	許鎬九 外 譯註	合 109,000원
禮記 上·中·下	成百曉 外 譯註	合 90,000원

東洋古典國譯叢書

大學·中庸集註 - 개정증보판	成百曉 譯註	10,000원
論語集註 - 개정증보판	成百曉 譯註	27,000원
孟子集註 - 개정증보판	成百曉 譯註	30,000원
詩經集傳 上·下	成百曉 譯註	合 70,000원
書經集傳 上·下	成百曉 譯註	合 70,000원
周易傳義 上·下	成百曉 譯註	合 80,000원
小學集註	成百曉 譯註	30,000원
古文眞寶 後集	成百曉 譯註	32,000원

東洋古典譯註叢書

〈經部〉

〔十三經注疏〕

周易正義 1~4	成百曉·申相厚 譯註	合 139,000원
尙書正義 1~7	金東柱 譯註	合 228,000원
毛詩正義 1~8 〔全15〕	朴小東 外 譯註	合 259,000원
禮記正義 1~2, 中庸·大學	李光虎 外 譯註	合 77,000원
論語注疏 1~3	鄭太鉉·李聖敏 譯註	合 107,000원
孟子注疏 1~4 〔全5〕	崔彩基·梁基正 譯註	合 119,000원
孝經注疏	鄭太鉉·姜珉廷 譯註	30,000원
周禮注疏 1~4 〔全15〕	金容天·朴禮慶 譯註	合 122,000원
春秋左傳正義 1~2 〔全18〕	許鎬九 外 譯註	合 59,000원
春秋公羊傳注疏 1 〔全7〕	許鎬九 外 譯註	37,000원

春秋左氏傳 1~8	鄭太鉉 譯註	合 244,000원
禮記集說大全 1~5 〔全10〕	辛承云 外 譯註	合 160,000원
東萊博議 1~5	鄭太鉉·金炳愛 譯註	合 153,000원
韓詩外傳 1~2	許敬震 外 譯註	合 62,000원
說文解字注 1~4 〔全20〕	李忠九 外 譯註	合 141,000원

〈史部〉

思政殿訓義 資治通鑑綱目 1~22 〔全39〕	辛承云 外 譯註	合 671,000원
通鑑節要 1~9	成百曉 譯註	合 275,000원
唐陸宣公奏議 1~2	沈慶昊·金愚政 譯註	合 80,000원
貞觀政要集論 1~4	李忠九 外 譯註	合 102,000원
列女傳補注 1~2	崔秉準·孔勤植 譯註	合 68,000원
歷代君鑑 1~4	洪起殷·全百燦 譯註	合 135,000원

〈子部〉

孔子家語 1~2	許敬震 外 譯註	合 71,000원
管子 1~3 〔全4〕	李錫明·金帝蘭 譯註	合 91,000원
近思錄集解 1~3	成百曉 譯註	合 96,000원
老子道德經注	金是天 譯註	30,000원
大學衍義 1~5 〔全7〕	辛承云 外 譯註	合 144,000원
墨子閒詁 1~6 〔全7〕	李相夏 外 譯註	合 212,000원
說苑 1~2	許鎬九 譯註	合 50,000원
世說新語補 1~5	金鎭玉 外 譯註	合 171,000원
荀子集解 1~7	宋基采 譯註	合 224,000원
心經附註	成百曉 譯註	35,000원
顏氏家訓 1~2	鄭在書·盧暻熙 譯註	合 47,000원
揚子法言 1 〔全2〕	朴勝珠 譯註	24,000원

列子鬳齋口義 崔秉準·孔勤植·權憲俊 共譯 34,000원
二程全書 1~6〔全10〕 崔錫起·姜導顯 譯註 合 205,000원
莊子 1~4 安炳周·田好根 共譯 合 113,000원
政經·牧民心鑑 洪起殷·全百燦 譯註 27,000원
韓非子集解 1~5 許鎬九 外 譯註 合 174,000원

〔武經七書直解〕

孫武子直解·吳子直解 成百曉·李蘭洙 譯註 35,000원
六韜直解·三略直解 成百曉·李鍾德 譯註 26,000원
尉繚子直解·李衛公問對直解
成百曉·李蘭洙 譯註 26,000원
司馬法直解 成百曉·李蘭洙 譯註 26,000원

〈集部〉

古文眞寶 前集 成百曉 譯註 30,000원
唐詩三百首 1~3 宋載卲 外 譯註 各 25,000원~36,000원

唐宋八大家文抄

韓愈 1~3 鄭太鉉 譯註 合 78,000원
柳宗元 1~2 宋基采 譯註 合 44,000원
歐陽脩 1~7 李相夏 譯註 合 203,000원
蘇洵 李章佑 外 譯註 25,000원
蘇軾 1~5 成百曉 譯註 合 110,000원
蘇轍 1~3 金東柱 譯註 合 64,000원
王安石 1~2 申用浩·許鎬九 共譯 合 45,000원
曾鞏 宋基采 譯註 25,000원

明淸八大家文鈔

歸有光·方苞 李相夏 外 譯註 35,000원
劉大櫆·姚鼐 李相夏 外 譯註 35,000원
梅曾亮·曾國藩 李相夏 外 譯註 38,000원

東洋古典新譯

당시선 송재소·최경렬·김영죽 편역 22,000원
손자병법 성백효 역주 14,000원
장자 안병주·전호근·김형석 역주 13,000원
고문진보 후집 신용호 번역 28,000원
노자도덕경 김시천 역주 15,000원
고문진보 전집 上·下 신용호 번역 合 44,000원
신식 비문척독 박상수 번역 25,000원

동양문화총서

동양사상 해설과 원전 정규훈 外 저 22,000원
화합의 길 《중용》 읽기 금장태 저 20,000원
호설과 시장 신용호 저 20,000원
어느 노학자의 젊은 시절 심재기 저 22,000원

문화문고

경전으로 본 세계종교 그리스도교 이정배 편저 10,000원
〃 도교 이강수 편역 10,000원
〃 천도교 윤석산 외 편저 10,000원
〃 힌두교 길희성 편역 10,000원
〃 유교 이기동 편저 10,000원
〃 불교 김용표 편저 10,000원
〃 이슬람 김영경 편역 10,000원
논어·대학·중용 조수익·박승주 공역 10,000원
맹자 조수익·박승주 공역 10,000원
소학 박승주·조수익 공역 10,000원
십구사략 1~2 정광호 저 合 24,000원
무경칠서 손자병법·오자병법 성백효 역 10,000원
〃 육도·삼략 성백효 역 10,000원
〃 사마법·울료자·이위공문대 성백효 역 10,000원
당시선 송재소·최경렬·김영죽 편역 10,000원
한문문법 이상진 저 10,000원
한자한문전통교재 조수익·이성민 공역 10,000원
士小節 선비 집안의 작은 예절 이동희 편역 12,000원
儒學이란 무엇인가 이동희 저 10,000원
동아시아의 유교와 전통문화 이동희 저 13,000원
현대인, 동양고전에서 길을 찾다 이동희 저 10,000원
100자에 담긴 한자문화 이야기 김경수 저 12,000원
우리 설화 1~2 김동주 편역 合 20,000원
대한민국 국무총리 이재원 저 10,000원
백운거사 이규보의 문학인생 신용호 저 14,000원

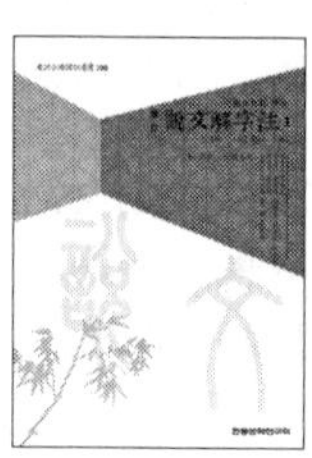

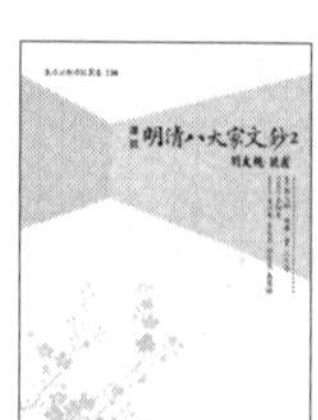